中国少数民族文史资料书系

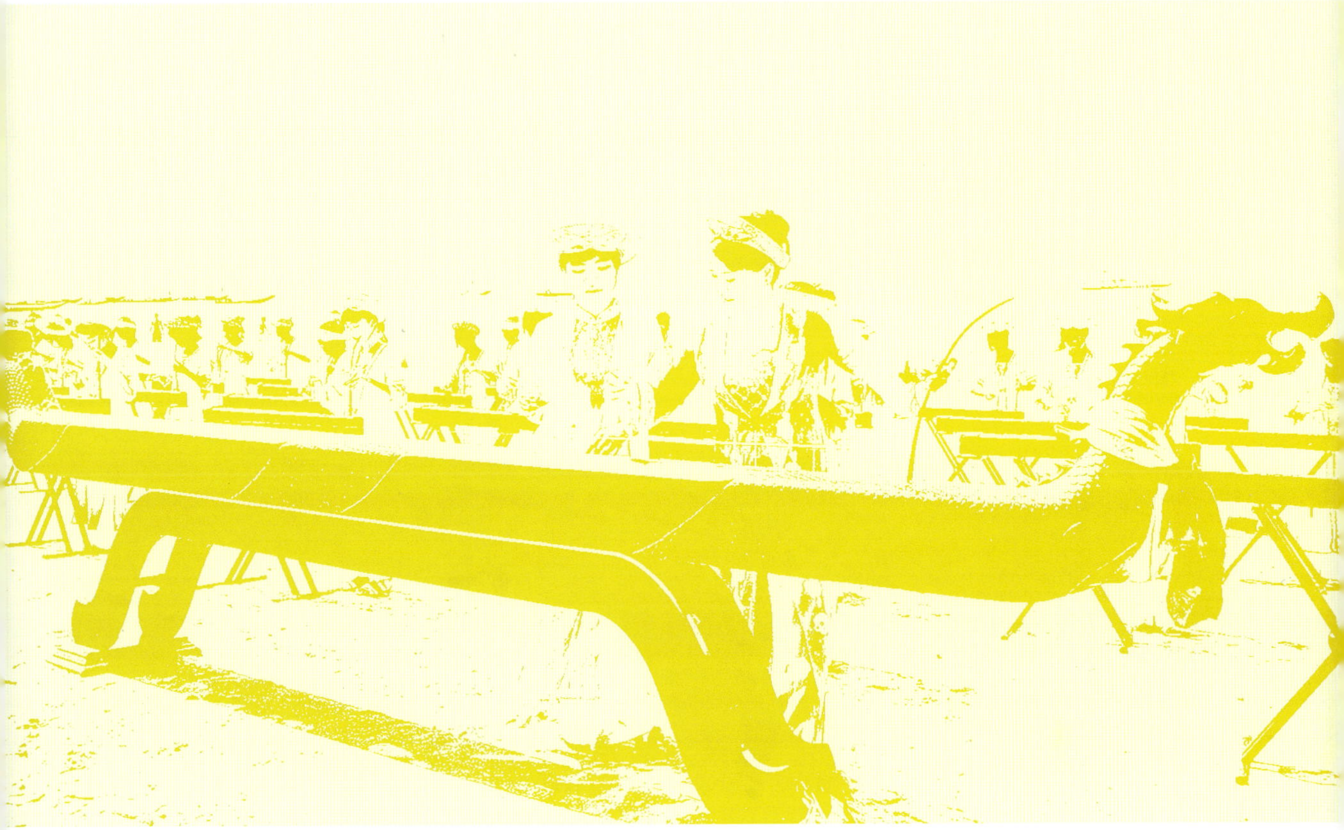

京族

百年实录

全国政协文化文史和学习委员会
广西壮族自治区政协文史和学习委员会 编

图书在版编目（CIP）数据

京族百年实录 / 全国政协文化文史和学习委员会，广西壮族自治区政协文史和学习委员会编 .— 北京：中国文史出版社，2018. 10

（中国少数民族文史资料书系）

ISBN 978 - 7 - 5205 - 0686 - 1

Ⅰ . ①京…　Ⅱ . ①全… ②广…　Ⅲ . ①京族 - 民族历史 - 中国　Ⅳ . ① K288. 2

中国版本图书馆 CIP 数据核字（2018）第 251435 号

责任编辑：窦忠如　刘华夏

装帧设计：刘堪海　首德盛

出版发行：**中国文史出版社**

社　　址：北京市海淀区西八里庄 69 号院　邮编：100142

电　　话：010 - 81136606　81136602　81136603（发行部）

传　　真：010 - 81136655

印　　装：廊坊市海涛印刷有限公司

经　　销：全国新华书店

开　　本：710 × 1000　1/16

印　　张：22. 5　　插　页：14

字　　数：378 千字

版　　次：2019 年 1 月北京第 1 版

印　　次：2019 年 1 月第 1 次印刷

定　　价：108. 00 元

《京族百年实录》编委会

主　　任：黄道伟

副 主 任：陈荣贵　何　丹

编　　委：伍先华　李秋洪　赵发旗　苏维生　林　兴　刘扬春

钱进强　廖汝奋　黄伟常

主　　编：黄道伟

执行主编：陈荣贵

编　　务：谢育盛　史　晖　邓朝和　黄瑞文　张永东　陈仁信

刘富华　李文超　余文活　苏　凯　刘小明　林秀贵

兴边富民行动专项资金扶持建设的东兴京族博物馆

万尾哈亭广场

东兴市江平镇　金滩　捕鱼去!（区用诚 摄）

金滩旅游（唐国林 摄）

东兴市金滩海边灯笼捉虾景观（区用诚 摄）

京族拉大网（唐国林 摄）

拉网

京族渔民在进行踩高跷捕捞（蒋仁润 摄）

拉大网（何永安 摄）

收大蚝

京族装扮

演奏独弦琴的京族姑娘

京族哈节（柳州市　吴丹 摄）

哈节盛宴(张大进 摄)

《白鹭缘》广西京族弹唱

《中越（东兴 — 芒街）青年界河联欢》（谢燕军 摄）

京族“跳竹竿”

东兴京族风情（崇左市江州区文联　黄佩强 摄）

京族姑娘表演竹杠舞欢庆哈节（陈义才 摄）

京族姑娘表演竹杠舞欢庆哈节（陈义才 摄）

京族百人吹螺号欢庆哈节（陈义才 摄）

京族百人演奏独弦琴欢庆哈节（陈义才 摄）

京族独弦琴会演（唐国林 摄）

京族踩高跷

京族高跷捕鱼

京族顶棍

前言

多年来，广西政协高度重视发挥文史资料“存史、资政、团结、育人”的社会功能，在全区各级政协组织、政协参加单位和广大政协委员的大力支持和积极参与下，不断拓宽文史资料的征编领域，选题上突出政协特色、民族特色和区域文化特点，征编出版了一系列近现代特别是改革开放以来广西经济社会发展重大历史事件的文史资料，为探究广西近现代社会历史发展轨迹提供了重要参考，为助推民族文化强区建设和民族文化的繁荣发展发挥了积极作用。

《京族百年实录》是根据全国政协文史资料征编协作规划要求，作为全国政协“中国少数民族文史资料书系”的组成部分，由中国文史出版社正式出版发行。全书以政协文史资料“亲历、亲见、亲闻”的“三亲”原则，记录了京族百年发展的历史片段、重大事件，重要人物及风土人情，展示了各民族共同团结奋斗共同繁荣发展的光辉历程。期间，广西政协高度重视，主席会议多次研究，精心指导，及时解决实际困难；文史和学习委员会牵头负责，协调各方，认真组织，严把政治关、史实关、文字关。负责具体征编工作的防城港市政协多次召开会议，对本书编纂的相关问题进行研究和部署。中共东兴市委、政府、政协组织专门力量开展基础工作，从财力物力等方面给予大力支持；中共防城区委、政府、政协和东兴市江平、东兴两镇党委、政府以及巫头、山心、沥尾、竹山、江龙等京族村党支部、村委会为本书收集资料工作提供了许多帮助；当地专家和热心人士等提供了大量史料。书中的照片、图片，由广西画报社搜集、提供，在此一并表示衷心感谢。

就书中涉及的一些问题和体例，这里一并作出说明，便于读者阅读理解。

一、涉及中越两国之间历史渊源问题，所用材料原则上取自我国的公开出版物。

二、关于“京族聚居区”范围的确定问题。本书以 1958 年国家批准成立东兴各族自治县，壮、瑶、京各民族为自治民族为依据，把京族聚居区界定在东兴市。又因为东兴市在 1888—1957 年是防城县、十万山僮族瑶族自治县（即东兴县）两个县的一部分，1978—1995 年是防城各族自治县（1993 年后为防城港市）的一部分，1958—1978 年 11 月是东兴各族自治县的一部分，所以本书有些问题的记述涉及整个防城各族自治县或整个东兴各族自治县，这样处理，可能比较符合客观事实，也与京族的问题联系得紧密些。

三、关于京族内部聚居村落与散居村落的关系问题。本书采取点面结合的办法，即以巫头、山心、沥尾三岛为“点”，以潭吉、江龙、贵明、竹山等村为“面”，既突出了京族三岛，又照顾了面上的散居村落。这样处理，似乎更符合客观事实，更有利于京族内部的团结。

四、“附录”中的人物排列问题。革命烈士以牺牲时间先后为序，排在前面，其他人士则按出生年月为序，排在革命烈士之后。

在收集和发掘京族族百年独特的史料及文化成果过程中，尚有些未尽如人意的地方，一是京族是个人口较少的民族，有文字专章记载的史料不多，故耗费时日多，仍然难以收集全面；二是京族聚居区地处边境，其发展历程受国际政治风云的影响相对大些。故书中对某些事件、人物的记述，本着“宜粗不宜细、宜简不宜繁”的原则进行处理，有些甚至采用模糊手法，尚祈读者及当事人予以理解。此外，书中难免出现一些文字上的疏漏，敬请广大读者不吝指正。

编者

2018 年 10 月

目录

C O N T E N T S

综述

起源与变迁

经济

政治

文化

军事

社会事业

交流与合作

附录

综述

京族综述

在我国大陆海岸线的西南端、浩瀚的北部湾畔、广西防城港市下辖（代管）的东兴市（县级），聚居着我国一个人口较少的民族——京族。东兴市原为防城各族自治县（今防城港市）属镇，1950 1978 年为东兴各族自治县治所。1996 年由防城港市析置东兴市。这里是我国唯一的京族聚居区。

我国是一个多民族的国家。在漫长的历史长河中，各族人民在祖国广袤的土地上辛勤劳作、繁衍发展，共同创造了我国悠久的历史和灿烂的文化。京族以其独特的生产方式、发展历程和多姿多彩的文化，为中华文明史添上绚丽的一页。

一

大约 16 世纪初，京族的祖先来到了北部湾畔的几个小岛定居，并以海为生。他们在大海中捕捞鱼虾，在滩涂上耙螺、挖沙虫、掘泥丁、抓螃蟹……然后把这些海产品拿到集市交换日常生活用品，并利用海岛上仅有的少量贫瘠土地，种植一些芋头、番薯、玉米，作为粮食的主要来源。“以渔为主，以粮为辅”成为京族人最早的生产方式。这种原始的生产方式一直延续到中华人民共和国成立前。

随着岁月的流逝、人口的繁衍，岛上的土地已经满足不了粮食生产的需求。于是，京族人开始围海造田。大约从 19 世纪七八十年代开始至 20 世纪 70 年代，京族人和居住地的汉族同胞一道，先后完成了大小数十个围海造田工程，造田约四万亩，使昔日茫茫的大海变成了稻花飘香的良田，实现了渔农并举的历史性飞跃。在长达一个多世纪的围海造田的过程中，京族人顶烈日、冒暴雨、战狂风、斗恶浪，坚忍不拔，历尽艰辛，其不屈不挠、英勇豪迈的精神，与《愚公移山》《精卫填海》等神话故事中的英雄人物相比，一点也不逊色。

随着渔业、农业生产的扩大，人口的增多，京族地区所需求的生产工具和生活用品也日益增多，于是，京族人最早的手工业生产出现了。海产品加工、渔船的修造、渔网具的制作、铁器打造、纺织和缝制、木器制作、酿酒、各种风味饮食制作等家庭作坊陆续出现。同时，海盐生产也逐步在京族聚居区兴起。最早是晒海沙，后来采用铁锅煮盐，清朝末期进一步发展为规模生产——由盐田主开垦盐漏，雇请工人进行晒盐。海盐生产逐步成为京族聚居区最大的工业产业，盐业工人是京族聚居区人数最多的产业工人，其中绝大部分为京族人。京族聚居区另一个较有规模的工业产业是陶瓷生产，陶瓷业主要集中在中越交界处的东兴镇。20 世纪 20—30 年代，东兴镇对面的越南芒街陶瓷生产颇具规模，参与陶瓷生产的工人达数千人，而其中绝大部分是来自东兴的中国人，这其中又有许多京族人。与芒街相邻的东兴镇利用这一有利条件，引进技术，于 1937 年在东兴镇东郊的罗浮村办起了罗浮碗厂，专门生产小碗、中碗和盘、缸等日常生活器皿，销往越南及东兴周边的农村。到了 20 世纪 40 年代，东兴镇建起电厂，金银器皿的制作也逐渐发展起来并形成较大的规模。

中华人民共和国成立后，工商业经过社会主义改造，东兴的盐田、碗厂、电厂收归国家或集体所有，并得到了进一步扩大，盐业工人、碗厂工人和电厂工人也变成了国家职工或集体职工；手工业生产组织了合作社，后来发展为二轻工业企业，原有的工人和新增加的工人均为集体所有制工人。此后，新增了农机修造厂、自来水厂、纸厂、石雕厂等一批国有或者集体所有制的工业企业。

改革开放以来，京族聚居的东兴市充分利用自己特有的区位优势、丰富资源和国家给予的优惠政策，大力招商引资，工业生产有了较好的发展。

2011 年，有规模（年主营业务额 2000 万元以上）的工业企业 28 家，工业总产值达 56 亿元，并建起了江平工业园。其中，以民营企业居多，且以农渔产品加工企业居多。

京族聚居区最具活力的经济活动是边境贸易。京族聚居区地处中越边境，当地的京、汉各族群众很早就与越南边民开展贸易活动，东兴街、竹山古街和江平圩曾是双方边民产品交易最多的地方。清光绪二十六年（1900 年），中法联合兴建了连通中国东兴与越南芒街的北仑河国际铁桥之后，双方边民往来贸易更为频繁，也更集中，东兴成为边境贸易最活跃的地方。辛亥革命后，边境贸易继续发展，除了边民零散交易，东兴镇上还有恒和顺、裕泰庄等八大庄口专门从事边境贸易，生意十分兴隆。抗日战争期间，侵华日军封锁了东南沿海和珠江，并切断了滇越诸陆路国际交通线，我国东南、华南沿海的国际海运和西南出入境陆路运输中断。为了确保国际援华抗战物资运输通道的畅通，国民政府在越南海防设立了西南运输公司分部，主要负责转运国际援华抗战物资和购买战时物资来供应我国抗战之需。物资从越南海防运至芒街后进入中国东兴，然后分路转运至全国各抗日战场，东兴成为我国西南边陲货物进出口最主要的口岸，成为云南、贵州、四川、湖南等省货物外销的集散地之一。一时间，东兴商贾云集，边境交易额飙升，繁华异常，有“小香港”之称。

中华人民共和国成立后，京族聚居区的边境贸易有了新的发展。1951 年，我国政府专门在东兴划出一片区域供双方边民开展贸易活动，称为东兴“边缘市场”。1964 年后，越南人民进入抗美救国战争的艰难岁月，我国政府为援越抗美，对越南边民进入东兴开展贸易采取更为宽松的政策，越南边民纷纷涌入东兴开展贸易，一直延续到 1978 年。1979 年，边境贸易因政治原因停止。1989 年春节，越南边民突然大规模越过界河，进入东兴镇抢购日用工业品。此后，京族聚居区的边境贸易再度活跃起来。我国地方政府顺应边民要求，迅速成立了东兴边贸办事处，统一领导和组织边境贸易工作，并在东兴街的西门码头、竹山码头、潭吉村码头、白龙码头、沥尾村企厄沙等处开设边贸点，边境贸易如火如荼地开展起来。在长达一个世纪的边境贸易大潮中，京族人一直是这一大潮的弄潮儿。他们充分利用与越南边民语言相通、地理位置优越、交通便利等条件，或开展边境贸易，或充当边境贸易的中介撮合交易双方，或受雇担任翻译人员，或提供装卸、运输、餐饮等服务。通过边境贸易，不少京族人发家致富，成了百万富翁、千万富翁甚至亿万富翁。改革开放以来，京族年青的一代，不少人成为京族聚居区的党政领导。在新一轮的边贸大潮中，这些京族儿女直接参与了边境贸易工作的运筹策划、组织领导和具体的实施工作，为推动京族聚居区边境贸易的发展，为兴边富民做出了积极的贡献。

随着改革开放的深入和人民生活水平的提高，特别是 20 世纪 90 年代中越关系正常化后，京族聚居区特有的旖旎风光和浓郁的民族风情吸引着不少中外游客前来观光旅游，旅游业成为京族聚居区一个新兴产业。当地的各级政府顺应历史潮流，大力推进旅游业的发展，在旅游管理机构的设置、旅游资源的调查、旅游产业发展规划的编制、旅游业的招商引资、旅游产品的开发、旅游线路的设计等方面进行了大量卓有成效的工作，使京族聚居区的旅游业蓬勃发展。富有商业眼光的京族人看到了旅游业发展的巨大潜力，纷纷投身于旅游业，或开设旅游公司承揽旅游业务，或开发农家乐旅游宾馆，为游客提供富有京家特色的住宿、饮食服务，或担任导游，带着游客游览京族渔村，领略别样的风光和边关风情，甚至带领游客跨境游览，体验异国情调。旅游业成为京族人又一致富途径。

工农业生产和商贸业的发展，催生了京族聚居区的金融业。中华人民共和国成立前，京族聚居区的金融业带有浓郁的地方色彩和历史印记。在京族聚居区流传的民间信用组织——“做会”，是京族聚居区民众在中华人民共和国成立前一种筹措资金的特殊形式。民国初期，八属联军总指挥邓本殷、副总指挥申葆藩在竹山村铸造，并在八属地区（原广东省高州、雷州、琼州、崖州、钦州、廉州、罗定、两阳——阳江和阳春）强制流通的八属毫银，既反映了军阀混战、割据一方的混乱局面，也记载了京族聚居区民众饱受旧军阀欺凌压榨的辛酸历史。抗日战争时期，京族聚居区独特的地理位置、繁荣的边贸和便利的交通吸引了大量商贾携巨资前来，加上太平洋战争爆发后，南洋各地相继沦陷，泰国、新加坡、马来西亚、印度尼西亚等国家的侨批（指国外华侨通过民间渠道寄回国内的汇款）业务均为日军控制，中国粤东、闽南等地区汇款断绝，侨眷生活陷入困境，大量华侨被迫将钱币由越南海防运入中国东兴，转换为国币再汇给家人。于是各路资金汇集东兴。中国银行等五大国有银行和华侨银行、裕光银行等私营银行纷纷入驻东兴，本地商家也纷纷在东兴设立金铺、汇兑银台经营金融业务，当时东兴口岸处不远的新街银行遍布，热闹非凡，被誉为“金融街”，盛极一时。当时，东兴的黄金交易也异常兴旺，仅市面上交易的 10 两重的金条就日达 2000 根之多。这一切，既记录了京族聚居区过往的繁华岁月，也反映了在日寇铁蹄践踏下，国人“有家不能归，有钱不能寄”的悲凉境况。

中华人民共和国成立后，京族聚居区的金融业回到了国家和人民手中。1950 年 2 月，中国人民银行东兴镇支行成立。此后，中国工商银行、中国农业银行、中国银行、中国人民保险公司、农村信用合作社等均在京族聚居区设立分支机构，开展货币存贷、货币兑换、外汇买卖、债券发行、保险等业务，有力地推动了京族聚居区的渔业、农业、工业、商贸业的发展和各项社会事业的建设。

经历了100多年艰难曲折的发展，特别是经过了改革、开放和开发的30多年，京族聚居区的经济发展取得了显著成就。2011年，京族聚居区东兴市的生产总值达52.09亿元，人均生产总值达3.57万元，成为我国少数民族地区中相对富裕的地区，京族也成为我国55个少数民族中较为富裕的民族之一。

二

京族，是一个从苦难中走过来的民族。旧社会，京族人深受压迫和剥削，苦难深重，民不聊生。

19世纪下半叶，法国侵略者侵占了越南，并不断侵占我国云南、广西边境地区，妄图敲开我国西南边陲大门。1886年，法国侵略军从沥尾岛登陆，侵占了京族聚居区的江平街及其周边农村和白龙半岛，对京族聚居区进行了残酷的压榨掠夺。京族聚居村落的人民受尽了侵略者的折磨和侮辱，有些甚至被活活打死。据有关史料记载，抗日战争时期，日军先后出动战机17次近100架次轰炸京族聚居的防城县，投弹1000多枚；出动军舰、战艇3次13艘和步兵数千人进犯防城县。其间，全县因日军入侵和日机轰炸造成人口伤亡1509人，其中直接伤亡1072人，间接伤亡437人，财产直接损失208529975千元（法币，1935年发行，1948年为金圆券取代），间接损失525840千元。其中，京族居民最多的东兴、江平两镇遭到9次近70架次日军飞机轰炸，炸毁民房152栋，炸死当地居民174人。日本侵略军侵占东兴街、罗浮村、竹山村等地时，到处烧杀掳掠，奸淫当地妇女多人，使东兴变成了一座死城。

反动政府的各种苛捐杂税压得京族人喘不过气来，如田粮赋税、海盐海税、人丁税、过秤税、门牌税、市场税等，抓壮丁、派劳役更是给京族人带来深重的灾难。许多京族人因之妻离子散，家破人亡，悲惨万分。

地主、渔霸和盐田主、碗厂主对京族贫苦人家盘剥压榨：租种地主土地的佃农，租谷不管是丰年还是歉年一颗都不能少；为渔霸、盐田主、碗厂主打工的工人，每天要劳作10多个小时，但所得工钱却少得可怜，甚至那一点工钱都会被克扣或拖欠。每当渔产、海盐、瓷器滞销时，老板就以歉收或亏损为由，减少工钱或只发一些劣质渔产、海盐或糙米抵工钱。每逢荒年，一些地主、粮商及高利贷者就趁机抢购粮食囤积居奇，垄断粮油市场，提高粮油价格，大放高利贷，使贫苦人家雪上加霜，京族百姓挣扎在死亡线上。

海盗在京族聚居区也十分猖獗，常在海上劫掠京族渔民，谋财害命，甚至与京族渔村的个别头人勾结，把京族渔村洗劫一空。

京族聚居村落的一些“翁村”（村长或长老）常与官府勾结，霸占村里的公共财产，刁难和勒索贫寒百姓。

反动政府还推行民族歧视政策，百般排斥、歧视和欺负京族人，称之为“安南鬼”或“屙南仔”，一切体面的事都不准京族人沾边，而抓壮丁、派劳役的名额则千方百计摊派到京族人身上，还动辄打骂，使京族人受尽了歧视和欺凌。

在帝国主义、封建主义和资本主义的压迫剥削下，京族聚居村落百业凋零，民生凋敝。京族人饥寒交迫，许多人卖儿卖女，离乡背井，流落到越南的西贡（今胡志明市的一个区域）、海防、芒街等地做苦力。东兴红坎村哈亭的碑文“官来生役，不堪其苦”“人民饥馑……”的描述，就是当时京族人民悲惨生活的真实记载。

但京族是一个坚强勇敢、富有反抗精神的民族，面对帝国主义、封建主义和资本主义的压迫和剥削，京族人民的反抗不断。

中法战争前后，为了保卫自己的家园和援助越南人民的抗法斗争，在京族人杜光辉、裴六和汉族人龙正棋、谭鉴西等人的领导下，京族聚居区的京、汉各族人民先后多次组织抗法义军和抗法志愿军，在中越边境地区与法国军队展开激战，沉重地打击了法国侵略者。

1924 年中国共产党促成第一次国共合作，并掀起大革命高潮，全国各地工农运动风起云涌。1926 年 3 月，东兴赤色工会成立，下设 10 多个行业分会，会员达 4000 多人。东兴农民协会同时成立，并先后发展了罗浮、冲榄、北郊、江那、河洲、楠松、竹山、松柏、山心、沥尾、江龙等各级分会。东兴赤色工会和农民协会领导京族聚居区的工人、农民多次开展了反帝反封建的活动，与勾结法国殖民者、洋务局的买办、资本家、土豪等展开了英勇的斗争，并取得了胜利。京族人积极参与当时的工农运动，在东兴街和越南芒街等地，有 100 多人参加了赤色工会，京族人梁旺甫、苏永生等在沥尾岛组织了沥尾工会，京族人刘振钊、刘振业在山心岛组织了农民协会。京岛工会和农民协会先后多次组织游行示威，并伏击了反动军阀，痛打敲诈群众的盐吏，将他们驱逐出岛。

抗日战争时期，京族人积极参加各种抗日救亡活动：或参军参战，在战场上与日本侵略者斗争；或在家乡参加抗日救国宣传，组织战时后方服务团，积极募集抗日经费，协助开展东兴保卫战，或在当地参加中共组织领导的抗日武装斗争；或奔赴延安等地投身抗日洪流，为打败日本侵略者贡献力量。

解放战争时期，京族人支持和配合中共领导的山区武装斗争，或参加游击队，或掩护游击队，或为游击队筹粮筹款，积极参战支前，为解放战争的胜利和新中国的成立做出了贡献。

中华人民共和国成立后，京族人获得了新生。共产党和人民政府对京族人民十分关怀。1951 年 10 月 8 日，中央访问团到达京族所在的防城县，转达毛泽东主席和中央人民政府对各兄弟民族的问候，赠送了毛主席亲笔题词“中华人民共和国各民族团结起来”的条幅和药品及物资一批，并举办电影晚会慰问各族人民，还深入京族聚居村落看望京族人民。京族代表多次参加少数民族国庆观礼代表团，赴京参加国庆观礼，受到过毛泽东、周恩来、朱德等党和国家领导人的亲切接见。从中华人民共和国成立至 2010 年，胡锦涛、李瑞环、张德江、罗瑞卿、陶铸、李铁映、司马义・铁力瓦尔地、李兆焯等 30 多位党和国家领导人分别莅临京族聚居区指导工作，带来了党中央和国务院对京族和京族聚居区人民的关怀和问候。共产党和人民政府彻底摒弃了历代反动政府的民族歧视政策，制定和实施了各民族不分大小，政治上一律平等的民族政策和民族区域自治制度，在各级人大、政协安排了京族代表、委员的名额。1952 年 9 月设立了巫头、山心、沥尾三个越（京）族自治乡，1958 年东兴各族自治县成立，沥尾村京族人李世友当选东兴各族自治县副县长，成为京族首位县级政府官员。此后，一大批京族干部陆续走上各级领导岗位。经过了土改、渔改，京族人分到了土地和渔具，成为生产资料的所有者。社会主义改造之后，京族人走上了集体化的道路，为盐田主和资本家打工的工人成了国家或集体所有制工人。京族人在政治和经济上真正翻身做了主人。

京族人翻身不忘共产党，他们发自内心地拥护共产党和人民政府的各项方针政策，积极投身社会主义革命和建设，在各项政治活动中奋勇争先。

1950 年，朝鲜战争爆发，京族人同东兴地区各族人民一道，踊跃参加了防城县开展的为抗美援朝捐款的活动。东兴地区共捐款 5.963 亿元（第一套人民币），占当时防城全县捐款总数 13.172 亿元的 45.27%。之后，这些捐款用于购买战斗机一架，取名“北仑河”号，并开赴朝鲜前线。一大批京族青年积极报名参军，抗美援朝，保家卫国。沥尾村京族妇女黄金莲与丈夫主动送自己的独生子杜玉周参加志愿军赴朝作战，成为县里美谈。杜玉周在朝鲜战场英勇杀敌，并获“二等功臣”的光荣称号。

1964 年，美国发动了侵略越南的战争，我国掀起援越抗美的热潮。京族人热烈响应党和政府的号召，全力支援越南人民的抗美救国斗争，100 多位京族青年作为我国援越部队的翻译，随部队开赴越南战场，为越南人民抗美救国斗争血染疆场。

1976 年 10 月，“文化大革命”结束，我国开始拨乱反正。京族聚居区同全国其他地区一样，于 1978 年 7 月开始落实政策，为冤假错案平反。1978 年 12 月，党的十一届三中全会召开，党的工作重心开始转移到经济建设上来。1981 年，京族聚居区农村开始实行家庭联产承包责任制。1984 年 9 月，京族聚居区的江平公社、东兴公社、松柏公社实行政社分开，恢复乡镇政权，人民公社终结。1985 年，京族聚居区的国有企业开始实行厂长经理负责制，企业内部推行承包制。1988 年 3 月 18 日，京族聚居区所在的防城各族自治县（今防城港市）被国务院列为对外开放县。经过一系列拨乱反正和改革开放，京族聚居区的社会生产力得到了较好的发展，但由于 1979—1988 年中越关系处于军事对峙状态，地处中越边境的京族聚居区受到国际政治因素的影响，一段时间内发展速度减缓了不少。

1989 年，中越关系开始解冻，双方边民的贸易恢复，并迅速升温。这一年的 2 月 6 日（正月初一），大量越南边民越过中越界河北仑河进入东兴镇抢购日常生活用品。针对这一新形势，当时的中共防城各族自治县委、政府及时采取措施，加强边贸管理，加大京族聚居区的开发开放力度。同时，国务院和广西壮族自治区人民政府采取多项措施加快东兴的开发开放步伐：1992 年，国务院给予东兴 11 项优惠政策，国务院特区办批准设立东兴边境经济合作区；自治区党委和人民政府批准设立东兴经济开发区（含东兴、江平两镇），并成立中共东兴经济开发区工作委员会和开发区管理委员会（以下称“东兴开发区工管委”），代表防城各族自治县委、政府统一领导和组织开发区的开发开放工作，东兴开发区工管委下属各职能部门也行使自治县委、政府各职能部门相应的职权；1993 年，国务院批准设立地级防城港市后，自治区人民政府决定，东兴经济开发区作为县级开发区直属防城港市政府领导和管理。1996 年，国务院批准成立东兴市（县级），京族聚居区进入大开放、大开发的新的历史时期。

2004 年，京族人口最多的江平镇被国家列为重点建设镇。同年 12 月，京族聚居的东兴市取消了农业特产税，2005 年 7 月全面取消农业税，并开始实施新型农村合作医疗制度，使包括京族在内的各族人民得到巨大的实惠。同年，国家开始实施对人口较少民族的重点扶持规划，京族被列为国家重点扶持的民族之一。2010 年，东兴市被列为国家重点开发开放试验区，京族聚居区的开发开放上升到国家战略层面，国家和自治区给京族聚居区较大的资金投入，京族聚居区的发展变化日新月异。

三

独特的生产方式和曲折的发展历程，让京族的文化多姿多彩。

京族有本民族语言，谓之京语，与越南主体民族的语言相通。京族也有本民族文字，称为“喃字”。“喃字”是从汉语的象形文字演变过来的。京族的民俗文化丰富多彩：

京族人的饮食很有特色。京族人特别是京族妇女，自古以来喜嚼槟榔。古代京族人结婚聘礼中槟榔必不可少，新娘入门的当天或次日，男方家族中尊贵者必被邀请前来食槟榔。京族的风味小吃品种丰富、口味独特，从而形成了京族区别于其他民族的饮食文化。

京族的节日不少，尤其是哈节最为隆重热烈，而京族的春节也很有特色，从而构成了京族特有的节庆文化。

京族男女的婚配过程充满了浪漫色彩，有“情歌对唱”“踢沙谈情”“交换木屐订终身”等，这些构成了京族别样的婚俗文化。

京族临海而居，是个海洋民族。京族人生产生活的每个环节都渗透着大海的气息，以海为生、以海为歌，形成了京族颇具魅力的海洋文化。

京族人的宗教信仰呈现多元化，有信仰佛教的，有信仰道教的，也有信仰天主教的，众多的宗教信仰构成了京族特有的宗教文化。

京族的穿戴、发式也是别具一格，从头到脚的装束颇具本民族特色，有其特有的服饰文化。

京族民间的文学艺术绚丽多姿。京族人特别是京族的民间艺人在长期的社会生活实践中创作了大量民歌、故事、舞蹈、音乐和戏剧，并在京族民间广为流传。这些京族民歌、故事、舞蹈、音乐、戏剧，真实地再现了京族人生产生活的情景，倾诉了他们在中华人民共和国成立前的苦难，赞颂了忠贞不二的爱情，抒发了对美好生活的向往。其民歌生动形象，故事引人入胜，舞蹈欢快细腻，音乐凄婉缠绵，戏剧幽默诙谐，富有生活气息。

中华人民共和国成立以后，京族的文艺创作逐步发展，涌现出一批京族作家，并创作了许多优秀的作品，如李英敏的电影剧本、苏维光的民间文学、潘恒济和张永东的散文、莫振芳的影视文学、陈钦平的交响乐、张永志的书法艺术，都吸引了不少读者和观（听）众，得到了较好的评价。沥尾、山心、竹山、江龙等村的农村业余文艺表演队走村串寨，自编自演，给京族聚居区农村群众送去了欢乐。

京族民间业余艺人阮成珍、裴永彬、陈英达、李娟、黄玉英、黄玉珍、黎文业一直活跃在京族聚居村落的文艺舞台上。如今，京族民间业余艺人中，年青的一代如苏春发、苏海珍、唐小媛等人，已经不满足于只在京族聚居区演出，他们携着京家特有的独弦琴，走到首府南宁，走到首都北京和港澳台地区，还走出国门，多次到日本、越南、法国、尼泊尔、挪威、美国等国家表演，为京家赢得了荣誉。

四

京族聚居区地处边海防地区，是我国进出东南亚最便捷的水陆通道，战略地位十分重要。100 多年来，这里曾发生过许多军事斗争，写下许多悲壮的故事。

中法战争爆发前后，京族人和当地汉族同胞一道，在京族人杜光辉的率领下，参加了刘永福领导的黑旗军，在中越边境与法国侵略者展开激战，直到中法战争结束。1886 年，法军从京族聚居的沥尾岛登陆，侵占了江平镇的江平圩及其周边地区和白龙半岛，企图把江平镇和白龙半岛从中国抢走。为维护我国领土主权的完整和援助越南人民的抗法斗争，京族人裴六和汉族人谭鉴西、龙正棋等人先后组织了江平抗敌义军、抗法志愿军，带领江平、东兴等地的京、汉各族同胞与法国侵略军展开殊死搏斗，沉重地打击了法国侵略者的气焰。

抗日战争时期，京族儿女纷纷参加抗日武装斗争。在淞沪会战、南京保卫战等战斗中，京族子弟与全国各族同胞一道，保卫祖国山河，有些英勇捐躯。而在京族聚居区，京、汉各族人民也掀起一系列声势浩大的抗日救亡运动，并配合我国军队开展了东兴保卫战，大力支持和参加中共领导的中越边境地区的抗日武装斗争。

解放战争时期，京族聚居区是共产党领导的十万山游击根据地的地下活动基地，人民军队在京族聚居区开展了一系列军事斗争，如黄竹歼灭战、江平袭击战、竹山攻坚战、竹山歼灭战等。当地京、汉各族人民冒着生命危险，大力支持十万山游击队的军事斗争，积极参战支前，一批批京族优秀儿女参加了游击队，京族群众千方百计掩护和保护游击队战士，想方设法为游击队送去粮食和衣物。

新中国成立后，共产党和人民政府加强了京族聚居区的军事设施建设和民兵建设，筑起了坚强有力的边海防线。京族民兵在清匪反霸、援越抗法的军事斗争中发挥了重要作用。20 世纪 60 年代，京族聚居区军民众志成城，多次粉碎蒋帮特工人员企图在京族聚居区沿海一带偷登潜入的阴谋。20 世纪 70 年代后期至 80 年代，面对变幻的国际风云，京族聚居区的军民时刻保持警惕，狠狠打击一切侵犯我国领土领海的来犯之敌。其中，仅是民兵组织的边海防保卫战就有海上伏击战、海上歼灭战、海上包抄战等典型战例，均取得良好战果，打击了敌人，保卫了我国的神圣领土。

中华人民共和国成立60多年来，一大批京族子弟先后走上保卫祖国边海防的重要岗位。这些京族子弟，无论是在改革开放前的艰苦岁月中，还是在改革开放的大潮中，面对敌人的威逼利诱，他们都立场坚定，不辱使命，是祖国边防线上的忠诚卫士。

五

100多年来，京族聚居区的教育、卫生、科技、体育、交通、水利、广播电视、城乡建设等各项社会事业发生了翻天覆地的变化。教育方面：中华人民共和国成立前，京族聚居区文盲率极高，被称为“瞎子岛”，而今教育事业快速发展，不仅普及了九年制义务教育，还开设了京语、汉语双语教学的京族学校。卫生方面：从前缺医少药，现在全民普及新型农村合作医疗。科技方面：旧社会祈求神灵保佑，而今现代科学技术在不断发展，社会在不断进步。交通方面：从行路难发展到轿车也落户寻常百姓家。水利方面：旧社会水荒水患不断，而今任凭雨骤风狂，新兴水利工程的建设也能让百姓安居乐业。体育方面：从偏僻荒凉的小渔村变成能举办国内外赛事的场地。广播电视事业快速发展，京族人在旧社会孤陋寡闻，而今是“京家不出门，知悉天下事”。城乡建设日新月异，边城东兴不断开发扩建，古镇江平焕然一新，海岛渔村旧貌换新颜。京族人的住房由以前的篱笆屋变成了改革开放后的新洋楼，电视机、洗衣机、电冰箱、空调等现代家用电器在京族家庭则已普及。

六

中越两国山连山、水连水，两国人民的传统友谊源远流长。地处中越边境的京族聚居区人民，100多年来同越南边民的交往与合作十分频繁。他们在中越两国共建北仑河友谊大桥的过程中通力合作，在农业、对外贸易等经济发展过程中互相支持，在人文领域密切合作，在文化、体育方面经常互访，切磋交流。1960年2月19日，越南人民的伟大领袖胡志明主席到芒街视察工作，他信步走过北仑河友谊大桥，来到东兴街与中国边防战士亲切交谈、向幼儿园小朋友赠送糖果，并邀请当时的东兴县委、县政府主要领导人及相关人员到芒街参加群众大会。胡志明主席还向东兴人民赠送了鲜花，殷切勉励双方边境地区的领导干部和人民互相学习、互相帮助，世世代代友好，这为中越友谊添上了一段广为流传的佳话。

七

京族是一个勤劳、勇敢和聪慧的民族，在100多年的革命、建设和发展过程中，涌现出一批在本民族有较大影响的人物。这些人物，有的是为中华民族独立自由与世界和平而英勇捐躯的革命英烈，有的是数十年来栉风沐雨、为国戍边的铁血男儿，有的是为国家发展、社会进步、人民福祉而埋头苦干的领导干部及科技英才，有的是讴歌时代旋律的作家、艺术家，有的是驰骋于商海的企业家，还有扎根基层、全心全意为京族和汉族同胞服务的农村干部。这些京族代表人物，以他们闪光的业绩向世人展示了京族人的风采，为京族人赢得了荣誉，为中华民族的繁荣兴盛奉献出一份光和热。

本书记录了一个古老而又年轻的民族百年来的点点滴滴。

起源与变迁

京族的源流

据有关学者和专家考证，京族最远古的始祖源于中华民族的共同祖先燧人氏，起于帕米尔高原的昆仑山，古称羌戎，为东方人的重要支脉。

距今 1.5 万—1.3 万年前，燧人氏与弇兹氏联姻，形成燧人弇兹氏集团。燧人弇兹氏以后有三大分支：一支由弱水西迁至阿尔泰山南麓乌伦古湖，沿伊犁河、阿拉套山进入准噶尔盆地和塔里木盆地；一支进入长江以南，发展成为燧人氏苗蛮集团，苗蛮集团即燧人氏的黑虎支；一支由北向东，进入黄河流域太行山以东，发展成为燧人氏伏羲集团，伏羲集团即燧人氏的白虎支和牛羊支。燧人氏的黑虎支女娲氏部落与燧人氏的白虎支和牛羊支伏羲集团世代联姻，形成了伏羲女娲联盟。伏羲女娲也就是中华民族共同的祖先。

公元前 7724 年，伏羲女娲建立了第一个中国民族联盟时代的政权。伏羲政权的五任帝太昊的裔民又衍生出男觋和女觋两个专门观天、测天的氏族集团，男觋集团叫有典氏，女觋集团叫有蛴氏，有典氏则与有蛴氏联姻。有典氏后分为大典氏和少典氏，大典氏演变为炎帝神农氏，少典氏演变为少典轩辕氏和炎帝魁隗氏。

京族是由炎帝神农氏的一支发展而来。与炎帝神农氏同时的炎帝魁隗氏在称帝后，恐神农氏与其争夺帝位，便将神农氏一族分封在了洛水流域的熊耳山，仍袭柱下史之职。神农氏为大酋长部落，共传十世，均称为神农氏。

十世神农又名榆纥，出生地渭渚（今河南洛阳市伊川县大莘店），于公元前4766年，建立了中国氏族联盟时代炎帝神农氏政权，立都承留（今河南开封市开封县东南）。炎帝神农氏政权共传八任帝，即神农（榆纥）、姜临魁、姜承（立都穷桑，今山东济宁曲阜市北）、姜明（立都穷桑）、姜宜（立都宜阳，今河南洛阳市西南）、姜来（立都榆林，今山西晋城高平市北神农镇）、姜克（立都古阳，今山西临汾市古县东北）、姜榆罔（立都伊川，今河南洛阳市南），传国虚记254年（前4766—前4513年）。

1479年编成的《大越史记全书》，其外记卷一《鸿庞纪》载："初，炎帝神农氏三世孙帝明，生帝宜。既而南巡至五岭，接（娶）得婺仙女，生（泾阳）王。王圣智聪明，帝明奇之……王娶洞庭君女，曰神龙，生貉龙君……君娶帝来女（帝来为中国氏族联盟时代炎帝神农氏政权的第六任帝，执政时间为前4582—前4563年——引者注），曰妪姬，生百男，俗传生百卵，是为百越之祖。"《广东汤氏源流》载："……貉龙君娶帝来之女妪姬，卵生百子，分百国，称百越，散于湖南、两广三省。"帝姜明的第四代百男经过了2000多年的发展，成为一个庞大的族群——百越。

京族的变迁

京族直系先祖在帝喾高辛氏政权（前 3106—前 3067 年）的十一任帝姜牡时为濮水伯和盘瓠。濮水伯是盘瓠的父亲，少昊氏族畎夷的一个分支的首领。畎夷来自公元前 7569 年太皞瓜伏羲族群，这支驯养家犬的民族进行农田改革，放水湍田，古称"畎田"，后被称为畎夷族或犬夷族。后来，少昊东夷联盟与黄帝氏族作战，蚩尤兵败，少昊东夷联盟的畎夷为蚩尤通风报信，并掩护蚩尤撤退，因而被蚩尤族人视为救命恩人，后来受到黄帝氏族的打击，失去领地，蚩尤族与娵訾氏或邹屠氏相依，受到保护，成为高辛氏的外戚，也成为濮水的侯伯。《史记・五帝本纪》载："（帝喾）娶娵訾氏，生挚。"张守节的《史记・正义》引《帝王世纪・五帝》曰："次妃娵訾氏女，曰常仪，生帝挚。"蚩尤族、娵訾氏或邹屠氏与濮水伯逐渐融合为九黎部族的布洛陀族，居住在敢壮山。公元前 3101 年（帝牡五年），濮水伯之子盘瓠助姜牡攻打侵犯疆域的防风氏，盘瓠让獒犬将熟睡中的防王咬死，并用锋利的宝刀割下了防王的头颅，立下大功。姜牡旋即封盘瓠为定边侯，以会稽大茅山为其封国，盘瓠亦号称盘瓠王，同时姜牡将女儿月牙儿许配盘瓠为妻。会稽大茅山在今浙江绍兴南部、诸暨东部、嵊州西北部，相传禹大会诸侯于此，故名会稽（会集之意），在禹之前，称作茅山。

京族直系先祖在商朝时称为"濮人"或"僰"。《逸周书・王会解》中载："产里、百濮、九菌，请令以珠玑、玳瑁、象齿、文犀、翠羽、菌鹤、短狗为献。”《史记》引孔安国语，说濮在江汉之南。《左传·文公十六年》载：“麇人率百濮聚于选，将伐楚。”晋代杜预注：“百濮，夷也。”隋唐时孔颖达疏：“濮夷无郡长揔统，各以邑落自聚，故称百濮也。”

京族直系先祖在春秋时期为“越部夜郎”。“夜郎”是少昊常羲（昌意）后裔夷人支蜀国之后，在黔、滇、川相交地区建立的部落王国。王国发展扩大，有很多支系民族，其中主体为彝部夜郎，相继发展扩大有鳖部夜郎、苗部夜郎、越部夜郎。据《夜郎国·越部夜郎》中说：牂牁国灭之后，越人余部有句町、漏卧、漏江等尊夜郎为王，形成越部夜郎。越部夜郎即是九黎部族的布洛陀族与百越部族融合形成的民族。《华阳国志·南中志》载“南中，在昔盖夷越之地，滇濮、句町、夜郎……侯王国以什数”，又载“句町县，故句町王国名也，其置自濮，王姓毋，汉时受封迄今”。

京族直系先祖在战国时期演变为百濮与百越。百濮成为孟高棉族。百越在史料中记载有于越、南越、骆越、滇越、闽越、扬越、瓯越、雒越、东越、句越、夔越、山越等 10 多支。骆越中的一支，称为“京人”。

京族直系先祖在秦末时属南越国，与骆越有亲缘关系。南越国是秦朝将领赵佗建立的以汉人为主导，京人和其他几个少数民族共同参与的地方割据政权。赵佗，西汉初真正（今河北石家庄市东）人，汉族，秦朝将领，参与了秦军北击匈奴、南进岭南的战争，在秦朝军队统一岭南后担任南海郡龙川县令。秦二世胡亥二年（前 208 年），秦南海尉任嚣病逝，赵佗接替了任嚣的职务。此时正值秦王朝衰败，楚汉相争，天下大乱之际，赵佗趁机扩充军队，构筑防御之城，切断中原的南下通道。秦二世胡亥三年（前 207 年），赵佗发兵吞并了邻近的桂林、象两郡，从此划岭而治，割据一方，建立了南越国，定都番禺（今广东广州），自称“南越王”“蛮夷大长”。西汉文帝元年（前 179 年），汉朝派陆贾赴南越国，说服赵佗取消了帝号，归附汉朝。赵佗在给汉朝廷的上书中，对自己称帝一事进行了自嘲，书曰：“且南方卑湿，蛮夷中间，其东闽越千人众号称王，其西瓯骆裸国亦称王。老臣妄窃帝号，聊以自娱……”从此，南越国与汉朝建立了附属关系。

汉武帝建元四年（前 137 年），赵佗死，其子孙相率继位。汉武帝元鼎元年（前 116 年），南越国宰相吕嘉发动政变，反对归附汉朝，斩杀汉朝官员，处死主张归附汉朝的南越王及王太后，私立赵建德为第五代南越王。汉武帝闻后大怒，于元鼎五年（前 112 年）兵发南越，元鼎六年（前 111 年），荡平南越。汉朝在岭南地区设置了南海（治所在今广东番禺）、苍梧（治所在今广西梧州）、郁林（治所在今广西桂平市。辖今广西除桂林、梧州两市及一部分玉林市以外的广大地区）、合浦（治所一说为今广西合浦北，一说为广东徐闻西南）、交趾（今越南河内）、九真（今越南清化）、日南（今越南广治）七郡。

京族直系先祖居住的交州，唐代仍然是中国所管辖的都督府或都护府之一。

京族直系先祖居住的交趾在宋代发生了一些变化。宋开宝元年（968 年），交趾丁部领平定十二使君后，称帝自立，国号“大瞿越”。973 年，丁部领遣使到宋朝廷朝贡，宋朝廷封丁部领为交趾郡王，大瞿越为中国藩属。1173 年，交趾郡王李天祚从防城、钦州入境，向南宋王朝进贡，带来大批珠宝。南宋淳熙元年（1174 年），李天祚再次遣使臣从防城、钦州入境，向南宋朝廷乞赐国名，南宋朝廷诏赐国名——安南，为中国藩属，封交趾郡王李天祚为安南国王，而“安南”这一国名一直沿用至清嘉庆八年（1803 年）。

京族直系先祖大约是在明代正德年间（16 世纪初）前后陆续从安南北部的涂山（今越南海防市附近）等地迁徙而来，定居于当时的钦州县遵化乡的如昔都（今东兴市东兴镇和江平镇一带），至今约 500 年的历史。这些京族先民由南向北的迁徙，是分散的、渐进的，最早迁入的是东兴镇竹山村的京族人一支。因竹山距中国东兴和当时的安南都很近，水路进出安南、中国东兴比较方便，自明朝初期起，广东、福建的不少商贾便以竹山为基地，通过船舶往来于安南和中国的东兴及闽粤之间经商谋利，使竹山繁华异常。一些原居于安南的京族人便来到竹山做生意，天长日久便在竹山定居下来。还有一些在竹山经商的闽粤商贾，由于经年往返于安南、中国竹山之间，远离家乡，生活上诸多不便，于是便在安南娶了京族女子为妻，带回到竹山居住。这些京族女子的父兄、亲戚，闻知竹山日子好过，也先后前来投亲靠友，久而久之，也在竹山定居下来。而另一支原来居住于安南的黎姓和陈姓京族渔民，古代经常在北部湾北面的海上捕鱼，然后乘潮从现在东兴镇榕树头东头与江平镇巫头村西头之间的海峡进入长山鱼囊海，再穿过现在江平中学与江龙高墩村之间的海汊进入江平圩销售渔产，补给生活用品。当时江平中学校门口附近有一口水井，这些京族渔民经常在这口水井打水以补充淡水。天长日久，这些京族渔民便定居于江平中学附近的寨头村。这就是寨头村有不少京族人的缘故。定居于寨头村的京族人还在村内建有哈（吃）亭，每年按传统习惯举行哈节，后因岁月更迭，年久日深，且当地世居民族又多是汉族人，迁来的京族人入乡随俗，哈亭和哈节逐渐荒废与消失。至今，江平抽水站旁还有一块垌田，寨头村村民仍一直称之为“哈（吃）亭垌”，地下还留有当年哈（吃）亭的地基。因听说江平寨头村一带容易谋生，前来寨头村定居的京族渔民越来越多，寨头村已难以接纳，他们便在寨头村前海汊对面的新村、米漏村分散定居，以便于彼此照顾，故现在江龙米漏村、新村有不少京族人。除了黎姓、陈姓京族渔民，还有三支原居于安南的京族渔民，他们的迁徙路线是：一支京族渔民，由于经常乘船进入江平圩销售渔产，购置生活用品，他们把船泊在现在江平卫生院南面的坎头（今恒望村天主教徒墓地与加油站一带）上，销售完渔产和补充生活用品之后，便从泊船处向西穿过江平中学门口的海湾，从长山鱼囊海返程。他们偶尔也从泊船处向东，沿着红坎村东南方的海湾出海。往返次数多了以后，他们发现，红坎村外这条水路不错，比起长山鱼囊海，这条水路离江平圩近得多，最主要的是从长山鱼囊海处出海，靠近江平圩的那一段水路，海水浅，退潮时渔船经常搁浅，进出很不方便，而红坎村外这条水路，从江平圩一直到红坎村外面的大海，水域都比较深，渔船进出不怕搁浅。于是他们便改从红坎村外的水路往返，往来多了，觉得红坎村不错，既靠近江平圩，风景又好，便干脆在红坎村定居下来。另一支京族渔民则在巫头岛定居，人口增多后，又逐步向沥尾、山心两个小岛迁徙，形成了后来著名的京族三岛。还有一支京族渔民先是追逐鱼群来到贵明村住下，后发现贵明村地势低洼，下雨天经常被水浸泡，又迁到地势较高的交东村居住，以打鱼和种植龙眼（桂圆）为生。他们沿着江平河将海鲜和龙眼运到江平圩销售，并购回生活用品。古代江平地区有一首山歌唱道：“想食龙眼嫁交东，要烧好柴嫁滩龙，想住茅屋来嫁我，天天睡到日头红。”说的就是交东村盛产龙眼。他们从交东到江平圩多次往返以后，觉得交东村虽好，但每次往返江平圩太费时费力，于是便在江平圩经常泊船之处（今江平街旧中山公园处）定居下来。居住了一段时间后，由于所居之处太靠近河边，每逢洪水泛滥时都受淹浸，他们便逐步从河边往南面地势较高处挪移，最终定居于如今的江平中心小学的东侧。这支京族渔民便是现在江平镇江龙恒望村陶姓、阮姓和黎姓京族人的祖先。之后，这支京族渔民的后代又有一小部分迁到现在东兴镇的红石沟村一带定居，就近在东兴街和罗浮碗厂打工，加上原来散居于东兴镇及周边农村的京族人，东兴镇的京族人数逐渐多了起来。

在清代，外族人对京族先祖的称谓有所改变。这些京族先祖刚迁入中国时，当地世居民族称他们为“安南人”“京人”，越南人也称他们为“安南人”，而他们则自称为“京人”。这些称谓一直延至清朝。清嘉庆七年（1802 年），安南阮福映灭掉升龙城的阮光缵政权后，遣使向清政府纳贡请封，并致书广西巡抚孙玉庭，以其国先有越裳旧地，后有安南全境，恳请转奏清朝皇帝，改国名为“南越”。清政府认为“南越”与汉初赵佗所建“南越”国同名，今阮氏疆域“实止南越之隅，未便以一隅之地，遽以南越自称”。嘉庆八年（1803 年）四月，清政府复文阮福映，令其改称“越南”，并于嘉庆九年（1804 年）派广西按察使齐布森为使赴河内，宣封阮福映为越南国王，并颁给国印，“越南”国名由此而来。中国与越南的宗藩关系一直延续到清光绪十年（1884 年）清政府与法国签订《中法会议简明条款》，承认越南归法国保护为止。中法两国勘定中越陆地边界后，清光绪十四年（1888 年），清政府设立防城县，并在江平地区设立江平巡检司，统一管理中越边境地区广东段（当时京族聚居区所在的防城县归广东省管辖）中的白龙（今属防城港市防城区江山乡）、江平、潍散（今属防城港市防城区那良镇）、八庄（今属防城港市防城区峒中镇）、峒中一带边境乡镇。此后，当地世居民族对京族人的称谓变为“安南人”“越南人”“京人”，越南人则称他们为“唐人”“客人”“中国人”，而他们仍自称为“京人”。

综上所述，京族主要经历从燧人氏与弇兹氏、伏羲女娲氏、大典氏的炎帝神农氏、濮水伯、盘瓠、九黎部族的布洛陀、越部夜郎、百越、骆越、南越国、交趾郡、安南人、唐人或客人等的不断演进，是由伏羲女娲支的少昊支、九黎蚩尤氏支和炎帝神农氏融合而形成的民族，主体属于炎帝神农氏支民族。

京族名称的确定

中华人民共和国成立后，在 20 世纪 50 年代初期，京族曾被称为越族，1952 年设立了巫头、山心、沥尾 3 个越族自治乡。1957 年，当时的越族（京族）人向政府提出，要将越族改为京族，恢复其民族原有的称呼（此前他们都自称为“京人”），当时的广东省人民委员会（今广东省人民政府）和广东省民族事务委员会对此十分重视，指示正在筹建十万山壮族瑶族自治县的筹委会对此进行调研。十万山壮族瑶族自治县筹委会组织工作组，于 1957 年 11 月上旬深入越族聚居的巫头、山心、沥尾、江龙等乡，召开党、团支部会和干部扩大会、老人座谈会、群众会进行调研，还在江平区召开了有 40 多人参加的联乡越族人民代表会议（有少量汉族代表列席），正式把“越族”改为“京族”的理由和依据提交联乡越族人民代表大会进行充分的民主讨论，最后一致通过并决定把“越族”改为“京族”，由十万山壮族瑶族自治县筹委会以协秘字第 16 号文向广东省人民委员会和合浦专员公署报送了《关于改变越族为京族的报告》。后经国务院批准，1958 年始，“京族”正式定名。

京族人口变动及分布状况

1953 年第一次全国人口普查，广西越族（京族）人口数为 6596 人，主要居住在防城县江平区（第四区）和东兴区（第十区）。

根据 1957 年十万山壮族瑶族自治县筹委会的调查，当年全县越族（京族）共有 729 户 3531 人，绝大部分居住于江平区的巫头、山心、沥尾、江龙、竹山 5 个乡和江平镇上，其余散居于东兴区的东兴镇、东郊、北郊、楠木山、松柏等乡村。其中巫头、山心、沥尾 3 个自治乡的越族（京族）人口最多，占越族（京族）总人口的 76.4%。此外，在江龙乡的一些自然村，越族（京族）人口也相当集中，如红坎村越族（京族）人口占全村总人口的 64.7%，恒望村占 36.1%，寨头村占 26.7%，江平镇上共有越族（京族）22 户，占镇上总户数的 3.1%。

1964 年第二次全国人口普查，全国京族人口有 4293 人，其中广西有 4155 人，占全国京族人口总数的 96.79%，主要聚居于当时的广东东兴各族自治县（1965 年划归广西）。

1982 年第三次全国人口普查，全国京族共有 13108 人，其中广西有 9864 人，占全国京族人口总数的 75.25%，主要聚居于当时的广西防城各族自治县。

1990 年第四次全国人口普查，全国京族共有 18749 人，其中广西有 16406 人，占全国京族人口总数的 87.50%，主要聚居于当时的广西防城各族自治县。

2000 年第五次全国人口普查，全国京族人口达到 22517 人，其中广西有 20490 人，约占全国京族人口总数的 91%。在广西的京族人口主要聚居在防城港市，有 18106 人，且大部分分布在东兴市（县级），有 13966 人。而京族三岛的巫头、山心、沥尾 3 个村更是京族人口最多的地方，共计 5327 人，占全国京族人口总数的 23.66%。其余主要分布在江龙、潭吉、贵明、江平圩、东兴街和东兴镇的竹山、东郊、北郊等村或社区。

2010 年第六次全国人口普查，京族共有 23283 人（广西全区数据，全国数据暂缺），其中东兴市京族有 18660 人，主要分布于江平镇和东兴镇。其中，江平镇有 14378 人，东兴镇有 4047 人。京族三岛的京族人口最多，为 6957 人，占三岛人口 8622 人的 80.69%，占东兴市京族人口的 37.28%，其余主要分布在潭吉、江龙、贵明、江平圩、城南社区和东兴街、竹山、东郊、北郊等村或社区。

京族聚居区行政隶属关系的变化

京族从明代始定居于江平镇和东兴镇一带，此后至清代中法两国共同勘定中越两国陆地边界之前，京族聚居区隶属于广东省钦州县遵化乡如昔都。

清代，中法两国共同勘定中越两国陆地边界后，清王朝将钦州县的西南部与越南相接壤的边境一带从钦州划出，设立了防城县。同时，在江平镇设立江平巡检司，统一管理白龙、江平、滩散、八庄和峒中等边境乡镇。这时京族聚居区隶属于广东省防城县和江平巡检司。

1912 年至 1951 年 3 月，京族聚居区仍隶属于广东省防城县。

1951 年 3 月，防城县划归广西省，京族聚居区也随之隶属于广西省防城县，一直到 1955 年 6 月。

1955 年 7 月，防城县复归广东省，京族聚居区随之隶属于广东省防城县，直至 1957 年 6 月。

1957 年 7 月，防城县分为防城县和十万山壮族瑶族自治县，京族聚居区隶属于广东省十万山壮族瑶族自治县。

1958 年 5 月，十万山壮族瑶族自治县更名为东兴各族自治县，京族聚居区隶属于广东省东兴各族自治县。1959 年，防城县并入东兴各族自治县，京族聚居区仍隶属于广东省东兴各族自治县，直至 1965 年 6 月。

1965年7月，东兴各族自治县划归广西壮族自治区，京族聚居区隶属于广西壮族自治区东兴各族自治县。

1978年12月，东兴各族自治县更名为防城各族自治县，县治从东兴迁到防城，京族聚居区隶属于广西防城各族自治县。

1992年，广西壮族自治区批准设立东兴经济开发区，并批准设立东兴开发区工管委作为防城自治县委和自治县政府的派出机构，统一领导东兴经济开发区开发工作。京族聚居区隶属于防城各族自治县和东兴经济开发区，接受防城各族自治县和东兴经济开发区的双重领导。

1993年7月，防城港市（地级）成立，广西壮族自治区批准东兴经济开发区为正处级开发区，直属防城港市管辖。京族聚居区隶属于东兴经济开发区。

1996年4月，东兴市（县级）成立，京族聚居区全境隶属于东兴市，受东兴市管辖至今。

经济

流金淌银的海洋渔业

京族聚居区濒临的北部湾是一个天然的半封闭的海湾，平均水深 38 米，蕴藏着丰富的渔业资源，北部湾海域鱼虾类品种有 200 余种，水深 30 米以内的水域主要有蓝圆鲹、二长棘鲷、蛇鲻类、断斑石鲈、马鲛、海鳗、金色小沙丁鱼、脂眼鲱、鲐鲅鱼、小公鱼、海鲶、鱿鱼、墨鱼、章鱼、真鲷、对虾、锯缘青蟹，还有珍珠、鲎、海参、海猪、海牛等珍稀生物资源。沿海滩涂的生物资源也极为丰富，其中经济价值较高的有沙虫（方格星虫）、泥丁、车螺（文蛤）、海胆、泥蚶、毛蚶、牡蛎、贻贝、瓜螺等。

京族人的祖先本来就是以海为生的，来到北部湾沿岸定居以后，看到海上渔业资源如此丰富，而岛上的土地又如此稀少贫瘠，便一心一意地以“做海”为业了。

100 多年来，京族的渔业生产大致可以分为中华人民共和国成立前、中华人民共和国成立至 1954 年、1955—1964 年、1965—1984 年、1985 年至今（2012 年）五个历史阶段。

新中国成立前，京族渔业生产总体水平较低。绝大部分京族人以个体形式从事沿海滩涂作业，如耙螺、挖沙虫、掘泥丁等，部分劳动力充裕、经济相对宽松的家庭购置小型船艇进行浅海拉网、渔箔生产或由几户人家合股开展浅海拉网、渔箔生产、刺钓、小型塞网作业。这些作业的船只都比较小，均是木帆船。深海捕捞的较少，主要是少数有钱人家投资，雇用渔工进行生产。

中华人民共和国成立后至 1954 年，渔业生产出现一个小高潮。1953 年渔改后，一部分贫苦渔民分到了渔船、渔网和渔箔。同时，政府又向贫困渔民发放了低息甚至是无息贷款，帮助京族渔村购置了 40 多所渔箔和部分小渔船。渔民获得并增加生产工具，为渔业生产的发展提供有利条件。加上 1953 年渔改后，政府设立了水产管理机构，取消了渔栏主专卖特权，成立了渔民协会，1953 年冬至 1954 年春开始兴办渔业合作社。这些政策措施让渔民当家做了主人，因而生产的积极性也空前高涨。

1955—1964 年，是渔业生产政策、体制变动频繁的时期。1955 年，国家对水产品管理实行计划购销，国有水产公司成为水产品流通的主渠道，江平、东兴等镇开始设立水产站，县里成立水产公司。加之 1958 年人民公社成立后，生产关系与生产力不相适应，渔业经济处于徘徊状态。

1965—1984 年，是渔业生产极不稳定的时期。从 1965 年开始，京族聚居区开始推广渔业机械，深海捕捞用的木帆船逐渐被机动海船所代替，浅海捕捞用的小船艇、小竹筏逐步装用柴油机。由于渔业机械的发展，出现了深海灯光捕鱼的作业方式，渔业生产能力有了明显提高，但国家关于水产品购销政策变动频繁，国有水产公司统购统销的比例不断调整，影响了渔民生产的积极性。1964—1974 年，又是美国侵越战争期间，美国军机经常对北部湾公海作业的渔船进行轰炸扫射，渔民人身财产安全形势趋于紧张。20 世纪 60 年代末至 70 年代中后期，全国大搞“农业学大寨”“堵资本主义的路，迈社会主义的步”运动，京族村民的滩涂作业（如挖沙虫、掘泥丁、耙螺等）也被视为“资本主义尾巴”而遭到封杀。因而，渔业生产状况时好时坏，极不稳定。

1985 年至现在（2012 年），是渔业生产发展的高潮时期。1985 年，国家取消了水产品的购销政策，渔业经济体制向多种经济成分并存、多渠道流通方向发展，极大地调动了渔民的生产积极性。同时，由于水产品流通渠道畅通，水产品市场拓展到全国和欧美国家，加上改革开放后人民生活水平提高，对水产品的需求量大幅度增加，水产品价格不断上升，激发了渔民发展海洋渔业的积极性，海水养殖业迅猛发展，文蛤、对虾、青蟹等的养殖出现热潮，特别是虾蟹混养、高位池对虾养殖技术试验成功并推广后，京族聚居区海水养殖的热浪一浪高过一浪。巫头村一大批京族群众依靠养虾发了家，成为远近闻名的致富能手。

京族人“做海”的经验丰富，他们清楚、准确地了解和掌握潮水的涨落规律、渔业资源的分布、海底地形地貌及各个季节的风向、流速、鱼汛、鱼类的洄游（包括产卵洄游、生殖洄游、索饵洄游）规律等，并根据这些规律来确定生产方法以取得最大的生产效益。目前，京族人海洋渔业生产的主要方式有浅海捕捞、滩涂作业、深海捕捞和海水养殖四大类。

一、浅海捕捞

浅海，是指离村落不远、等深线不超过 30 米的近海。京族人“做海”首选浅海捕捞，因为需要投入的劳动力和资金不多，加上资源较丰富，在浅海和滩涂上劳作，也能丰衣足食了。浅海捕捞包括拉网生产、渔箔生产、塞网生产、寄赖箔和寄赖网生产。

（一）拉网生产

拉网生产，是一种拽地网作业。渔网分大、中、小三种：大网长约 1200 尺、高约 9 尺，网身由 6 张缯网组成，网眼小而密；中网长约 1000 尺、高约 7 尺，网身由 4 张缯网组成，网眼大而粗；小网只一张单网，长 300—500 尺、高 6—7 尺。作业时，把网放在渔船或竹排上，然后驾渔船或竹排在海上按半圆形的路线行驶放网，然后由岸上的两组人分别拉住网的两头往岸边慢慢拖拽。网被拉靠岸后，即可把圈在网内的鱼、虾、蟹捕获。拉大网需 30—40 人，拉中网需 20—30 人，拉小网只需 4—5 人。集体拉网，同心协力，男女同工同酬，四季作业。

沥尾岛的拉大网是京族浅海作业中场面较为壮观，也最能体现海居民族文化的特色活动。广西作家包晓泉对沥尾拉大网是这样描写的：

“当潮水在月球引力的调弄下涨起来，原先裸露在人们视野中的大片海滩渐渐被海浪淹没至不见，潮声哗哗，一直拍击到海堤坚硬的脚面，此时，只要天气晴朗，拉网前的下网便即将开始。大网卷起来的时候极重，渔人们会把它分成相连着的几部分来搬，一部分就叫作‘一扛’，一般是两人负责搬运一扛。一张网若是有十扛八扛，那么这支扛网的队伍便会拉出长长的一行。他们把网扛到海滩，然后将大网抬上以竹子为主体做成的小船，当潮水开始回落时，一两个人便开始驾着带有网身的竹艇向海里开去，大网徐徐被船拖开，船上的人一面让船走出一个巨大的弧形，一面慢慢地把网一点一点一挂一挂放进海里。网，最终围着岸被撒成一个半圆形，两边的网绳头，则由岸上的人们握着，此网绳头和彼网绳头之间在海滩上相隔的距离，可以远到千米。远看，两拨各自握着网绳头的队伍，似乎毫不相干，而实际上两边的拉网人谁也离不开谁。

京族人拉网，绝不会直接依靠手臂的力量。网绳很粗，每隔一两米，绳上就会出现一个绳结。无论拉网的是男人还是女人，他们都会在腰间系上一圈吊着弯钩的细绳，弯钩当然就钩在网绳的绳结上。十来个人沿着网绳排成纵向的一行，步履缓慢而沉稳，透出一种默契的节奏。当网子拉上来一段，人们会从绳结上摘下钩子往海边走，再把钩子挂上更靠前的绳结。这样的循环动作，一直持续到拉网完成。

如果没有特别情况，从拉网到收网，整个过程需要数小时之久。初时，两边拉网的队伍隔得极远，随着大网越收越近，两边的人也渐渐地相互靠拢，网收完了，队伍也就合二为一了。

在刚刚拉上海滩的大网里，鱼虾们依然不停地在跳动，阳光下鳞光闪烁，噼啪有声。每一张网都属于一个特定的小集体，每一次拉网都类似一场小型战役。当战役结束，小集体的成员便开始清点战果，打扫战场。他们忙而不乱，分拣有序，沉稳从容，鱼归鱼，蟹归蟹，虾归虾。就鱼类也分很多种。于是，不同的鱼被细致地按品种归拢为各自统一的一堆一堆，最后进到鱼筐或背在人们腰后面的鱼篓里，大一点和特别大的鱼可以在市场上卖掉，小一点的自家吃，再小一点的就拿去做鲶汁用了。现在，拉网者甚至不用再跑腿劳神地把鱼弄出去卖，一收网，鱼贩们就呼啦啦直接跑到网里挑挑拣拣，各取所需，别有一番风景。过秤和付钱都在海滩上进行，没有争执，没有欺骗，无须讨价还价，一切依惯例而行。鱼贩们过完秤，给完钱，把新鲜的海鲜放上一直开到海边的摩托车尾，‘突突’一阵声响，摩托车迅速消失在以木麻黄为背景的海堤公路上。此时，拉网者所要做的事情，就是平分所得，收拾网具，舒舒然回家去也。”

作者的眼光是锐利的，包晓泉在这里所描写的许多细节，如果不是专业的渔民，许多人一下子还不会注意，描写时作者的笔调亦充满了浪漫的色彩。需要注意的是，作者在这里所描述的，是现代的京家拉网。旧社会，京家拉网可不是那么舒畅惬意的。冬天冰冷的海水、泥泞的海滩和海滩上锋利的蚝壳，加上沉重的大网，使拉大网的渔人每前进一步，都要付出许多艰辛。拉网归来，不管是深夜还是白天，也不管你饥肠辘辘，还是累得全身散了架，为了不至于全家断炊，还得咬着牙，挑着渔担赶往圩场上卖海鲜，并买回一家大小所需要的柴米油盐。

（二）渔箔生产

渔箔捕鱼，是山心岛及恒望村、竹山村京族人的主要捕鱼形式。

渔箔是用木条和细竹构成的浅海捕捞设施。每所渔箔所需木条和细竹数百根、藤2000—3000条，选择水流急的滩涂作为箔地，占地一两百亩。渔箔的构造分头、身、尾三部分，其头大、身细、尾小而圆，形如漏斗。涨潮时，鱼群随潮水至滩涂岸边；退潮时，鱼群随潮水从渔箔头部的篱笆顺水流进疏篱，再流进渔箔尾部一个比一个小的三个箔漏，即可捕捞。一所渔箔一年可捕捞数千至上万斤鱼虾，如碰上丰年，一所渔箔甚至可捕捞数万斤鱼虾。

京族人对渔箔的使用，可以追溯到200多年前，最初的渔箔复杂一些，箔漏共有五层，现在已经简化为三层了。处在不同地方的渔箔，因为潮水等关系，所获鱼虾量相差甚远，上等渔箔在潮汛最合适的时候，每天捕到的鱼虾多达几百公斤，甚至上千公斤。

京族渔家出海探箔一定要趁海潮尚高之时，只有在这个时候，长10米左右的渔船才能极其畅快地行驶在水面上。20世纪60年代以前，做箔的渔船全是木帆船。1965年起，渔民做箔的船只才逐步改为机动船。

渔箔收鱼的最佳时段往往选在风清气爽、没有月光的夜晚，六七眼子的水期之时。做箔要讲“水期”，讲“白天”“黑夜”，讲“月色”。不合水期则鱼儿甚少，白天鱼儿也不会误入渔箔，只有在黑夜点上一盏灯，鱼儿才会乖乖地投入渔箔的怀抱。总之，做箔是很讲究技术的。

在最佳的收鱼时段，趁着夜色，辨着星光，京族渔家驾着渔船准确无误地驶到自己的箔地，将船缆系在箔柱上，点燃灯火悬吊在箔的第三层内，静静地等待潮水退去。渔箔的灯火透亮，这在夜晚的海面上对鱼虾有着几乎无法抗拒的魅力。潮水退到一米深时，渔人便开始捕捞箔漏中的鱼虾了。海水退到半尺深时，更多的鱼虾可随手擒来。

做箔的渔民十分自豪，他们认为，在这片海拥有一所渔箔，就等于拥有取之不尽，用之不竭的聚宝盆。

（三）塞网生产

塞网也叫“闸网”，分为密网和疏网两种。不同的网对捕捉不同的鱼种各有侧重。塞网和拉网的相同点在于都要选择适当的潮水期，所用网的长度与高度大体上是一样的，不同在于塞网属于滩涂上的固定置放网，拉网则是可移动网。渔箔虽也是固定置放类渔具，但它和塞网亦有不同之处。渔箔属导引型，一经建好就无须再动，而塞网属硬拦截型，需在潮涨之前预先设置，由网和沙土共同组成，形成海滩上的一个独立网圈。置网时，一般分成三组人来操作：一组负责号桩和插桩，即找好布网地点，插上挂网用的木桩；另一组负责挂网，即把大网网边挂到插好的木桩之上；还有一组则负责挑沙土，即用沙土把垂在海滩上的网脚空隙细致地填满压实。当海潮上涨时，万千鱼虾随波而来，顺潮而动，越过网顶进入网圈范围，至退潮时刻，网露出水面，鱼虾再想随潮水而去已经不可能，它们的退路被网和沙土构成的网圈彻底截断，只能在网圈中徒劳翻腾。等潮水降到低位，渔人入网捕捉，那种情形，犹如瓮中捉鳖。

（四）寄赖箔、寄赖网生产

寄赖箔、寄赖网生产是在渔箔捕捞或塞网捕捞结束之后的后续捕捞，也是京族渔村中普遍的捕捞方式。每一所渔箔或每一次塞网，箔圈或网圈范围内的海面一般都有几百亩的宽广范围。潮水上涨时，鱼虾随潮水涌进了这几百亩的宽广范围，退潮时，大部分鱼虾又随水势向渔箔或塞网圈内最深的地方流去，一直流进渔箔或塞网的最底部，直至进入箔漏或网袋。渔箔主、塞网主收捕时，一般只收捕箔漏或网袋中的鱼虾，没有顺水势进入箔漏或网袋中的鱼、虾、蟹等，则继续在箔圈或网圈范围内的宽广海面游弋。虽然大部分鱼虾已经进入箔漏或网袋被渔箔主、塞网主收捕了，但继续在箔圈或网圈范围内游弋的鱼虾还是要比其他区域多，也容易捕捉得多（因为箔圈或网圈范围内的海水比其他海域要浅得多）。于是，当潮水在入夜慢慢退去后，人们便带上鱼灯（有防风的三角灯、四角灯）来到渔箔或塞网的海域，见渔箔主或塞网主收捕完，人们便在箔圈或网圈范围内寻觅各自能捕捉的鱼、虾、蟹、螺。男人大多在海沟处用小拖网捕鱼虾，女人则在塞网海泥地域捉蟹耙螺。这时，海面上灯火点点，与天上闪耀的群星相互辉映，吆喝声、呼唤声此起彼伏，随着习习海风飘荡在广袤的夜空，远远望去，恰似大都市繁华的夜景。

二、滩涂作业

滩涂作业是指潮水退后或尚未涨潮时在滩涂上从事“做海”的各种劳作，包括耙螺、掘泥丁、挖沙虫、踩花蟹、巡青蟹、赶沙蟹、踩虾勾等。

（一）耙螺

京族渔村近海的滩涂广阔，适宜各种海螺繁殖生长，有车螺、红螺、白螺、泥蚶、毛蚶等，品种繁多，资源十分丰富，是大自然赐给京族人的宝贵财富。这些海螺以海藻及微小生物为食，是一种富含高蛋白且高钙低脂的天然保健食品。

每当潮水退去，京族村落的妇女、儿童便扛着螺耙（耙螺的工具），背着背篓来到海滩，他们将螺耙中间的绑腰绳往腰间一绑，螺耙柄往肩上一搭，便开始了一天的劳作。耙螺时需弯腰退行，边退边用螺耙不断刮动泥沙，每当螺耙碰到滩涂中藏匿的车螺、红螺、白螺等时，便会发出“咔嗒”“咔嗒”的声音，劳作者就会停下来，把螺捡进背篓里。劳作者就这样不断地来回耙，耙了一畦又一畦，不知不觉间，潮水又涨了起来，而收获的海螺已经把背篓装得满满的、沉甸甸的了。于是，劳作者解开绑在腰间的螺耙绳，把海螺分装在两个背篓里，挑在肩上，带着疲劳，也带着愉悦回家了。

（二）掘泥丁

山心岛、巫头岛、红坎村、竹山村、潭吉村的京族人在浅海生产中，较常见的就是掘泥丁了。

泥丁是生活在海涂半泥半沙之地或栖息在红树林植物根部周围海泥里的一种海虫子，状如蚯蚓，但比蚯蚓短，体长只有一寸左右。泥丁药用价值高，可益气补血，是京族贫寒人家给产妇、老人、病人滋补身体的最经济、最有效的食品，也是京族人家生产、出售和食用较多的一种产品。掘泥丁通常是妇女和儿童的活儿。白天潮水退后，人们便陆续到海边掘泥丁。在泥沙混杂的海滩，泥丁个小，要像在陆地开荒一样，一锄一锄地掘开泥沙，才能捡到泥丁。在海榄树根周围较泥泞的地方或海沙地，泥丁个头大，但不能乱掘乱挖，人们要寻觅泥丁眼，看准泥丁眼后，一锄头掘下翻起，便可挖到一条肥大的泥丁。一般半天下来，就可收获 2.5—3 公斤泥丁，直接（不浸泡海水）拿到集市出售，时下每公斤的售价可到 80—100 元。

（三）挖沙虫

沙虫是沿海沙滩中的一种状如蚯蚓的虫子，长度跟蚯蚓差不多，但比蚯蚓稍粗大。因它只生活在沙滩中，故名沙虫。沙虫也是一种营养价值较高的海产品，可益神醒脑，强肾补肝，加上沙虫可晒干，故市场价格昂贵。每公斤上等沙虫干，现在市场售价为 1400 元左右。

挖沙虫是京族妇女世代相传的一项技术活，通常是母传女代代相传。挖沙虫，要先学会辨别沙虫眼，沙虫眼较难辨别，与锁眼相似。特别注意的是，挖沙虫时，脚步要轻，脚步重了，沙虫眼就会闭缩。一旦看准了沙虫眼，要迅捷地挖一锹下去，然后第二锹、第三锹连续挖下去，方能挖到沙虫，动作慢了，沙虫很快横缩，也就白费工夫了。

此外，挖沙虫也很讲究潮汐期，通常选在大潮期（6—12 眼子），晚上涨潮，白天落潮以后沙虫才好挖。心灵手巧、动作麻利的京族妇女，现在一天可挖到二三两沙虫（晒干后）。

（四）踩花蟹和巡青蟹

踩花蟹（梭子蟹）和巡青蟹（锯缘青蟹）都是京族村落男人的海活儿。选择没有月亮的五六眼子潮汐的夜晚，潮退后，京族男子便去渔箔篱篙内踩花蟹。踩花蟹的方法是：在齐腰深的水中用双脚轻轻踩踏，如触及花蟹钳，立即停脚，全身下沉，用手向脚底下摸去，探清蟹钳方向，然后迅速抓住蟹身，放入篓中。踩花蟹也算是一种技术活，需要有多年的经验。

在京族村落不远的海滩上，有大片大片长着西草（一种海草）的泥涂，这里十分适合青蟹栖宿。每当季节适宜，青蟹便会成群结队地来到这些长满西草的泥涂，隐身于泥涂之中，只露出眼睛和触须。熟悉青蟹生活特性的京家男子便到这些泥涂来巡视，小心寻找青蟹的隐身之处，发现后先用力按住青蟹的背部，避免青蟹有力的钳子钳伤手，之后再将青蟹抓起放在背篓里。青蟹经济价值较高，现在市场售价一般每公斤 100—120 元。

（五）赶沙蟹

京族渔村沿海的沙滩，最适合沙蟹繁殖生长。沙蟹是一种如拇指大小的小蟹仔，因其生活在沙滩上，故名沙蟹。沙蟹身圆，外壳有花纹，白玉色，圆圆的身躯上有四对步足，常用第二、第三对步足在沙滩上爬行。沙蟹穴居在沙滩较深处。潮水涨时，它们躲在洞穴中睡觉，潮水退后，只要不下雨，无论是白天黑夜，沙蟹都会钻出洞穴，成群结队在沙滩上玩耍、觅食和呼吸新鲜空气。广阔的沙滩上，密密麻麻数以万计的沙蟹出洞的景象，白天远远看去，金色的沙滩就像雪花飘落满地；晚上看去，又似一块巨大的白色地毯铺在沙滩上。

沙蟹汁是京家的常备调料之一。沙蟹味甘肉脆，用其制作的沙蟹汁，味道甘甜，清爽可口。炎热的暑天，用沙蟹汁拌米饭或稀饭，清甜爽口，倍感甘凉。两广民间喜食的白斩鸡如蘸一些沙蟹汁来吃，味道则更甜更香，妙不可言。赶沙蟹、制作沙蟹汁是京族渔村常见的工作。

赶沙蟹白天也可以，但更多是在晚上进行。

20 世纪 80 年代以前，每年夏季，每逢夜晚潮水退去，京族家家户户都会有人出海，很多人就是去赶沙蟹。人们挑着木桶或大箩筐，点着“做海”用的三角灯，来到沙蟹出没最多的沙滩。人们用双手满满地捧起沙蟹放进木桶或箩筐，不停地捧，不停地放，也不停地随着沙蟹群的移动而移动，一直到将沙蟹装满木桶或箩筐才返程归家。第二天，街市上便会摆满一筐筐准备出售的沙蟹。

（六）捞鱼捞虾

从京族渔村向大海望去，涨潮时大海一望无际，碧绿湛蓝，潮退后，近海处则留下了广阔而高低不平的滩涂，滩涂中间又形成一些纵横交错、大小不等、深浅不一的小海沟。这些小海沟，便是鱼、虾、蟹潜藏的好地方，特别是红树林中间或附近的小海沟，潜藏的就更多，因而也是京家人赚钱谋生的好地方。

20 世纪 80 年代之前，每年的 3—10 月，如逢白天退潮，京族渔村中的男人们在东方刚泛起鱼肚白的时候，就带着捞鱼捞虾的大“捞巧”（一种用渔网做成的捕鱼工具），背着背篓，走出家门，互相呼唤，成群结队地来到这些小海沟，开始捕鱼捞虾。他们会趁着清晨精力充沛的时候，先集体作战，各自挥动手中的“捞巧”在小海沟中来回地推荡，把小海沟中的海水搅得波浪翻滚，浑浊不堪，而沉睡中的鱼虾会被突然而来的波浪和浑浊的海水搅得头昏眼花，纷纷从潜藏的泥沙中冲出，或浮出水面或蹦到岸上。一时间，水面上鱼儿翻腾，空中虾儿弹飞，把人们的胸膛、脸颊都撞痛了。这时，人们就更加起劲，一“捞巧”下去，就能提起半网兜的鱼虾，一两个小时过去，人们背篓里的鱼虾往往是满得不能再满了。虽然在那个年代鱼虾还没那么昂贵，但一背篓 10 多斤重的鱼虾，也能卖五六块钱，相当于在生产队工作 10 多个劳动日获得的报酬了。

（七）踩虾勾

虾勾，学名虾蛄。“虾勾”一词是京族地区白话（粤语俗称）的说法，京语称“毕毕”（音译），是京族居住地附近海滩上产的一种虾，其形似一般对虾，但比对虾大，一般如两三只手指合拢那样大小。

虾勾是京族海产品中的上品。特别是清明节前的虾勾，肥硕壮实，全身是膏脂，煮熟后，剥去外壳，便是一条一两寸长的沉沉的肉条，其中膏脂橙黄可见，吃起来香味四溢，营养价值很高，市场价格比一般对虾高得多。以前只有大户人家才吃得起，穷苦人家是吃不起二三月份出产的虾勾的。要解馋，也只能等过了清明节，虾勾瘦了不值钱之后。

一般在白天海水退潮之后，京族小伙便三五成群结伴出海，开始踩虾勾。清明节前的虾勾是藏在海滩的洞穴内的。虾勾洞穴有两个，一大一小，相隔四五尺，洞口是密封的，全靠仔细辨认虾勾爬行的依稀轨迹才能找到其洞穴。找到虾勾洞后，先用木棍（京族人称为“虾勾棍”）把大的洞穴捅开、拓宽，把洞穴内锋利的牡蛎壳捣碎，再用脚踩住洞穴并向下先慢后快用力，直到虾勾受到压力从小洞冲出为止。如用力过猛，洞穴里冲力过大，虾勾会冲上地面四五尺高才掉到地上。一般是两个洞穴内藏有一只虾勾，但也会遇到一个洞穴之内藏有两只虾勾的。每当两只虾勾一先一后冲出洞穴又弹跳着掉落地面时，踩虾勾的京族小伙就别提有多高兴了。现在，京族人家常用虾勾招待亲朋好友。

（八）敲牡蛎

白天，当潮水远离近海的时候，京族姑娘便带上牡蛎铁锹（一头扁一头尖的敲牡蛎工具）、竹箕，卷起裤脚，钻入红树林敲牡蛎。京族村落附近的海边天然生长的牡蛎属于近江牡蛎，个小，肉质细，成串成串地附着在树干上。敲牡蛎，要选黑榄密集的红树林带，那里牡蛎数量多，个头也大。一般半天工夫，每人都可敲到带壳的牡蛎一担（两个竹箕为一担）。

姑娘们把牡蛎挑回家后，各家各户便开始叮叮当当地敲开牡蛎壳，轻巧地取出肉，“叭”一声扔入碗里。待到夜幕降临时，家家户户炊烟袅袅，村前村后飘溢着牡蛎的万般香味，令人垂涎欲滴。

三、深海捕捞

深海鱼群众多，但风急浪大，捕捞作业的风险很大。在旧社会，京族渔村从事深海捕捞生产的村民不多，只有极少数富裕大户才能买得起大渔船和网具，雇请渔工进行深海捕捞。

为了发展京族的海洋渔业，开发利用北部湾丰富的海洋资源，20 世纪 50 年代末 60 年代初，江平人民公社在原来东渔业合作社的基础上建立了沥尾深海渔业大队，拥有 15 艘大渔船，183 名船员。船员主要由京族三岛和潭吉等村的京族渔民组成，其中有 18 名大工（技术员）。每条船配备 10 名水手，还有 20 人组成的后勤组。渔业大队设有党支部及支部书记、大队长、会计和出纳，当时的党支部书记为罗周文，大队长为苏权胜。沥尾深海渔业大队直属江平人民公社领导，实行独立核算。东兴各族自治县水产局为业务指导单位，派三名业务干部长驻渔业大队。

沥尾深海渔业大队使用机帆船，采用拖网等方式捕捞，因此海洋捕捞能力较强。大队的船主要在北部湾的渔场作业，远航作业时间较长的可达半年之久，较短的一般历时 10—15 天。一般年景年产 5 万公斤咸鱼，最高年产达 6.5 万公斤，还有鱿鱼干等海产品。当时海产品同农产品一样，由国家执行统购统销，咸鱼收购价每公斤 0.09—0.14 元，鱿鱼干每公斤 1.5 元。渔业大队总收入的 30% 用于归还银行贷款，30% 作为生产费用和公益金，40% 作为劳动报酬。

深海渔业大队实行按劳分等级分配政策：船员大工为一等，年收入 800 元上下；水手和大队干部为二等，年收入 600 元上下；一般人员不低于 500 元。渔业大队由国家定量供应商品口粮，按劳动强度每人每月为 17.5—22.5 公斤。深海捕捞的作业方式主要有拖网捕鱼和灯光捕鱼两种。

1. 深海拖网捕鱼。深海拖网是在较远较深的海域进行的捕捞生产活动，拖网则是京族深海捕鱼的常用手段。这种拖网捕鱼作业，通常由两艘大船拖一张大网并行（相隔 600—700 米），一网一网地捕捞，直至鱼虾满仓。从海岛到茫茫无际的远海渔区，有风的时候可能需一天半天，无风的时候可能要两三天才能到达。

2. 深海灯光捕鱼。入夜，当你站在京族渔村的海岸边举目远眺，可见夜幕笼罩下的大海深处一片星光灿烂，千万不要认为这灿烂密集的光是星空在大海上的映射，那星光灿烂之处其实是京族人家灯光捕鱼的场所。

20 世纪 60 年代以后，京族的海洋作业生产力有所提高，人们开始深海灯光捕鱼作业。因为灯光捕鱼需要投入大量的人力物力，所以通常以大队或生产队为主体，且船只的装载量要大，劳动力要清一色的壮年男子，10—20 人不等。

灯光捕鱼既要选择水期，也要选择没有月亮的夜晚，渔船行驶至深海渔区停泊好，并将大眼网撒下大海，然后每艘渔船点燃汽灯 10—20 盏，这时附近海面被照得通明透亮。鱼群喜灯光，纷纷从四面八方游向有光处，经过 3—5 个小时的灯光照明后，鱼群在撒下的大网中聚集。这时，渔民便可全力收拉大网上船，或用船上的机器起网。灯光捕鱼主要捕捉大鱼，小鱼小虾则放归大海。

深海捕捞，渔获量大，鱼虾质量高，收益好，但风险无处不在。大海深处，天气变幻无常，渔民们经常会遭受台风暴雨的袭击，甚至会遇到一些战争的威胁。如：美国入侵越南北部时，北部湾公海海面上空经常有美国军机对我国渔船进行轰炸扫射。1966 年 5 月 28 日上午，美机在北部湾海面上向我国正在正常生产作业的京族渔民轰炸扫射，打死打伤京族同胞多人。

四、海水养殖

京族地区的海水养殖在 20 世纪 80 年代开始出现，到 90 年代已有一定规模。

（一）车螺养殖

沥尾村在 20 世纪 90 年代初，利用海边沙滩地较多且适宜车螺生长的有利条件，大力发展车螺养殖，村庄里几乎家家户户养车螺。车螺远销上海、山东等地，获得了极为丰厚的收入，有的养殖大户一年收入超百万元。在沥尾村的带动下，有适合养殖车螺的近海滩涂的京族各村都养起了车螺。

（二）对虾养殖

养殖车螺形成热潮不久，“养虾热”兴了起来。巫头村经过实践，逐步发展成为以养虾为主的专业村。1998 年，该村利用 3000 多亩水面养殖对虾，兼养车螺、泥蚶等，平均每亩年收入 1000 元，总产值在 300 万元上下。该村较大的养殖户，年均养虾收入达 10 万元以上，成为村中首先富裕起来的京族人家。2002 年，自治区农垦养殖公司在巫头村附近的榕树头围垦区内引进了高位池养虾技术，获得了成功，单造对虾就创造了平均亩产超 1000 斤的纪录，养殖对虾的效益比原来提高了四五倍。之后，高位池养虾的先进经验在周围的京族养殖户中得到大力推广和应用，对虾养殖成了京族聚居区的热门产业。到 2004 年，巫头村已经有 50% 的渔户加入养虾队伍，许多活跃的边贸商人利用从事边贸积累起来的资金发展养虾业，也成了养虾大户。到 2004 年，巫头村海水养虾面积达到 2830 多亩，建起了现代化的虾苗场，实现了虾苗工厂化繁殖，为养虾业的稳定发展奠定了基础。沥尾村的虾塘也扩展到 3199 亩，联合经营的虾苗场有 12 个。山心村，包括养虾、养螺、养蟹在内的水面有 2100 多亩，其中养虾 80 亩。

（三）青蟹养殖

20 世纪 80—90 年代，青蟹养殖在京族村落中也逐步发展起来。山心、贵明、红坎、竹山等京族村落的村民先是利用村边的小海沟进行流水围栏养蟹，后来逐步发展到利用村边的滩涂围塘养蟹。起初，由于缺乏经验，蟹苗投放过多，养殖密度过大，蟹苗成活率不高。1983 年，江平交东村在自治区水产局的指导下，进行了鱼、虾、蟹混养的试验并取得了成功。这一经验在京族聚居区迅速推广，养殖户纷纷仿效，蟹苗投放量减少，与鱼、虾一起进行混养，使青蟹成活率大幅度提高。后来，又发展了架线吊养、购进瘦蟹进行短期育肥等新的饲养方法，使青蟹养殖的成活率进一步提高，每年养殖的批次增加，养殖收入成倍增加。

现在，京族村落的海水养殖业重心逐步转向名贵鱼类的养殖。

沧海变桑田的农业

围海造田，把沧海变成良田，是100多年来京族农业发展中的英雄壮举，也是京族人的无奈之举。

一、京族人围海造田的缘起

京族的祖先刚迁居到江平镇时，江平街以南，东到石角渡、西至长山村的地方都是大海。涨潮时，海水从南向北漫来，一直漫到交东村、吒祖村的山脚下，然后分开两股：一股沿着江平河溯江而上；一股沿着现在的江平街南面街边往西流去，穿过现在的江平中学与江龙高墩村之间的海峡，进入鱼囊海、长山海（今第二围垦区），然后与从东兴而来的北仑河汇合，流入大海。当时京族居住的沥尾、巫头、山心、佳邦、黄坡山、红坎、龙岭、潭吉等村落均是大海中的岛屿。岛外四周，全是浅海，潮涨时一片汪洋，潮退后则是一片片海涂。由于京族人住的海岛都不大，小的只有几平方公里，较大的沥尾岛、龙岭岛也只有二三十平方公里，所以耕地很少，而且海岛是冲积而成，土地都是沙质土，十分贫瘠。但海岛四周的渔业资源十分丰富，且京族的祖先本来就是渔家，于是京族人便以“做海”为主，维持生计，只在岛上种植一些玉米、番薯、芋头作为粮食。开始时，人口较少，用粮不多，岛上生产的粮食可自给自足。

随着岁月的变迁，京族人口增多，岛上生产的粮食渐渐地难以满足需要。而且相邻的其他民族也是近海靠海，粮食生产也只是满足自用，很少拿到市场上出售。京族人为了获取粮食，只能挑着海产品到江平镇的那漏、横隘等 10 多公里远的山村，甚至到 20 多公里外的那梭乡东山、稔稳、炮台等山村换回一些木薯充饥。此外，当时京族人居住的海岛与江平街隔着大海，交通极为不便，要到江平街销售渔产，购买日常生活用品都十分困难。虽然可以在涨潮时驾船或退潮时涉海而过，但长此以往，终不是办法。于是，为了解决粮食生产用地和交通困难的问题，京族人开始了围海造田。

二、旧中国时期的围海造田工程

京族人最初的围海造田，由于力量有限，多是各村几户人家联合起来，在住地附近选择地势较高、海水较浅的小片海涂进行围垦。每一围围出的土地也只是 20—30 亩，多也是 100—200 亩。因此，京族聚居区沿海村落都是零零散散地分布着一小片一小片的围垦区。

大约在清朝同治末期，由当地刘、利两姓人家发起，山心村京族人开始了山心与佳邦海峡的围海造田。海堤从山心村的西面村头一直往西延伸了近 2 公里，被称为“大仁基”（当地人称海堤为“基围”或“基”），再转向北沿着九曲江筑到横江村村口，被称为“佳邦基”，这两处形成了我们今天所看到的山心佳邦垌。时隔不久，当地的京、汉各族人民，又从山心村的东头村口，利用贵明村南边的小山包，把海堤一直向东延伸到班埃村对面，再转向西延伸到横江桥头。这两条长达 7 公里多的海堤的竣工，把贵明村和山心村包围起来，成为两个村共同居住的一个半岛，不但增加了 2000 亩左右的农田，也使这个半岛与大陆连了起来。

1885 年，法国入侵越南并占领了芒街。战乱中，大批难民避难来到中越边境的东兴、竹山等地，清政府拨款白银两万两赈济难民。当时的守边将领苏元春利用这笔资金围海造田，让这些难民和当地居民参加围垦，每天发给少许工钱，修筑了竹山经西灶至楠木山、西灶至白沙塘和三角岭至公蓬等海堤。这是当时最大的围垦工程，围出来的土地有数千亩。

大约在 1931 年前后，由江平镇江龙横江村的陈梓英发起，京、汉各族民众又从江龙红坎村东南角沿着九曲江的西面筑起了一道与佳邦海堤并列而行的海堤，一直筑到了现在的横江桥头，把原来沿着横江村流向江平街然后经江平中学流入鱼囊海、长山海的那一股海水拦腰截断。工程竣工后，海水涨潮到红坎村之后便沿着这道海堤与佳邦海堤之间的九曲江而上，到了横江桥头，进入江平河。而江龙高墩、新村、米留等村的村民也在高墩村西南面的鱼囊海地势较高的海滩上筑起了一个个小围垦区，把海水拦截在高墩村以南三四百米远的海滩上。从此，江平街以南，东到九曲江海堤、西至高墩村约 2000 亩的海涂变成了农田。江龙村南部的红坎、徐屋、刘屋、杨屋、高墩、米留等 10 多个村屯也与江平圩连成一片，再也不用涉海赶圩了。

中华人民共和国成立前夕，竹山村及其周围的村民又陆陆续续在竹山古街外的山尾头与大坝村、大坝村与角硬村之间的滩涂上筑堤围海，先后形成了几个小围垦区，围出的土地总面积也有数千亩。

三、新中国成立后的围海造田工程

1962 年，在贯彻实施《中共中央关于农村人民公社工作条例（草案）》时，巫头村的京族代表提出围堵潭吉村与巫头坳之间的海域。这样，一则可增加农田，二则可引夹浪水库的水灌溉巫头农田，三则可解决巫头村群众出入江平街要过海的困难。这一意见得到当时的东兴各族自治县和江平公社领导的采纳。于是，由当时的江平公社组织潭吉和巫头两个大队的京、汉各族群众，再抽调江龙等附近大队的社员支援，开始了潭吉与巫头之间的巫头坳海峡的围海造田工程。经过一年左右的时间，分别从潭吉陈屋（当地俗称“鬼弄头”）至巫头盐田一组、巫头坳黎二公渡口至巫头盐田基围头，筑起了两道拦海大堤，堤内 700 多亩海涂变成了良田。原来是孤岛的巫头村也与潭吉村连接了起来，变成了半岛。巫头村村民到江平赶圩再也不用过海了。

1964 年，沥尾岛的京族人提出了修建跃进基围海造田工程的设想，得到了广东省政府的肯定和支持（当时京族所在的东兴各族自治县归属广东省）。广东省民委拨款两万元作为工程的启动资金，后因行政区域调整和“文化大革命”，此事便被搁置。正在这时，沥尾村第 20 生产队率先开始自力更生围海造田。第 20 生产队人多地少，三代人计划围海造田的愿望都因种种原因没有实现，这次全生产队干部群众都下定决心要围海造田，三个 70 多岁的“老愚公”带头上阵，还有 4 个年轻姑娘誓言不完成这次围海造田就不结婚。全队 50 多个劳动力齐上阵，个个劲头十足，日以继夜地工作。经过半年的努力奋斗，终于筑堤 200 多米、造田 40 多亩，一年增产粮食 5000 多公斤。第 20 生产队围海造田的事迹教育和启发了沥尾全岛的干部群众，大家决心靠本大队的力量筑堤拦海造田。大队党支部书记何永裕总领全局，协调各方；副书记苏明英克服晕船，带头打破妇女不能上船出海的旧风俗，随船参加捕鱼，渔闲时组织渔民装运石头支援围海造田；民兵副营长苏权成带领全队民兵走在前、干在先，哪里有危险就冲往哪里。全大队人人都争着为筑堤拦海多出力，负责农业生产的日夜挑土，负责渔业生产的在汛期出海捕鱼，渔闲时则给围垦工地装运石头。经过两年多的奋斗，终于筑起了一道长达 3600 多米的海堤，围出了近 1000 亩土地，造出了 500 亩稻田。这个工程被称为“跃进基”。

1965 年 10 月，京族聚居区最大的围垦工程——榕树头围垦工程（又称“第一围垦工程”）开工建设。榕树头围垦区位于江平镇（当时的江平公社）巫头村与东兴镇（当时为东兴公社）竹山村榕树头屯之间的北面。工程主要是从巫头村西头修筑一道拦海大堤至竹山村榕树头屯的山头上，把北部湾的海水拦在大堤之外，把原来从江平镇红岭至松柏村以南的鱼囊海、长山海中的 1.6 万余亩海涂变成良田。由于工程浩大，当时的东兴各族自治县从全自治县各公社抽调了一万多名劳动力参加了此围垦工程的建设。经过三年多的奋战，全长 2980 米的拦海大堤于 1969 年 4 月 1 日合龙断流，1969 年 6 月完成主要工程。工程由国家投资 180 多万元，共用工 135 万个工日，用粮（大米）150 多万公斤（不含社、队自筹部分），造田 1.6 万余亩，保护原有农田 1.4 万余亩。围出的土地，巫头大队分到 2500 亩，其中直接可耕地 1600.09 亩，火光农场分到 600 亩，其余都由当时的自治县革命委员会分配给人多地少的人民公社，由分到土地的人民公社组织 200 多户移民进行开垦。如今，各地迁来开垦的农户已定居此地，在开垦出来的土地上种植双季稻。江平公社也因此增加了一个新的大队——榕树头大队。

榕树头围垦工程结束后，沥尾的京族村民提出与国有江平盐场合作建设第二围垦工程。该工程主要是把横跨沥尾与潭吉两个京族村的直江海峡截断，需在海峡的东头和西头分别修筑两道拦海大堤。经过东兴各族自治县领导的协调，决定：由沥尾大队修筑从沥尾村东至潭吉村陈屋队的长达 1950 米的东大堤，江平公社从各个大队抽调一部分劳动力给予支援，国家拨付 8 万元修建排水涵洞；由江平盐场负责修筑从沥尾村西头孙屋至巫头南闸处长达 1450 米、高 6 米的西大堤，从自治县里抽调少量劳动力支援。此围垦工程于 1970 年 7 月开始建设，当时的大队党支部副书记黎文绍首先带领 30 多个民兵组成施工队伍，冒着严寒在海滩上安营扎寨，开始不分昼夜地工作。当时的民兵营长谭家积带领 100 多个民兵驾船过海，顶风冒雨在山上凿石运石。民兵营副指导员黄永泰和他 50 多岁的母亲、3 个妹妹一家五口日夜奋战在工地上。女民兵连副指导员罗周群则带领突击队开展劳动突击竞赛。罗周群个子小，体力差，但挑的担子却比别人的重，走得比别人快，两肩挑肿了，她就晚上敷药，白天继续挑土，肩头磨出了鸡蛋大的厚茧。老贫农杨绍清带着儿孙，三代人一起上阵，虽然杨绍清已经 60 多岁了，但他仍坚持参加最危险的断流工作。正是依靠这种不惧辛劳、不畏艰险的精神，拦海大堤终于在 1972 年 5 月建成，将巫头、沥尾、潭吉之间 6000 多亩的浅海直江垌变成了陆地，沥尾岛与大陆从此连成一片，孤岛变成了半岛。筑堤拦海围出的土地，沥尾大队分到 1800 亩稻田、499.5 亩旱地，并有水面 1000 多亩。这些耕地按人口分配到生产队，使沥尾大队人均耕地增加了四倍。

1972 年，竹山村及其附近村庄的村民在当时的东兴公社的支持下，开始了五七围海造田工程。经过一年多的奋斗，他们把历史上形成的大坝基、角硬基等一道道各自独立、互不相干的海堤串通连接起来，并加大加固，形成了一道新的五七围垦大堤，而把五七围垦大堤内原有的旧海堤推平，让原来各个小围的土地连成一片，使五七围垦大堤内的农田增加到 10800 多亩。

经过 100 多年的围海造田，京族人拥有的土地大面积扩增，人均耕地超过了一亩，粮食总产量和人均粮食占有量也提高了。为了进一步解决围垦的土地贫瘠、盐碱性大、粮食亩产较低的问题，中华人民共和国成立后，京族人和当地其他民族同胞一起，在政府的领导和支持下，大力开展水利建设，先后修筑了夹浪水库、黄淡水库和江平拦河坝工程，引水灌溉围垦的土地，还先后于 20 世纪 60 年代末、60 年代初和 70 年代中后期开展了三次大规模的土地改造——深翻改土、盐碱田改造和平整土地。如在围垦的土地上开沟排酸、排毒并开展防洪工作，冬闲大种绿肥，增施磷矿肥和有机肥，并学习农业科研机构在沥尾直江垌和榕树头围垦区高产水稻种植的科学经验。经改良后，盐碱田双季稻亩产量达 600 公斤，杂优水稻单季亩产达 500 公斤。京族村落特别是京族三岛的种植业因此焕发出生机，如沥尾村 1980 年反映京族三岛当时种植业发展状况的年报统计资料显示：这一年，沥尾村有 641 户 3004 人，劳动力 1276 人，耕地为 9970.5 亩（其中水田面积 7171.5 亩、旱地面积 2799 亩），粮食总产量为 112.73 万公斤，人均有粮 375 公斤，已经有余粮出售。

在长达一个多世纪的围海造田过程中，京族人充分显示了执着、坚忍、友爱、团结的民族特性。在那个生产工具极其落后的年代，不管是烈日炎炎的酷暑还是朔风怒吼的寒冬，不管是雨暴风狂还是惊涛拍岸，他们年复一年，日复一日，披星戴月，与潮水争夺时间，硬是用肩挑、双手垒（垒砌石头），在茫茫大海中筑起了一道道海堤，围出了一片片良田。其中挑了多少土，开凿和垒砌了多少石头，流了多少血汗，实在无法统计。仅是沥尾村（当时称为大队）就总共筑起大堤 5500 多米，完成土方 24 万立方米，以每一立方米土方宽度计，其长度达到 240 多公里，比沥尾岛到南宁市的里程还多了约 50 公里。在众多的筑堤京族儿女中，特别值得一提的是巫头村谭家进和谭桂英父女，他们多次在围垦大堤断流合龙或是出现渗流的危急关头，面对惊涛骇浪和巨大的漩涡，毫不畏惧，冒着生命危险潜入漩涡和巨浪中堵塞漏洞。此种以身护堤的英雄壮举，更是将京族人坚忍不拔、不怕牺牲的民族特性展现得淋漓尽致。榕树头围垦工程和第二围垦工程开始后，由于工程浩大，东兴各族自治县从附近各公社抽调部分人员前来支援。工地附近的京族同胞，尤其是巫头村和沥尾村的京族同胞，他们主动腾出自己的房舍、水井给援建工人使用，并经常给工人们送粮食、海鲜、蔬菜和柴火，保证后勤供应。就这样，京族和其他民族同胞一起，共同谱写了沧海变桑田的历史篇章。

如今，当年围垦的土地上已是满目苍翠、稻花飘香，通往京岛渔村的一条条柏油路上，往来车辆川流不息。围海造田，不仅解决了粮食难题，也让京岛与大陆紧密相连，开辟了京族人幸福安宁的康庄大道。

蒸蒸日上的工业

京族聚居区地处边陲，工业基础十分薄弱。100 多年来京族聚居区的工业大体上可以分为几大板块：一是以生产工具和日常生活用品为主的个体手工业生产，二是海产品加工，三是海盐生产，四是陶瓷生产，五是其他工业生产。

一、个体手工业生产

清末民初至中华人民共和国成立之前的半个世纪，京族聚居区的生产工具和日常生活用品的生产基本是依靠小手工业者的家庭作坊，这些家庭作坊主要从事铁器生产、木器生产、渔船修造、网具编织、纺织、晒染、各种风味小吃的制作、酿酒等。其中，从事铁器生产、木器生产、车缝生产、各种饮食和风味小吃制作几个较大规模的手工业作坊主要集中在东兴镇和江平镇，东兴镇有 200 多家，从业人员 400—500 人，江平镇有 40—50 家，从业人员 100—200 人。

清末民初，东兴出现了打铁街。打铁街位于现在的东兴新华路尾、北仑河大桥桥头一带，当时街上约有 20 户从事打铁的家庭作坊。江平街也有五家打铁铺，符四公、刘荣利、符彩同等人都是当地有名的铁匠。木器生产在当时也具有较大规模，东兴街、竹山街、江平街和沿海渔村都有一些木器作坊，主要生产或修造小渔船、艇以及日常家庭生活所需的床、桌、椅、凳。竹山街上还有一些经营木材粗加工的作坊，因为竹山港靠近越南和中国东兴，有地理上的便利，广东、福建的一些商家便把从越南购回的贵重木材运到这里进行简单的裁截，或做成粗坯后再运到广东、香港等地销售。江平街上由京族人林源、何永卿等人开设的木屐铺则专门生产木屐售给乡民，所生产的木屐，用料讲究、造型新颖、做工精细，很受乡民欢迎，在当地颇为有名。车缝生产在东兴街曾经兴盛一时。由于东兴特殊的地理位置，汇聚了各色人物，如东兴街民、政府官员、警察、中外商贾、碗厂工人、农村百姓、云南烟帮、拉滩船的纤夫、小火船的职员等，他们要求制作的服装不同，有唐装、西装、中山装、旗袍、军警服装等。因此，东兴街上的数十家裁缝店会制作各式各样的衣服来满足各种各样的要求。而江平街就相对简单，只有六七家裁缝店，制作的大都是简单的唐装或当地京族人穿的衣裤。饮食方面，东兴主要有茶楼的点心饼食和供达官贵人交际时所用的菜肴，而江平街较之就丰富得多，如风吹饼、虾饼、煎堆、芋头糕等，制作各式各样京家风味小吃的小作坊和摊点遍布街头巷尾，吆喝声不绝于耳。

中华人民共和国成立后，京族聚居区的手工业经过社会主义改造，走上了合作化的道路，建立了各种合作社，如铁业合作社、车缝合作社等，绝大部分手工业者参加了合作社。1958 年人民公社建立后，手工业合作社全部由公社管理，变成了社办企业（1985 年后随着乡镇政府的恢复改名为乡镇企业），并在原有基础上有所发展。改革开放后，国家对手工业生产的政策宽松优惠，手工业生产得到了前所未有的大发展。

二、海产品加工

随着渔业生产的扩大，渔产越来越多，直接出售鲜活产品有不少困难，京族人不得不思考海产品加工问题，于是出现了传统的海产品加工。

（一）鲶汁生产

鲶汁，又称“鱼露”，是用新鲜的小鱼虾腌制而成的一种液体调味品，是京族的特产之一。其中，山心村鲶汁产量最丰，因而，山心村素有“鲶汁之乡”的美誉。腌制鲶汁不受季节限制，全年皆可制作。由于农历三月至六月鱼虾捕获量大，因此这段时间鲶汁的产量高。鲶汁制作技术简单却很讲究：先准备一个洁净的大瓦缸或塑料缸，缸底垫稻草和沙包做过滤层，在过滤层下的缸脚边凿一小孔，并嵌入装有塞子的小竹管或胶管作为导汁管。之后把洁净的小鱼虾和盐按 3 ∶ 1 的比例搅拌均匀，铺入缸内，加盖密封。大约一年后，美味的鲶汁便可从导汁管流出来了。初次滤出的鲶汁，色泽金黄透明，奇香沁心扑鼻，是鲶汁中上乘的佳品，俗称“头漏汁”。头漏汁流完约需半年的时间。接完头漏汁以后，将缸内的鱼浆倒出，以等量清水搅拌，然后按 10 ∶ 1 的比例放入盐，煮沸，重新倒入缸中继续接汁，这样所滤出的鲶汁俗称“二漏汁”。滤完二漏汁，剩下的鱼浆便直接用作肥料。

（二）沙蟹汁的制作

京族聚居区盛产沙蟹，但人们不习惯鲜吃沙蟹，因它个小肉少。京族人捉回沙蟹后，用淡水将沙蟹洗干净，舂碎，拌以适量的海盐，用小缸或小盘装好，在烈日下晒一两天后再享用，这就是京族聚居区有名的沙蟹汁。这种沙蟹汁，吃起来香甜酥脆，极有味道。沙蟹汁除可以用来下饭外，还可以炒菜，用沙蟹汁烹调的菜肴香甜可口，别有风味。

（三）海蜇加工

在京族渔村附近宽阔的海域上，每年 3—5 月，到处漂浮着一团团透明的灰白色晶状物体，形如蘑菇，每只约五公斤，随着东南风向西北海域漂流。当被海浪推到沙滩上，这些物体一堆堆的，看上去亮晶晶、软绵绵，腐烂成水后会散发出一股腥臭味，人如碰到，皮肤会痒得难受，这就是海蜇。改革开放前，人们不了解海蜇，把它当作污染海滩的废物，唯恐避之不及。改革开放后，人们才知道海蜇是个宝，经过加工处理的海蜇变成了在高级餐馆才能享用的美味佳肴和高档保健品。现在，海蜇的捕捞、收购、加工、销售，已形成了完善的产业化经营，成为京族三岛从业人员最多，生产经营规模最大、经济效益最好的产业。

20 世纪 90 年代中期，仅沥尾村已有 250 户约 1000 人参加海蜇的捕捞和加工。1998 年，外销了 310 车加工后的海蜇，每车 6000 只。据此计算，全村当年捕捞海蜇 186 万只，按平均每只售价 2 元计算，渔民捕捞收入是 372 万元。每只海蜇加工费为 0.8 元，加工收入为 148.8 万元，与海蜇销售有关的收入合计共 520.8 万元，而且完成这 520 多万元的产值只需 3 个月的时间。

2012 年，京族三岛有 100 多个海蜇加工厂，大的加工厂雇工近 100 人，小的加工厂雇工 30—50 人。这些加工厂有的是京族人独资兴办的，有的是京族人与来自辽宁、河北、浙江、福建、广东等地的商人合资兴办的。京族三岛还有一些村民到越南沿海各地开办海蜇加工厂，到 2012 年共有 20 多个加工厂。海蜇加工的兴起，使京族三岛的渔业经济效益倍增。

（四）其他海产品的加工

京族聚居区海产品繁多，在海产品的加工方面，渔民在长期实践后逐步有了一整套生产技术和方法，下面主要介绍几种。

1. 腌制鱼干。腌制鱼干的方法有两种：一是淡晒，二是“一流盐”后晒干。淡晒鱼巴（鱼干），是上等的鱼干。晒时要选择上等大鱼，如红鱼、鱿鱼、墨鱼等，且要选择阳光灿烂的日子，阴天下雨就不宜制作。淡晒的鱼干，保留时间长，营养价值高，是赠送亲朋好友的佳品。“一流盐”腌制鱼干，即在选好的鱼货中，放少许盐，一两个小时后，捞出晒干。这种用“一流盐”晒的干鱼货，其味可口，下饭送酒，妙味横生。

2. 干晒沙虫。新鲜沙虫用热水稍浸后捞出，用竹条将其内外翻转，然后一条一条地放在竹搭（一种竹编的晾晒工具）上，晒干即成。

3. 干晒鱿鱼。将新鲜鱿鱼破开并去除内脏，用小竹棍撑开，吊在竹竿上或放于船篷上晒干即成。

4. 干晒虾米（仁）。大中虾放入锅中，放些许盐，煮熟捞出，放于烈日处晒干即成。

此外，还有干晒螺肉等。

相对于传统的海产品加工，现代化的海产品加工企业的兴起为传统加工业注入新的活力。改革开放以来，通过招商引资、合股经营等方式，京族聚居区出现了一批规模较大的现代化海产品加工企业。这些加工企业，规模大，科技含量高，产品销路广，极大地推动了京族聚居区的海产品加工业的发展。如东兴怡诚食品有限公司、广西东成工贸开发有限公司和思丰海产品实业有限公司三家企业，2011 年的工业总产值达到 12.9 亿元。另有一批较具规模的海产品加工企业如海世通水产品加工厂、恒洋国际水产品冷冻厂、宏盛水产品加工厂、保通冷冻食品有限公司、鑫宇实业有限公司等企业正在逐步建设。

三、海盐生产

京族聚居区最早的海盐生产是晒海沙，将海中捞起的沙子在地板或木板上铺成薄薄的一层，经过太阳暴晒，水分慢慢蒸发，沙子上便结满了一颗颗盐粒。捡起盐粒，丢掉沙粒，即成了海盐。还有一种海盐生产是先把沙滩耙松，让其吸纳海水，待太阳或热风蒸发水分后将沙挑到卤漏，以水灌沙，让沙里的盐溶解于水，再将这些盐水倾注于石池暴晒，并撒以少量盐种，再次蒸发成盐。后来，发展到铁锅煮盐，即把海水装进铁锅里，用火慢慢熬煮，加热后海水不断蒸发，盐巴在锅中就结成厚厚的一层，最后把盐巴收集起来即可。清朝道光末年，盐田晒盐的生产工艺从外地传入京族聚居区，京族人就陆陆续续地开始采用盐田晒盐。先把海涂围起来，按照一定的坡度把海涂整理成一块块的盐田，然后从蓄水池中把海水放进最高处的田块，让海水由高到低流入每一块田，海水边流边逐步蒸发，等到海水流到最低的田块（结晶池）时，水的含盐度已经很高了，再经过一天或半天的暴晒，结晶池中的海水（此时已成卤水）便逐步变成一颗颗盐花在池中沉淀下来，这时候就可以收盐了。人们把收起来的盐巴挑进盐仓，让残留在盐粒上的卤水滴净，整个生产工艺流程便全部完成了。至清光绪初年，京族聚居区已有盐田 11 处，但规模都比较小，多是一二漏水（一漏水为一个生产单元）。苏元春用清政府所拨赈济灾民的两万两白银修筑了竹山经西灶至楠木山、西灶至白沙塘、三角岭至公蓬等海堤后，于 1887 年在松柏岭背的围垦田内开发了九漏水的盐田，后人称为“苏宫保盐田”。这是当时京族聚居区规模较大的盐田。1911 年，京族人参与了江平富户老邓公发起的广福盐田围垦开发。他们在潭吉村与江龙龙岭村之间的海湾上筑起了东、西两道海堤，把海水挡在堤外，然后在海堤内开垦了盐田，形成了 10 多个盐漏，后人称之为“广福田盐田”。1944 年，江平街居民何南昌和钦州人李显治合股开发了潭吉与巫头之间的巫头坳盐田，后人称之为“广济龙盐田”。时隔不久，潭吉村人黄高升又在广济龙盐田北面相隔百米的地方围起了一处盐田，称为“潭吉盐田”，而山心村民利用大仁基围内不适于农耕的土地开垦出山心盐田。红坎村民范绍芬和杨屋村民杨永谋等人合股在广福田盐田的北面进行围垦，开发出江龙盐田，红坎村民称之为“屯边盐田”。长山村的村民也在本村附近海涂上围垦，开发出长山盐田。到 1950 年，江平已有盐田 20 多处，共有 78 个盐漏，年产海盐 540 吨。

中华人民共和国成立后，这些盐田全部由人民政府接管。1951 年 5 月，因连续遭受台风大潮袭击，90% 的盐田损坏严重，加上私盐冲击严重，公盐滞销，管理难度大，于是当时的防城县政府把设备差、产量低、盐质差、成本高的盐漏裁废，江平的 78 个盐漏全部在裁废之列，186 名盐业工人转业。后因盐产量下降较大，原盐供不应求，1953 年 6 月，县政府又决定启用裁废的盐田，开始复晒，并于 1958 年建立了江平盐场（国有企业）和江平盐业社（集体企业），统一管理京族聚居区的各处盐田。

江平盐场建立后，场领导带领工人们艰苦创业，先是大力加固原有盐场海堤和盐仓，确保盐业安全生产，并大力推进技术创新：1956 年开始将传统的龙骨车扬水改为风力扬水，1970 年又利用黄淡电站输送的电力进行电动扬水。结晶池的材料也进行了更新。原来用石子铺设的结晶池，石子大小不一，不够平滑，石缝又大，颗粒多，利用率较差。1966 年 7 月，开始推广使用缸片结晶池，结晶池池底平、缝小、比热小、吸热多、蒸发量大、结晶快、产盐多、损盐少，使盐的产量和质量都有了大幅度提升。同时，为了迅速、准确地掌握天气变化情况，及时指挥调度生产，1954 年开始，江平盐场自筹资金，架设了电话线路，方便了盐场与外界的联系，对指挥生产起到了较好的作用。1985 年 7 月，盐场与当时的钦州地区气象站签订了专业天气预报有偿服务合同，利用电话实时传递气象信息，极大地提高了预报的准确性。1988 年，盐场安装了变频电话对讲机，购置了一批小型步话机分发到各级生产指挥者手上，有效地提高了生产指挥效率。

在加快技术革新的同时，江平盐场规模也不断扩大。1970 年 7 月至 1972 年 5 月，江平盐场与江平公社通力合作，共同进行了沥尾直江垌的围垦工程建设。此围垦工程完成后，盐场分到 2700 亩土地。1972 年，投资开垦了 240 亩盐田，建成两个生产单元，列为盐场沥尾工区第 8 组。1977—1991 年，开垦了 1215 亩盐田，建成 7 个生产单元，这也是江平盐场最大的生产组。与此同时，盐场贵明工区也扩建了 150 多亩盐田。

经过多年努力，江平盐场总面积达到 7500 多亩，固定资产 630 万元，土地资产评估值达 1.44 亿元，在册职工 311 人，其中在职职工 153 人，离退休职工 158 人。平均年产盐 8000 吨，最高年份（1991 年）盐产量达 17741 吨。江平盐场上缴的利税成为改革开放前东兴各族自治县地方财政收入的主要支柱之一。

江平盐场处于京族聚居的村落之中，其工人半数为京族人。

四、陶瓷生产

中华人民共和国成立前，京族聚居区的另一个较有规模的工业生产是陶瓷生产，主要生产地点在东兴镇郊的罗浮村。

中国东兴对面的越南芒街，陶瓷工业比较发达。1926 年，芒街有兆丰、裕丰、广南隆、广兴隆、普利、新广、顺洪等 10 多家碗厂，工人达到数千人，以华侨居多。1938 年，芒街的陶瓷工匠有 2000 多人，其中绝大部分是中国人。这些中国工人，一部分是东兴本地居民，他们早上到芒街碗厂工作，晚上回到在东兴的家；一部分是江平的京族人，为了谋生，他们利用与越南人语言相通的优势，来到芒街碗厂当工人；还有一部分是因生活贫困而从云南等地来到芒街碗厂当工人的。东兴人利用地缘优势，引进技术，于 1937 年在东兴镇东郊的罗浮村办起了东兴罗浮碗厂，专门生产小碗、中碗和盘、缸等产品，销往越南和附近地区。1958 年改为东兴各族自治县陶瓷厂，属国有企业，但生产方式仍然比较落后，用畜力踩泥，拌成浆状，再用木模具做成半成品，主要设备有阶梯窑一个、车间五间、泥坑一个。1972 年，陶瓷厂的产量为 119.9 万套，总产值 35.9 万元。1976 年进行设备更新改造，增设了球磨机、打浆机各一台，建设了浆池、沉淀池、晒场等，全厂职工 51 人。20 世纪 90 年代，陶瓷厂关闭。

五、其他工业生产

20 世纪 40 年代，东兴镇办起电厂，装机容量 20 多千瓦，专供镇里照明使用。中华人民共和国成立后，京族聚居区除了原有的工业，又新发展了一批工业企业，有东兴农械厂、东兴自来水厂、东兴芒编厂、东兴石雕工艺厂、东兴造纸厂、夹浪电站、黄淡电站、江平农机修造厂、江平电镀厂、江平自来水厂、江平木器社、江平爆竹厂，还有砖瓦厂、钾镁肥厂等。这些工业企业有的是国有性质，有的是集体性质。集体性质的企业一般为公社或大队所有，统称为社队企业，1985 年政社分开后，统称为乡镇企业。其中，国有黄淡电站创办于 1960 年，位于黄淡水库大坝脚下，装机 5 台，容量为 814 千瓦，设计年发电量为 250 万千瓦时。黄淡电站开始发电后，东兴镇原有的火力发电厂和江平夹浪电站均被取代。黄淡电站除专供东兴、江平两镇用电外，在 1965—1975 年 10 年间，还应越南方面要求，无偿为越南芒街供电 10 年之久，无偿供电达 500 万千瓦时。东兴石雕工艺厂创办于 1970 年，是一家集体企业，工人总数为 40 人。其产品曾获广西优质产品奖，1982 年和 1986 年荣获广西工艺美术评比一等奖，1984 年获轻工部产品评比百花二等奖，并多次参加在美国、法国、日本、加拿大、新加坡举行的国际博览会并巡回展出，深受国际友人的好评，远销 20 多个国家和地区，最高年销量达 5500 件。

进入 21 世纪后，京族聚居区先后引进了一批红木家具生产和销售企业。据统计，截至 2011 年底，东兴镇红木家具经营商达 300 多家，东盟贸易中心、百业东兴等红木家具市场和教育西路、新华路等红木家具街亦成形并成为红木家具交易集散地。集红木加工销售于一体的企业有 160 多家。其中，东兴市家家鸿红木家具有限公司、陈园红木家具有限公司、华平红木家具有限公司、永丰红木家具有限公司、正鑫红木家具有限公司、彤利泰红木仿古家具有限公司、桦麒红木家具有限公司都颇具规模，直接从业人员一万余人，产品远销上海、北京、西安、天津、郑州、长沙、福州等地，年销售额达 30 多亿元。

六、江平工业园

2006 年，为了适应广西北部湾经济区发展的新形势，中共东兴市委、市政府决定建设江平工业园。

江平工业园位于江平镇的西面，与巫头、沥尾、潭吉三个京族村相邻，规划总面积为 8.03 平方公里，分潭吉、巫头、沥尾三个片区，首期开发建设的潭吉片区占地 2.03 平方公里。2006 年以来，投入基础设施建设资金 3.4 亿元，完成了“三通一平”等基础设施建设。防城港市政府和东兴市政府给予该园区一系列优惠政策，为园区的招商引资创造了良好的条件。2010 年底，入园企业 41 家，在建企业 27 家，建成投产的企业七家，年工业产值 6.08 亿元，利税 6800 万元，提供就业岗位 3600 多个，有力地推动了京族聚居区经济的发展。

源远流长的边境贸易

京族聚居区与越南海陆相连，往来交通便利，当地京、汉各族民众与越南边民之间的民间贸易自古有之。东兴镇、竹山古街和江平圩是古代中越双方边民往来贸易最多的地方。特别是东兴镇，自从连通东兴和芒街的北仑河国际铁桥建成之后，很大程度上免除了商人们的乘舟之苦，便利了往来，促使贸易量大增，东兴由此成为中越边境线上 100 多年来最大的边贸互市点和对外贸易的重要口岸。

东兴镇位于我国大陆海岸线的最西端，始建于梁大同元年（535 年），至今已有 1400 多年的历史，与越南广宁省芒街市只隔着一条宽 100 米左右的北仑河，因位于北仑河的东岸，故谓之东兴。中华人民共和国成立后，先后是十万山壮族瑶族自治县、东兴各族自治县的县治，是京族聚居区经济、政治、文化中心，直至 1978 年东兴各族自治县县治搬迁到防城镇，改称防城各族自治县止。1996 年，国务院批准设立县级东兴市，东兴镇再次成为县治和京族聚居区经济、政治、文化中心，新时期最大的中越边境互市贸易点。

一、旧中国时期的边境贸易

自古以来，京族聚居区民众同越南边民都有贸易往来，早年交易的物品主要是海鲜、粮食、木材、建材（主要是石灰）、瓷器和手工制作的家庭生产生活用具。中法战争后，清光绪十一年（1885 年）六月九日，中法两国在天津签订了《中法会订越南条约十款》，中国承认法国对越南的“保护”，中法两国开始勘定中越两国陆地边界。清光绪二十一年（1895 年），中法两国签订了《续议商务专条附章》，法国获取了在东兴设立领事馆的权利，大批法国工业品开始从越南进入我国东兴、江平一带倾销。清光绪二十二年（1896 年）五月七日，中法两国又在北京签订了《中越边境会巡章程》。其中，规定防城县要在与越南对应的地方设立对汛所，即芒街—东兴、北市—里火（后改为滩散）、横模—冷洞。边民在对汛所领到护照或“过界长往准单”（一种可在对方边境暂住的证件）后，按指定的路线过境，过境时先交给本国的对汛牟（负责对汛的小官）签字，过境后由对方的对汛牟验明放行。1900 年，中法合作兴建的连通中国东兴与越南芒街的北仑河国际铁桥开通，中法双方正式开始设立关卡办理往来客商及货物的出入境业务。由于铁桥直接连通中越两国，进出方便，因此，国内外商贾纷纷慕名前来，一时间东兴的商号商铺猛增，各种各样的货物随之增多，贸易量也大量增加。

民国初年，边境贸易进一步发展。除群众零散交易外，东兴还有恒和顺、裕泰庄、三泰利、安兴庄、仁和庄、东南美、宏安庄、源太庄等八大庄口专门经营边境贸易，生意十分兴隆。美、英、法、日等国运入越南的商品，如洋纱、棉布、日用百货、香烟、洋酒、金属制品等源源不断地输入东兴市场，并销往内地。当时中方出口的商品有药材、生猪、鸡、鸭、鹅、爆竹、青麻、八角等各种农副土特产品及人。

抗日战争时期，中国沿海口岸多被日军占领和封锁，云南省通往东南亚的陆路通道也被切断，幸存下来的东兴成为中国西南主要对外口岸。国民政府在越南海防市设立西南运输公司分部，负责接收和转运当时国际支援中国抗战的军需品和救济物资。这些军需品和救济物资相当一部分是从越南海防运至芒街进入我国东兴，然后再转运至全国各地的。与此同时，其他外国商品也通过芒街源源不断地进入东兴，然后销往国内其他地区。防城乃至大西南各省的大宗出口产品也大都经东兴出口，远销国外。于是，中越各地大小商贾云集东兴互市，川流不息，通宵达旦，更兼法国殖民主义者在芒街招商，开办了赌场、舞厅、酒楼等，因此，当时的东兴呈现出一派繁华景象。

抗日战争胜利后，东兴通往芒街的铁桥虽设有关卡，但人员往来仍然比较方便，持有“过境纸”（东兴警察局签发，当天有效）和越南身份证（又叫“身税”）的，可通过铁桥往返东兴与芒街。如果没有“过境纸”和“身税”的，也可以搭渡船或从北仑河涉水过芒街，有的中国商人还乘船到越南的岳山、海防等地经商。当时，边境贸易较大宗的进口商品有石油产品、生橡胶、轮胎、食品罐头、烟酒、塑料制品、大米、玉米及海产品等，较大宗的出口商品有棉布、棉纱、针织品、蚕丝、八角和药材。

二、中华人民共和国成立后边境贸易的发展

中华人民共和国成立后，为方便东兴与芒街边民之间的小额贸易的开展，1951 年，我国政府专门在东兴过境铁桥桥头右侧划出一块地方，作为中越边民交易的市场，取名“东兴边缘市场”。

1954 年 7 月 7 日，中越两国政府签订新的关于开放边境小额贸易议定书。按照议定书的规定，我国政府于 1954 年 9 月 7 日和 1955 年 1 月 6 日，先后开放了滩散、东兴两地作为中越小额贸易口岸，越方也开放宝肯、芒街两个口岸，允许边民往来贸易。

当时，越南北方国有商业网点仍未完备，中越边境贸易便成了越南边民进行货物交流、调剂余缺的主渠道。依据中越两国有关边境小额贸易议定书的精神，中国政府又对边境贸易实行许多优惠政策，如当时规定国有贸易公司的供销方针是“先满足越南人民的需求，然后满足本国人民的需求”，因而中越边境小额贸易得到蓬勃发展，趋向繁荣。

1959 年，经中越双方再行议定，进出口货物种类做若干增减。中方准许出口的 74 种商品减少 15 种，另外增加四种，成为 63 种。越方准许出口的 68 种，减去 41 种，增加四种，成为 31 种。

1965 年以后，美国军机在越南北方狂轰滥炸，越南方面为了边民的安全，准许他们到东兴等中国边境地区避难，中方本着人道主义精神，积极为越方避难群众提供便利，对他们用带来的物品在中方边境市场换取日用必需品的行为，中方海关、市场管理部门视为互市性质，一般不干预。不少越南商贩借机到中国边境市场做买卖，特别是芒街的越南商贩，他们涉水渡过北仑河，后来直接摆渡过河，将干鲜渔产、化纤布匹、尼龙袜、胶鞋、肥皂、电风扇、钢铲以及越南自产的手工业品和农副产品带到东兴河堤路和其他街巷售卖，然后又买回烟酒、塑料鞋、保温瓶、陶瓷制品、小刀、铁锁、指甲钳、钢笔、圆珠笔、香水、中成药等他们所需的商品。根据东兴各族自治县商业局 1973 年 2 月 13 日的边境贸易简况报告，

这一时期越方边民每天约有 600 人来到东兴，节日期间则在 1000 人以上；在贸易成交额上，东兴镇入境物资每月约 2.5 万元，出境物资约 12 万元。这种边境自由贸易一直持续到 1978 年上半年。

1978 年底，中越关系恶化，中越边境贸易中断 10 年，直到 1988 年。

三、改革开放后边境贸易的发展

1988 年下半年，中越关系逐步缓和。1989 年 2 月 2 日，为了把握好中越关系的新趋势，掌握边境工作的主动权，中共钦州地委副书记、行署专员平雷和当时中共钦州地委副书记唐英（京族）与中共防城各族自治县委书记李明星、副书记陈荣贵（京族），在东兴召开了一次小型研讨会。另外，参加这次会议的还有钦州地区有关部门负责人黄桐香、防城各族自治县有关部门负责人马丛坤等人。在这次研讨会上，李明星、陈荣贵等人简要地向两位地委领导汇报了边境工作近期出现的新情况，平雷、唐英两位领导分别介绍了云南以及广西百色、南宁地区中越边境上的一些新情况，并分析了中越关系的新走势，一致认为中越关系进一步恶化的可能性极小,可能会出现一个新转折,即进一步缓和。两位地委领导要求，防城各族自治县要主动研究新形势，做好迎接中越关系新转折的思想准备，包括医治战争创伤，恢复边境地区的生产和各项建设，恢复边境民间贸易，维持好边境社会治安等。这次会议时间只有两个多小时，参会人员也不多，但对防城各族自治县把握好当时中越关系的走势，做好中越关系正常化以及开展边境贸易工作的思想准备极有帮助。

1989 年 2 月 5 日（大年三十）下午 2 时左右，近 100 名越南边民手提土特产，涉水渡过北仑河，从原东兴公社办公大楼门前的码头爬过铁栅栏入境，越过封闭了 10 多年的边境线，进入东兴镇，涌向电线街、中山街、菜市街，采购日常生活用品。中共防城各族自治县委、政府当即决定：“公平交易，保持稳定，下午 5 时前越南边民必须全部离境。”2 月 6 日（大年初一）零时 30 分开始，成群结队的越南边民肩挑手提土特产，一边用半生不熟的东兴白话喊着“中国阿哥莫开枪，莫开枪”，一边蹚涉水淌跑过寒冷的北仑河，潮水般涌入东兴，东兴镇政府立即组织公安干警和民兵赶往现场维持秩序。至拂晓，约一万名越南边民把东兴镇的电线街、建设街、中山街、菜市街等街道挤得水泄不通。至上午 10 时，东兴所有商铺的货物均被越南边民抢购一空。紧接着初二、初三、初四直至正月十五元宵节，每天都有一批批提着鸡鸭，扛着八角、砂仁、海鲜的越南边民涌进东兴镇互市。越南边民用带来的土特产换取中国的热水瓶、电风扇、自行车、缝纫机等日常用品。刚开始，交易方式大多是以货易货，几天后才开始用人民币进行交易。春节过后，越南下龙湾、海防甚至河内等地的大小商家争先恐后地从陆路、海路奔向芒街涌入东兴，而东兴镇北郊、东郊、竹山、楠木山、长湖、牛轭岭、松柏等村的边民大多出动，每天有五六千人挑着啤酒及日用百货到越南进行贸易，大多在越南芒街的明阳、哥隆桥底等处进行交易，换取越南大米回来销售。江平镇的许多京族群众闻讯后纷纷赶往东兴，先是了解越南的情况，特别是打听如何与越南人做生意的渠道，然后就开始与越南人接洽，做起边贸生意。广东、福建、浙江、上海、北京等地的商家也纷纷奔赴东兴，开展边境贸易，东兴边境贸易迅速升温。

突然涌来的边境贸易大潮，令长期处于中越军事对峙前沿阵地的东兴镇措手不及。一时间，狭小的街道人流如潮，商店的商品纷纷告罄，饭店、酒店爆满，旅馆人满为患，一些客商甚至露宿街道两旁。狭窄的防东公路车轮滚滚，班车里的乘客往往被挤得喘不过气，连车顶上也装满货物。此外，两国边民和过境货物基本上从东兴镇河堤路沿岸的简易码头出入，主码头位于东兴镇中山路口与河堤路交界处的北仑河边，主要交通工具为铁壳拉滩船，边民花 1 元钱就可以乘船往来。交易语言大多数用京语和东兴白话。京族人、10 年前从越南回国被安置在东兴的华侨、住在东兴会讲京语的边民充分利用自身优势，在此轮中越边境贸易大潮中抢得先机，成为东兴边境贸易的主角。

1989 年 2 月 15 日，李明星在防城主持召开了自治县委、人大、政府、政协四家班子联席会议，会议的主要内容是通报春节以来越南人大规模涌入边境我国圩镇特别是东兴镇抢购日用品的情况，并研究春节后各项工作如何展开。会上，春节期间一直在东兴工作的陈荣贵向与会领导汇报了有关情况，建议自治县委、政府针对中越关系的新变化迅速采取有力措施：一方面要迅速组织力量开展边贸管理工作；另一方面要加强边境社会治安管理，维护边境正常的生产生活秩序。李明星在会上强调，1989 年原定的各项工作要按计划迅速开展。同时要求各领导分头负责，深入边境一线了解边境贸易和边境管理情况，协助边境乡镇管好边贸和边境社会治安。

2 月 21 日下午，钦州地区与防城各族自治县在防城南园饭店召开联席会议，参加此次会议的有关部门负责人有周泽峰、邓道生、滕树烈、陈其雄、许永益、邓法超、周列、李明星、黄品权、陈荣贵、郑秀兴、林积玉、马丛坤、吴世章等人。会议专题分析了春节以来东兴等边境圩镇出现的新情况，研究了如何开展边境贸易和如何加强边境管理的问题。经研究，决定实行“开点堵面”的办法，即开设边境贸易交易点，让双方边民入点交易，对非边贸点的边境线坚决堵住，不准任何人随便越界。中共钦州地委副书记唐英主持了会议，并在会议总结时明确宣布防城各族自治县要争取开设四个边贸点：东兴西门码头、潭吉村码头、峒中旧圩、那垌滩散旧街，竹山码头作为原有（中越关系恶化前原有）的边贸点争取恢复，具体由防城各族自治县行文报自治区政府批准。

1989 年 3 月 4 日，李明星主持召开防城各族自治县党政联席会议，专题研究防城如何开展边境贸易工作。会议决定成立边境贸易工作管理机构，统一指挥全自治县边境贸易工作，名称定为防城各族自治县（东兴）边贸办事处，陈荣贵兼任办事处主任，卢天源、欧旭潜、陆注林、黄毅、马从坤兼任副主任。该边贸办事处下设办公室，办公室主任由欧旭潜兼任，工作人员从自治县商业局、供销社抽调，办公地点设在东兴。

3 月 11—13 日，中共广西壮族自治区委员会在南宁召开边境工作会议，专题研究开展边境贸易和加强边境管理的问题。会前，自治区党委副书记陶爱英深入东兴等地进行边境贸易和边境管理工作的专题调研。唐英和陈荣贵陪同陶爱英实地考察了准备开设边贸点的东兴街西门码头、竹山码头、潭吉村码头，并要求自治区政府尽快批准在这些地方开设边贸点。

自治区边境会议结束后不久，自治区正式批准防城各族自治县开设东兴西门码头、峒中旧圩、竹山码头、潭吉村码头四个边贸点。

与此同时，防城各族自治县（东兴）边贸办事处也在紧锣密鼓地筹备中。1989 年 4 月初，第一批抽调的工作人员梁恒、郑明、黄瑞生、唐国怡、戚培强、刘胜、何建维、宋文斌、陈波、莫荣伟、龙雨明、项英权陆续到岗，陈荣贵以边贸办事处的名义在自治县支前办马从坤主任处借了 8000 元开办费，购置了办事处所需办公用品。4 月 5 日上午，边贸办事处正式挂牌办公，并由陈荣贵主持召开了第一次办公会议。会议明确了边贸办事处的职责，各位主任、副主任的分工以及办事处当前的主要工作：一是抓紧制订边贸管理办法，二是做好边贸点开点准备工作，三是进一步加强边境治安管理工作。而这些工作中，特别是要尽快做好边贸点开点的筹备，力争尽快开点。

经过紧张的筹备，1989 年 4 月 15 日，东兴街西门码头贸易点正式开点营业，由防城各族自治县商业局、供销社组织了 30 多家公司和部分个体经营户进点经营。随后不久，竹山码头、潭吉村码头贸易点和峒中旧圩贸易点也相继开点经营，从此拉开了新时期的东兴边境小额贸易和批量贸易的大幕。

东兴西门码头边贸点位于东兴北仑河大桥中方右侧，与越南芒街的哥龙码头相对，中间隔着约 100 米宽的中越界河——北仑河。边贸点开放后，每天客流量在 5000—8000 人。1979 年，北仑河大桥（当时名为“北仑河友谊大桥”）被炸断，货物和人员往来都是靠木头或铁板做成的拉滩船运输，每天有 300—400 艘小船穿梭于东兴与芒街的河面上，场面蔚为壮观。双方边民通过互市，增进了了解，也增进了友情。他们在边贸点或挥手送别，或协调货物交接、运输等，气氛融洽，宛如一家人。这情景被陈荣贵看到，他感慨万千，赋诗《边境贸易红似火》一首，以记录北仑河上的所见所感。

人如潮，船似梭，
界河日夜唱欢歌。
越南农产品，
中国工业货，
南来北往昼夜栽，
边境贸易红似火。
战场变商场，
干戈化玉帛。

娇小越南妹，
憨厚中国哥，
椰树底下签合同，
生意成交乐呵呵。
笑声一串串，
涨满北仑河。

同扛一面旗，
共唱一首歌。
并肩抗美帝，
合力驱法倭。

本是同志加兄弟，
何来相煎多。
友谊万代传，
永像北仑河。

这首诗，用白描的手法真实地再现了北仑河边境贸易繁忙的景象，真切地反映了中越边境由“战场变商场，干戈化玉帛”后两国人民欣喜的心情，也表达了京族聚居区人民乃至全中国人民渴望边境和平安宁、中越两国世代友好的心愿。

竹山码头边贸点位于东兴镇东南面的北仑河出海口北面，紧挨竹山古街，与越南茶古岛隔海相望，相距约 1 海里，与东兴镇相距约 6 公里。20 世纪 60 年代，京族聚居区第一、第二围垦区没有建设之前，竹山港是水路进入东兴的咽喉之地和海上进入越南最便捷的通道。故明清以来，广东、福建和东兴等富商巨贾均以此为基地，大量采购越南名贵土特产和上等木材运往广东、福建和港澳等地谋利，抗日战争期间尤为繁盛。而本地京、汉各族民众与越南边民那时亦开展一些小额贸易。1989 年重新开设边贸点后，每天往来于越南与中国竹山的货船有 100 多艘，每年贸易成交额有 3000 万—4000 万元。

潭吉村码头边贸点位于京族潭吉村正东面，与巫头、沥尾两个京族村相连。1989 年，这里被辟为边贸点后，越南货船源源不断地来潭吉港进行贸易。1989 年进入江平潭吉港的边贸货船近 300 艘，1990 年达 364 艘，货物吞吐量为 25770 吨，贸易额达 3700 多万元。

1989—1991 年，京族聚居区的边境贸易从民间小额贸易发展到批量贸易，交易方式从易货到现金结账，经营的商品种类从农副产品、日用化工产品到农业机械、建筑材料等，品种繁多。中国进口较多的产品有大米、海产品、中药材、八角、茶叶、木薯干、木材、橡胶、煤炭，向越南出口量较大的有成衣、布匹、家具、日用百货、饮料、玻璃、瓷砖、水泥、钢材、柴油机、五金家电等。据不完全统计，1989 年，东兴边贸点贸易额超过了 1 亿元，1990 年达 1.26 亿元，1991 年达 2.07 亿元。

1992 年，在邓小平南方谈话精神的鼓舞下，京族聚居区的边境贸易有了更大的发展。3 月 17 日，广西壮族自治区人民政府领导率直属的 20 多个部门相关领导在防城各族自治县召开了加快东兴开发开放的第一次现场办公会，决定由自治区支持东兴建设 14 个基础设施项目，总投资 1.2 亿元人民币。6 月 1 日防城各族自治县人民政府公布了《关于国内投资开发东兴的优惠政策》的文件。6月9日，国务院函〔1992〕62号把东兴列为进一步开发开放的五个边境城市之一，给予11条优惠政策。自治区人民政府批准在沥尾村企厄沙开设边贸点。7月25日和7月31日，自治区党委、自治区人民政府分别批准设立东兴经济开发区并成立开发区工作委员会和管理委员会，行使县级党委、政府的职能，以加快东兴经济开发区的开发建设。9月26日，国务院特区办公室批准东兴设立4.07平方公里的边境经济合作区，并给予了一系列优惠政策。随着中央和自治区关于加快东兴开发开放的一系列举措的出台、公布和宣传，国内各省（区）、市和港澳台地区的商家以及海外侨胞更看好东兴的发展，愈加积极地参与到东兴的边贸业及其他投资置业之中，前来东兴的商家大幅增加，边境贸易发展势头更猛。到年底，边境贸易额达4.5亿元人民币。

随着边境贸易的升温，东兴与芒街出现了“跨国上班族”。

每天早上8时，中越界河北仑河边的东兴、芒街口岸，手持“边民证”的人扛着装满各种商品的大包小包，潮水般涌进“开闸”的口岸联检大厅，迈出国门，走过全长111米的北仑河大桥赶到对岸的越南芒街或中国东兴开摊守店，晚上8时前再返回中国或越南。据统计，每天从东兴口岸出境到越南的“跨国上班族”有1000多人，而通过北仑河大桥来东兴做生意的越南边民也有近1000人。

1993年5月，国务院批准设立地级防城港市，东兴经济开发区作为县级单位直属防城港市管辖，东兴的边境贸易进入新的阶段。1993年7月，东兴开发区工管委进一步建立和健全了边境贸易管理制度，重新制定了《贸易点管理暂行规定》《边境贸易人员进出境管理规定》《边贸货物进出管理暂行规定》等。对直接参与边境贸易的人员实行凭证管理，即经边贸领导机关批准发给边境贸易许可证才能进出边贸点；经商人员、边贸人员出境，凭公安机关发给的边民通行证或县、地（市）、自治区批准出境洽谈（考察）的批文，按指定的通道出境，并限当天往返（上级机关批准的按批文的时间执行）。1994年6月10日，中越两国制定的《东兴—芒街口岸（含边贸点）出入境人员管理暂行办法》开始实施。双方边境地区人员持本国“出入境通行证”“卫生检疫证书”出入双方国境（各国政府允许的边境地区范围），每证每月双方各盖一次出入境章，便可在当月多次往返使用。两国卫生检疫部门签发的“卫生检疫证”有效期为半年。东兴、芒街的政府领导和工作人员往来，可取道北仑河大桥。

1996年后，边境贸易管理进一步规范化，由边防、海关、检验检疫、工商、边贸等职能部门共同管理，严格按照国发〔1996〕2号、桂政发〔1996〕36号及外经贸政发〔1998〕844号、财关税〔2008〕90号通知精神对边境贸易做了规定：边民通过互市贸易进口的生活用品，每人每日价值在人民币8000元以下的，免进口关税和进口环节税；超过8000元的，对超出部分按法定税率照章征税。边民从事边境小额贸易的，则按50%征收关税。东兴出现了一般国际贸易、边境互市贸易、边境小额贸易三种国际贸易方式同时进行的局面。

为了进一步扩大边民互市贸易，东兴市人民政府于2003年投资兴建东兴市边民互市贸易区。东兴边民互市贸易区位于东兴市区西面北仑河东岸，占地面积367亩，建筑面积10万平方米，建设项目包括边贸码头、联检办公场所、农副产品专业市场、海产品交易市场、仓储物流配送中心、金融服务中心等，总投资3.5亿元人民币。2004年10月26日，广西壮族自治区商务厅下发桂商函〔2004〕4号文，同意东兴市边民互市贸易区正式开放使用。同时，东兴市边境贸易管理局认真做好服务工作，采取积极措施，鼓励边民和边境小企业积极参与边境贸易，鼓励外商和国内企业投资，给予投资者优惠待遇。2003年5月19日，东兴市人民政府与广西壮族自治区交通厅合资建成开通东兴口岸罗浮验货场，货场运作全程实行信息化管理，拥有3万平方米混凝土货场和2000平方米海关监管仓库。海关、检验检疫、边防、口岸、交通管理等口岸联检部门进驻货场联合办公，进出口货物所有的通关手续在货场可一站式办理完毕，大大提高了通关速度，提升了东兴口岸的竞争力。

无限的商机吸引了各地商贾。近几年，东兴口岸的出入境人数年均达到280万人次，最多时一天近2万人次，在全国陆路口岸中仅次于深圳罗湖口岸和珠海拱北口岸。东兴全市人口不足20万，其中流动人口多达7万。

如今，在东兴每10人中就有近2人从事边境贸易。边境贸易的繁荣让成千上万的边民富裕起来，家家住洋房，户户有轿车，早已是平常事。多年前的边贸小商贩纷纷开起了轿车，在繁华的商业地段拥有了自己的商铺，有些还成长为当地赫赫有名的实业家……2010年，东兴城镇居民人均可支配收入达21069元，农民人均纯收入达6929元，均居广西之首。

四、边贸大潮中的京家弄潮儿

在100多年的边境贸易中，京族人始终扮演着重要的角色。清末至中华人民共和国成立前，京族人利用他们与越南边民语言相通、越南亲戚朋友多以及水上运输方便等有利条件，经常利用小渔船、小货船往来于越南和中国东兴、竹山、江平圩之间，把中国产品推销到越南，又把越南海防、芒街等地的产品载回中国，在钦州、防城等地销售。有的京族人还与越南人开展双边合作，互相代理各自在对方国家的业务，年底结算分红，以减少双方往来耗费的时间和费用。进入20世纪90年代，京族人更是充分利用自身的有利条件，或自己办公司开展边贸业务，或与人合股，共同经营边贸生意，或牵线搭桥，开展中介业务，或担任双方的翻译，或组织装卸公司，为交易双方提供货物装卸服务……边境贸易让京族人发了家，致了富。特别是竹山、潭吉、沥尾企厄沙、白龙四个边贸点都位于京族村落附近，极大地方便了京族人贸易活动的开展。这些村的许多京族人都是全家参与边贸，获得了丰厚的收入。在改革开放后的新一轮边贸热潮中，一大批有文化的京族年青的一代参与进来，他们思想解放、视野开阔、信息畅通、敢想敢干，在边贸领域闯出了一片天地，许多人成为京族聚居区闻名的能人，如巫头村的李奇、刘福珍、谭保，沥尾村的武卫军，山心村的刘基全、阮成福、黄永华，江龙村的徐金生、范胜良，竹山村的施永强、阮仕建、阮尚华、邓伟、邓飞等人。

改革开放后，一大批京族干部迅速成长，成为京族聚居区党政机关的领导，如唐英、陈荣贵、苏维生、林兴、刘成金、赖国威、阮成德、苏维芳、黄玉周、杨永嵩、陈显科、苏秀良、刘成东、莫振芳、黎日发等人，他们有的是当年防城各族自治县的党政主要领导或直接分管边贸工作的领导，有的是当年东兴经济开发区或者钦州地区、防城港市和东兴市领导层的成员，有的是边贸活动中主要职能部门的领导。他们与李明星、黄品权、禤祖和、曾宪生、禤德焕、廖汝奋、邱小华、卢天源等壮、汉族领导一起，根据国家和自治区的政策部署，服务于京族聚居区的边贸工作，为推动和发展边境贸易，富民兴边做出了重要的贡献。

方兴未艾的旅游业

京族聚居区地处中国大陆海岸线的西南端，东南濒临北部湾，北面背靠十万大山。这里四季气候温和，草木葱茏，枝繁叶茂，风景如画。绮丽的京岛风光、独特的民族风俗、罕见的红树林、飞舞的鹭鸟、别样的边关风情以及绵延 13 公里享有“东方夏威夷”美誉的沥尾金滩，都分外迷人，是京族聚居区宝贵的旅游资源。得天独厚的区位优势、气候条件和富有热带海滨特色的自然景观和人文景观，为京族聚居区旅游业的发展奠定了良好的基础。

一、旅游业的开发

1989 年中越关系逐渐正常化之后，京族聚居区繁荣的边境贸易及旖旎的风光吸引了无数客商及游人。京族聚居区的党政领导和各族人民顺应时代潮流，在发展边境贸易的同时，也大力开发旅游业。

1992 年 7 月，自治区党委、政府批准设立东兴经济开发区后，中共防城各族自治县委员会、防城各族自治县人民政府向中共钦州地委上报东兴开发区工管委组成人员及其职能部门时，就把东兴经济开发区旅游局列为东兴开发区工管委的 16 个职能部门之一。中共钦州地委批文下达后，东兴经济开发区工作委员会于 1992 年 9 月 11 日正式任命田文艺为东兴经济开发区旅游局局长，并要求其迅速组织本局人员开展东兴经济开发区旅游资源调查，在此基础上编制东兴经济开发区旅游业发展规划，并纳入东兴城镇建设总体规划。

在东兴经济开发区领导班子研究如何发展旅游业的同时，东兴经济开发区城镇建设也在紧锣密鼓地进行。根据自治区人民政府对东兴工作的指示，自治区建设委员会主任范存举负责帮助和指导东兴经济开发区进行城镇的开发建设，钦州地区也派出常务副专员周家发（后改为副专员杨才寿）率领的工作组长驻东兴经济开发区指导开发建设工作。范存举帮助东兴经济开发区（含东兴、江平两镇，下同）请来了中国城市规划设计研究院的专家进行东兴经济开发区的城镇建设规划的编制工作。规划编制和评审过程中，专家们十分重视旅游业的发展规划，提出以“一城（东兴镇）一河（北仑河）一岛（沥尾岛）”为主的旅游业发展规划，建议东兴经济开发区旅游业的发展首先集中力量开发东兴镇、北仑河和沥尾岛三大景区，然后以这三大景区带动整个地区的旅游业发展。

东兴开发区工管委肯定了这一发展规划，决定东兴镇的旅游业开发与东兴镇城镇建设同步进行，并作为当务之急，集中全力推进。待东兴镇的开发建设工作步入正轨后，再集中力量把沥尾岛的旅游业发展起来。通过东兴镇和沥尾岛的开发，让边关风情和民族风情结合起来，使贸易与旅游业结合起来。最后集中力量开发北仑河旅游业，重点放在我国一侧的河堤路和竹山古街，因为北仑河是国际界河，事涉两国，开发须慎重。

按此发展思路，1992 年下半年，东兴经济开发区集中力量进行东兴城镇的开发建设，包括东兴镇内的基础设施建设、旧城区改造、新区的扩建、酒店和宾馆等旅游服务设施的建设等。经过半年多的奋战，东兴镇内的开发建设工作逐步正常，而沥尾岛的旅游开发也提上了议事日程。

1993 年春节前夕，东兴开发区工管委召开专题会议，研究了沥尾金滩旅游度假区开发建设的相关事项，如开发建设的组织机构、土地征用的相关政策和注意事项、招商引资的宣传工作以及如何发挥江平镇党政领导和沥尾村委的积极性等问题，决定成立由陈荣贵、曾宪生、禤德焕、陈伟等人组成的沥尾金滩旅游度假区开发建设领导小组，陈伟任办公室主任，办公室人员从东兴经济开发区建设局、土地局和旅游局抽调。考虑到沥尾岛是京族聚居的村落，征地过程中乃至整个开发建设过程中都要十分注意贯彻落实党的民族政策。例如：土地价格要适当高于其他地区；当地群众的祖坟搬迁一定要充分尊重习俗，认真听取群众意见，搬迁费用适当从优；要留足村办企业用地和渔民出海通道用地、渔船（筏）和网具放置用地；房屋拆迁时，原则上是群众住房先建后拆，新建住房的选址要充分尊重群众意见，新建住房面积要大于原住房，质量要优于原住房；开发建设过程中的基础建设工作，当地建筑队伍有能力承担的项目，优先安排当地建筑队伍，以增加当地群众收入。宣传部门要加大金滩旅游度假区开发建设的宣传，一方面让当地群众明白金滩旅游度假区开发建设的重大意义，积极支持开发建设；另一方面要扩大影响，争取更多的投资者参与开发建设。

1993 年春节过后，防城各族自治县委书记兼东兴经济开发区工作委员会书记陈荣贵，自治县委常委、办公室主任兼东兴经济开发区工委副书记禤德焕率领工委办公室、旅游局、计经委、土地局等职能部门的有关人员 20 多人和江平镇主要领导、沥尾村村委会干部，在沥尾村委办公室召开了关于沥尾金滩旅游度假区开发建设工作的第一次会议。会上，陈荣贵宣布了东兴开发区工管委关于开发沥尾金滩旅游度假区的决定，阐述了沥尾金滩旅游度假区开发的重大意义、指导思想、目标任务和开发的思路步骤及注意事项，宣读了东兴开发区工管委关于沥尾金滩旅游度假区开发工作领导小组人员名单及其领导小组办公室工作人员名单，勉励大家恪尽职守、团结奋进，为发展京族聚居区的旅游业做出贡献。这次会议标志着沥尾金滩旅游度假区开发建设工作正式展开。

会后，沥尾金滩旅游度假区开发工作领导小组及办公室人员按照东兴开发区工管委确定的思路开展土地征用、基础设施建设和招商引资、宣传推介等工作，取得了较好的效果。1993 年底，到沥尾金滩旅游度假区投资的国内外客商共 30 多家，总投资近 5 亿元。旅游度假区内的基础设施特别是区内路网建设顺利推进，“金滩乐园”和“京岛度假村”两个项目建成投入使用。

1996 年东兴市正式成立后，继续推进京族聚居区旅游业的发展，先后投资约 10 亿元。除了完善东兴镇、京岛度假区的旅游设施，又逐步开发了以竹山古街为中心的北仑河口景区等一系列景区。截至 2012 年，建成城区景区、京岛风景名胜区、北仑河口景区、红石谷景区、城郊景区、沿边公路景区等六大景区和一大批旅游服务设施。

二、旅游景区景点

（一）东兴城区景区及景点

东兴城区位于北仑河畔，与越南芒街市隔河相望，山青岭峻，风景秀丽。城区的景点有东兴口岸、市政府广场、中越人民友谊公园、胡志明纪念亭、陈公馆、关帝庙、伏波庙、观音寺、罗浮天主教堂。

1. 东兴口岸。东兴口岸始建于 1885 年，口岸位于新华路与河堤路交会处，是我国人员、货物进出越南等东南亚国家的重要口岸之一。因明清时期东兴水陆交通比云南和桂西边境方便得多，所以广东、广西以至湖南等地的客商，需要前往越南或东南亚其他国家的，大多取道东兴出境。除越南外，泰国、老挝、柬埔寨等东南亚国家的人也有不少取道越南经西贡、海防来华，从东兴口岸进出。1886 年 3 月，清朝两广总督张之洞就在呈文中反映了这一情况："东兴边域，则自明季以来，华夷往还日多，亦当理顺。"可见早在 19 世纪，进出东兴口岸的人员已不在少数。现东兴口岸每天都有数千名中越边民出入边境跨国上班、跨国经商，加上进出境的其他地方的商贾游客，每年东兴口岸出入境人数保持在 300 万人次左右，约占中越边境出入境总人数的 70%。在全国陆路口岸中，东兴口岸仅次于深圳罗湖口岸和珠海拱北口岸，为我国陆地出入境人数排名第三的口岸。1992 年，东兴口岸扩建了口岸查验大厅（含国门）、口岸综合楼、口岸查验辅助用房、口岸查验货场等基础设施，使口岸管理区面积扩大到 5328 平方米。口岸查验大厅由初建口岸时的不足 400 平方米扩大到 1400 多平方米，查验通道由 6 条增加到 16 条，最大通过能力由 5000 人次 / 天增至 1 万人次 / 天，口岸的通关压力得到了一定缓解。

随着出入境人员逐年增多，2005 年东兴口岸再次进行扩建改造，并于 2007 年 10 月 1 日竣工投入使用，使口岸联检大楼面积由原来的 2158 平方米扩大到 5241 平方米，出入境通道由原来的 16 条增至 24 条，最大通过能力由原来 1 万人次 / 天增至 2 万人次 / 天。

通过庄严、雄伟的国门大楼，一座连着中越两国的大桥便跃入眼帘，这就是北仑河大桥。大桥从 1898 年始建至 1994 年的近 100 年时间里，先后建了三次：第一次是 1898 年由中法联合兴建，1900 年建成，为一座窄窄的铁桥。第二次是 1958 年由中越两国政府共同改建，初名为北仑河友谊大桥，1960 年秋，中共广东省委第一书记陶铸视察东兴，他欣然为大桥命笔——中越友谊大桥。1979 年桥毁。1989 年中越关系逐步正常化，两国政府经反复会谈后，第三次兴建北仑河大桥。大桥于 1993 年动工建设，1994 年 4 月 17 日正式开通使用。现在看到的北仑河大桥就是中越两国 1993 年合建的大桥。

现今的北仑河大桥全长 111 米，宽 10 米，5 孔，每孔跨度 22.2 米，钢筋混凝土结构。桥的两端立有中越边界新界碑，桥中央有一条标示两国边界的分界线。

来这里的游客几乎都不忘站在分界线上摄影留念，横跨于分界线上，体会同一时间一身置两国的奇妙感觉。大桥中方一侧，有胡志明亭、“大清国钦州界”五号界碑。北仑河大桥历史悠久，几经变迁，见证了中越关系发展的风风雨雨，它是两国关系及两国友谊发展的象征与缩影。到东兴，不能不到北仑河大桥。

连接口岸的国旗街——新华路，是东兴的百年老街和商业街。沿街多是骑楼式建筑，人们行走在骑楼下，既可遮风挡雨，又可躲避烈日。骑楼的方柱子粗重厚大，颇有古罗马建筑风格。沿街的商铺和口岸广场右侧的万众国际批发市场、小商品一条街里各国商品琳琅满目，是游人购物的好去处。

2. 市政府广场。位于兴东路中段，总面积 3.7 万平方米，分前、后广场。前广场建于 1998 年，面积 1.2 万平方米，与市政府办公大楼、住宅区和人民会堂连成一体，主要建筑有国旗台、喷水池。旗台旗杆高 20 米，五星红旗迎风飘扬，代表政府机关所在地，游人多在此留影，尤其是外国游人，以示到过中国东兴。喷水池呈圆形，直径 20 米，池内装有 50 只喷嘴和 20 多盏彩光灯，并配有音乐系统和激光系统。喷泉开启，可见水柱随着音乐的节奏起伏，水柱的最大喷射高度达 50 米，景象壮观。后广场于 2007 年 3 月动工兴建，2008 年 5 月竣工开放使用，面积 2.5 万平方米。广场内有网球场、篮球场、器械健身场、文化中心、青少年活动中心。广场中央设有 46 平方米的液晶显示器，供播放宣传资料和影视片之用。休闲草地面积 1 万平方米。广场旁还有占地面积 217.8 平方米的体育馆，是东兴的文体娱乐中心，也是游人必游之处。

3. 中越人民友谊公园。位于城西南，1958 年建成，2000 年修复，面积 10.3 公顷。园内有中越革命烈士纪念碑、中越友谊馆、陈汉东等烈士墓，是自治区级爱国主义教育基地。1962 年 6 月，中国戏剧协会主席，著名剧作家、诗人、国歌的词作者田汉到东兴中越人民友谊公园观光，瞻仰中越人民革命烈士纪念碑后，曾写下“鲜血凝成兄弟谊，隔河辉映两丰碑”的诗句，讴歌中越两国人民的战斗情谊。园内有一个面积为 21677 平方米的湖泊，湖四周树木环绕，湖上建有拱桥、九曲桥和亭子。公园里空气清新，幽雅清静，是人们茶余饭后休闲娱乐的好去处，更是越南友人、归国华人华侨到东兴必去的场所。

4. 胡志明纪念亭。东兴北仑河大桥西南侧有个很著名的亭子，被称为“胡志明亭”。关于它有这样一段历史小故事：越南人民的伟大领袖胡志明主席 1960 年 2 月 19 日下午到芒街视察工作，他信步过境抵东兴，看望了东兴口岸旁一所幼儿园的小朋友，将带来的糖果、饼干分给小朋友，还和小朋友一起唱中国歌曲

《东方红》，留下了一段中越友谊佳话。事后，东兴人民在大桥桥头胡志明主席坐下休息的地方建亭，取名“胡志明亭”，以纪念胡志明主席与中国结下的友谊。

5. 陈公馆。位于五金街，建于 20 世纪初期，是国民党陆军一级上将陈济棠先生的故居，简称“陈公馆”。陈济棠，字伯南，1890 年生于广东省防城县东兴镇河洲垌望兴村（今广西东兴市东兴镇大田村），11 岁随父迁至茅坡村（今属东兴市马路镇）。1907 年，他考入黄埔军校，次年春在校加入了孙中山领导的同盟会。辛亥革命后，他进入广东陆军速成学校学习，1913 年毕业。1915 年与丁守成等人谋划推翻袁世凯不成，到琼崖督办辖下的苏汝森团任机关连排长，不久升任连长，再到陈仲充部任营长、团长，参加了孙中山领导的护国、护法战争和讨伐陈炯明的战争，战绩颇著。1923 年，升旅长，曾三次率部入桂，帮助李宗仁、黄绍竑。1925 年 7 月，他在李济深任军长的国民革命第四军任第十一师师长，1927 年晋升为第四军军长。1928 年 4 月后任讨逆军第八路军总指挥，统领广东陆、海、空三军，掌握了广东的党政军大权。1934 年 10 月，陈济棠与中央红军达成 5 项协议，为红军抗日提供帮助，使红军突破第二道封锁线，顺利通过粤境，并为红军补给食盐与弹药。1936 年 6 月，因促蒋介石抗日被迫下野，出走香港，后到欧洲游历。1937 年 9 月回国，被任命为国民党政府委员，1940 年出任国民政府农林部长，1942 年任国民党最高国防委员会委员及中央常委委员。1945 年抗战胜利后，他被派为两广宣慰使。1949 年 4 月出任海南特区行政长官兼警备总司令。1950 年 4 月去台湾，任国民党陆军一级上将、“中央评议委员”和“总统府”资政。1954 年 11 月 3 日突发脑血栓而卒，终年 64 岁。

陈济棠先生治粤 8 年，颇有建树：一是联合各方反蒋力量，在广州召开国民党中央非常会议，组建广州国民政府，并改粤军为第一集团军（自任总司令）。二是为了改变广东面貌，采取了许多有效措施建设广东，提出了以经济建设为主要内容的《广东三年施政计划》，以发展制糖业作为突破口，重点发展轻工业，先后建成了一批现代工厂、企业，增加了财政收入，使广东呈现相对兴旺的景象，人民生活有了一定改善。

陈济棠先生重乡情，为家乡广办公益事业。他捐献自己的薪俸并设法筹措资金，先后创办防城中学、谦受图书馆、防城县立医院、慰慈救济院、伯南公园等，并在东兴修建公路。防城中学建好后，陈济棠从广州高薪聘请第一任校长和 10 多位教师任教，并与亲友、同僚为谦受图书馆捐赠图书达 10 万余册，珍贵书籍《万有书库》亦在其中。他亲手撰写的《谦受图书馆记》刻在图书馆主馆的墙壁上，保存至今。

陈公馆占地面积 6760 平方米，分主楼和副楼两部分。两楼中间用弧形的天桥连接，建筑面积为 4758 平方米，为中西合璧、青砖清水墙的两层别墅。现主楼开辟为陈列馆，采用照片和文字资料的形式展示陈济棠先生一生不平凡的事迹；副楼为实物展厅，展示陈济棠先生工作、生活使用过的工具、家具等。

6. 关帝庙。关帝庙始建于清道光十七年（1837 年），距今已有 170 多年的历史，是当年崇仰英雄关羽的民众集资修建的，主要供奉关帝圣君，除此之外，还供奉文昌帝君、北帝爷、城隍爷和天后娘娘。

关帝庙原址位于东兴镇和平街南端的东兴口岸门楼前，占地 130 多平方米，原庙门口有用隶书撰写的楹联："志在春秋功在汉，忠同日月义同天。"庙前堂为左、右两偏殿，内各有神像，左为文昌帝君，右为城隍爷。正中大堂供奉着关羽像，周仓手握青龙偃月刀立于左，关平捧印伫立于右。龛旁两侧悬挂着"匹马斩颜良，河北官兵皆丧胆；单刀会鲁肃，江南子弟尽寒心"的竹刻楹联。

中华人民共和国成立后，由于政治运动、战争及口岸扩建拆迁等原因，关帝庙也几经变迁。中华人民共和国成立初期，该庙曾作为东兴印刷厂厂房，后成为县土产日杂公司仓库，1979 年后变为废墟，1985 年民间自发集资修缮庙宇。2009 年，因东兴口岸改造扩建，东兴市人民政府将该庙迁至新址重建，并于 2011 年 7 月 24 日（农历六月二十四日，关羽仙逝的日子）举行关帝庙迁建落成仪式，使历史文化得以延续。

新建的关帝庙位于东兴市中越人民友谊公园旁的东中路庙山岭，占地 14.1 亩，沿着中轴线拾级而上，依次是山门、崇宁殿、春秋阁、游廊和厢房等，主体建筑及附属工程面积约 5500 平方米，是目前我国岭南地区最大的关帝庙。

该庙坐西北向东南，依岭而建，气势恢宏。庙门面对北仑河和北仑河大桥，建筑式样充分体现出百越文化和中原文化的历史渊源和交融，以体现中原文化对百越文化的影响为主。山门牌楼由 3 个拱门组成，正门上方刻着"关帝庙"三字，左右两边是比正门稍小的侧门。整道山门居高临下，颇具庄严肃穆之感。走过山门，抬眼望去是三开间重檐崇宁殿。殿前有一露天开阔的长方形庭院，对着庭院正门有一块象征中华民族龙图腾文化的汉白玉屏风，正上方书写着"神勇"二字。庭院左右两边各立三块分别刻着"忠""勇""义"和"仁""智""礼"的石碑，两边则是游廊环绕。沿着屏风两边各有 13 级汉白玉台阶，沿台阶向上便可进入主殿崇宁殿。该殿整座建筑为重檐式结构，二层檐阁正中间的牌匾上自上而下书写着“崇宁殿”三字。大殿前的空地左右两边设有两鼎，以供香客焚香。正门前檐下的柱子上刻有楹联：“圣德服中外大节共山河不变，英名振古今精忠同日月长明。”门檐回廊左边置一钟，上方书有“鸣钟迎祥”的条幅，右边置一鼓，上方书有“击鼓纳福”的条幅。走进殿内，首先映入眼帘的是关羽的神像，关平捧印伫立于左，周仓手持青龙偃月刀立于右。神像两边刻有“力扶汉鼎　道阐麟经　秉忠义伐魏拒吴　统南北东西　四海咸钦帝君仙佛；气凛乾坤　心同日月　显威灵伏魔荡寇　合古今中外　万民共仰文武圣君”的楹联。大殿前后左右分别供奉着北帝爷、文昌帝君和天后娘娘、城隍爷。

每逢农历初一、十五，东兴关帝庙香火鼎盛，人们纷纷到此纪念历史英雄，祈福禄，求平安。

7. 伏波庙。位于东兴镇大营岭。东汉名将马援当年护边有功，朝廷封他为“伏波将军”，当地民众为纪念他修建此庙宇，取名“伏波庙”。庙宇依凭山势，在临江面的岭端建有一堵虎牙状的牙墙，墙后是庙宇。庙宇的大门呈圆形，象征虎口；左右偏殿上端对称各置一扇小圆窗，象征虎眼；主庙后建有一座 20 多米高的尖塔，塔顶有一魁星神像，塔形似虎尾。由于造型独特，远观整座建筑犹如猛虎下山。庙内正殿高悬匾额，镌刻着“铜柱齐勋”四个雄浑苍劲的镂金大字，殿正中是马援的塑像，高约 1 米，庄严肃穆。每逢年节或马援诞期，边民都到庙里祭祀英雄，祈求福禄、平安。若倚牙墙俯览，东兴、芒街两地风光尽收眼底，北仑河在岭下分支清晰可见，一支向南经芒街绕岳山入海，一支向北沿东兴镇经竹山入海。距分支河口几十米处的伏波岭下则有一伏波潭，沿岭脚向上是一片参差的岩石，尽头处有两棵古榕树，树下也有一泓潭水，名为榕木潭，潭深水碧。每当夕阳西照，伏波庙倒映在伏波潭中，俨然一幅天然画图，当年的名士墨客将此景列入东兴八景，美名曰“伏波夕照”。

8. 罗浮天主教堂。位于东兴镇罗浮村幸乐组，是自治区级文物保护单位。1849 年由法国传教士修建，1851 年扩建，面积 500 平方米，有教堂、钟楼等，为典型法式建筑。逢周六、周日，教堂举行弥撒、祈祷、布道等活动。

9. 观音寺。位于明虹路，占地 3000 多平方米，建筑面积 1700 平方米。1922 年，钦州俗家弟子欧文坤（法号觉宁）发动信徒到北海、合浦等地化缘修建，寺后建有地藏寺。观音寺寺内有正定楼、钟楼、藏经阁、素食馆、山门、放生池、九龙壁、影墙等，珍藏有舍利子及祖师牌位、瓷器油灯、瓷器小香炉等。每月农历初一、十五和佛诞日，到观音寺进香的善男信女络绎不绝。东兴观音寺是中国离边境线较近的寺院之一。中国广东、福建、贵州、香港、澳门、台湾等地和越南以及侨居美国、英国、法国、德国、澳大利亚等国的中外信徒，也到此进香朝拜。

（二）京岛风景名胜区

京岛风景名胜区是 AAAA 级景区，位于江平镇沥尾、巫头两个京族村落间。1995 年，京岛风景名胜区被列为自治区级风景区。1993—2008 年，东兴投资 1.2 亿元新建总长 15.3 公里的沥东、沥西、进港、环岛四条大道，同时，还完成了日产万吨的供水工程和通信大楼、供电工程、培训中心、度假村等 23 个项目，逐步将昔日的荒岛建设成为集旅游、度假、会议、商贸、运动、文化、休闲养生于一体，充满京族风情的旅游度假区，并成为广西旅游热点之一。这里的景区景点有金滩、南国“林海雪原”、万鹤山滨海湿地公园和哈亭。

1. 金滩。沥尾岛南面海岸绵延 13 公里的海滩，沙地金黄，故称“金滩”。景区总面积为 25 平方公里，左侧直线距离不到 2 海里是白龙半岛旅游区，右侧与越南广宁省茶古旅游区隔海相望，直线距离不到 4 海里。这里滩长沙细、水清浪柔、坡缓水暖，是海水浴、日光浴、沙滩浴的天然海滨浴场。

金滩沿岸绿树成荫，约长 13 公里的茂密木麻黄林带是独具特色的自然景观，在林中闲聊品茗，眺望大海，其乐无穷。

京族人家拉大网和高跷捕鱼是金滩另一道亮丽的风景，不少游人专程到金滩观看和参与京族人家拉大网、高跷捕鱼活动，感受渔家生活，品尝“从海里跳到锅里的海鲜”。

每年中秋节的夜晚，是金滩最热闹的时候，人们从四面八方涌向金滩，到海边祭月、夜泳、放孔明灯。月光映照下，海面的波光与天空星星点点的孔明灯相互辉映，构成一幅美丽的图画。加上委婉、缠绵、甜美的独弦琴声，优美动听的京歌，更是魅力无穷。每年的中秋夜，金滩都会吸引 4 万—5 万名游客来此赏月。

从 2000 年开始，金滩成功承办全国帆板锦标赛、公开赛和亚洲帆板巡回赛等多项赛事。2005 年，金滩被评为 AAA 级景区，2008 年被评为 AAAA 级景区。

2. 南国“林海雪原”。与金滩相连的巫头岛，草木繁茂，四季常青。在岛腹地有一片面积上百亩的石英质沙地，洁白如雪，其间有无数大大小小的沙丘，连绵起伏。在阳光下，沙地闪闪发光，远远望去，像终年不化的积雪，置身其中，恍如莽莽的北国雪原，因此，被文人墨客誉为南国“林海雪原”。

3. 万鹤山滨海湿地公园。公园地处巫头岛南面，距巫头村委会 1 公里，面积 3 平方公里。每年清明节至冬至，数以万计的鹭鸟来此栖息繁衍，因当地人把鹭鸟称为鹤，此地故称“万鹤山”。公园内水洼星罗棋布，林带环绕，鹭飞鸟鸣，一派原始的自然景象。拥有黄嘴白鹭、大白鹭、中白鹭、小白鹭等品种。每天清晨和傍晚，数万只出巢、归巢的白鹭翔集山林上空，翩翩起舞，引颈长鸣，颇为壮观，引无数游客前往观赏。万鹤山滨海湿地公园是广西保存最完好的滨海湿地。

2003 年，东兴市人民政府批准建立万鹤山保护区，划定保护范围。2004 年在万鹤山建围栏 1500 米，保护面积 2100 平方米，并设观鸟台，修建道路 1.5 公里，有效地保护了万鹤山的动植物，同时也方便游人参观。

4. 哈亭。是京族人祀祖、祭神和娱乐的公众场所，是每年京族哈节的举办地。京岛风景名胜区内有沥尾哈亭、巫头哈亭。每逢哈节，全村男女老少穿着节日盛装，聚集哈亭前举行迎神、祭祖、唱哈等活动，祈求生产丰收、人丁兴旺。节日期间，京族哈妹演唱京族山歌和表演传统古朴、反映京族先民生活的“灯舞”“对花屐”“花棍舞”“竹竿舞”等京族舞蹈，各家各户拿出自家的食品摆上长桌，同吃同饮五天。1962 年，著名剧作家田汉冒雨访问京岛时，对别具韵味的京族情歌赞不绝口。浓厚的民族风俗、独特的民间艺术吸引了成千上万的游客到此游玩，哈节已成为京族聚居区重要的旅游节。

（三）北仑河口景区及景点

北仑河口位于我国西南端海陆交会处，是中国边境陆地线始端，海岸线终端，在这里既可欣赏山海风光，也可领略边陲风情。北仑河口的景区和景点有古榕部落、“大清国钦州界”一号界碑、北仑河口、红树林生态区、广西沿边公路零起点标志、三德天主教堂等，每年都有成千上万的国内外游客慕名前来参观。

1. 古榕部落。古榕部落位于竹山村榕树头，距东兴市区 15 公里。古榕部落由一棵千年古榕、多棵大叶榕及小叶榕组成，总面积为 195 亩，绵延 1000 多米。榕树的气生根接触地面后长成树干，造就了“独树成林”的奇观。其中形成了“千年古榕”“海顺门”“子孙满堂”“龙飞凤舞”“鸳鸯戏水”“榕风海韵”“把根留住”等形象生动的奇特景致。景区内还有保护较完好的古榕庙、原始丛林等景点。置身其中，步移景异，让人充分感受到幽、险、奇、秀的境界。这里素有“天然氧吧”之称，空气清新怡人。在古榕部落除可感受古树奇观、自然的神奇造化外，又可在海边挖螺、围网、露营等，充分感受渔家风情。

2. 寇井。在古榕部落的边上有一口水井，当地人称之为“寇井”，井旁立有一块碑，上书“寇井”两字。寇井是日军侵略京族聚居区时留下的。1938 年春，侵华日军开始进犯京族聚居的防城县。据《防城县志》记载：从 1938 年 3 月

29 日起至 1942 年 10 月，日军先后出动战机近 100 架次，轰炸企沙、江平、东兴、白龙、那梭、防城镇等地。1938 年 10 月，日军舰艇侵入京族聚居区一带海面，企沙、白龙、江平、竹山一带的海面上布满了日军的舰艇，舰艇上的探照灯整夜照射，敌机不断低空侦察，战争的阴霾笼罩着京族聚居区。据当地人回忆，1939 年 10 月，一艘日军舰艇停泊在离竹山村约 10 公里外的红沙头，由于海水太浅，军舰无法靠岸，为了给军舰补给淡水，日军便派出一队人乘橡皮艇从三德村登陆找水。当地村民早已离开村庄外出避难，日军小分队无法找到水井，便一路寻找水源来到古榕旁，挖了这口井。日军撤退后，这口井留了下来。由于大家都称日本鬼子为“倭寇”，所以人们便把此井称为“寇井”，并立碑以记，以警示后人勿忘这段遭受侵略的苦难历史。

3. 竹山古街。竹山古街位于竹山村的西面，濒临北仑河出海口。竹山村是个以京、汉族人为主杂居的小渔村，清乾隆年间，两广总督策楞为防敌扰，下令从东兴永乐街经罗浮到竹山沿途 30 里大种簕竹，设关卡封路，因而此地竹子特别多，故名竹山。竹山村距东兴有 6 公里左右水路，南面与隔海相望的越南茶古半岛相距只有一海里，是水路进入东兴镇的咽喉之地，也是到越南的最便捷水路的必经之地，故明清以来，广东、福建的富商巨贾纷纷以此为基地，将采购的越南名贵土特产和上等药材转运广东、香港、澳门和福建一带谋利。一时间，竹山商贾云集，商铺鳞次栉比，曾是钦防一带最繁华的商埠之一。20 世纪 20—30 年代，军阀邓本殷、申葆藩在竹山古街曾设立造币厂，铸造毫银，强制在八属地区流通，时人称之为“八属毫银”。现存的竹山古街是由一条直街和两条横街组成，总长 200 米，现有房屋 58 间。房屋呈近似阶梯形排列，虽然历经百年沧桑，至今仍保持着古香古色的建筑风格。古街风格古朴，清静幽雅，当人们漫步其间，会自然而然地产生一种远离都市喧嚣、返璞归真之感。

4. “大清国钦州界”一号界碑。界碑位于竹山古街旁，是东兴镇竹山村至峒中镇北岗隘这一段全长 200 多公里的中越边境线上屹立的 33 块界碑中的第一块，界碑上刻有“大清国钦州界”六个大字。这些界碑，记载着历史的风雨，也记录着中华民族曾遭受的屈辱。

中法战争之前，中越是宗藩关系，两国从未认真地进行过勘界，也没有设立过界碑。1883 年 6 月，法国军队从海上登陆，攻占了当时越南都城顺化，强迫越南封建统治者签订了《顺化条约》，把越南变为法国的“保护国”。1883 年 12 月，法军向驻越清军发动进攻，中法战争爆发。1884 年，中法在天津签订《中法会议简明条款》，在条款中清政府承认法国与越南订立的条约，同意在中越边境开埠通商，声明调回在越清军。但撤退期限未到，法军即向清军进攻，并进攻台湾基隆，被中国守军击退，后又在福建马尾袭击福建水师，福建水师 11 艘军舰、19 艘商船全被击毁击沉，数百名爱国官兵牺牲。1884 年 8 月 26 日，清政府被迫正式对法宣战。1885 年 2 月，法军攻占谅山，不久又进攻镇南关（今友谊关），与冯子材率领的清军展开激战。此役法军死伤 300 多人，法军统帅尼格里身受重伤，狼狈逃窜，中国军队取得了镇南关大捷，法国茹费理内阁因此倒台，形势对中越两国极为有利。但腐败的清政府却于 1885 年 6 月 9 日与法国政府签订了《中法会订越南条约十款》。在这个条约中，清政府承认法国与越南订立的条约，同意在中越边界指定两国通商口岸，降低法国货物进出云南、广西边界的税率，以后中国修筑铁路应向法国人商办。条约还规定："自此次订约画押之后起，限六个月期内，应由中法两国各派官员，亲赴中国与北圻交界处所，会同勘定界限。"

遵此规定，1885 年 7 月 20 日，清政府任命鸿胪寺卿邓承修前往广西，会同两广总督张之洞、广东巡抚倪文蔚、广西巡抚李秉衡办理中国与越南勘界事宜。法方派出首席代表外交部司长浦理燮、驻广东领事师克勤等为勘界官员。自清光绪十一年（1885 年）十一月二十九日起，经过中法双方勘界代表一年半的艰难会谈、勘界和核查，清光绪十三年（1887 年）五月初六，中法两国在北京签订《续议界务专条》。至此，中越定界工作基本结束，进入边界立碑阶段。

中越广东钦州界的立界事务，中方由钦州（直隶州）知州李受彤主办，法方由统领军工兵参将拉巴第负责总办。

清光绪十五年（1889 年）十月初九，中法双方官员如期会商设立界碑事宜。清光绪十六年（1890 年）闰二月二十五日，双方勘绘人员从滩散转回东兴，沿河岸插签，各在各方河岸立界石 10 块，按顺序编号为第一号至第十号。次日（1890 年 4 月 14 日），李受彤与拉巴第在东兴共同签署《广东越南第一图界约》。在中国一侧，从竹山开始向西至大河步头共设立 10 块"大清国钦州界"的界碑。其中的第一号界碑设在竹山，于清光绪十六年（1890 年）立，碑文"大清国钦州界"六个大字由李受彤所书。

李受彤，字彦伯，广西临桂人，举人出身，1886 年任钦州知事（钦州改直隶州遂晋升知州），具有强烈的爱国主义思想。他积极配合邓承修与法国人勘定中越边界广东钦州段（如今的广西防城港市防城区地段和东兴市地段，下同），并受命主理中越边界广东钦州段的立碑事宜。据说在勘界过程中，为了挫败法国人妄图多占我国疆土的阴谋，李受彤深入边境一线进行实地调查。当时，广东钦州段与越南接壤的地区，绝大部分地段山高林深，人烟稀少，虎豹出没。李受彤日间在边界上调研，晚上露宿荒野，眼看满天星斗，耳听虎啸猿啼，异常艰辛。但他毫不畏惧，依然为取得勘界的证据而登岩攀壁，取得大量有利于我国的证据，保卫了疆土。同时，他写下大量诗词，记录了当时情景。其中，《与法人立界露宿坑怀岭有感》二首堪称佳作：

（一）

苦闻飒飒复萧萧，万木经霜尚不凋。
樵径枯骸存虎迹，菁丛毒疠幻红腰。
巉岩涉历高千仞，黎阮兴亡阅几朝。
人与草丛同露宿，怪它彻夜尽嘤嘤。

（二）

熊颠猱迹亦知愁，岭峻风寒况值秋。
履险何妨同坦道，梯椽从不羡高楼。
现身硕证三生石，指掌图分五大洲。
喜是牵萝扪壁处，刺泉时得饮清流。

虽然历尽艰险，但李受彤等人在勘界时最大限度地保卫了祖国的疆土。勘界立碑完毕后，1888 年防城县设立，与钦州分离，李受彤任钦州（直隶州）知州兼防城县知县。到如今，时光已经流逝了 120 多年，但当年李受彤等人所立的 3 尺多高、2 尺宽的石碑依然兀立于界河边，石色苍黑，坚实厚重，风磨雨洗，历尽沧桑。当我们手扶界碑，遥想烽烟滚滚的那段历史，民族自强的豪情在心中激荡。“大清国钦州界”一号界碑已成为东兴市爱国主义教育基地之一。

5. 北仑河口红树林生态区。红树林是热带、亚热带海湾、河口泥滩上特有的常绿灌木和小乔木群落。红树林的主要种类为适应盐土和沼泽条件的红树型植物（如红树、海榄雌、海桑、红茄冬等），其海防意义很大，可保护海岸、房屋和农田免受风浪袭击，还可改善当地大气质量，也是木材和单宁资源。红树林生态系是世界上最富多样性、生产力最高的海洋生态系之一。1990 年 3 月，广西壮族自治区人民政府批准建立北仑河口海洋自然保护区。2000 年 4 月，在北仑河口海洋自然保护区的基础上，国务院批准建立国家级红树林自然保护区（其中的北仑河口湿地被列入中国重点湿地名录）。该保护区位于防城港市西南沿海一带，总面积 3000 公顷（其中连片面积 1100 公顷），是全国面积较大的红树林林区之一，跨越防城区和东兴市 13 个自然村。东兴市范围内的红树林面积为 1248.6 公顷。在保护区里，可观赏别具一格的“海上森林”。远眺，百里绿毯铺地盖海，树高林密；进入林间，绿荫幽深，藤葛悬绕，鸥鸣鹤唳，虾游蟹走，顿感人与自然无比亲近。涨潮时，红树林没入海中；潮落至半，荡舟红树林，舟影若隐似现；潮退后红树林盘根错节地裸露在外，给人带来无限遐想。

6. 广西沿边公路零起点标志。沿边公路于 2000 年修建，2003 年竣工通车，全长 725 公里。沿边公路起点位于竹山村，途经东兴市、防城区、宁明县、凭祥市、龙州县、大新县、靖西县、那坡县等 8 个县（市、区）31 个乡镇，终点为那坡县弄合村。该标志为球形，是沿边公路零起点的标志。

7. 三德天主教堂。教堂位于东兴镇竹山村三德自然村，1850 年 7 月修建，1852 年扩建至 300 平方米，可容纳 800 多人，设有修女院、学校。“文化大革命”期间，教堂的宗教活动停止，1984 年恢复。1986 年重建圣殿 120 平方米。1991 年，由上级拨款和信教群众集资修复教堂，主殿堂 270 平方米，墓地 660 平方米。

8. 三婆庙。该庙宇始建于清光绪二年（1876 年），是当地居民和华侨为了祈祷出海平安、六畜兴旺而集资兴建，至今已有 130 多年的历史。庙门两旁可见到一副木刻的对联：“竹荫英灵渡海绅高沾圣泽，山湖显赫临江仕庶仰慈云。”庙宇中供奉的三婆婆又称妈祖，她复姓三卫，名林默。庙宇中所用的木材及屋脊上雕刻的图文和人物等瓷制品，是由建筑师绘制好图纸，在越南制成后再运回竹山安装的。三婆庙虽然饱经沧桑，但在雕梁画栋间仍可隐约看出它昔日的辉煌。

当地民间传说，三婆庙中的妈祖甚是灵验，渔人经过祷告后出海，不管遇到多大的台风暴雨，总能化险为夷。据说，抗日战争期间，东兴镇一位老妇人，因思念在南洋定居经商的儿子，便天天到三婆庙中焚香祷告，盼儿早日平安归来。回家之后她仍不断向妈祖焚香祷告，嘴里不停呼唤：“儿啊，你可平安回来，妈盼你平安回来，三婆婆保佑你平安归来！”而此时在南洋经商的儿子也每每心惊肉跳，夜夜梦见慈母，于是便动身回家。就在他离开的第二天，日机轰炸了他所住的地方，死伤无数，而他则因思母回家而侥幸逃过这场劫难。母子二人感念三婆婆的庇佑，此后，到三婆庙中焚香祭拜就更勤了。

（四）红石谷景区

红石谷景区是AAAA级景区，位于马路镇平丰村罗华山脚下，距东兴市区25公里。景区有石门谷景点和红石谷景点。

1. 石门谷景点由长3公里的石门谷、谷顶平台、数万亩原始野林及横贯南北的罗华山脉构成。主要景点有300多亩的元岭圆石梯田、四方湖瀑布、长生水、石门洞、蜂窝石、飞天瀑、地图石、东山林场等。石门谷地势险峻，气势非凡，从谷底至谷顶，攀登探险大约需要3小时。沿谷底而上，一路上清溪潺潺，怪石层叠，古树苍劲，花草奇异，姿态万千，主要植物种类有肉桂、八角、大叶榕、鹰爪木、牛角参、红山莓、火炭树、假枫树、半边枫、妹子藤、椎木、抽风树、龙袍树、含沙树等。这里，空气中的氧离子含量极高，是理想的天然氧吧。

2. 红石谷景点位于海拔900多米高的罗华山脚下，山间溪水飞流直下1000多米，拥有美丽的跌水景观。谷床里的花岗石长年经流水冲刷，殷红如血，故称"红石谷"。峡谷两旁林木茂盛，流泉飞瀑，景色迷人。顺着响水滩电站的引水渠逆流直走不远便可到达谷中最美的仙子湖。仙子湖一泓清亮的湖水半掩在绿树翠竹之中，湖面开阔处，错落有致地点缀几块大石，那石状如龟如牛，栩栩如生，给湖面平添奇趣，令人如醉如痴。

红石谷漂流是景区颇具特色的旅游项目，有逍遥漂、勇士漂等，区内外游客赞之为"广西第一漂"。这里河谷幽深，水流湍急，两岸悬崖峭壁、群峰嵯峨，树木葱茏，是乘橡皮艇漂流的理想河段。逍遥漂由山脚河口至峒心河口，全程2.5公里。勇士漂由峒心河口至染房河口，全程3.5公里。当你乘船穿过水声如雷、烟笼雾锁的峡谷时，禁不住会对大自然的粗犷与神秘发出感叹。

（五）东兴城郊景区及景点

东兴城郊依山傍水，风景秀丽。北面有仙人井、响水龙，西北面有白鹤园，东面有五一生态园、恒望天主教堂、贝丘遗址等，均是市民郊游的好去处。

1. 仙人井、响水龙。位于东兴城北3公里的一条沟壑里，此沟长约2公里、宽5米多，两旁青松翠竹，鸟语花香，浓荫蔽日，溪水潺潺，景致秀美。仙人井、响水龙同处此沟，相距1000多米。关于仙人井的由来，传说是从前有两位仙人到此游玩，在沟里留下脚印，后来形成一口水井，故此得名。从仙人井向上有一水潭，出潭溪水冲泻而下，形成10多米高的瀑布，水响如雷，"响水龙"因此得名。由于流水终年冲刷，此地形成了一片南北走向的乱石滩，石滩上裸露着各式各样的奇石。2001年5月，由归侨和旅居海外的东兴籍华侨出资，在此处的奇石和石壁上凿刻明、清等朝代及现代诗人赞美东兴河山的诗词。2003 年，海外华侨又捐资在响水龙修建赤子亭。数百处诗刻成了沟中一道别致的景观，吸引各地诗词爱好者和游客到此观赏。2004 年，四川省作协主席高缨赞誉此沟为“天下第一沟”。2006 年，自治区政协原副主席、广西诗词学会原会长钟家佐为此沟题名为“文化沟”。

2. 白鹤园。位于东兴市城区西北面，距市区 1500 米，与仙人井、响水龙相邻，是集观赏、餐饮、休闲于一体的自然风景旅游区。

白鹤园总面积约有 3600 平方米，其中水域面积近 1300 平方米。园内林木葱郁，绿草如茵，湖水清澈，四时景致各有千秋。园区空气清新，有“天然氧吧”之称。园内设施完善，有美食园、铁索桥、烧烤城、钓鱼台、游艇、休闲茶座等。白鹤园海拔比东兴城区高 10 米，是观赏东兴城区全景的最佳去处。

3. 五一生态园。位于东兴市东郊社区冲满水库旁，离市区 3 公里，面积约 4000 平方米。这里山清水秀，景色优美，环境清幽，有“东兴市后花园”之称，为观光旅游、休闲度假、野营登山之佳地。它独特的自然景观正吸引着众多游客纷至沓来。五一生态园现正按规划着力打造为 AAAA 级景区。

4. 三圣宫。位于江平镇江边街（今反封路），是一座供奉北极玄武大帝、岳飞和关羽的庙宇。初建的日期已无从考证，但从庙内遗存的重修碑记上落款的时间“龙飞岁次甲辰”来看，本次重修当是明朝万历甲辰年（1604 年），至今已有 400 多年的历史。明嘉靖末年，广东饶平县张琏发动农民起义，声势浩大，并于嘉靖三十九年（1560 年）称王，名“飞龙人主”，国号“飞龙”。三年后起义失败，张琏率余部乘船流落到三佛齐岛（今印度尼西亚苏门答腊岛），其部众不少人也流散于越南、新加坡、马来西亚等地，数十年内一直用“龙飞”两字。据有关考证，“龙飞”是张琏在三佛齐的年号，可能是有意将原国号“飞龙”倒置，意在重振。由此推算，三圣宫始建的时间至少也有 500 年了。三圣宫先后经历了几次重修。除明万历年间重修外，1926 年又修过一次，之后是 2003 年农历二月，江平信士许炳富、李铭全、邓镇殷等人牵头再次重修。2004 年江平镇被列为国家重点镇之后，三圣宫进行了扩建。

自治区建设厅、文化厅等有关部门和东兴市、江平镇政府对扩建三圣宫这一历史文化古迹十分重视，共补助资金 30 多万元。自治区文化厅还派出考古所的专家对三圣宫的文物进行考察鉴定，对扩建工程进行设计、指导。江平各界人士、港澳台同胞和旅居美国、加拿大、德国、英国、澳大利亚等地的侨胞也纷纷捐资助建。三圣宫按清朝建筑风格扩建，工程从 2011 年开始，2012 年 10 月基本完工。

经过扩建的三圣宫，占地 1000 多平方米。庙宇坐南向北，屋顶上是两条相向而对的戏珠大龙，正门上方书有“三圣宫”三个大字，左右两侧刻有“春秋大义匡正人伦，浩然正气普照乾坤”的楹联。庙内分前后两进，前为大厅，供人们小憩，左右两侧的墙壁上分别悬挂书写着岳飞《满江红》和罗贯中《三国演义》开卷语的条幅。穿过大厅就是个天井，天井置放了一个宝鼎，供人焚香化宝。走过天井，便进入到后面的神殿。神殿内，中间的塑像是手持宝剑、脚踏龟蛇的北极玄武大帝，左边是手握铁枪的岳飞，右边则是手拿大刀的关羽，一个个目光炯炯，威风凛凛。殿内左右两侧还安放着文昌帝君、华光大帝、土地爷等神像。

每逢农历初一、十五和农历各个节日或三圣诞期，不但江平、东兴周边的乡民来三圣宫敬拜，越南芒街一带也有不少人前来祭拜祈福。

5. 恒望天主教堂。位于江平恒望村，始建于 1854 年，当时教堂面积 108 平方米，1925 年扩建至 540 平方米，建有教士居室、修女院。“文化大革命”期间，教会停止活动。除礼拜堂保留原貌外，其余房屋已崩塌。1984 年恢复活动，并重修教堂、钟楼。1999 年改称为江平天主教堂。每逢周六、周日晚，教徒会在教堂做礼拜。圣诞节、复活节、圣母升天节、圣神降临节等大型宗教节日期间，北海教区派神父来此主持活动。

6. 贝丘遗址。是新石器时代晚期（前 6000—前 5000 年）遗址，位于江平镇交东村西南海边，遗址在高出海面 10 多米的山丘上。山上有一社山，遗址就在社山东部隆起处，故又名“社山遗址”。遗址呈东西走向，南临北部湾，北为丘陵地，东西宽约 300 米，南北长 400 多米，面积约 1500 平方米。山上堆积着大量贝壳，以蚝壳居多，杂有泥蚶、白螺和陶片等遗迹，当地人称“蚝壳山”，未发现时有一层表土及植被覆盖。1958 年春，村民在山边建牛栏挖墙基时发现了该遗址。1958 年和 1978 年，广东、广西两省（区）博物馆文物普查组先后对该遗址进行考察，采掘了夹砂绳纹陶片、磨制石斧、动物化石、贝壳等物。经鉴定，确定为新石器时代晚期居民点遗址。这证明早在五六千年前，京族聚居区已经有人类居住了。1983 年，贝丘遗址被列为自治区重点文物保护单位。

（六）沿边公路景区及景点

防城港市境内的沿边公路长约 200 公里，从北仑河出海口的竹山起始，沿着北仑河、嘉隆河、披劳河、那沙河直至峒中北岗隘，如一条逶迤于山水间的长龙，与越南芒街至横模的沿边公路隔河相望。公路两旁群山巍峨，植被丰茂，旅游资源的特色突出，沿途的名胜古迹、异国风光有着无穷魅力。主要景点有彭祖岭、江那鸳鸯潭、刘永福故居、峒中温泉、九龙潭。

1. 彭祖岭。位于中越界河——北仑河中国东兴一侧，距东兴市区 8 公里，因相传活了 800 多岁的彭祖曾在此修仙而得名。彭祖岭气势雄伟，风景秀丽。登上彭祖岭，中越两国边境美景尽收眼底，北部湾帆影点点，如近在眼前。当地群众说："爬到彭祖岭顶，活到 100 还灵醒（不糊涂）。"这里被称为"长寿福地"。每年的九月初九，不少人到此登高望远，希望沾到福气，健康长寿。

2. 江那鸳鸯潭。位于东兴镇江那村北仑河河畔，距市区 6 公里。是集观赏、游览、休闲于一体的自然风景旅游区。

这里一直流传着这样一个传说。传说很久以前，有一对相恋的青年男女，男的叫阿江，女的叫阿那，他们沿北仑河漂流到此处时，突然电闪雷鸣，下起了瓢泼大雨，乘坐的木排被掀翻了，他们也被冲散了。两人在水中挣扎着，不断拍击水面，不停呼唤对方的名字。突然间，他们拍击的地方变成了一大一小两个潭，让他们未被急流冲走。大难不死的这对青年上岸搭了间茅屋，成家立业，生儿育女。之后，世代繁衍，这里变成一个村庄，取名"江那村"。由阿江、阿那拍出的那两个潭被称为"鸳鸯潭"，面积约 500 平方米，是天然的河滩浴场。

鸳鸯潭是京族聚居区开发较早的旅游景点之一。1995 年，在阿江和阿那当年的茅屋原址上建起两层楼，名为"鸳鸯楼"。楼上可观赏北仑河风光。乘游船畅游鸳鸯潭可观赏望兴村、老虎滩、灯笼滩、犁壁滩、高桥滩等景观及中越边境风光。

除了以上这些京族聚居区内的景区及景点，与京族聚居区相邻的防城区还有不少旅游景点，与京族聚居区的景区及景点构成了一个大旅游区。如从江那鸳鸯潭景点顺着东兴沿边公路一直往前走，即可游览刘永福故居、九龙潭漂流景区和峒中温泉景区等。

3. 刘永福故居。位于那良镇圩边那营村大厂坡，距东兴城区 16 公里。故居建于清光绪二年（1876 年），至今已有 130 多年的历史。其主建筑为砖木结构，共两进十间房屋，中有天井，两侧为厢房，有回廊相通，屋檐以琉璃瓦装饰，特别是大门屋檐下的数幅字画保存完好，历经 100 多年，图案依然清晰、完整，内容多与《三字经》有关。故居雕梁画栋，飞檐叠脊，布局典雅，古朴凝重，颇具特色，体现了简洁又粗犷的建筑艺术风格，是边境地区建筑艺术中的珍品。

4. 九龙潭漂流。位于那良镇，距东兴市区 39 公里，与马鞍坳观景台、峒中温泉等景点相邻。九龙潭漂流河道长 5 公里、落差 180 多米，两岸石壁峭立，河水缓中有急。漂流过程奇险无比，可称得上惊心动魄，漂流时间约为一个半小时。九龙潭峡谷雄伟壮观，怪石峥嵘，花木繁茂，常年水雾弥漫，独具风格。九龙潭漂流一次可容纳 400 多人。

5. 峒中温泉。位于东兴市区以西 70 公里的峒中镇。泉水从地下涌出，水温为 60℃—68℃，水中含有大量硫黄和矿物质，属重碳酸钠水，其中硫化氢、氟、偏硅酸均高于国家医疗热矿水标准，并含有锂、镁、锰等多种对人体有益的微量元素。对治疗感冒、风湿病、肌肉劳损、神经衰弱等有一定疗效，是理想的医疗保健型优质热矿水。这里的边民泡泉养生已有上百年历史。早在清朝道光年间，当地的老百姓和戍边的军人就挖坑为池，积泉沐浴。峒中温泉旅游开发始于 1980 年，现建有温泉池 380 多平方米，宾馆一家，还有 1300 平方米的停车场。

三、旅游服务设施

到 2012 年底，东兴市拥有酒店、宾馆共 250 多家，床位 3 万多个。其中四星级酒店 2 家（京岛酒店和锦华酒店）、准四星级酒店 4 家（东海大酒店、东杰大酒店、东润大酒店、东和大酒店）、三星级酒店 8 家，可同时容纳 2500 多人入住，并配备有餐室、大中小会议室、多功能厅、娱乐室和停车场。其他宾（旅）馆大多达到准三星级标准。

四、旅游商品

肉桂 樟科。常绿乔木。树皮有特殊的浓烈香气，用途很广，可入药，也可制香料、炼油。东兴市马路镇栽种肉桂的历史悠久，以所产肉桂肉厚油多而闻名于世，马路镇是中国肉桂主要出口地之一。

八角 亦称“大茴香”“八角茴香”。木兰科。常绿小乔木。果为调味香料，用于烹调食品。其叶、果还可制芳香油，称“八角茴香油”，用于饮料、酒等食品工业，或用作制造牙膏、香皂、香水、化妆品的香料，还是人工合成的非甾体雌激素——己烷雌酚的原料。中国八角出口占世界市场的 80% 以上，而东兴市马路镇栽种八角的历史悠久，所产八角果大、肉厚、味香，久负盛名，畅销国内外，马路镇是中国八角出口的重要基地之一。

绿茶 产于马路镇火光农场，种植面积 900 亩，年产 100 吨。马路镇所产的绿茶以高香持久、汤清叶绿、滋味甘醇而闻名区内外，常饮可提神醒脑、健胃消食、延年益寿，是上乘的送礼佳品。

鱿鱼 有名的海味珍品，是高级宴席少不了的佳肴。京族聚居区沿海出产的鱿鱼，品质上乘，鲜食或干制均可。

对虾 又名北方对虾、大虾。虾体长大，肉质嫩滑，味道鲜美，营养丰富，经济价值高。京族聚居区拥有 3.1 万亩对虾养殖基地，是广西主要的对虾养殖基地之一。近年来，京族聚居区出产的对虾源源不断地供应上海、北京、广州等地的市场。

青蟹 学名锯缘青蟹。体色青绿，头胸甲短而较宽，两侧无长棘；螯足不对称；第四对步足扁平似桨，适于游泳。成熟青蟹一般每只半公斤左右，大的公蟹可达 1—1.5 公斤。其味鲜美，营养价值高，是传统的出口水产品之一。

大蚝 学名近江牡蛎，又名牡蛎，属海产双壳软体水生动物，多分布于有淡水流入的浅海内湾。蚝肉味道鲜美，营养丰富，素有"海中牛奶"的美称，可鲜食或晒成干品。干品叫蚝豉，美味可口，是滋养佳品和重要的出口水产品。

海参 京族聚居区沿海出产的海参，体壁厚而多肉，品种有花刺参、方参、白刺参。海参含有丰富的蛋白质、碳水化合物和少量的脂肪等，具有健脑、补肾的功能，还对动脉硬化、糖尿病、神经衰弱等疾病有一定辅助治疗作用，向来是高档宴席上不可缺少的珍品。

海蜇 腔肠动物门。体呈半球形，半透明。捕获后经处理，伞部称为"蜇皮"，口腕称为"蜇头"。京族地区沿海主产红海蜇、白海蜇等品种。红海蜇具有较高的药用价值，对胃病、高血压等有一定治疗作用。海蜇味美、口感好，是中国独特的传统腌制食品。

蛤蚧 又名蛤蚧蛇、多格、德多、蛤蟹、大壁虎。蛤蚧干是传统的名贵中药材，具有补肾、温肺、壮阳、益精血、止喘咳的作用。

石雕工艺品 东兴石雕历史悠久，驰名中外，是广西著名"三雕"之一。石雕所用的石料是软玉，因产于防城区扶隆乡北基村，也叫"北基石"。北基石石质软硬适中，天然颜色丰富，有玫瑰红、鸡血红、象牙灰、橙黄、碧绿等，且光洁油滑，是雕刻工艺原料中的上品。东兴石雕工艺产品因用料考究、造型新颖、雕工精细，曾荣获自治区优质产品奖、工艺美术评比一等奖和轻工部产品评比百花二等奖，并多次参加在美国、法国、日本、加拿大、新加坡等国举行的国际博览会的巡回展出，深受国际友人的好评，远销世界 20 多个国家和地区。

红木家具 东兴红木家具选用紫檀、黄花梨、酸枝、鸡翅木、红檀等优质原料制作，设计制作时注意秉承古代艺术与文化之精华，不仅展现出自然而优雅的线条，而且赋予家具丰富的文化内涵，因而深受全国各地客户的青睐。2012 年，东兴市经营红木生意的商家有 300 多家，红木行业年销售额超过 30 亿元。

“红姑娘”番薯 东兴“三宝”之一，2008 年广西评定的绿色食品。出产于东兴镇和江平镇沿海一带的沙质地，尤以沥尾、巫头、潭吉等村所产的最为有名。薯形呈长纺锤形，皮为紫红色，肉呈淡黄或白色，烤熟后肉质松脆、爽口，大异于一般番薯，是来东兴不可不尝的地道美食。

此外，东兴较著名的旅游产品还有沙虫、墨鱼、石斑鱼、海蛇、橡胶、松香、芒编、荔枝、龙眼、皇帝果、百香果等。

五、旅游风味小吃

在京族聚居区旅游，不仅可以饱览京族多姿多彩的民族风情、边关如诗如画的风光，还可以遍尝当地的风味小吃。京族聚居区的风味小吃，品种多样，如京家风味浓郁的风吹饼、粉丝、芋头糕、白糍糟、虾糟、糯米糖粥、艾糟、煎堆、卷心糟、春卷、假蒌叶炒鲎肉、白螺肉炒酸笋、姜丝蒸白帆鱼、文火炒沙虫巴（干）、醋糖炒鱿鱼丝、蒸虾勾、蒸螃蟹等。此外，还有不少当地有名的其他小吃，如番薯丝粥、三鲜粥、沙虫粥、猪脚粉、木薯饺、烤红薯、榄子焖沙箭鱼等。这些风味小吃，原料基本来自当地的农家，并经传统工艺烹制，色、香、味俱全，不仅吃得放心，且回味无穷。

六、旅游热门线路

自 1992 年以来，经过 20 多年的开发建设，京族聚居区的旅游业已粗具规模。2011 年底，已经形成了东兴—北仑河口—金滩—屏峰雨林公园一日游，东兴—北仑河口—金滩—屏峰雨林公园—北仑河漂流一日游，东兴市区一日游，东兴—北仑河口—金滩—屏峰雨林公园—峒中两日游，中国东兴—越南芒街—越南下龙湾三日跨国游，中国东兴—越南芒街—越南下龙湾—越南海防—越南河内四日跨国游等 6 条旅游线路。专职导游或旅游从业人员 473 人（不含酒店服务人员）。其中，最为火爆的旅游线路是东兴市区—竹山—金滩的线路和跨境到越南旅游的线路。

金滩旅游度假区民族风情独特，风光旖旎，每年都吸引了大量国内外游客到此旅游度假。特别是哈节、中秋节和暑假期间，前来观光旅游的游客更是络绎不绝。人们在海中嬉戏，或在海滩上享受阳光浴、海滩浴，或在林荫下品茶，感受大海的魅力，或到哈亭感受京族人哈节的热闹与隆重。据粗略统计，金滩每年游客数量为 30 万—40 万人。

从东兴出发，跨境到越南旅游，是京族地区旅游业最大的卖点。从东兴到越南河内仅 300 公里，自古以来这里就是进出越南最便捷的通道，水陆均可通达。据史书记载，宋乾道九年（1173 年）二月，当时的交趾郡王李天祚途经防城、钦州向大宋朝廷进贡并贺宋孝宗登基，据说就是从东兴入境的。当时他带来的贡品有金器 1200 余件，珍珠 123 颗（其中，如茄子大的有 3 颗，如波罗蜜大的有 6 颗，如李核大的有 24 颗，如枣核大的有 90 颗，以金瓶盛之），沉香 1000 斤，海色盘龙缎子 850 匹，御马 6 匹，常马 8 匹，驯象 5 头。宋淳熙元年（1174 年），交趾郡王李天祚遣使再次从东兴入境，途经防城、钦州，向大宋朝廷乞赐国名。宋孝宗下诏：赐“安南”国名，封李天祚为安南国王。从明清开始至中华人民共和国成立前，从东兴进出越南的达官贵人、巨商大贾、贩夫走卒不计其数。中华人民共和国成立和越南北方解放后，东兴更是中越两国人民友好往来的主要口岸，正如 20 世纪 60 年代越南小学课本上所写的那样：“当双方战士飞车走马传递解放的喜讯，友谊桥上迎送着和平的贵宾。”特别是 1992 年，国务院特区办批准东兴设立边境经济合作区后，跨境旅游迅速兴起。仅 1992 年，从东兴出境到越南的商贾、游客就达 65 万人。1994 年 4 月，北仑河大桥建成通车，东兴口岸重新开放后，根据中越双方的相关协议，边境旅游开始使用边防部门签发的“边境地区出入境通行证”，游客持身份证和两张照片就可以办理，通过旅行社，花 100 多元就可以到越南的芒街、茶古一日游。简便的出境旅游手续和低廉的价格吸引了各地游客纷至沓来，每年出入境人员近 300 万人次。2011 年，东兴市接待游客为 369.09 万人次，旅游总收入 19.24 亿元。

七、从事旅游业的京族人

京族是一个敢于创新的民族。他们除了继续做好传统产业和边境贸易，也积极地参与到旅游业这一新兴产业的发展当中：自办旅游公司，承接旅游业务；利用语言优势，提供导游服务，带领游客领略京家风情和异国风情；开办农家旅游宾馆，向游客提供富有京家特色的住宿、餐饮服务；大力生产或开发京家特色产品，如竹山、潭吉、巫头、沥尾的一些京族群众，将世代捕鱼为生的生产方式——拉网捕鱼、塞网捕鱼作为旅游项目推介给游客，指导和带领游客在海上拉网或塞网捕鱼，所得鱼虾则全部归游客。此种旅游项目的开展，对于京族群众来说，一天可以增加一两千元收入，对游客来说，10 多人一个团队，每人花上一两百元，可以玩上一天，不但可以体验到海上捕鱼的乐趣，还可以享受“鱼虾从海里跳到锅里”的新鲜滋味，如果碰到“大着”（京族土语，即丰收的意思），一网鱼虾多达 300—500 斤，除享用之外，还可以将一些鱼虾卖给当地小贩，换取收入，何乐而不为？真是一个双赢的结果。在旅游业的发展中，京族人发挥着自己的智慧，让生活越来越富足美好。

独具特色的金融业

京族聚居区的金融业有着鲜明的地方色彩和时代特色。

一、京族聚居区金融业的百年演变

清末民初，京族聚居区流传的民间信用组织是“做会”。“做会”的主要形式有两种：一是谷会。由会首发起组织，一般为15—20份，先将参会者每年交的一定数量的稻谷集中起来，以抽签的方式决定交给参会者中的一人使用。抽签的顺序号决定每人使用会谷的次序，一直轮完所有参会者。这实际上是一种民间集资方式，目的是使轮到使用会谷的入会者可以一次性集中一大笔资金办大事。二是用现金入会。方法与谷会相同，只是通过交纳现金入会，每份会金较少，而分数则相对要多。一般分日金和月金两种。

清末民初，京族聚居区陆续出现当铺、银台等金融机构。当铺有个人经营的，如东兴镇的“福金当”等,也有合资经营的,如东兴镇的“群益当”“同仁当”等。典当时间一般以10个月为期,利息高达30%,典当衣物、金银首饰、玉器、古董的,则按值折价，一般最高值五成，过期不赎，归当铺所有。京族贫寒人家多无贵重物品，如遇天灾人祸急需用钱，多用土地典当。银台主要从事汇兑业务。

抗日战争时期，东兴金融业相当发达。独特的地理位置、繁荣的边境贸易和便利的交通吸引了大量商贾携巨资到东兴经商，一时间东兴汇集了大量行业资金。同时，东兴的侨批业也相当兴旺。特别是1941年12月，太平洋战争爆发后，南洋各地相继被日军占领，越南、泰国、新加坡、马来西亚、印度尼西亚等国家的侨批业务均被日军控制，粤东及闽南等地区汇款断绝，侨眷生活陷入困境。数月后，南洋各信局派出水客，探明从越南至东兴的转批路线，秘密将钱币由海防运入东兴，转换国币汇给侨眷。于是，各路汇款汇集东兴。国内各大金融机构看准时机纷纷进驻东兴，主要有广东省银行、中国银行、交通银行、中国商业银行、邮政储蓄银行等五大国有银行和华侨银行、裕光银行等私人银行。本地商家也纷纷在东兴设立金铺、汇兑银台等经营金融业。大部分银行设在离北仑河桥头不远的新街。当时新街银号、商铺遍布，外国商品琳琅满目，行人摩肩接踵，热闹非凡，被誉为“金融街”，盛极一时。在进驻东兴的银行中，业务量最大的是广东省银行驻东兴办事处，该行主要办理侨汇转批业务。自东兴开办侨汇转批业务始至1942年8月，所接收的侨汇均通过该行东兴办事处转汇给各地侨眷，业务量每月高达八九千万元。邮政储蓄银行东兴办事处在广东省银行对侨汇收费过高的情况下，遂开展邮政汇款安全可靠的宣传，从而吸引了侨胞将不少侨汇转向邮政汇款。裕光银行也开办了侨批业务。邮政储蓄和裕光银行的介入打破了侨批业务由广东省银行独家经营的局面。接着，闽商集美公司及华侨建设公司也在东兴设点，开办侨汇业务，部分侨资也被他们所吸收。东兴的侨汇工作，为侨胞渡过抗战时期的困难做出了很大的贡献。

抗战时期，东兴的黄金贸易也十分活跃。南洋华侨经越南进入东兴，将大量的黄金、外币带入东兴交易。据有关资料记载，当时在东兴经营黄金生意的商贾相当多，市面所交易的10两重的金条每日多达2000根。当时，东兴镇只有林培记一家开展专为客商过磅金条的业务。凡过磅者，每条收取磅租1元，磅租日收入就有2000多元，可见当时黄金交易量之大。

1949年12月，东兴解放。1950年2月，中国人民银行东兴镇支行成立。此后，各金融机构和保险公司、农村信用合作社分支机构或营业所也先后在东兴建立。

中华人民共和国成立后至1979年，东兴京族聚居区的一切金融信用管理集中于中国人民银行。中国人民银行对外实行统存统贷资金管理体制，称为单一的“大一统”金融管理体制。1983年9月17日，国务院发布了《关于中国人民银行专门行使中央银行职能的决定》以后，才逐步形成了中国人民银行为领导、各种专业银行为主体、多种金融机构并存的社会主义新金融体制。

之后，各金融机构大力开展存贷、汇兑等业务，有力地支持了京族聚居区的工农业生产和社会事业的发展。特别是沥尾、巫头、山心、江龙、贵明、潭吉、竹山等京族人口较多的村落，得到了政府和银行的大力支持，先后多次得到银行的无息或低息贷款，购置了 40 多所渔箔、20 多艘渔船（包括木帆船和机械船）、100 多张渔网，建造鱼塘和螺场 3000 多亩，京族渔业经济得到进一步发展。

二、边境贸易中的“地摊银行”

1989 年 2 月，中越边境的民间互市贸易恢复，并迅速升温。每天成千上万参与边贸的人员、跨国上班人员和跨境旅游的人员都需要对方国家的货币，而当时中越双方的金融部门尚未开通结算业务和兑换业务。于是，在东兴街上民间货币兑换业务应运而生。先是东兴的京族人（主要是 1979 年后回国定居于东兴的京族华侨）在东兴街河堤路口岸附近开展货币兑换业务。他们在空地放置一张木床，盘腿坐在床上，旁边摆着一沓沓人民币和越南盾，专门为人兑换人民币或越南盾，被称为“地摊银行”。后来，江平一带的京族人、东兴本地的其他居民和越南边民也加入了这一行列，在东兴的街头巷尾开起了“地摊银行”。“地摊银行”人民币与越南盾兑换的比值随行就市，随两国货币汇率不断调整变化。1996 年下半年，中国农业银行东兴支行与芒街开通边贸电子结算业务，“地摊银行”退出这一时期特殊的历史舞台。

三、八属毫银与西贡纸

中华人民共和国成立前，在京族聚居区流通的货币也很有特色。

清末民初以来，京族聚居区市面上流通的货币与国人共同使用无二的主要有铜钱、铜币、银毫、银元（俗称大洋、光洋），纸币则有广东毫券、关金券、金圆券、银圆券等。除此之外，京族聚居区民众印象最深刻的还有两种货币——八属毫银与西贡纸。

八属毫银是民国年间流行在京族聚居区的一种货币。八属毫银制造厂就坐落在现今京族居住的东兴市竹山村。

辛亥革命推翻了中国长达 2000 多年的封建帝制后，中国政局出现了军阀割据的局面。1920 年 8 月，邓本殷受任陈炯明部独立旅旅长。1922 年，陈炯明背叛孙中山。1923 年，孙中山指挥的联军将陈炯明叛军逐出广州。陈炯明退守东江，邓本殷驻军海南，与陈炯明保持着联系，并在财政上支援陈炯明。1923 年，邓本股将所属部队分为三个军，自封为八属军中将总司令，封申葆藩为中将副司令兼军长，盘踞在高（高州）、雷（雷州）、罗（罗定）、阳（阳江、阳春）、钦（钦州）、廉（廉州）、琼（琼州）、崖（崖州）一带，统称八属地区。

邓本股成为八属地区的“土皇帝”后，于 1924 年仿广东银毫分别在钦州县城的占鳌街和东兴竹山古街两处建立铸币厂铸造双毫银币，强迫八属地区的商民按广东毫银同等使用。其伪造的 2 角毫银有“民国七年、八年、九年、十年、十一年、十二年”字样。有 5 分的镍币和 2 毫的银币两种，总量达 3000 多万元。邓本股所铸的银币成色甚低，只含银三成，却以高压手段强迫人民按含银高的“中山毫”等价使用，商民不敢反抗，暗中变通，降低一成，勉强使用。

1925 年 11 月，陈铭枢率领国民革命军在海南岛驱走了邓本股，结束了八属军阀的统治，八属毫银后来被国民政府废止使用。

西贡纸是法国在越南西贡的东方汇里银行发行的一种纸币，面额有 1 元、5 元、10 元、100 元、2000 元。因京族聚居的东兴、江平以及现防城区的峒中、那垌、那良等乡镇都在中越边境上，中越边民往来贸易频繁，这种西贡纸便在边境地区流通开来。加上抗日战争胜利后，国民党发动内战，经济混乱，通货膨胀，国民政府发行的货币大为贬值，失去了使用价值，于是西贡纸便在当时的京族聚居区乃至钦防一带广为流通，成为民间主要的货币，甚至发展到民间交易非西贡纸不成的地步。1951 年，中国政府在东兴开设边缘市场供双方边民进行互市贸易，中国人民银行在边缘市场设点兑换西贡纸，越南边民每天进市场交易时，要把西贡纸兑换成人民币才能交易。当天下午 5 时左右散市时，要将所余人民币兑换成西贡纸带回国，西贡纸才从中国市面上逐渐退出。

中华人民共和国成立之后，京族聚居区同全国各地一样，统一使用人民币。

京族聚居区 100 多年来新旧社会两种不同性质的金融业，折射出新旧不同性质的社会制度的影响，使京族人切身感受到新旧不同性质社会的冰火两重天。旧中国时代的典当业、高利贷和八属毫银，曾经使许多饥寒交迫的京族人家雪上加霜，血泪斑斑。新中国在打倒地主渔霸，分田地和船网的基础上，则向京族渔民、农民投放了大量低息甚至无息贷款，帮助京族人发展经济，改善生活，最终让京族人过上了富足的好日子。

政治

京族聚居村落的“翁村”自治制度

在长期的生产生活实践中，京族形成了以“翁村”为核心的独特而传统的自治制度。这种自治制度在京族聚居村落持续了数百年，至今仍在发挥作用。

一、中华人民共和国成立前京族聚居村落的“翁村”自治制度

“翁村”自治制度是京族聚居村落中带有原始氏族社会性质的长老制度，它曾经在管理族内事务中发挥着主导作用。“翁村”自治制度在组织结构上分为两个层次：

一为决策层，称为“翁古”。村中重大事项必须经“翁古”讨论决定，族内重大人事任免亦须经“翁古”议决。“翁古”由族中各位“老大”（京语谓之“嘎古”）组成。“老大”分“上等老大”和“下等老大”，“上等老大”的组成是村中离任的“翁村”“翁记”和“正宽”，年龄在 80 岁以上且有“官员”（“翁村”制度中的一种身份名称）身份的本族长者，本族有一定官方职务的现任者或离任者，以及现任或离任的“翁祝”和“翁巫”。“下等老大”由年龄在 80 岁以上无“官员”身份的男性村民组成。村内日常重要事务，由“上等老大”讨论决定，但事关全村各家各户利益的重大事项，如哈节的筹备、组织，须“下等老大”一起参与讨论决定。实际上，实权掌握在“上等老大”手中，“下等老大”并无太多的发言权，

更多的是一种荣誉称号。

二是执行层，称为“翁村”。“翁村”集团由“翁村”“媒役”“翁记”“翁宽”“翁祝”和“翁巫”组成，以“翁村”为核心，“媒役”“翁记”“翁宽”“翁祝”“翁巫”受“翁村”领导。“翁村”的职责是组织本族生产，维护社会治安，监督执行村规，处理村内民间纠纷，筹办村内公共事业，组织、领导本民族盛大的传统节日——哈节并主持祭祀仪式。“翁村”由“老大”推举产生，而非直接由村民选举。现在的“翁村”任期三年，可连任两届。由于“翁村”有严格的资格限制并由众“老大”共同推举产生，且经过长期的考察、锻炼，能力、品行均为“老大”们所熟知，故“翁村”极少在任期届满前被罢免，但如若戴孝即予以撤换。“媒役”是“翁村”的助手，协助“翁村”组织和处理日常事务。“媒役”只有一人，在“官员”中推举产生，一般任期三年。“翁记”一人，负责管理村中文书、账簿，是村中的财会人员。“翁记”由“翁古”从任过“正宽”的“官员”中推举产生，由于其职务需要具备财会专业知识，一般任期较长，不像“翁村”“翁宽”那样定期换届选举。“翁宽”由7—10人组成，其职责是在“翁村”领导下，协助处理村中具体事务，主要是管理山林，防止被盗伐。“翁宽”分“正宽”和“土宽”，亦有严格的资格限制。按照京族习惯，16—18岁的男子，必须申请“入村”。本人以蒌叶或用蒌叶包槟榔到哈亭敬神、敬“翁村”，并捐赠些许钱物，由“翁村”宣布该男子已“入村”。京族成年男子“入村”后，方取得村民资格，享受本村村民的各种权利，如抽签分海埠，过哈节时在哈亭入席等。“入村”的男子如果经济条件较好，捐赠的钱物多些，并买一件京族长袍和一顶毡帽，即买得“官员”资格。未买“官员”资格的则为“上下员”。村民必须具有“官员”身份并有一定能力，方能由众“老大”推选为“土宽”，“土宽”任满三年后才有资格当选“正宽”。“土宽”接受“正宽”的领导。“正宽”“土宽”皆三年一选，“土宽”可连任，“正宽”不可连任。“正宽”任期届满，如未当选“翁村”则退任成为“翁古”。“翁祝”是京族各种节庆中负责撰写、宣读祭文的人，须具有“官员”身份，“师父”（当地对道公的俗称）出身，有文化、懂汉字，尤其要懂“喃字”，并且须是不戴孝者，可见“翁祝”的选任也是很严格的。“翁巫”（香公）是负责哈亭的日常管理并在各种祭祀仪式中进香的人员，其选任资格和程序也很讲究。“翁巫”须是年龄60岁以上、身体健康、思维清晰的男性，并要求夫妻俱在，儿女双全，身无戴孝。“翁巫”由符合条件的人通过“阴选”产生。“阴选”即是抛杯珓（阴阳珓），连续三次为胜珓（一阴一阳谓之“胜”）者即当选。村中重大事务的决定权，由“翁古”集团掌握，“翁村”只是“翁古”集团的执行机构。“翁村”的职能更多地体现在处理村内生产生活日常事务，维护村内治安，主持哈节等之上。

“翁古”集团和“翁村”集团的组成人员中，只有“翁巫”有少许报酬，其余皆是没有任何报酬的职位。“翁巫”的报酬通过向村内各户摊派少量的钱粮筹集。

到了民国时期，地方当局在京族聚居区推行保甲制，任命京族人为保长、甲长，行使政府职能，但这并不妨碍“翁村”自治制度的继续存在及其传统职能的发挥。保长、甲长负责征收赋税、摊派兵役等官方事务，“翁村”则主持划分海埠、筹办哈节等族内生产生活方面的事务，举办公益事业及维持治安等事务，一般不参与官方事务，各司其职。当然，保长、甲长有官府撑腰，势力渐大，他们担任的“翁古”享有较多发言权，进而影响村内重大事务的决定。也有个别“翁村”勾结官府，竭力充当官府代言人的，但这只是个别现象。总的来说，到中华人民共和国成立前，“翁村”的职能基本上没有发生变化。

二、中华人民共和国成立后“翁村”自治制度的变化

新中国成立后，社会制度发生了变化，京族传统的“翁村”自治制度也发生了变化，建立了“翁村”领导下的民间事务委员会，这改变了京族传统社会组织的结构和运行机制。

在京族聚居区，各个村普遍建立了民间事务委员会。民间事务委员会由正（副）“翁村”“翁巫”“翁祝”，本族民间会计、出纳，本族各生产队队长（村民小组组长）等组成。该委员会由“翁村”领导，负责修建哈亭、筹办哈节及其他与哈亭有关的节庆事务。“翁古”虽仍保留，但已没有原来的族内重大事务的决定权，族内与哈亭有关的重大事项由民间事务委员会决定，因此，民间事务委员会实际上已取代了“翁古”的职权。同时，“翁村”“翁古”的组成也发生了变化，“翁村”设正、副职，副“翁村”1—2人，不再设置“翁宽”和“翁记”，但有一名会计管理族内民间账簿。原来享有重大事务决定权的“翁古”由正、副村支书，本族村主任，本族有名望、有贡献者，本族各生产队队长（村民小组组长），“翁巫”“翁祝”和本族年龄80岁以上的长者组成。“翁古”的组成更灵活，更具有群众基础。同时，取消了上、下等“老大”之分，所有“老大”的权力平等，没有等级差别。

“翁村”的职能也发生了很大变化。在旧社会，“翁村”职能广泛，是维系京族正常社会秩序的核心。中华人民共和国成立后，“翁村”原来所具有的大部分职能，如组织生产、筹办公益事业、维护社会治安等，归生产大队（村民委员会）

和政府有关机关行使，“翁村”的职能仅限于管理族内各大小节庆，处理与哈亭有关的事务，亦即上述民间事务委员会的职能，“翁村”成为名副其实的“民间村主任”。

“翁村”的产生办法也有所改变。虽然“翁村”仍由“翁古”推举产生，但“翁古”的构成已发生了较大变化，本族有名望、有一定影响力的人员和本族各生产队队长（村民小组组长）的加入，扩大了“翁古”的社会基础，特别是各生产队（村民小组）还推荐不少年轻、有文化、有见地的代表参加“翁村”的选举，使选举具有更广泛的群众基础，更能反映民意，打破了原先“上等老大”对“翁村”推举的垄断。新的社会制度消灭了等级差别，原来“翁村”所要求的严格的身份限制不复存在。

帝国主义和封建主义对京族聚居区民众的残害和剥削

19 世纪下半叶开始，法国侵略者侵入了京族聚居区，京族聚居区逐步沦为半封建半殖民地社会，帝国主义和封建主义互相勾结，对京族聚居区民众进行了残酷的压迫和剥削，当地的京、汉各族民众深受其害。

一、法国侵略者对江平地区的蹂躏和掠夺

1885 年 6 月，中法两国在天津签订了《中法会订越南条约十款》，这一条约的签订标志着法国正式占领越南。1886 年初，法国侵略军从沥尾岛登陆，又一次侵占了江平街及其周边地区以及巫头、沥尾、潭吉、长山等地。法国侵略军在当地村落烧杀掠夺，无恶不作，当地京、汉各族民众受尽了蹂躏。

1886 年十二月初九，穷凶极恶的法军入侵江平镇黄竹村，为了镇压当地村民，竟开炮示威，炮弹轰至思勒村爆炸，令思勒村村民恐慌不已。1887 年正月初，法军从已侵占的江平街出动了近 400 名士兵，强拉当地京、汉等族民众到沥尾岛东南面的白龙半岛为其修筑炮台，又以轮船装载越南妇女和儿童 100 多人到白龙尾（白龙半岛上的一处地名）居住，企图造成既定事实，将我国的白龙半岛和江平京族地区变为法国在越南的殖民地。法军在江平街附近强拉居民到白龙尾修炮台时，当地居民纷纷躲避。黄坡山村（现贵明行政村管辖的一个自然村）村民陆忠因躲避不及，被侵略军打死。山心村村民龚六军被侵略军抓住，侵略军将一头生猪缚在他背上，迫使他从山心村背到白龙尾，又从白龙尾背到鱼囊岭，来回

100 多公里，受尽了折磨和侮辱。四月初四，法国军舰在白龙半岛与尾岛之间的海面上开炮袭击当地民船，击沉民船 2 艘，死伤平民 10 余人。法国侵略军还强迫当地民众在鱼囊岭、同皮岭、抓毛岭和营盘岭等地为其修建营寨，企图长期占据这些地方。在修建营寨和炮台的过程中，各族民众受尽了侵略军的折磨。巫头村阮有山的叔叔因怠工反抗，被侵略军打得遍体鳞伤。法军在鱼囊岭驻扎后，到处烧杀抢掠，尾村被他们洗劫一空。竹山三德村邓秀达的祖父家靠在长山做渔箔为生，法军在长山驻扎时，把所杀鸡、鸭、牛的内脏和大量空酒瓶扔到渔箔里，致使邓家根本无法生产，生活无着。

法国侵略者进一步加紧对京族聚居区的经济侵略。法军通过地方统治阶层征税、抓壮丁等，对当地民众进行了敲骨吸髓的经济掠夺，江平地区的渔业和农业生产受到了严重破坏。同时，由于洋纱、洋布的倾销，京族人的许多传统手工业被迫停业，不少渔民、农民在法国侵略者的摧残下，倾家荡产，流落到当时法国殖民者统治下的越南海防做苦力，或流落到芒街当苦工，受尽折磨。

二、日本帝国主义在京族聚居区的暴行

日本帝国主义侵华期间，在京族聚居区犯下滔天罪行。据 1993 年版《防城县志》记载：从 1938 年 3 月 29 日起至 1942 年 10 月，日军先后 17 次出动战机近 100 架次，轰炸企沙、江平、东兴、白龙、那梭、防城等 12 个乡镇。1938 年 10 月后，日军舰艇侵入京族聚居区一带海面，一时间，江平、白龙、企沙、竹山一带的海面上布满了日军的舰艇。1938 年 10 月 21 日，日军舰艇侵入企沙港，多次炮轰企沙镇的西沥等地。日军还出动 13 艘舰艇从钦州运载士兵侵扰大直圩（当时归防城县管辖）。1939 年 11 月 15 日凌晨，日军数千人在企沙镇疏鲁登陆，向县城防城镇推进，16 日进占防城镇。此后日军先后侵扰茅岭、大直、平旺、滑（华）石等乡镇，直到 1940 年 11 月 16 日，侵占防城县各地的日军才全部撤离。据有关史料记载，日军侵占京族聚居区所在的防城县期间，全县因日军入侵和日机轰炸造成 1509 人伤亡，其中直接伤亡 1072 人，间接伤亡 437 人，财产直接损失 208529975 千元（1946 年法币），间接损失 525840 千元。京族聚居的江平、东兴两镇，更是日机轰炸和侵占的重点地区。以下是有案可查的日军在东兴、江平等地的暴行记录：

1938 年的一天，约早上 8 时，一架日机在江平镇上空盘旋几圈，投下炸弹一枚后飞离江平，居民黄拔翠家的房屋中弹，炸毁约 20 平方米。

1940 年 12 月 9 日上午 9 时左右，日机 30 架次从越南海防起飞轰炸东兴街。东兴居民听到防空警报后，向守安街和福德寺两个方向疏散。涌向福德寺躲避日机轰炸的数百名居民，由于人多密集，被日机发现。日机组成三个编队，对数百名手无寸铁的居民进行轮番轰炸扫射，制造了惨绝人寰的福德寺惨案。据当时的目击者回忆，轰炸过后的福德寺，黑烟滚滚，残垣断壁、瓦砾碎片四处皆是，福德寺门口血肉横飞，惨不忍睹，被炸伤的群众号哭惨叫声不绝于耳。由于伤员过多，得不到及时医治，很多人因此死去，一些重伤者被转送到越南芒街进行抢救治疗。据事后统计，日军此次共投弹 30 余枚轰炸福德寺，炸死东兴街居民 110 多人，炸毁福德寺附近民房 16 间。

1941 年 3 月 21 日上午 9 时，9 架日机分三批从越南方向进入东兴镇投弹轰炸，共投弹 36 枚，内有燃烧弹多枚，毁房屋 100 余间，死伤 20 余人。遭轰炸最严重的是克强街（现解放路），宋均隆商铺门口落下 13 枚炸弹，炸死男子 1 人、妇女 2 人，附近一带 10 家房屋均被震毁。安泰街商铺附近落下数枚燃烧弹，5 间房屋被烧成灰烬。光裕街一带 6 间屋宇全被落下的炸弹震毁。合浦同乡会因距离不远，宿舍玻璃窗均被震碎。旅居东兴经商的合浦同乡会会员、马益隆店店主马相康为躲避炮弹，拼命向芒街方向奔跑，以致气绝而亡。

1941 年 7 月 26 日，两架日机轰炸东兴、江平街，投弹 5 枚，炸死 1 人、伤 4 人，毁房屋 1 间。

1941 年 8 月 8 日上午 8 时 15 分，一架日机入侵东兴上空，用机枪扫射城区。敌机盘旋一周后，在伏波庙后投下一弹，毁明江中学校舍前座，幸无伤亡。投弹后敌机向西飞，沿途以机枪扫射市郊，崩桥村 1 人中流弹而亡。8 时 30 分，敌机窜入那良上空，用机枪扫射后，投弹 1 枚，居民林雅清的房屋被炸毁一堵墙。8 时 40 分，敌机复返东兴上空，于缢园投落 2 弹，毁厨房 1 间。敌机肆虐至 9 时，始向越南领空窜去。

1941 年 8 月 18 日，一架日机轰炸东兴，投弹 3 枚。

1941 年 11 月 30 日上午 11 时许，18 架日机由越南基地起飞，分两批掠过东兴。第一批 12 架闯入江平镇上空，在菜市一带街道和近郊地区投下炸弹数十枚，机枪扫射数百发，损毁不少民房，麦瑞兴等 20 余家商店完全倒塌，镇公所被震崩一角，街边村黎广康兄弟 3 间 100 多平方米的泥砖房全部被炸平。此番轰炸，江平镇共有 30 余人被炸死，多人受伤。另有 6 架日机飞到江平沙水村肆虐，投弹 10 余枚，毁民房 8 栋，致乡民 10 余人死伤。

1942 年 9 月 6 日，数架日机轰炸企沙、江平，投弹 17 枚，毁渔船 2 艘。

1945 年春，从南宁败退的日军残部 200 多人取道防城、东兴，准备与驻越南的日军会合。这股日军经那梭，在江平镇横隘村住宿一夜，第二天早上抵达东兴，在罗浮教堂周围驻扎。一路上，日军烧杀抢掠，奸淫妇女 6 人。

1945 年 3 月 23 日，日军攻陷东兴镇。日军侵占东兴后，以东兴为据点，经常到罗浮、红石沟、竹山、竹排江等乡村烧杀掳掠。自东兴沦陷后，中国军队和日军反复争夺东兴镇，东兴虽数次沦陷，亦数次收复。此段时间，东兴地区财产损失和人员伤亡无法统计。因受战争的影响，东兴由繁华的“小香港”变成一座死城，严重影响了经济社会的发展，所造成的损失不可估量。

三、半封建半殖民地社会时期京族人遭受的压榨

随着帝国主义的入侵，京族聚居区进入半封建半殖民地社会。帝国主义和封建主义互相勾结，使京族民众蒙受了空前的灾难。

反动统治阶级榨取京族民众的苛捐杂税花样百出，不胜枚举，如田粮赋税、渔税、斥卤税（盐税）、人丁税、过秤税、门牌税、市场税等。

地主、资本家和高利贷者还利用生产和销售环节对京族贫困渔民进行盘剥，渔民向他们借钱买船买网，所得收入要与债主四六分成，渔民得四，债主得六，或者是所有渔获品要低价销售给债主开设的“渔栏子”，再由他们高价出售。渔箔主还用“租空地”的办法榨取贫苦渔民的血汗钱，即要渔民预交渔箔的租金，数年之后才能使用渔箔。

受雇为地主、盐田主、碗厂主打工的佃农、渔民、盐工和碗厂工人，每天要劳动 10 多个小时，工钱却少得可怜。丰年时，雇主大发横财，工人们的工钱半分不增；歉年时，雇主则以歉收为名少发工钱，甚至不发工钱，只发一些粗粮、劣质鱼和黄盐（质量很差的盐）抵工钱。地主老邓公兴建潭吉广福田盐场时，大量雇请当地京、汉各族民工为其修筑海堤，但其八子、九子和十子却拿工人的工钱去抽鸦片，任凭雇工如何催促，也不予理睬，工钱久拖不结，雇工们无可奈何。这三人因此被称为“牛筋八”“牛筋九”“牛筋十”（意即赖皮不结工钱）。

征兵、抽丁也是京族人民的沉重灾难。最初是三丁抽一，进而两丁抽一，最后连独生子也不放过。青年抓不到，就抓老年人。许多京族人因此妻离子散。沥尾村的阮其宁一年被捉丁两次，被迫卖了 1 头牛、1 头猪，典当了 2 亩地，用钱顶人，方能幸免。同村的李世华，因受征兵勒索，卖了自己的田地和女儿，而最

终妻子逃离，他上吊自杀。山心村李世有，为交征兵费，变卖家中一切，到了家无存地、身无分文的境地，妻子和两个女儿也因无钱医病而先后死去，他也未能逃脱被抓丁的命运，惨死异乡。据老人们回忆统计，巫头、沥尾、山心三个京族聚居村，中华人民共和国成立前被抓丁的共有75户人家，沥尾村因征兵被勒索钱财的共有28户。

匪盗猖獗也使京族人深受其害。京族渔民在海上打鱼时，经常被海盗打劫。沥尾何金发、武大哥在海上捕鱼时，被海盗打劫，抢走了价值1000多元的鲨鱼网。梁达茂等4人也被海盗抢走大网1张和鲜鱼250多公斤。黄德芳连续三年被海盗抢走鲨鱼网共3张。国民党政府不仅对海盗抢劫视而不见，还与匪盗勾结，抢劫百姓财物。如1948年，沥尾村村长、保安队副队长李世珍勾结悍匪陈树廉洗劫沥尾村，全村耕牛、鸡鸭、衣服、被褥蚊帐、渔网、粮食被洗劫一空，还抓走村民吴世隆等人，勒索赎金。几天后这些悍匪又如法炮制，将巫头村洗劫一空。

反动统治阶级还推行民族歧视、民族压迫政策，对京族人极尽凌辱。他们将京族人视作异类、下等人，一切稍为体面的事情都不准京族人沾边，而抽丁、派夫、服劳役，则多摊派给京族人。他们称京族人为“安南仔”“屙南仔”“屙南鬼”，动辄打骂欺凌。贵明村龙姓和陈姓地主多次提出，要将“京族男人杀光扔下海，女人拉去做老婆，小孩拉去放牛”，弄得附近山心村的京族村民人心惶惶，白天不敢出门，晚上跑到红树林中躲藏。沥尾、巫头两村的京族村民每次挑海鲜到江平街出售，一进入南闸街口，都要被站岗的江平自卫队的兵痞拦住，强行拿走鱼担中的5—7斤上等海鲜，村民稍显不悦就会挨打，有的甚至被打得头破血流。

京族社会长期形成的“翁村”制度，在国民党统治时期，也变成了统治京族人的工具。有些“翁村”公开霸占村内公共财产，压迫剥削穷人。国民政府还任命一些反动“翁村”为乡里的保长、甲长及其他各种职务，这些“翁村”实际上已被控制，成为反动政权在京族地区的基层统治人物。

四、京族人在半封建半殖民地社会的苦难生活

在帝国主义和封建主义的双重剥削下，京族聚居区百业凋敝、民不聊生，人民生活极端困苦。

京族村民特别是京族三岛的村民，中华人民共和国成立前住的是篱笆屋（当地人称为“穿方屋”，即用木头穿孔，互相支撑搭成一个木架子，然后在木架子的四周用竹子或竹片围起来做墙壁，大部分人家用茅草盖屋顶，少部分稍为殷实

的人家用瓦片盖，然后压上小石条），四面通风，外面下大雨，屋内下小雨。

那时，京族村落的村民食不果腹，衣不遮体。巫头、沥尾、山心、红坎、潭吉、贵明等京族聚居村落的村民常年以番薯、芋头、木薯干为主粮，青黄不接时，只好以芭蕉根、海菜（海里的一种植物）、白榄子（红树植物的一种果实）、番薯叶充饥。当时，江平一带的民间流传着几句顺口溜：“江龙粟包羹、潭吉番薯饭、沥尾芋头粥、贵明蛤蟆蛋、山心多榄茎、巫头沙蟹篮。”真实形象地反映了当时京族乡民的苦难生活。江龙村的村民因为粮食短缺，每年农历三四月，只好掰下尚未成熟的粟包（玉米），削下那些嫩玉米粒来熬粥充饥。潭吉和沥尾两村，土地都是盐碱地，无法栽种稻米，只能种些番薯、芋头当主粮。贵明村则因水田少、旱坡多，只能在旱坡上种些产量极低的狗尾粟（小米），用其煮出来的稀粥状如蛤蟆蛋一般。山心村外，有一片天然的海榄雌（一种红树植物），每逢青黄不接，村民只能摘海榄雌的果茎煮来充饥。巫头村土地最少，粮食稀缺，村民经常要到海滩上捉沙蟹，用箩筐挑到 10 多公里以外的那梭乡稔稳、炮台等山村换木薯干回来度日。因此，江平的一些人便编了这几句顺口溜。许多京族人为了生活，被迫四处给有钱人家打长工或外出讨饭。据统计，中华人民共和国成立前夕，仅巫头、山心、沥尾三个京族聚居村落，外出打长工的就有 305 人，外出讨饭的有 36 人，活活饿死的有 49 人。山心村京族姑娘刘进芳，因生活所迫，十三四岁时到地主家当丫头，经常挨饥受饿，挨打受骂。有一次地主叫她拿白米饭和肉喂狗，狗吃腻了，剩下几块肉，刘进芳饿得实在没法支撑了，便捡了块肉，正想往嘴里放，却被地主看见了，把她打得死去活来，头上留有一块永远都无法去除的伤疤。

许多京族人被迫流落到越南的芒街、海防和西贡等地谋生。红坎村的林家、范家、陈家，恒山村的阮家、黎家、陶家，竹山村的邓家、阮家、黎家，长山村的麦家等家族都先后有大量成员漂洋过海，到越南等国靠做苦力谋生。因此，除了上述那几句顺口溜，还有“竹山多船主，长山多姑吕”的顺口溜，指的是竹山村外地船老板多，长山干搬运苦力的多。在竹山的广东、福建等地的外地船老板以竹山为基地，往来中国与越南经营木材等生意，牟取高利。而竹山、长山本地村民则因生活困苦，被迫离乡背井，流落到越南海防、芒街等地做码头搬运工。“姑吕”是法语音译，意即臭苦力，是在越南的法国兵讥讽这些搬运工的话。江平人多数是讲粤语，这几句顺口溜读起来确是朗朗上口，但对于京族人来说，却都是苦涩。所以，在红坎村哈亭的碑文上，就有“官事重役，不堪其苦”“人民饥馑”等记录，真实地反映了京族人在旧社会悲惨的生活状况。

京族和京族聚居区人民反帝反封建的革命斗争

京族，是一个富有革命精神的民族。面对帝国主义和封建主义的残酷压迫与剥削，京族人群起反抗。

一、京族人反抗帝国主义的斗争

1883 年 12 月中法战争爆发前后，刘永福率领的黑旗军转战于中越边境，以低劣的武器沉重地打击了法国侵略者。沥尾村京族村民杜光辉受其鼓舞，组织一支由数十名京族人组成的队伍，参加了黑旗军，站在抗击侵略者的前沿。这支由京族人组成的黑旗军虽然武器简陋，但善于运用巧妙的战术，在斗争中不断壮大，后来发展到 1300 多人，在中越边境地区把法国侵略者打得晕头转向、风声鹤唳，他们一听到杜光辉的名字就会胆战心惊。

1886 年，当法国侵略军侵占江平沿海地区时，京族人与江平地区的汉族人组成了由龙正棋等领导的江平抗敌义军，在江平鱼囊岭、冲锋隘等地与法国侵略军展开了多次激战，狠狠地打击了法国侵略军。龙正棋在战斗中光荣牺牲后，由黄甫文率领的另一路义军继续与法国侵略军展开激烈的斗争，一直坚持作战至法国侵略军撤出江平地区。

1915 年，越南人民不堪法国的殖民统治而奋起反抗。巫头村京族人裴六和东兴汉族人谭鉴西领导一支共有 80 多名京、汉族人的志愿军支援越南人民反抗法国殖民统治的革命斗争，多次在中越边境与法国军队激战。

抗日战争时期，在中共东兴地方党组织的发起和推动下，京族聚居区各族人民积极参加了抗日救亡活动。东兴简易乡村师范学校（以下简称“东兴简师”）和东兴明江初级中学组织了戏剧队、歌咏队、晨呼队、夜晚火炬队、街头演讲队、山区宣传队，开展了声势浩大的抗日救亡宣传工作，为唤起民众的抗日热情而日夜奔走呼号。东兴抗敌后援会则发起抗日募捐活动，京、汉、壮、瑶各族人士纷纷响应：老奶奶、老爷爷拄着拐杖，一步一颤地走到“献金台”前，拿出省吃俭用层层包裹的积蓄投入捐款箱；孩子砸碎储蓄罐，把每天省下来舍不得花的糖果钱全部放进捐款箱；妇女把金项链、金耳环、金戒指等首饰投进捐款箱；从越南芒街、海防等地回来的爱国华侨也慷慨解囊，把一沓沓外币投入捐款箱。1943 年 5 月初发行抗日同盟债券时，京族聚居区各界人士更是踊跃认购。1943 年 5 月 13 日《粤南日报》记载：“东兴商民，向具爱国热忱，凡有利于国家民族之举，无不尽最大力量举赴，最近派销同盟债券，东兴竟承担五十万之巨，几为钦防之冠……”京族聚居区的人民积极参军参战：江平圩唐之章、周裕昆在 1932 年初的淞沪抗战中浴血奋战，英勇捐躯；红坎村李坤、范振辉等京族子弟在南京保卫战中与攻城日军拼死搏斗，李坤不幸殉难；贵明村京族子弟利培源在海南敌占区与日军血战中光荣牺牲；京族子弟李英敏投笔从戎，参加了琼崖抗日游击队；京族聚居区内共有陈明江、陈瑞英、邓玉莲（左伊）等四批 30 多名热血青年奔赴延安，何汝滨等三批 85 名热血青年请缨上了抗战前线；在京族聚居区坚守的各族同胞配合中国守军在东兴、越南芒街等地与日军展开激战；中共东兴党组织在那良武装起义，在北仑河两岸抗击日军；参加越南国民革命军第三军的京族子弟则与退守越南的日本军队展开殊死斗争。

二、京族聚居区反帝反封建的工农运动

1921 年 7 月中国共产党成立后，明确地提出了反帝反封建的民主革命纲领，并于 1924 年促成第一次国共合作，掀起大革命高潮，全国各地工农运动风起云涌。在革命形势的影响下，1926 年东兴相继成立了东兴总工会和农民协会。东兴总工会先后组织了搬运、冶金、陶瓷、理发、绘画、缝纫、屠宰、女伶等 10 多个行业分会，会员达 4000 余人，还先后发展了防城、滩散、那良、板八、峒中、江平等乡镇基层工会，领导和组织会员同法国殖民者、东兴洋务局买办朱彩

臣、东兴酒店老板陈伟南、国民党防城法院反动院长陈宗珍等进行了坚决的斗争，并取得胜利。东兴区农民协会先后发展和建立了罗浮、冲榄、北郊、江那、河洲、楠木山、松柏、竹山等乡级分会，江平区农民协会先后建立了山心、沥尾、江龙等乡级分会。农民协会发动和组织农民开展了争取平均地权、减租退押、减轻田赋等一系列斗争，打击了地主恶霸的气焰。

京族人积极参加当时的工农运动。沥尾京族人梁明甫、梁玉明、苏永生、武德兴、杜世义、武宗明和山心京族人阮继环、刘有金等人纷纷加入东兴总工会，参加东兴总工会的东兴京族工人有近 100 人。在工人运动不断发展的形势下，东兴总工会派梁明甫、杜世义等人到沥尾组织工会，当地京族人积极响应，先后有苏锡权等 30 多人参加工会。沥尾工会多次组织群众参加反对资本家、反对封建势力的斗争，还多次组织渔民、农民和多名学生举行示威游行。反动势力对京族地区的工农运动十分仇视，曾派兵到沥尾搜查，企图逮捕苏锡权和梁明甫等工会领导人，打击工会活动。消息被工会获悉，梁明甫等组织群众在沥尾设伏，袭击这些反动军警。最后，这些反动军警狼狈撤退。山心京族人刘振钊和刘振业等组织了京族农民协会，领导京族人与帝国主义、封建势力做斗争。京族农民协会在山心组织了一次示威游行，参加的群众达数百人，游行者手持渔叉、锄头、蟹耙等工具，振臂高呼“打倒帝国主义”“打倒土豪劣绅”“打倒封建势力”等口号。地主阶级惧怕革命力量，纷纷表现出同情革命的假面目，当雄壮的游行队伍经过地主刘有庆家门口时，他满脸堆笑地燃放爆竹表示欢迎。

京族农民协会除领导群众进行示威游行外，还领导农民群众和国民党盐吏进行斗争。当时国民党盐吏常常借查私盐为名到京族村落大肆敲诈，并迫害进步人士。一次，反动盐吏带领爪牙借故到农民协会领导人刘振钊家中搜查，伪造刘振钊暗藏私盐的证据，企图逮捕刘振钊。适逢刘振钊的堂兄弟刘振业在场，他机智地揭穿盐吏的阴谋。反动盐吏的行径激起了农民群众的极大愤怒，群众将其痛打一顿，迫使盐吏撤出了山心岛。当地盐团局长慑于群众的威力，不敢公开干涉，农民协会的斗争再次取得了胜利。

中共地方党组织在京族聚居区的革命斗争

1927 年 1 月，中国共产党在京族聚居区建立了防城县的第一个支部——东兴支部，揭开了防城县由中国共产党领导的新民主主义革命的序幕。从 1927 年 1 月至 1949 年 12 月的 20 多年间，京族聚居区的中共地方党组织开展了一系列革命斗争，为中国革命的胜利做出了贡献，也为京族人指明翻身解放的道路。

一、京族聚居区中共地方党组织的建立

（一）中共东兴支部的创建

1926 年 9 月，中共南路特委（广东）特派员黄学增先后委派杨技水、钟竹筠、邱祥霞 3 人到东兴镇开展建党建团工作，这些共产党员充分利用东兴工农运动高涨和其他一切有利条件开展了建党建团的工作。邱祥霞在东兴建立了防城县青年运动委员会，为党组织成立培养骨干力量。钟竹筠在冲濮小学建立了共青团组织，引导进步青年逐步走上革命道路；组织麦球英等人开办了家庭学校，开展妇女工作；到越南芒街碗厂工人中进行宣传，在华侨工人中物色积极分子，发展党员；在防城镇举办速成宣传讲习所，招收学员 60 多人，宣传马克思主义思想和社会主义理论。

经过开展一系列工作，杨技水、钟竹筠等人先后发展了进步青年黄胞民、易

一德、易永言、麦球英、张甫碧、麦雪堂和越南芒街碗厂的两名工人入党，同时，发展了陈略、傅琪、欧寒松、何治洋等进步青年入团。经过充分准备，1927 年 1 月，中共东兴支部在东兴镇成立，钟竹筠为支部书记，党员共有 9 人。中共东兴支部是防城县的第一个中共地方组织，它的成立标志着京族聚居区进入了中共领导的新民主主义革命的历史阶段。

中共东兴支部建立之后，与广州的党组织保持着密切联系。1927 年 2 月，邱祥霞带领东兴的易一德、李成通、易永言、麦球英等 10 多名党团骨干和进步学生奔赴广州学习，在当地参加了革命斗争。1927 年春，东兴建党工作向防城镇发展，中共东兴支部首先吸收了防城镇工会主席陈颂廉入党，由其在防城镇建设和发展壮大党组织，同时，带领东兴附近各界民众开展政治、经济斗争，多次组织东兴、越南芒街工农群众联合示威，迫使法国殖民者和碗厂资本家增加工人工资。此举震惊了法属越南当局，得到了中共南路特委的高度重视和赞扬。

1927 年 4 月，蒋介石发动了四一二反革命政变，白色恐怖笼罩全国。中共东兴支部已暴露身份的黄胞民、陈颂廉、麦雪堂等人遭反动当局的通缉而被迫转移到外地活动，其余党员开始进行隐蔽斗争。1927 年 9 月下旬，国民党东兴警察分局局长沈石夫在东兴秘密逮捕了钟竹筠，用船连夜解送到北海第二区署。在狱中的一年多时间，钟竹筠经受了严刑拷打和利诱，始终坚贞不屈。1929 年 5 月 30 日，钟竹筠在北海西炮台英勇就义，年仅 26 岁。

（二）中共东兴党部的成立

钟竹筠被国民党反动派杀害了，这并没有吓倒真正的共产党人。1928 年 1 月，遵照党组织的指示，东兴籍共产党员黄胞民、易一德、易永言、张甫碧、郑煜祥等 10 人转回东兴，在白色恐怖下秘密开展党组织的重建工作。1928 年 3 月，遵照中共南路特委的决定，易一德等人在东兴镇成立了中共东兴党部（县委），党部负责人为邱祥霞、易一德。中共东兴党部的辖区为整个防城县，行使县委权力，辖东兴、防城总工会两个支部，共有党员 21 人。

中共东兴党部成立后，派易一德、郑煜祥深入群众之中开展工人运动工作，派邱祥霞、黄胞民等人到驻东兴的国民党海防司令申葆藩部做士兵运动工作，拟争取驻军副团长周到（后改名周裕昆，江平镇人）对农民暴动的支持。不久，邱祥霞、易一德、易永言、张甫碧先后被调到中共南路特委机关工作，东兴党部的领导力量大为削弱，加上国民党反动当局加紧了对共产党员的通缉搜捕，东兴党部有关人员被迫潜伏藏匿。1929 年 1 月，易一德被捕，7 月在北海被杀害，邱祥霞、黄胞民、麦雪堂、郑煜祥转移到上海，中共东兴党部停止活动。

二、抗日战争时期京族聚居区中共地方党组织的革命斗争

（一）重建后的东兴支部及其革命活动

1939 年 5 月，合浦中心县委派东兴籍党员宁德棠、黄坚和黄翠玉回到东兴重建党组织。7 月下旬，宁德棠、黄坚、黄翠玉在位于新街（今中山路）的黄均泰商行（黄坚的家）召开秘密会议，宣布重建中共防城县东兴支部（以下称“东兴支部”），由宁德棠任支部书记，黄坚为组织委员，黄翠玉为宣传委员，并研究确定了支部重建后的四大重点工作：秘密发展积极分子入党，扩大党的组织；组织领导抗日救亡运动，宣传马列主义，扩大党的影响力；在越南芒街陶瓷厂开展工人运动，培养入党骨干；发动、组织抗日游击小组，开展抗日武装斗争。

东兴支部重建后，按照原定工作计划，展开各项工作。首先在学校、碗厂开展活动，培养骨干，发展党员。到 1940 年底，先后发展了巫海秋、郭兆华、钟恒骧、潘兆伦、程敏德、刘仲高、钟葵英、宁碧莲等人入党，包括从合浦、灵山回到东兴的利培凤、黄翠琼、郭兆荣、黄幼茜和上级调来的谭思勉等人，东兴支部这时共有党员 18 人。与此同时，东兴支部迅速开展抗日救亡工作。先是将原有的青年抗日先锋队、妇女抗日先锋队等抗日团体恢复，然后把东兴的爱国青年和学校进步师生组织起来，组成战时工作队，从事抗日宣传、教育和组织群众支前等活动，扩大了党在群众中的影响。随着东兴抗日救亡运动的发展，党组织又推动把战时工作队组建为东兴战时服务团的工作，组织了 100 多名团员，由毛湘澄任团长，庞景云任副团长，郑永祥任总干事，巫海秋任政治部主任。战时服务团成员有宁德棠、沈佩佼、巫海秋、黄坚、黄翠玉、韩明荃、郭兆华等共产党员，团部设在明江中学。东兴战时服务团经过短期培训后，分成三个分队，分别由巫海秋、符荣业、沈鸿周、黄翠玉、黄坚、孔广贤、郭兆华、严瑞侨、钟恒骧和潘兆伦等共产党员和进步人士带队，深入防城县各乡镇进行抗日救国宣传活动。宁德棠、黄坚等人组织了戏剧队和歌咏队，深入各乡镇、村寨巡回演出，宣传抗日救国，动员了一大批农村青年加入战时服务团。东兴支部还创办了《青年生活》周刊和《十万山报》，刊登大量宣传抗日的进步文章，开办了东兴文化商店，组织成立广东书会，组织阅读进步书刊，举办时事演讲，发放党报党刊，以此宣传我党抗日主张，引导青年走上抗日救国道路。此外，东兴支部充分利用各种有利条件，在东兴镇、防城镇、那良镇和越南芒街建立黄均泰商行等近 10 个抗日地下交通联

络站。同时，东兴支部十分注意开展统战工作，赢得知名爱国人士毛湘澄、庞景云、刘镇原、黄作兴、雷瀛鸣等人的大力支持，使党的抗日活动得以顺利开展。

（二）“隐蔽精干”方针的贯彻实施

1939 年 1 月，国民党五届五中全会确定了“溶共、防共、限共、反共”的反动方针，国民党开始执行“消极抗战、积极反共”的路线，不断掀起反共高潮。针对国民党顽固派的反共逆流，东兴支部于 1940 年 7—8 月开始执行中共广东省委“隐蔽精干”的方针。确定:“以学校为立足点，面对青年学生，依靠和发展学生骨干，争取中间力量，孤立少数，重视社会群众力量，扩大影响，逐步发展，在一定条件下掌握基本队伍，建立武装力量，在十万大山周围开展广泛的抗日游击战争。”在这一思想的指导下，东兴支部党员利用合法职业为掩护，迅速深入学校、工矿企业和乡村开展工作，积极争取群众的支持，建立党组织活动的群众基础，使支部所组织的各项工作顺利开展。

此时，国民党军统特务吴南山在钦防地区成立了以其为组长的情报组，开辟多条军统情报线，并向中共东兴地下党组织内部渗透。为此，东兴支部进行了整顿。中共南路特委委派李康寿来到东兴，联络了东兴支部的宁德棠、黄坚、黄翠玉、黄翠琼、王琼儒、巫海秋等党员，组成了一个全新的东兴支部，由李康寿任书记，宁德棠任副书记，黄坚、黄翠玉为支部委员，继续开展各项斗争活动。1941 年初，中共合浦中心县委为进一步贯彻落实“隐蔽精干”的方针，将从合浦撤离的庞自、卢传义、郭兆荣等 67 名党员的组织关系转到东兴支部，分别隐蔽于东兴、江平、防城、企沙、那良、扶隆、那勤、大直和越南芒街等地，以各种公开职业（主要是小学教师）身份为掩护，开展抗日救国活动。5 月，为了进一步落实“隐蔽精干”的方针，中共防城县东兴特别支部（以下简称“东兴特支”）在东兴成立，李康寿为东兴特支书记，庞自为组织委员，卢传义为宣传委员。7 月，为了发挥防城镇作为全县中心集镇的作用，东兴特支机关迁往防城镇，李康寿也到防城镇工作。

东兴特支迁到防城后，先后发展了 67 名党员，建立了防城中学高中部党支部、初中部党支部和东兴支部、那梭炮台党支部 4 个支部。这些党支部以学校为阵地，通过组织读书会、读书小组，订购、分发《大众哲学》《新华时报》等进步刊物，组织学生戏剧团和歌咏队等形式来宣传抗日思想，并组织学生与国民党“三青团”反对抗日、阻挠抗日的活动进行坚决的斗争。党组织还派人深入越南芒街碗厂、纱厂向广大华侨宣传马列主义，揭露资本家剥削工人的罪恶，组织领导工人为提高经济待遇进行罢工斗争，并开展抗日救亡宣传活动，激发广大华侨抗日救国的热情。

1943 年 3 月，中共南路特委决定撤销合浦中心县委及所属各县特支、区委，改为单线联系，实行特派员制度。1943 年 10 月，任命谢王岗为钦防特派员，负责钦州、防城两县党的工作。从此，谢王岗一直坚持以特派员的身份执行单线联系，秘密领导党在防城、东兴的工作，直到 1946 年春与中共南路特委恢复全面联系。

（三）组织抗日武装起义

1944 年 12 月，中共南路特委决定于 1945 年春节前后在钦廉四属地区［现广西北海、钦州、防城港（除上思县外）一带］发动全面武装起义，建立党领导的独立自主的抗日武装队伍。接到指示后，谢王岗在东兴分别向党员宋森、陈江、刘仲曼、彭扬、温科华和准备参加武装起义的骨干分子沈鸿周、沈耀勋等人做了传达，决定把组织抗日武装起义作为当前工作的重中之重。随后，组织游击小组的工作在防城全县展开。游击小组的主要任务是对群众进行抗日宣传，收集和准备武器，发展地下武装，为抗日武装起义做准备。

1945 年 6 月 14 日（端午节）晚，谢王岗率领百余名武装起义人员汇集在那良中越边境马头山脚的墩吉村，宣布举行抗日武装起义，成立钦防华侨抗日游击大队，由沈鸿周任大队长，沈耀勋任副大队长，陈江任参谋长，巫摩白任政治处主任。全大队辖 2 个中队和 1 个政工队，共 150 多人，配备机关枪 6 挺、步枪 70 余支、手枪 30 多支。第二天，起义队伍发布《抗日宣言》后，开赴日伪军占领的越南海宁省塘花山区，随后在北仑河两岸创建抗日游击根据地并开展一系列斗争，直至抗日战争取得全面胜利。

三、解放战争时期中共东芒地下党的革命活动

（一）东芒地下党的建立和地下交通线的开辟

抗日战争胜利后，国民党反动派妄图消灭中国共产党及其领导的人民武装力量，建立法西斯独裁统治。在粤桂边区，国民党当局严令第四十六军和第六十四军抢先接受日军投降，并部署进攻中共领导的南路人民抗日解放军（惯称“老一团”）。1945 年 9 月 5 日，国民党张午桥、余桂华部利用诱骗手段，在越南新街伏击中共领导的钦防抗日游击大队，使钦防抗日游击大队损失惨重。重建后的防城县游击大队逐步进入十万大山的东山一带开展武装斗争。7 月下

旬，国民党新一军和第四十六军对活动在雷州半岛的南路抗日武装队伍展开了疯狂的进攻和扫荡，解放军老一团被迫西进十万大山。1947 年初，根据中共广东区委《关于建立以十万大山为中心的粤桂边根据地的决定》，合浦县游击大队和灵山县的两个游击大队在十万大山会合，十万山游击根据地的革命斗争由此开始。京族聚居区中共地方组织的工作重点也转移到配合、服务十万山游击根据地的革命斗争上来。

1946 年底，谢王岗根据上级指示，进入十万大山直接指挥部队工作。中共钦廉四属特派员陈华派陈东到东兴接替谢王岗负责的地下党工作，建立新的地下党组织。1947 年初，陈东和宋森在越南芒街的拉茄根行关（菜市）开了一间南泰杂货店做掩护，建立起横跨中国东兴和越南芒街的东芒地下党组织。东芒地下党有李铁雄、吴成业、卢冠群等人，后又发展了叶云（炳章）、黄容洁入党。南泰杂货店是东芒地下党的活动中心，又是十万山游击队、当地党组织联系中共中央香港分局（1949 年改称中共中央华南分局）的枢纽，也是开展旅越华侨统战工作的心脏。

东芒地下党先后建起了十万大山—芒街—海防—香港、十万大山—东兴—芒街—海防—香港、十万大山—那良—芒街—海防—香港、东兴—芒街—马头山等多条秘密交通线和一批交通站。这些秘密交通线、交通站先后护送了中共中央香港分局和粤桂边区党委的军事特派员杨乃彬、政治特派员李超和派往越南工作的杨行等多人，并为十万山游击根据地筹集、运送了大量军用物资。

（二）防城县立二中（东兴中学前身）学生运动的开展

东芒地下党成员黄忠洁、何兴能、范沛生、王琦等以教师身份为掩护，以学校为阵地，向学生宣传革命思想，创办了进步书店（东兴联谊商店），组织读书会，把上级送来的进步书刊秘密转到书店，再分发给进步学生传阅，使学生了解国内形势的发展。同时，选择思想进步的学生，发展革命力量，先后发展了许耿、黄如芳（黄翘）、陈都文、陈复加入地下党组织，还在校外发展李易青、江淳、严荣麟、范虹、余宗禔、庞英、黄其禄、武文全、钟海风、何宗全、李易春、李少光、王其德、梁珏棠、方今、钟刚锦、宁心戎、吴晴、何宗新、陈立光、方长、何坚、项琼珠、项琼萱、周浩芳、陈敏等成为党的地下工作人员。以这些进步学生为骨干力量，东芒地下党与防城县立二中反动校长李煜麟、教导主任李祖康等进行斗争，挫败了他们强迫学生集体加入“三青团”的阴谋，驱逐了李祖康。1946 年 12 月，北平（今北京）发生了美军士兵强奸北大女学生沈崇的案件，引起了全国舆论的抗议，并掀起了“反饥饿、反内战、反迫害”的斗争高潮，国民党防城县当局严密封锁消息。防城县立二中党组织通过东兴联谊商店在学校秘密散发关于国内外政治运动和人民斗争的报道，并制作了传单和漫画，让学生们了解形势。爱国学生按照学校党组织的策划积极行动起来，一夜之间校园内贴满了“坚决声援全国学界抗议行动”“强烈抗议美军的暴行”“反饥饿、反内战、反迫害”“停止内战，实现和平民主建国方针”等传单、漫画、标语，震惊了国民党防城县当局。

（三）引导和组织江平中学师生集体上山参加山区游击队

江平中学创建于 1943 年，到 1947 年秋季学期，共有三个年级，每个年级一个班。一年级 50 人、二年级 30 多人、三年级不足 20 人，共 90 多人。

从 1943 年冬起，受党组织的派遣，共产党员巫摩白、唐光天、梁逸夫、廖冰、区羽凤、黄次华、李素良、裴幸秀、陈崇荣等人先后来到江平中学任教，传播进步思想，开展抗日救亡活动。这些共产党员教学工作出色，从而赢得了校董陈佩珍、何永年、黄爱荣、黄玉书、邓冠英等人的信任，占领了江平中学这块阵地，为开展党的地下工作打下了基础。在此期间，江平中学的部分学生受到革命思想的熏陶，逐步懂得了革命的道理。

1947 年 8 月，为建立东兴—江平—十万山游击区的地下交通线，进一步加强江平中学党组织的领导力量，中共东芒地下党派宁德汉和黄东（当时叫黄槐荣）来到江平中学任教，冯乐也由梁逸夫介绍来到江平中学任教。宁德汉和梁逸夫、冯乐、陈康等人以教书为掩护，积极发展地下党组织，发动师生准备上山参加武装斗争。为了便于开展地下工作，党组织决定由梁逸夫校长负责开展江平镇上层人物的工作。梁逸夫经常与校董何永年、黄爱荣、邓冠英、黄玉书等人交往，增加他们对自己治校的信任，还注意团结孔广贤、邓从环、邓从宇、黄忠善等一批知识分子。与此同时，参加地下党组织的教师们尽职尽责地做好繁重的教学工作，出色地完成教学任务，取得了学生和家长们的信任和赞扬，使江平镇的国民党势力对江平中学地下党组织的活动放松了戒备。江平中学地下党组织充分利用这一有利条件，加紧发展党组织的力量。地下党组织的教师们与学生广交朋友，从南宁购回了萧军、萧红、李季、赵树理、茅盾、陈残云等进步作家的作品和《大众哲学》《新哲学大纲》《社会发展史》等进步刊物，引导学生阅读，教育学生，并深入学生宿舍与学生促膝交谈，学习时事，使他们团结在党组织周围。

1947 年初，防城县“三青团”头子李煜麟派其弟李煜治到江平中学任教，妄想在学校中争夺学生支持。李煜治常在学校散布反共言论，污蔑游击队为“流寇”，多次要求梁逸夫介绍学生参加“三青团”组织，均遭到了拒绝。秋季学期开始后，李煜治公然在课堂上对梁逸夫进行人身攻击，妄图迫使梁逸夫按照他的意图安排学校工作，以达到控制学校的目的。李煜治已成为党组织在学校开展活动的阻碍。为了消除阻碍，梁逸夫凭借自己在江平社会上的威望和校董事会的信任，将李煜治赶走，同时学校党组织还派邓带股做好受李煜治影响的学生的工作，使江平中学这块阵地完全掌握在党组织的手中。至 1947 年冬，参加江平中学地下党组织的师生达 44 人。

不久，江平中学地下党组织的活动引起国民党防城县当局的注意。1947 年 11 月 12 日晚，学校举办校庆文艺晚会，匪特头子陈子鹏带着 10 多个特务混在会场中间侦听。此后还四处调查梁逸夫是不是梁持亚（梁持亚是梁逸夫在南宁从事地下工作时的名字），这表明敌人开始注意梁逸夫了。此时，江平中学地下党组织的教师们已做好随时上山参加武装斗争的思想准备。寒假时，梁逸夫回南宁安排家事。宁德汉根据形势的发展，对已参加地下党组织的学生做了布置，要求他们做好上山的准备，有枪的把枪带走，对教职员工则要求他们等待梁逸夫校长回校后即拉队上山，并在上山前设法取得江平联防队的一批枪支。因为在这之前，江平中学地下党组织经东芒地下党负责人宋森的同意，已经开始做国民党江平自卫班班长黄国材的策反工作，想让他带领他的一个班 10 多人起义并参加革命，经过多次说服工作，黄国材坚定了信心，准备行动。

1948 年春季开学后，梁逸夫校长还没回校，他聘请的四位教师刘兆清（夏阳）、颜善群、杨静、黄桂考先到学校报到上课了。4 月初国民党“钦防清剿指挥部”指挥长、防城县县长陈克强率反动军队一个连开往那梭，路过江平时停留下来。为防敌人突然袭击，学校地下党组织决定放假两天，让学生回家。放假的第一天晚上，初二女生伍如云匆匆来校，找到学校地下党组织的陈康老师汇报，说她在家里（她以亲戚关系寄住在江平圩上何永年家）听到几个学生家长议论，说陈克强留下一部分反动军队要搜捕共产党。第二天，在东兴出差的宁德汉赶回学校，听了汇报后，感到情况紧迫，召集陈康、冯乐等人分析情况。大家认为学校有几件事是会引起敌人注意的：1. 黄东来校不满一个月，匆匆走了（由于黄东口音问题，曾引起校董的猜测，追查他的来路），使人感到行踪不明。2. 赶走了李煜治，加深了与“三青团”的矛盾。3. 陈子鹏于校庆时突然来观看晚会演出，事后又调查梁逸夫的真实姓名。4. 学校又增加了四位教师，这分明是超编了。此外，放寒假后，师生都迫切要求尽快参加武装斗争，活动频繁，已成半公开状态，更有甚者，个别学生为准备参加游击队而与家长商量，争取家长的支持。因此判断：党在江平中学的地下组织已经暴露。况且当前敌人正在“围剿”游击区，如果地下组织真的暴露了，敌人是不会放过的。于是，会议做出决定：1. 立即托人通知在钦州的宁德棠（宁德汉的哥哥）转告梁逸夫（梁逸夫从南宁回江平必经钦州）不要再来江平。2. 立即联系已参加地下组织的师生集中，上十万大山。

之后，大家便分头执行上述决定。宁德汉设法通知宁德棠；邓带殷和吴达南到松柏交通站联系粤桂边区人民解放军第二十团，请他们派人武装接应；派黄宗兴到江平圩通知在家的学生立即回校集中，至于没法通知或因故未能赶来学校的，另设法联系。此外，由黄桂考起草油印《告地方父老书》，说明江平中学师生为中国人民的解放事业而到十万大山参加武装斗争是正义的、革命的行动。

执行联系人民解放军任务的邓带殷和吴达南打探到第二十团主力有重要任务已不在附近，他们只找到莫超芳等几个武工队员，武工队员同意负责来接应上山师生。考虑到上山的师生人多集中，而且都没有武器装备，没有战斗经验，行动时，如果发生意外，后果非常严重，于是党组织决定分批撤离。首先，第一批师生 20 余人立即离校。他们由陈康和吴达南率领，带着宁德汉的信，取道麦怀山区（今属江平镇思勒村）上山。如果与游击队无法取得联系，就先由吴达南带到殿六附近的吴达南家乡等候。后来，第一批上山的师生到麦怀时遇到了第二十团的苏方芹，苏方芹把他们交给交通站，由交通站派人带领他们到达第二十团团部。其次，第二批师生由宁德汉和冯乐、颜善群、邓带殷带队，先留在学校等候后到的学生，集合有二十一二人才出发。他们先是沿着江平通往东兴的旧公路到达竹排江，之后离开大路往西北方向前行，与莫超芳带领的武工队会合，由武工队带着他们走了两天，到达板贞，最终进入游击区。

江平中学上山的师生全部撤离后，江平圩的反动派有人主张武装追击，但有人说，学生手中有一挺轻机枪，且一定有游击队接应并配合行动，如果派出追兵，怕在附近中游击队埋伏。最后，敌人也没有派出追兵。

此次江平中学集体上山的共有 41 人，他们是：宁德汉、冯乐、陈康、周振以、颜善群（陈实）、杨静、黄桂考、刘兆清、胡焕发、邓带殷、吴达南、李培仁、陈沛霖、黄宗兴、唐英（原名唐尚贵）、邓权殷、陈碧、伍如云、邓从瑞、沈佩珠、黄慈君、利培生、李煜仪、梁燕棠、梁成伟、李煜屏、黄旭、陈振华、陈增修、何定光、王治仁、李永珍、黄建业、阮佳、利培震、黎文、李培能、黄树森、黎武、沈佩仪、许秀莲。加上早些时候经组织批准先行上山的何永炽、沈佩仁（沈鸿池）

和后来辗转来到粤桂边游击纵队司令部的梁逸夫，共 44 名师生。其中，邓带殷、黄宗兴、胡焕发、何永炽、刘兆清、许秀莲、黄慈君 7 人在后来的革命斗争中光荣牺牲。

江平中学地下党组织全体教职员工和部分学生共 44 人离开了国民党统治区到十万大山参加武装斗争，此次革命行动给江平镇的反动派乃至防城县的反动当局带来很大的震动。黄玉书闻讯后，曾哀叹道：“我们办的学校却为共产党培养人才，我们失败了。”江平中学为此无法继续上课，被迫停学了半年多。

四、共产党为京族人指明了翻身解放的道路

中共东兴地方组织的革命斗争，在京族人心中播下了革命的火种。党传播的革命思想就像黑夜里茫茫大海上的灯塔，为京族人指明了翻身解放的道路。饱受苦难的京族人，通过党的各种宣传活动，逐步明白了他们受苦受难的根本原因，逐步认识到只有赶走侵占他们家园的侵略者，打倒骑在他们头上作威作福的地主恶霸，他们这样的劳苦大众才有出头之日，才能过上好日子。而钟竹筠、易一德、李培高、李成通、麦球英、邱祥霞等共产党员，为了劳苦大众的翻身解放四处奔走，不畏生死，前赴后继的英雄事迹更加深了京族人对共产党的认识，并切身感受到共产党是为穷人谋利益的，是真正代表穷人的，从而相信共产党、支持共产党，积极参加共产党领导的革命斗争。当时许多出身于剥削阶层的京族子弟（如利培源、黄慈君等），在学校里接受了党的宣传教育后，也认识到现存的人剥削人、人压迫人的社会制度不合理，而不合理的社会制度激发了劳苦大众与有产阶级的矛盾，导致了国家的积弱积贫，引来了外敌入侵，使中华民族蒙受奇耻大辱，只有跟着共产党，推翻现存的不合理的社会制度，建立自由平等的新的社会制度，国家、民族、人民才有希望。认识到这些道理，他们才脱离原先的生活，一心一意跟着共产党闹革命。

从 1927 年 1 月中共防城县第一个党支部——东兴支部成立至 1949 年 12 月 8 日防城县全境解放的 20 多年中，中共东兴党组织领导的革命斗争，无论是与地主、资本家的斗争或是抗日救亡活动，还是解放战争，都有京族民众的支持和参与。如京族子弟刘振钊，大革命时积极组织农民协会，带领农民群众与地主恶霸进行斗争，后在东兴打工，积极参加东兴党组织领导的工人运动，深受共产党人的影响。大革命失败后，他到广州参加了共产党的地下组织，后来英勇牺牲。抗日战争时期，京族子弟利培源和孔广贤积极参加共产党领导的抗日救亡活动。

利培源1938年加入共产党后即投身于海南抗日武装斗争，成长为一名坚强的革命战士和部队优秀指挥员，而孔广贤则一直在京族聚居区从事党的地下工作。解放战争期间，据不完全统计，共有谭益胜、阮阿三、唐英、黄慈君、阮佳、利培震、梁燕棠、吴国治、陈诚珍、许光荣、阮树德、阮树善、阮瑞业、施有华、陈增明、范贤章、邓景礼、凌发德、林伟、刘振显、武文全等21位京族子弟在东兴地下党的教育和引导下参加了革命，他们或上十万大山参加了游击队，或在东兴、江平从事党的地下工作。其中，在江平中学读书的唐英，17岁上山参加了游击队，先后参加了其那、北基、龙楼、宗门等多次战斗，直至中华人民共和国成立，成长为一名党员干部。出身于剥削阶层的黄慈君毅然与家庭决裂，上十万大山参加了游击队，临走时还想把父亲的枪偷偷带到游击队去，后因父亲看管严密而未拿到。后来，黄慈君在一次战斗中光荣牺牲，为人民解放事业献出年轻的生命。至于掩护和保护游击队员，为山区部队筹粮筹款，配合部队作战的京族民众就更多了，无法一一列举。

京族人喜获翻身解放

1949年初,解放战争取得了决定性的胜利。人民解放军挥师南下,饮马长江,直捣粤桂。粤桂边区人民解放军也配合解放大军频频出击。江平镇和防城镇、东兴镇分别于1949年6月和12月解放。随着中华人民共和国的成立以及民族政策和民族区域自治制度的实施，京族人在政治上彻底翻身，当家做了主人。

一、京族聚居区的解放

（一）江平镇的解放

江平镇是防城县的西南重镇，也是京族人口最多的乡镇。江平镇地处防城与东兴两大集镇的中间，北面是十万大山，南面是北部湾，是防城与东兴、山区与大海的交会点，是国民党军队围困十万山游击根据地的主要据点，也是阻隔十万山游击根据地与沿海联系的重要关卡，地理位置十分重要。

随着防城县人民政府于1949年5月1日在那梭乡那卜村建立，防城县大部分乡镇都建立了乡级人民政府。为了使十万山游击根据地连成一片，彻底孤立防城和东兴两镇的守敌，也为了动员江平以南沿海地区的人力、物力、财力，支援和配合南下解放大军解放防城县全境，粤桂边区人民解放军第三支队第二十六团决定拔除国民党军队驻江平镇据点，解放江平镇。

当时，江平镇驻有国民党保安中队一个，共40余人。1949年6月初，第二十六团派出一个连队，再从南区游击大队抽调两个连，由陈耀玉（大沈）任总指挥对驻江平镇的国民党军队展开攻势。战斗打响后，游永权率领一个排首先向镇公所发动进攻，接着其他队伍也发起猛烈攻势，不到10分钟，就全歼了江平镇守敌，解放了江平镇。

江平镇解放后，中共防城县委成立了江平镇政府，任命黄文为江平镇镇长。

（二）防城镇、东兴镇和平解放

东兴是国民党重兵防守的边境重镇，1949年初，驻扎着国民党军警人员3000余人。粤保安一团和琼补充团、特务团三个团的团部以及粤保安司令部、桂林行营、合浦党务特派员、军统局北海办事处、防城武警队五个军警机构均设立于此。

1949年9—10月，中国人民解放军第四野战军在衡（阳）宝（庆）战役中歼灭了国民党白崇禧集团主力，开始向广东、广西进军，盘踞在防城县境内的国民党反动派只龟缩在防城和东兴两镇，防城全县的解放已指日可待。为迎接解放军解放东兴，中共东兴地下工作人员积极开展秘密活动。郭兆荣、李颉贞、郑永祥等人按照党组织的指示，首先积极开展统战工作，做好曾任防城县县长的何治伟、东兴商会会长陈家璧、东兴简师校长毛湘澄等知名人士的工作，取得了这些知名人士的大力支持。他们以大局为重，配合中共地下工作人员保持镇内社会治安和市场的稳定，积极向驻守在镇内的国民党军政人员、武装人员宣传中共的各种优待政策。后来，通过他们和我党的共同努力，东兴警察所所长陈润豪等人弃暗投明。陈润豪于1948年任东兴警察所所长，他是本县人，有正义感，倾向进步，同情和支持革命。1949年春，郭兆荣在东兴开设的利民药房受到敌人怀疑和暗中监视，国民党湛江“清剿”指挥部张君嵩密电东兴警察所，命令钉封利民药房并逮捕有关人员。陈润豪接到密电后，即邀请地方父老商量，故意拖延一些时间，后以快邮代电，复说查无实据，不久张君嵩被陈一林起义部队击毙，此事也就不了了之，郭兆荣等人幸免于难。地下党组织秘密派人对陈润豪做了动员工作，不断向他介绍国共两党战场上彼消我长的形势，还给他送去中共关于优待起义投诚的国民党军警人员的有关政策文件，使陈润豪对军事形势和国民党军警人员的出路有了比较清醒的认识，逐步坚定向共产党靠拢的决心。

当粤桂边区人民解放军配合南下解放大军在邕钦公路沿线围歼白崇禧集团残部之后，盘踞在东兴镇的国民党军警人员惊恐万分，纷纷准备退路。这时，东兴镇社会混乱，人心不安。东兴镇地下党人员李颉贞接到陈家璧的来信，信中说东兴商人很担心国民党撤退时趁机抢劫，要求游击队尽快进入东兴维持社会秩序。东兴地下党人员郭兆荣、李颉贞、郑永祥和进步人士陈庆和等人在地下党联络站利民药房召开紧急会议，具体部署接收前的准备工作。经过讨论研究，决定：一是由郑永祥、陈家璧负责维持市场秩序，严禁奸商哄抬物价，确保物价稳定；二是由陈润豪等人负责社会治安工作；三是由毛湘澄、何治伟与敌八区专署副官施明汉联系，移交敌八区专署武器和军用物资。会后，地下党将会议有关精神告知毛湘澄、何治伟和陈润豪等人。

1949 年 12 月 1 日，国民党海南特区行政长官、警备司令陈济棠电令其驻东兴的部队和国民党防城县党政要员等务必于 5 日前撤离防城镇和东兴镇，从竹山乘船撤往海南岛。国民党防城县县长陈亨垣于 5 日晚匆忙率领县政府要员及警察大队 500 余人逃往竹山，只留下县警察大队唐光国等 70 余人留守县城。12 月 6 日防城县东区人民武装力量率先进驻防城镇，接着，粤桂边区人民解放军第三支队第二十二团也进驻防城，唐光国率国民党防城县警察大队 70 多人投诚，防城镇解放。

在陈亨垣率防城县党、政、军、警人员逃往竹山的同时，驻东兴镇的国民党海南特区警备司令部的特务团（原保安第六团）、保安第九团和广东省保安第一团的主力部队共 2000 余人也准备弃城逃往竹山，打算从竹山出海撤往海南岛，东兴只有在东芒地下党的活动中心范围内有少量国民党军队和警察留守。12 月 5 日晚上，驻东兴的国民党广东省保安第一团专管保密电台的少校团副梁某突然到东兴警察所向陈润豪辞行，并附耳说："因军事需要，奉命于今晚转移海南，你要做好准备。后会有期！"陈润豪一听，心中明白事态突变，马上根据地下党的指示，授意该所督察员陆冠英于入夜时分赶到中山街、延芳街，暗嘱各金铺、兑换铺提前关门停业，且任何人叫门都不要开。

当天深夜，东兴守敌主力开始撤退。保安第一团特派一个连进入市区，由营长彭福指挥，保护保安第九团团长陈鹏和副团长张竹秋、政工室主任邓玉墀的家眷上船。此时，敌官兵想乘隙抢劫林培记、永华等金铺及兑换铺，由于这些店铺拒不开门，抢劫未能得逞。时将午夜，月色朦胧，敌军仓促撤退，间或听闻枪声，有人从门缝窥见一人被打死在中山街与松坡街交叉处。此外，在中山街口也有人被打死。

国民党守敌主力弃城逃往竹山后，东兴镇处于无政府状态，社会秩序更加混乱。1949 年 12 月 6 日，中共防城县工委根据东兴地下党反映的情况，决定对东兴镇实行军事管制，并成立了东兴军事管制委员会，由县工委书记黄志英任主任，郭兆荣和裴辛秀为委员，具体负责接收国民党政府驻东兴镇的军政机关。同时，派粤桂边区人民解放军第三支队第二十八团第三营第七连政治指导员陈龙师进入东兴镇，与东兴镇地下党联系，共同开展接管前的各项准备工作，争取和平解放东兴镇。

12 月 6 日清晨，防城县县长陈亨垣打电话到警察所，命陈润豪前往越南芒街与法国人商谈撤退过境事宜。陈润豪当即推诿说：现在情况紧急，法国兵已关上桥门不能过去。这一夜，陈润豪感到情况紧急，不敢入眠，在会客厅静坐听候消息。东兴镇自卫大队队长黄武周匆匆进入警察所对陈润豪说："刚才接海南特委团团长陈树尧电话嘱咐，要我带兵过海南，给我做营长，我已集合好队伍。他命你马上率全体警察乘船往竹山出海过海南，到时派你做海口市分局长。"陈润豪表示不走，黄武周焦虑地说："不走，共产党入街，不杀我们的头吗？"陈润豪一面安慰他一面拿出中共地下党早在一个月前给他的中国人民解放军入城的《约法八章》，并指着其中一条原文说："伪警察人员、参议员（包括地方团队）维护治安，交代清楚，免予逮捕，并优先任用。"黄武周看了仍沮丧地说："共产党入街，不杀我们的头，也没有官做了，有家眷的百分百要回乡，请你帮助旅费。"陈润豪允诺到时和地方绅商筹款解决。经陈润豪的劝说，黄武周决定不走了。陈润豪便叫黄武周立即回队部，解散已集合好的队伍，该休班的休班，该值勤的继续值勤，就在大校场至屏障大营（东兴党校旧址）原有防地协助警察维持治安。陈润豪说："凡发现有抢劫暴行者就地击毙，有事我负责！"从而订出了维持治安的临时措施。

12 月 7 日，东兴已进入了权力真空状态，市内可闻清晰炮声，街上行人减少，商店半掩门营业。天刚泛白时，国民党合浦专区保安团武装官兵 90 余人由北海押运 3 艘机帆船开抵东兴，停泊在生记码头。船上满载刚从广东省保安司令部新领到的迫击炮数门、轻重机枪 10 余挺、步枪数百支和通信器材、弹药一批。该部上尉副官施汉铭要求开闸门让他们进市，守闸警长陈焕南不允，只带他到警所联系。当时陈润豪忖思：专员谭朗星（国民党第八区专员兼保安司令、粤桂边区反共救国军师长）是东兴人，熟悉本地情况，他为什么不从北海撤往海南而来东兴呢？陈润豪不敢答允施汉铭部进入东兴，遂请东兴商会会长陈家璧商量对策，决定当天上午 10 时，在镇公所召开有 30 余人参加的东兴各界代表紧急会议，并函请保安团派员来协商。会上，出席会议的少校参谋邓汉耀武扬威地说：“本团奉谭专员（谭朗星）命令开抵东兴，已派出参谋人员到郊外一带视察，认为东兴防御工事坚固，可两面只守一面（指越南芒街这边不用守）。本团现有武力足可保守东兴，万无一失！希望地方暂借三天粮食，等候专员到达，依数归还。”其言下之意是要打仗。在座代表听了不敢发言，会场鸦雀无声，大家面面相觑。陈润豪想起东兴地下党关于争取和平解放东兴的叮嘱，便站起来说：“刚才参谋说能保东兴万无一失，相信在座诸位都亦喜欢，但为了军事统一指挥起见，专区部队在外布防，市区治安由我警察和自卫大队 200 余人担当，相信亦能维持东兴治安。”东兴商会会长陈家璧点头说：“好！”此时，邓汉只好色厉内荏地说：“悉由地方人士意见。”于是陈润豪便乘机提出：“专区部队可开闸门上岸入市，但武器要交由我所暂行保管，待命办理。”用意是把他们人枪分离。散会后，陈润豪前往查看机帆船，命官兵先上岸列队，点清人数，派办事员陈振球带他们往延芳街永同德号住下，给予伙食，船内武器由警察所雇工人搬回警所封存。这时，那良镇自卫队队长陆某带兵 50 多名，扶隆乡自卫队队长黄德富又带兵 40 余人逃到东兴，也要求助他们逃往海南。陈润豪向他们宣传《约法八章》，劝他们不走，又分别找到电线街上李锦兴、林青山的两间空屋给他们住宿，统一给予伙食，准许他们携带枪支，协助维持治安。同时，派警长收缴住在市内的钦防水警联防处主任严锦生的六五步枪 10 余支，江平联防主任黄玉书的法造重机枪一挺，军统局北海办事处东兴情报组组长陈润崧的美造卡宾枪两支。

12 月 8 日上午 11 时，中国人民解放军第二野战军第十三军第三十七师两个团和第四野战军的一个团在当地京、汉各族人民的配合下，发起竹山歼灭战，全歼了在竹山未及撤退的国民党军队。下午 3 点多，解放大军进入东兴镇。此时，欢迎解放军入城的标语张贴全市，中共东兴地下组织成员和陈润豪、陈家璧及东兴各界代表敲锣打鼓到东郊那超迎接军管会主任黄志英率领部队入城。东兴的大街小巷各族群众夹道欢迎人民子弟兵，场面十分壮观。北仑河桥头降下了国民党青天白日旗，随即升起五星红旗，鞭炮声和欢呼声响彻云霄，东兴群众雀跃欢呼，而对面越南芒街的法国兵则惊慌失措，马上关闭铁桥那边的大门。

东兴警察所所长陈润豪投诚。他将所有封存的武器弹药列成清单，交给军管会，东兴镇宣告和平解放。至此，京族聚居区全部解放，京族人同聚居区内其他各民族兄弟一道获得了新生。

为了京族聚居区的解放，中共防城县第一个党支部——东兴支部的创建人钟竹筠、易一德、邱祥霞，十万山游击队的重要领导人陈汉东、刘镇夏、陈凤鸣、项世秀以及京族的优秀儿女利培源、阮阿三、谭益胜、黄慈君等一大批革命志士献出了宝贵的生命。这些革命英烈，虽然未享天年，但他们的英雄事迹将同巍巍的十万大山和茫茫的北部湾与世长存，永远激励京族聚居区各族人民为国家的独立富强和人民的幸福安康英勇奋斗。

二、党和国家领导人对京族和京族聚居区人民的关心

中华人民共和国成立后，党和政府废除了有关民族歧视、民族压迫的政策，实行各民族不分大小，政治上一律平等的政策，对京族和京族聚居区给予了无微不至的关怀。

1951 年 10 月 8 日，中央访问团抵达防城县，在那良区召开群众大会，传达了中央人民政府对各兄弟民族的亲切问候，赠送了毛泽东主席亲笔题词“中华人民共和国各民族团结起来”的条幅和药品一批，并举行电影晚会，还深入沥尾等京族聚居村落走访、看望京族群众。

中华人民共和国成立后，李世友、阮继棠、阮进儒、何永裕、谭桂英等先后作为京族代表参加少数民族国庆观礼团到北京参加国庆观礼活动，受到毛泽东、刘少奇、周恩来、朱德等党和国家领导人的亲切接见。

此后，胡锦涛、李瑞环、张德江等 30 多位党和国家领导人先后莅临京族聚居区指导工作，看望京族聚居区各族人民。

三、京族人大代表和政协委员

中华人民共和国成立以来，京族人的政治地位不断提高，获得参与国家政治事务管理的权力。按照《中华人民共和国宪法》和《中华人民共和国选举法》的规定，在各级人民代表大会的代表中，每个民族至少应有代表一人。防城（东兴）县（自治县）是我国唯一的京族聚居区，因此，从第三届全国人民代表大会起,历届全国人民代表大会都有一名经过选举产生的京族代表,省（自治区）和市、县的人民代表大会也都有相应的京族代表。全国政协和省（自治区）、市、县政协也都有京族人担任委员。这些京族人大代表和政协委员在每年的人大、政协会议上，与党和国家的各级领导一起共商国是，代表京族人民行使政治权利，反映京族人民的呼声和愿望。

表一　出席全国人民代表大会的京族代表

序号	第三届	第四届	第五届	第六届	第七届	第九届	第十届	第十一届
姓名	李世友	苏明英	罗周文	陈润芬	阮成德	何　玲	刘维玲	苏明英

表二　出席省（自治区）人民代表大会的京族代表

时　间	省（自治区）	届　别	姓　名	备　注
1950 年 10 月至 1952 年 12 月	广西	第一、第二届	阮进裕　阮成光	当时为广西第一、第二届各界人民代表会议
1961 年 2 月	广东	第三届	李世友	东兴各族自治县划归广东省管辖时期
1963 年 8 月	广东	第四届	李世友	东兴各族自治县划归广东省管辖时期
1977 年 12 月	广西	第五届	李世友　苏明英	自 1979 年自治区设立人大常委会以来，李世友为第五、第六届委员
1983 年 4 月	广西	第六届	李世友　罗周映	
1998 年 1 月	广西	第九届	刘扬春　刘成东	——
2003 年 1 月	广西	第十届	孔学斌　刘扬春	——
2008 年 1 月	广西	第十一届	钱进强　武卫军	——

表三　担任过全国政协、广西壮族自治区政协委员的京族人员一览表

任　职	姓　名
第九、第十、第十一届全国政协委员	林　兴
第四届广西壮族自治区政协委员	李世友
第六届广西壮族自治区政协委员	段遒荣
第七届广西壮族自治区政协委员	刘扬春　黎　明　黎永智
第八届广西壮族自治区政协委员	陈荣贵　苏明利　王伟东
第九届广西壮族自治区政协委员	陈荣贵　王伟东　吴　晓（女）
第十届广西壮族自治区政协常委、委员	陈荣贵（常委）　陈天棠（常委） 王伟东　吴　晓（女）

四、民族区域自治制度在京族聚居区的实施

1952年，根据《中华人民共和国民族区域自治实施纲要》的规定，中共防城县委在江平京族聚居区开始实施民族区域自治制度。9月30日，在江平街召开了越族（后改为京族，下同）人民代表大会，成立了巫头、山心、沥尾三个越（京）族自治乡。越（京）族人按照国家的民族区域自治政策和自己的意愿选出了代表本民族行使区域自治权利的当家人，吴文清、郭如彬、李世友和阮文龙、黄兆伟、阮振儒分别被选为巫头、山心、沥尾三个自治乡的党支部书记和乡长。

1957年7月，经国务院批准，防城县划分为十万山壮族瑶族自治县和防城县2个县。十万山壮族（当时为“僮族”）瑶族自治县管辖的行政区域包括：原十万山壮族瑶族自治区的10个乡，那良区的13个乡，东兴区的9个乡镇，江平区的9个乡镇，大菉区的扶隆、那果2个乡，那梭区的大桥、平风、光明和稔稔4个乡，共47个乡镇，县治设在东兴镇。1958年5月，国务院决定，将十万山壮族瑶族自治县更名为东兴各族自治县。东兴各族自治县第一届人民代表大会于5月14日在东兴召开，147人出席会议，特邀京族代表9人参加。中共广东省委（当时东兴各族自治县归广东省管辖）等46个单位和越南的海宁省派代表祝贺，国家民族事务委员会发来贺电。大会依法选举正副县长6人和人民委员11人，其中京族人李世友当选副县长，他是有史以来第一位京族县级领导人。这是京族人民行使当家做主权利的又一重要标志。

东兴各族自治县成立，是党和政府在贯彻实施民族区域自治制度中尊重和采纳京族人民意见的结果。在十万山壮族瑶族自治县筹备成立的过程中，京族同胞以书面形式分别向中央、广东省民族事务委员会和十万山壮族瑶族自治县筹委会提出：十万山壮族瑶族自治县，除了有壮族、瑶族两个少数民族，还是我国唯一有京族聚居的区域，自治民族不仅有壮族、瑶族，也应该包括京族在内。京族同胞的意见得到了采纳，国务院决定将十万山壮族瑶族自治县更名为东兴各族自治县，表明自治县是以壮族、瑶族、京族三个民族为自治民族的民族区域自治地区。东兴各族自治县县名的确定以及后来党的各项方针政策的贯彻落实，得到了自治县各族人民的认可，从而促进了该地区经济、社会的发展。

1958年12月1日，防城县、东兴各族自治县两县合并，定名为东兴各族自治县，县治仍在东兴镇。1965年7月，东兴各族自治县随钦州地区划归广西壮族自治区管辖。由于国防安全的需要，1978年12月东兴各族自治县的县治从东

兴镇迁到防城镇，县名改为防城各族自治县。由于仍然是各族自治县，没有影响壮、瑶、京族民族区域自治权利的实施。

1993 年 5 月，国务院批准撤销防城各族自治县，设立防城港市。撤县立市以后，防城各族自治县一分为三，即防城区、港口区和东兴经济开发区（县级）。广西壮族自治区人民政府的文件明确规定：防城港市建立后，防城区（含东兴经济开发区）继续享受自治县经济政策待遇。

京族人在社会主义革命和建设时期

经历过旧中国苦难煎熬的京族人，翻身不忘共产党。他们由衷感谢共产党，拥护共产党，事事处处带头响应共产党的号召，在社会主义革命和建设中做出了积极的贡献。

一、积极参加清匪反霸斗争

中华人民共和国成立初期，京族聚居的防城县，土匪活动十分猖獗。当时的土匪组织有粤桂边区反共救国军、中国青年护国军、广东南路民众反共救国军和青年党。1950 年 2—5 月，土匪黄炳熙、张彩旺、陈瑶泰等共 1500 多人，先后攻陷大东、那天、平旺、大幕、那堪五个乡，袭击峒中、镇平、茅岭、企沙四个乡镇，并五次围攻北区（大直）人民政府，伏击征粮工作队，杀害干部、民兵 31 人，抢走 10 多把枪支和一批物资。1950 年 6—8 月，美国发动侵朝战争，国民党台湾当局叫嚣反攻大陆，土匪活动更为猖獗，匪众发展到 2000 多人，在大直的富雄、大利、料连三个乡设立土匪司令部，四处抢掠，杀害基层干部，还在县城防城镇设立了三个联络站，暗中招兵买马，收购枪支弹药。即使是白天，当地人民政府也设两重岗哨，以防土匪袭击，气氛十分紧张。

1950 年 10 月，人民解放军和地方部队配合，全面开展剿匪工作。经过两个多月大小 50 多次战斗，先后击毙黄炳熙、张彩旺、陈辉泰和韦秀英（“粤桂边区反共救国军南路前进指挥所”总指挥、国民党原第六十二军军长张瑞贵之妻）等大小匪首和大批匪众，俘获土匪支队司令唐煌、陈森林、唐恒光等大小匪首 19 人、匪众 486 人，匪首廖绪章（防城县伪县长）等 218 人自新，另外，缴获轻重机枪 40 多挺、步枪 1400 多支、炮 6 门和弹药一批，基本将防城县的土匪肃清。

在土匪暴乱期间，不少地主恶霸通匪、济匪，反攻倒算，嚣张作恶。1950 年除夕，人民政府分片发动群众进行反霸斗争。防城全县共逮捕地主恶霸 996 人，那些罪大恶极、民愤极大的地主恶霸，审判后处决了 414 人，判刑劳改 160 人，所犯罪行较轻的，经教育后强制在乡生产。在此期间，没收地主恶霸财产折合粮食 204.619 万公斤，全部分给了贫苦乡民。

京族人口最多的江平区属于边海防地区，土匪以及青年党活动频繁。1950 年初，匪首谭朗星、陈权泰、王楝（匪团长）等人以法国统治下的越南芒街、绿林、绿府为基地，指挥邓丛基（匪营长）、项世成、何宗坚、廖安成以及青年党骨干分子冯子林、陈润州、杜应坤、何三婆、施明道、唐大昌、凌立亭等人，分别在江平、山心、交东、横隘、黄竹、松柏、竹山等乡镇组织、串联、拉拢当地乡民参加土匪和青年党。同时，提出所谓的“共产党二五减租，青年党三五减租”“参加青年党，三两黄金安家费”“一个月薪饷六百西纸”等反动口号，煽动、利诱乡民，并以“不参加青年党就杀光全家”胁迫乡民，还以“生同生，死同死”作为加入青年党的誓词，要挟麻痹加入青年党的匪众。青年党匪徒和其他土匪及恶霸相互勾结，四处活动，散布各种流言蜚语，造谣惑众，破坏政府法令，在攻打镇平乡人民政府失败后，又策划攻打横隘、黄竹、竹山等乡人民政府。一些地主恶霸也乘机进行反攻倒算活动，威胁刚刚获得解放的贫苦乡民，气焰极为嚣张。

为了肃清土匪及青年党分子，打击土匪恶霸的嚣张气焰，保卫新生的人民政权，驻江平区的广西军区直属地方工作第一队的解放军坚决贯彻执行中共中央华南分局 1950 年 8 月《关于加强海边防及岛屿工作的指示》，在江平区开展了声势浩大的清匪反霸工作。首先，地方工作队深入各乡村，大力发动群众，建立各种地方组织。在区、乡两级成立了防匪委员会（简称“防委会”），还先后建立了 22 个乡的农民协会、2 个乡的渔民协会、1 个区的盐工会，发展会员 2444 人；建立了沥尾、龙岭等 5 个乡的妇委会，建立了 14 个乡的民兵中队，拥有民兵 387 人、步枪 230 多支；建立了 14 个乡（镇）政委员会（人民行政委员会，职能是处理重大事件），培养和产生了正副乡（镇）长 16 人、农会主席 22 人、民兵正副队长 20 余人；建立了 8 个儿童团，发展团员 568 人。其次，广泛发动乡民检举、揭发土匪、青年党分子和地主恶霸的罪行及其活动线索，根据群众的检举揭发逮捕了一批土匪、青年党骨干分子和地主恶霸，并召开公审大会，让群众在大会上控诉土匪、恶霸和青年党的罪行。罪大恶极的地主恶霸、土匪和青年党头目陈芳、梁超进、苏积明、冯仲兴、钟向荣、钟继义、李显绍、邓丛喜等人被审判后枪毙，并没收财产。再次，对土匪、青年党成员和地主恶霸展开强大的政治宣传攻势，反复申明：土匪、青年党成员和地主恶霸只有认清形势，向政府坦白自新，才是唯一出路，抗拒到底或企图外逃，只能接受人民审判。

在武力打击和强大的政治宣传攻势下，土匪组织、青年党组织土崩瓦解，清匪反霸斗争取得了胜利。全江平区共逮捕土匪 125 人，击毙 5 人，逮捕各种嫌疑分子 191 人。罪大恶极的土匪、青年党骨干分子和地主恶霸被审判枪毙的 54 人，因病死亡等共 6 人，经审查教育后释放 37 人，其余继续关押等候处理。收缴各种枪支（不含粉枪）456 支、子弹 3798 发、地雷 10 枚、手榴弹 102 枚。

全江平区经过登记自新的青年党成员 57 人、充匪勾匪济匪人员 170 人、反动党团员 106 人、敌伪特务 1 人、其他人员（伪官兵、造谣破坏者等）122 人，公审土匪恶霸共 103 人，参加反霸斗争大会的民众达 12830 人，参加反霸控诉的群众 1593 人。全江平区共没收了 32 家匪霸财产，清算 26 家。没收清算的匪霸浮财计稻谷 12616 斗、17304.8 万元（实物折价，第一套人民币），全区分得浮财的贫苦乡民 3392 户。

在清匪反霸斗争过程中，山心、江龙、巫头、沥尾、竹山等地的京族人同当地的各族人民一起，积极参与清匪反霸行动，其中最积极、最活跃的是竹山乡和山心乡的京族村民。竹山村因距越南较近，进出境方便，因而土匪和青年党活动比较频繁。清匪反霸中，竹山乡民积极向工作队和政府检举揭发了土匪、青年党活动的大量线索、证据，为清匪反霸斗争的顺利开展贡献力量。山心乡民除了积极参加区政府在江平街召开的公审大会，还在本地召开了三次公审大会，每次都有 800 多名乡民参加，上台控诉匪霸罪行的乡民共 554 人，斗争匪霸 12 人，枪毙 3 人，收缴枪支 49 支、子弹 394 发。山心农会主席麦群芳组织和领导农民斗争匪霸地主谭益祥时，谭益祥的家人连续五次找到麦群芳，用 100 斗谷子拉拢利诱他，都被他严词拒绝。他说："我是穷人，一定要和地主恶霸斗争到底，莫讲 100 斗谷，就算再多，也打不动我的心，我不会背着穷人去当地主狗腿的。"这表现了人们清匪反霸的决心。

二、喜分“二退”果实

1950 年 5—11 月，江平区同防城县其他地方一样铺开减租退押活动，与清匪反霸斗争同时进行。根据中南军政委员会《减租退押条例》中关于凡是地主、祠堂、庙宇、教堂、学校、机关团体与其他公共所有出租者，不论是定租制还是活租制，一律按年收或决定常年应交租额后实行二五减租，即按原租减 25%，地租一律在农产品收获后缴纳，地主不得强收。已收的押金要全部退给佃户，农民在中华人民共和国成立前所有欠租一律免交。当时江平区涉及减退的地主、富农 195 家，退租共计 9218.05 万元（第一套人民币），退押共计稻谷 7860 斗、6054.085 万元（第一套人民币）。这一时期分得“二退”（减租退押）果实的贫苦乡民有 1809 户，占全区总户数的 36%。沥尾乡是当时分得“二退”果实较多的乡，全乡 95% 以上的农户都分得了“二退”果实。

三、积极参加抗美援朝

1950 年夏，美国发动侵朝战争，战火烧到鸭绿江畔，中共中央提出“抗美援朝，保家卫国”的号召。防城县积极响应号召，成立了抗美援朝委员会，开展爱国主义国防宣传教育，揭露和声讨美帝国主义的侵略罪行。1951 年五一劳动节，防城、东兴、江平等地分别召开有数千人参加的群众集会，声讨美帝侵略罪行，并举行示威游行活动。防城县发动群众进行签名活动，表达保卫和平的愿望。参加签名的群众有 14 万多人，占全县成年人口的 90%。此外，发动捐款用于购买飞机大炮支援前线，全县共捐款 13.17 亿元（第一套人民币）。在捐献活动中，东兴、江平两镇人民群众最为踊跃，仅东兴镇工商行业就捐款 5.963 亿元（第一套人民币），约占全县捐款的一半。后来，用这些捐款购买“北仑河”号战斗机一架，飞赴朝鲜参战。当时，京族乡民虽然还十分贫困，但抗美援朝的热情却一分不少，许多妇女把挖沙虫赚的养家糊口的一点点钱也毫不犹豫地捐献出来。沥尾自然村（当时沥尾岛分为沥东、沥西、沥尾三个自然村）全村 132 户，118 户共捐献了 340 元，一位村民把仅养的几只阉鸡都卖掉，所得的 3 元多钱全部捐献出来。山心村 164 户，共捐献 300 多元，山心小学学生把勤工俭学所种的白菜卖掉，所得钱款全部捐献。与此同时，陈诚、郑日昌、黄如生、冯权英、裴永彬、陈荣积、陈荣瑞等一大批京族青年踊跃报名参军。沥尾村京族妇女黄金莲与丈夫主动送自己的独生子参加志愿军赴朝作战，成为县里美谈。

四、经土改、渔改，京族人获得土地和渔具

按照防城县土地改革委员会的工作部署，1952年上半年，东兴、江平两地先后开展了土地改革工作。土改工作队进村后，宣传并执行“依靠贫雇农，团结中农，中立富农，打倒地主”的土改政策，他们与贫雇农同吃、同住、同劳动，访贫问苦，扎根串联，依靠贫雇农建立农民协会，发展农会会员，建立雇农主席团，推选贫雇农主席团委员，划分阶级成分（如沥尾自然村当时有129户，被划为贫农的有114户，占全村总户数的88.4%，中农15户，占11.6%）。同时发动群众斗争地主，没收地主土地分配给贫雇农。巫头、山心、沥尾三个京族聚居村的地主恶霸所占的700多亩土地在没收后均分给了贫苦村民。山心村土地较少，就从附近村落地主的土地中划出一部分分给山心的京族村民。巫头村除了分土地，还分了地主的盐田。

1953年在巫头、山心、沥尾和竹山几个渔村开始实行渔业改革，主要是贯彻中共中央华南分局《关于配合城市民主改革与农村土地改革，系统开展沿海渔民运动的指示》和《关于沿海渔民工作若干政策问题的规定》，调整生产关系，建立渔民协会。渔业改革中，巫头、山心、沥尾三个京族渔村地主的渔箔和渔船、渔网都被没收，分配给贫苦京族村民共同经营生产。同年底，巫头、山心、沥尾和竹山等几个渔村都建立了渔业协会。

五、走上农业集体化的道路

京族村落有互助合作的习惯，因为京族多以渔业生产为主，购置渔船、渔网和渔箔所需的大笔资金贫困渔民难以独立支撑，需要与人合作经营。土改、渔改后，沥尾就自发地组织了八个小型互助组，山心也出现渔箔生产互助组。1954年，党和政府在京族聚居区大力宣传合作化的好处，发动和鼓励村民参加互助组，京族村民纷纷响应。沥尾乡中间村组织了四个常年互助组、一个临时互助组，参加的农户占总户数的98.4%。山心村也组织了八个互助组，参加的农户占总户数的87%。巫头、潭吉、红坎、恒望、竹山等村也办起了多个互助组。

1955年初，江平区召开了“建社训干”会议，组织各互助组组长及骨干分子学习建立农业合作社的各项政策和具体做法。然后，建社工作队分头到各村同群众一起总结互助组的各项成绩和不足，反复宣传建立农业合作社的好处、农业合作社的性质和相关政策，如土地入股，耕牛评价入社，私有公用保本付息，犁

耙等大农具计价入社，私有公用公修，土地与劳动力四六分红等。

经过宣传发动，贫雇农都积极加入农业合作社。但一些占有较多生产资料的中农犹豫不决，觉得入社后劳动力分红得六成，土地只得四成，担心自己吃亏；一些中农先卖了渔箔和渔船再报名入社；一些中农家庭，父亲要单干，儿子要入社，最后父亲要儿子带土地入社，渔箔留自家。建社工作队针对这些问题，反复开展思想工作，中农和一些犹豫不决的其他群众也入社了。1955 年底，京族聚居区的农民基本都加入了初级社。1956 年，京族聚居区同全国各地一样，由初级社合并成高级社。巫头、山心、沥尾三个京族乡建成了 8 个民族高级社，潭吉、恒望、红坎、竹山等村则建成民族联合社，99.4% 的农户进入了高级社。高级社的经营方式有两种：一种是渔、农业分开，各负盈亏，山心社、巫头社均采取这一办法；另一种是渔、农业混合，统一经营，沥尾社和京、汉族杂居的其他社都是这种类型。

六、巫头人民公社成立

1958 年 8 月，中共中央通过了《关于在农村建立人民公社的决议》，决定在全国范围内建立人民公社。10 月，中共东兴各族自治县委员会召开县、区、乡干部大会，做了《深入开展共产主义教育运动，大破资本主义，大立共产主义，大办人民公社，促进工农业生产大发展》的报告，宣传成立人民公社。1959 年 2 月 10 日，东兴公社分为东兴、江平两个公社。

1961 年 5 月，东兴各族自治县调整公社规模，江平公社一分为三，分为江平公社、叱祖公社和巫头公社。江平公社管辖的范围主要是以江平街为中心的平原地区，包括牛轭岭、松柏、大圳、竹排江、长山、寨头、龙岭、红坎、新街、江平街 10 个大队 82 个生产队，共 2295 户 9865 人，耕地面积 12942 亩。叱祖公社管辖的主要是山区大队，包括思勤、横隘、叱祖、班埃、交东、黄竹、大昌坝、谷坡、桂芳、冲峰 10 个大队 93 个生产队，共 1511 户 5871 人，耕地面积 11710 亩。巫头公社管辖的主要是沿海渔村，包括竹山、沥西、沥东、沥尾、巫头、潭吉、佳邦、贵明、黄坡山、山心和深水渔业大队共 11 个大队 58 个生产队，共 1652 户 7342 人，耕地面积 10224 亩。京族村落中，除红坎、寨头等几个自然村因为紧邻江平街而归入江平公社外，其余全部归巫头公社管辖。

1961 年 6 月 30 日，中共江平区委书记欧文在江平区委办公室主持召开了江平、叱祖、巫头三个公社的书记会议，参加这次会议的有江平公社书记刘顺才，叱祖公社书记李明星，巫头公社书记黎阅经、社长林培章和县工作队的同志。会议就公社分设后财产和债务处置问题达成了协议，此后三个公社便各自独立。巫头公社办公地点设在潭吉村第七队。

1963 年 2 月 14 日，巫头公社和叱祖公社撤销，并入江平公社。

七、奋力抢救国家财产

1962 年 6 月 19 日早上，北帆 20 号轮船运载着东兴各族自治县当年第三季度的指标煤油（当时物资匮乏，生产生活所用煤油均按计划指标购买）80 桶、机油 21 桶由北海驶向东兴。轮船驶到离巫头海岸 8 公里处触沙搁浅，时值风大浪急，轮船被风浪反复抛荡后破碎，船上所装的 101 桶油料漂散在大海中，如不及时抢救，将不仅是国家财产的损失，而且群众也面临生产和生活无油可用的境地。

上午 9 时，巫头大队党支部书记阮成珠从海上捕鱼归来，闻讯后即带领刘瑞新（巫头大队队长）、吴朝兴（巫头大队会计）和社员黄贤有、段伟成、刘杨礼乘一艘小渔船冒险出海抢救。但由于风大浪急，逆风逆水，渔船无法出海。阮成珠等六人只好折回村里，布置村里群众待风稍停即开船出海救援。然后，六人沿着巫头海边跑步赶到沙嘴，跳入海中游到出事地点抢救油料。此时，正值涨潮，风高浪急，油桶四处漂散，六位京族同胞顾不得一夜捕鱼的疲劳，只是拼命地寻找油桶，不停地扛、推、拉、拔，直到下午 4 时，终于把油桶全部拉到巫头海湾中安全的地方。这时，连同前一晚的捕鱼工作，他们已连续奋战了十五六个小时，一个个累得筋疲力尽，但看到油桶被安全打捞回来，避免了国家财产的损失，大家心里还是很高兴的。

八、京族渔民在北部湾公海被美军残杀

1966 年 5 月 28 日上午，沥尾深海渔业大队 6503、6505 两艘渔船正在北部湾公海上进行生产作业，突遭两架美国军用飞机轰炸和扫射。美机投弹 7 枚，打死渔民陈成伟，并打伤渔民 6 人。同日下午 3 时 50 分，企沙公社和平渔业大队和企英渔业大队 2241、2242、2325、2326 四艘渔船也在北部湾渔场遭到两架美机的轰炸和扫射，渔民黄凤英和她 3 岁的女儿被打死，12 名渔民被打伤，两艘渔船被打坏。

美国军机在公海上残杀中国渔民的暴行激起了中国人民的极大愤慨，我国政府向美国政府提出了强烈抗议，全国人民也纷纷结合援越抗美活动，谴责美帝国主义的罪行。

九、踊跃参加援越抗美动员教育

1965 年，美国把战火烧到越南北方，派出大批飞机轰炸越南北方的重要城市、交通线路和工厂。毛泽东主席于 5 月 20 日发表了著名的“五二〇”声明，“七亿中国人民是越南人民的坚强后盾，辽阔的中国领土是越南人民的可靠后方”，郑重声明坚决支持越南人民的抗美救国斗争。

为了配合全国援越抗美运动，1965 年 6 月开始至 1966 年底，东兴各族自治县开展了援越抗美动员教育。此次动员教育的主题是“打倒美帝国主义，援越抗美，保卫祖国，保卫世界和平”。东兴公社和江平公社都按县委部署，组织各界群众、机关干部职工、学校师生在县城（东兴镇）或本公社所在地举行多次集会、游行示威，支援越南人民救国斗争。京族聚居区各村村民积极参加援越抗美动员教育活动，被美军飞机打伤的京族渔民和死难者亲属多次在会上控诉和声讨美军的罪行，极大地激发了各族各界人士援越抗美的热情。此外，还通过电影、广播、文艺表演、图片、标语等形式进行援越抗美战备形势教育，在县城、公社所在地构建人防工事，挖掘了许多简易防空洞，部队、民兵进入一级战备状态，随时准备参战，许多京族青年纷纷要求到越南参加援越抗美的战斗。京族聚居区还积极安置、疏散本地区内的越南难民，为他们提供粮食、生活用品和生活费。

十、京族三岛掀起学习毛主席著作热潮

1966—1969 年，京族三岛掀起学习毛主席著作的热潮，在当时的广西影响很大。

十一、祖孙三代同日加入中国共产党

中华人民共和国成立前，巫头村谭桂英一家的生活苦似黄连。谭家世代都给地主、渔霸打长工，曾祖父和祖父被渔霸逼迫出海，船被风浪打沉，全死在大海里。祖母谭五妈 10 岁被卖给地主当丫头，18 岁结婚，28 岁时在丈夫和公公出海死后，谭五妈就一直守寡，好不容易才把儿子谭家进抚养到 15 岁，国民党来抓壮丁，谭家进被迫逃到越南给资本家打工，直到中华人民共和国成立后才回到家里。

中华人民共和国成立后，谭家的生活逐步好了起来，谭家进当上了村里的会计。谭桂英一家翻身不忘共产党，时时处处维护国家和集体利益，各项工作都起带头作用。祖孙三代人，哪里有困难、有危险就往哪里冲，多次冒着生命

危险在激流中抢险护堤，成为全村人学习的榜样。他们一家还事事坚持“先公后私、先人后己”，从来不因家里的事情影响集体的工作，不占公家的便宜，而且十分谦虚谨慎，每当评选先进人物，总是推让再三，想把先进名额留给村里其他群众。谭五妈、谭家进和谭桂英祖孙三人宽容待人，曾经刁难过他们的人，他们均不计前嫌，主动与之搞好团结，使这些人深为感动，表示要向他们学习，共同做好团结的模范。

谭桂英一家的先进事迹得到了人民群众的赞扬，也得到党组织的肯定。1969年4月9日，正是中国共产党第九次全国代表大会召开期间，谭桂英和父亲谭家进、祖母谭五妈祖孙三代同日加入中国共产党，成为京族聚居区的一段佳话。

十二、参加接待和安置归国难侨

1978年始，越南黎笋当局开始排华行动，驱赶中国侨民出境，被越方驱赶的中国旅越部分难侨从1978年1月11日开始由东兴、滩散等口岸陆续进入我国。中越关系日趋紧张，作为京族聚居区政治、经济、文化中心的东兴镇与越南芒街之间的联系和友好往来也中断了。

从1978年5月1日起，入境中国的难侨人数逐渐达到高峰。5月1日至7月11日，平均每天入境人数达1175人。这些难侨分别由国家送往内地或国际难民署收容安置。时有路透社、法新社、共同社、新西兰报联社以及澳大利亚、西班牙、法国、瑞士、芬兰、日本、伊朗、英国等记者9批30人抵达东兴口岸，采访报道有关越南驱赶中国侨民的情况。

1978—1983年，东兴各族自治县（后来的防城各族自治县）接待并帮助安置难侨158988人，其中，从东兴口岸入境的135000人，从峒中、板八、滩散、那良、江山、企沙和防城港口岸入境的23986人，由大新县和龙州县送来东兴各族自治县的两人。

为了使入境难侨得到妥善的临时安置，根据上级指示，东兴各族自治县先是于1978年4月中旬成立了以自治县委常委、革委会副主任许永益为组长的难侨接待安置领导小组，从自治县直属机关抽调了10多名干部负责接待工作。5月初，入境难侨人数持续攀高，中共东兴各族自治县委及时调整难侨接待安置领导小组并增加接待人员，指定副书记、革委会第一副主任曾发指挥，自治县委常委、革委会副主任许永益具体组织，抽调科局级以上干部23人、一般干部职工217人，雇请服务人员240人。安置领导小组下设情况组、登记组、管理组、后勤组、基建组、卫生组、安置组和保卫组。管理组开设了东兴镇内五个管理区和一个老人院，后勤组开办了三个食堂，为接待工作提供保障。另在企沙街设立接待站，在峒中街、滩散街、那良街分设接待组，由各公社抽调专人负责，尽全力做好难侨接待工作。

在难侨进入的高峰期，大批难侨滞留在东兴镇内。1978 年 5 月 15 日至 6 月 15 日的 32 天里，滞留在东兴口岸的难侨每天都超过 2 万人，最多的一天是 5 月 20 日，达到 29291 人，比东兴镇原有居民人数多出一倍，街头巷尾、屋前檐下都挤满了难侨。中共东兴各族自治县委、革委会于 1978 年 5 月 25 日在县城东兴镇召开了自治县直属机关和东兴镇、东兴公社全体干部职工动员大会，宣布了三条应急措施：一是自治县直属各机关要尽量腾出房子安排华侨住宿；二是东兴镇和东兴公社的东郊、北郊大队，要动员群众腾出房子接待难侨；三是为了减轻东兴镇的压力，自治县直属机关一般不要在东兴镇召开全县性的会议，各镇、各公社除了非到东兴镇办事不可的，一般不要派人到东兴镇，以减轻东兴的压力。自治县各方面积极响应自治县委号召，紧急行动起来，自治县直属单位除武装部和公安局外，其余 100 多个大小单位都住进了难侨。东兴镇全镇 1068 户居民，有 888 户住进了难侨，占全镇总户数的 83%，居民梁兴贵的住房只有 45.5 平方米，先后住过难侨 33 名。自治县委、革委会还在东兴镇搭盖了临时性住房 13299 平方米，供难侨临时住宿。为了减轻东兴口岸的压力，还在防城镇和那梭、华石、江平、板八等公社以及外县的大寺、合浦、大塘、雅王和南宁等地设立临时接待点，将部分难侨转移到临时接待点等候安置。

为了便于交流，东兴各族自治县范围内通晓京语的京族干部大部分被抽调去从事接待、安置难侨的工作。这些京族干部同其他民族的干部一道，怀着深厚的情谊为难侨提供热情的接待服务，有的京族干部如梁能光、黄胜志等人，从事此项工作的时间长达 10 年之久。

十三、参战支前

由于越南黎笋当局推行反华政策，不断派遣军队对我国进行武装挑衅和入侵，1979 年 2 月 17 日，我国边防部队和民兵被迫对越进行自卫还击。东兴等边境一线乡镇有战事，京族聚居区京、汉各族人民积极参战支前。

改革开放时期的京族和京族聚居区

1978 年 12 月，党的十一届三中全会召开，吹响了改革开放的号角，京族聚居区与全国其他地区一道进入了改革开放的新时期。凭借着党中央、国务院和广西壮族自治区党委、政府给予的一系列优惠政策与沿边沿海的区位优势，京族聚居区的京族人同聚居区的汉、壮、瑶同胞一道，成为改革开放大潮的弄潮儿。

一、农村联产承包责任制的建立

1981 年春，京族聚居区实行了农村联产承包责任制。主要是采取“大包干”的形式，按家庭人口将土地承包到户，分配按“交够国家的、留足集体的、剩下是自己的”的原则进行处理。京族渔村中除了按人头承包土地,对集体所有的渔箔、渔船、网具等生产资料采取了多种形式进行分配，有的是由生产队中的若干农户承包，按期将承包金交回集体；有的则是对外承包，由集体统一收回承包金；有的则是折价出让给承包者，由集体收回资金。当时的防城各族自治县政府派出由 200 多名干部组成的工作队，他们深入各公社村队，指导自治县各地建立和完善农村联产承包责任制。

二、国家民族事务委员会领导在京族三岛调研

中华人民共和国成立以来，国家民族事务委员会对京族和京族聚居区的政治、经济、文化和社会事业的发展给予了大力支持。1990 年 1 月，国家民委副主任伍精华由广西壮族自治区主席韦纯束陪同，专程来到京族聚居区进行调研。伍精华对东兴的市容市貌、边境贸易等进行了实地考察，还深入沥尾、巫头、山心三个京族聚居村进行调查研究。在京族三岛，伍精华向江平镇的领导以及巫头、山心、沥尾 3 个京族聚居村的村支书、村主任详细地询问了京族群众生产生活情况和今后发展思路以及发展过程中的困难，勉励乡村领导和群众加强民族团结，着力发展经济，为国家四个现代化建设多做贡献。

三、东兴经济开发区的设立

20 世纪 90 年代初期，中越关系逐步正常化之后，东兴出现了边贸热、投资热和旅游热。人们蜂拥而来，界河码头上货物堆积如山，大小公路上车水马龙，大街小巷水泄不通。这一切，凸显了东兴在和平发展的国际大潮流和经济全球化的历史大趋势中特有的区位优势，预示东兴正面临着千载难逢的发展机遇，而城市基础设施薄弱及人才匮乏又使东兴面临着严峻的挑战。

东兴面临的机遇与挑战，引起了从地方到中央各级领导的高度重视。

中共防城各族自治县委、政府于 1991 年底做出了关于大力发展东兴的决定，并于次年 6 月 1 日以防城各族自治县人民政府的名义颁发了《关于国内投资开发东兴的优惠办法》。1992 年 3 月中旬，广西壮族自治区人民政府领导带领区直 20 多个部门在防城镇召开了加快东兴开发开放的第一次现场会议，商定了急需建设的包括水、电、路、通信在内的 14 个城市基础设施建设项目，总投资为 1.2 亿元人民币。此外，自治区党委还动员了直属机关中一批年富力强的干部到东兴工作。6 月 9 日，国务院颁布《关于进一步对外开放南宁、昆明市及凭祥等五个边境城镇的通知》（国函〔1992〕62 号），赋予五个边境城镇 11 条优惠政策，东兴名列其中。国务院特区办批准东兴设立边境经济合作区，并给予一系列优惠政策。这一切，为加快东兴的开发开放提供了政策、人才和资金支持。

为了加强东兴开发开放的组织领导，1992 年 6 月，中共钦州地委、钦州行署向广西壮族自治区党委、政府提交了《请求批准设立东兴经济开发区并成立中共东兴经济开发区工作委员会和东兴经济开发区管理委员会的报告》。7 月 25 日，

中共广西壮族自治区委员会发出了《关于同意成立中共防城各族自治县东兴经济开发区工作委员会的批复》(桂委会〔1992〕76号)。7月31日，广西壮族自治区人民政府发出了《关于成立防城各族自治县东兴经济开发区管理委员会的批复》(桂政函〔1992〕42号)。

按照桂委会〔1992〕76号和桂政函〔1992〕42号文件的规定，东兴开发区工管委为中共防城各族自治县委、政府派出机构，代行中共防城各族自治县委、政府在东兴经济开发区(辖东兴、江平两镇)的部分职权，具体负责东兴经济开发区的开发开放工作。东兴开发区工管委领导东兴、江平两镇党委和政府，可任免开发区内科级及以下干部(不包括镇党委书记、镇长)，组成人员及所属职能机构由中共防城各族自治县委、政府提出，报中共钦州地委、行署批准。东兴开发区工管委各职能部门同样行使中共防城各族自治县委、政府相应部门的职权。自治区党委和政府的这一决策，为东兴提高行政办事效率提供了体制保证和组织保证。

根据自治区党委和政府上述文件的指示精神，中共防城各族自治县委员会和防城各族自治县人民政府先后召开会议，专题研究东兴经济开发区领导班子及所属职能部门的人员名单，并将研究结果上报中共钦州地委、行署。中共钦州地委发出了《关于中共东兴经济开发区工作委员会和管理委员会领导职数及所属机构设置的批复》(钦地组字〔1992〕42号)，批准陈荣贵(防城各族自治县委员会书记，京族)兼任东兴经济开发区工作委员会书记，曾宪生(防城各族自治县委员会副书记)兼任东兴经济开发区管理委员会主任，禤德焕(防城各族自治县委员会常委、县委办主任)兼任东兴经济开发区工作委员会副书记，杨永嵩(防城各族自治县副县长，京族)兼任东兴经济开发区管理委员会副主任。东兴开发区工管委下设16个职能部门，分别是工作委员会办公室、组织人事部、宣传部和管理委员会办公室、经计委、外贸委、建委、财政局、税务局、工商局、土地局、边贸局、环保局、旅游局、外事办公室、口岸办公室。

1992年9月初，抽调到东兴经济开发区工作的干部陆续到位。9月11日，东兴经济开发区工作委员会任命了16个职能部门的领导。紧接着东兴开发区工管委研究决定，当前需重点抓好如下几项工作：一是继续大力抓好边境贸易，重点是进一步理顺边贸管理体制，完善边贸管理制度，加强边贸税费征管工作。二是迅速展开城建工作，重点是抓紧自治区确定的14个基础设施项目的建设，聘请资质良好的设计院开展城建规划工作，开展征地拆迁和新区建设、招商引资工作。三是组织力量开展旅游资源调查，编制旅游业发展规划，加快发展旅游业。根据决定，东兴经济开发区各职能部门迅速行动起来，带领开发区京、汉、壮、瑶各族人民展开了声势浩大的开发建设工作。经过四年的艰苦奋斗，东兴经济开发区的建设取得了显著成绩，为1996年东兴市的成立奠定了良好的基础。

四、李瑞环视察东兴经济开发区

1993年4月，正值东兴开发开放热火朝天的时候。4月11日，中共中央政治局常委、全国政协主席李瑞环在相关人员的陪同下来到东兴。李瑞环兴致勃勃地考察了东兴边贸点，并登上东兴旧党校高坡，眺望对面的越南芒街。防城各族自治县委员会书记兼东兴经济开发区工作委员会书记陈荣贵、东兴经济开发区管理委员会主任曾宪生向李瑞环和相关人员汇报了东兴经济开发区开发建设的情况。汇报结束后，李瑞环同陈荣贵聊起了家常。当李瑞环得知陈荣贵是京族人时，便详细地询问了京族有多少人口，除了东兴、江平，别处是否还有京族同胞聚居，京族群众的生活如何等问题。陈荣贵一一向李瑞环做了汇报。当陈荣贵说到，现在京族群众的生活比较好，特别是近几年边境贸易开展后，群众收入增加较快时，李瑞环开心大笑，连连说："还是改革开放好啊，还是改革开放好啊！"

五、东兴市成立

1951年3月，东兴镇曾拟升格为县级市建制，已经成立了筹委会，组建了中共东兴市工作委员会和东兴市政府，宋森任中共东兴市工作委员会书记，戴贯中任副市长。历时一年半，后因形势变化，1952年8月撤销建市的计划，恢复了镇建制。

经过近半个世纪的发展，特别是经过改革开放后的大开放、大发展，东兴原来的行政建制已经难以适应新形势发展的要求。1996年4月29日，民政部印发《关于广西壮族自治区设立东兴市的批复》（民行批〔1996〕26号），自治区人民政府也发出了《广西壮族自治区人民政府关于成立东兴市的通知》（桂政发〔1996〕42号），批准设立县级东兴市。批准东兴市辖东兴、江平、马路三个镇，市治东兴镇，由防城港市代管。

民政部批复和自治区的通知下达后，东兴市筹建工作在防城港市委、政府的领导下顺利推进。1996年10月24—27日，中国共产党东兴市第一次代表大会、东兴市第一届人民代表大会第一次会议、中国人民政治协商会议东兴市第一届委员会第一次会议分别召开。选举产生了中共东兴市第一届委员会、东兴市第一届人大常委会、东兴市第一届人民政府和政协东兴市第一届委员会。

1996年12月22日，庆祝东兴市成立的大会在东兴镇隆重举行，东兴市一万多名各界人士参加了大会。全国人大常委会副委员长程思远、中共广西壮族自治区委员会书记赵富林向大会发来贺电。应邀出席成立大会的嘉宾有国务院有关部门领导、自治区领导、防城港市领导、原东兴各族自治县和防城各族自治县领导、防城港市所辖区（县）领导、海外侨胞代表和越南广宁省海宁县领导。中国人民对外友好协会会长、民政部原副部长王国权，广西壮族自治区副主席奉恒高，中共防城港市委书记管炳六，中共东兴市委领导分别在大会上讲话。

东兴市的成立，是京族聚居区政治生活中的一件大喜事，标志着京族聚居区进入了一个新的发展历程，对京族聚居区的发展具有重大的推动作用。

六、胡锦涛视察京族聚居区

2002年3月30日，时任中共中央政治局常委、国家副主席胡锦涛，在中共广西壮族自治区委员会书记曹伯纯、自治区人民政府主席李兆焯以及中共防城港市委书记朱军、防城港市长尹建国的陪同下到东兴视察，重点考察了沿边公路、民生工程。

七、农业特产税和农业税取消

2004年12月，东兴市取消农业特产税。2005年7月，又取消了农业税。千百年来农民缴交“皇粮国税”好似已经成为天经地义的事情，这次取消了农业特产税和农业税，是亘古未有的大事件，也是京族聚居区农民的大喜事。

八、京族享受国家对人口较少民族的重点扶持政策

据第五次全国人口普查，我国55个少数民族中，有22个少数民族人口在10万以下，统称为人口较少民族。作为构建和谐社会的组成部分，国务院从2005年下半年开始实施《扶持人口较少民族发展规划（2005—2010年）》，发起了新一轮帮助少数民族群众摆脱贫困的行动。京族被国家列为人口较少需要重点扶持的民族之一。

2005—2009年，京族聚居区有沥尾、巫头、山心、贵明、潭吉五个村被列入重点扶持范围。国家和自治区、东兴市先后对上述五个村投入扶持资金

4140.16 万元（其中国家和自治区共投入 3240 万元），完成了 76 个惠民项目的建设，其中交通项目 33 个、人畜饮水项目 7 个、农田水利灌溉项目 7 个、教育项目 8 个、文化体育项目 9 个、卫生项目 4 个、群众增收项目 8 个，全部按质按量完成，并顺利通过各级验收。这五个村全部达到国家规定的“四通”（通路、通水、通电、通广播电视）、“五有”（有学校、有卫生室、有安全饮用水、有安居房、有稳定解决温饱的基本农田或草场）、“三达到”[人均纯收入、人均有粮、九年义务教育普及率达到《中国农村扶贫开发纲要》和“两基”（基本实施九年义务教育和基本扫除青壮年文盲）攻坚计划要求]的目标。五个京族村农民人均纯收入达 5800 元，其中沥尾村为 8237 元，巫头村为 7936 元，山心村为 4722 元，潭吉村为 6418 元，贵明村为 4599 元。

“十二五”规划开始实施后，国家对京族贫困村的扶持范围从原来的五个村扩大到 23 个村，新增加江龙、叱祖、长山、横隘、班埃、交东、黄竹、榕树头、思勒、那漏、竹山、江那、河洲、大田、大旺、吊应、竹围、平丰 18 个村。

九、张德江率领中央代表团到京族聚居区慰问

2008 年 12 月 13 日，前来参加广西壮族自治区成立 50 周年大庆的张德江副总理率中央代表团二分团来到京族聚居区慰问，给京族人民带来了党中央、国务院和胡锦涛总书记的亲切关怀和殷切期望。张德江慰问了东兴口岸的工作人员，对口岸的工作给予充分肯定，勉励大家要落实和睦友好政策，充分利用和发挥口岸的区位优势发展边境贸易，实现兴边富民，促进边境地区的繁荣发展和稳定。张德江来到沥尾岛的京族学校时，受到师生们的热烈欢迎。张德江走进正在上京语课的七年级三班教室，师生边鼓掌边大声向张德江问好。张德江弯下腰来，和蔼地问吴春霞同学每天走读要多长时间。“10 分钟。”吴春霞回答说。“孩子，不算远。”张德江的话声一落，引发了大家的一片笑声。吴春霞意识到自己未把话说清楚，立即补充说：“10 分钟是骑自行车，走路要超过半个钟头。”张德江接着问吴春霞：“想不想读大学？”吴春霞应声回答：“想！”之后，张德江勉励同学们说：“作为一名学生，要珍惜学习机会。孩子们首要任务就是读书，多读书。要认识到知识是人类的希望，国家的希望，家庭的希望。”

那天，张德江到国家级非物质文化遗产独弦琴艺术传承人苏春发（目前京族最著名的独弦琴手）的家中看望时，苏春发轻拨琴弦，弹了一曲《幸福不忘共产党》，以琴声代表京族人民向党中央和国务院表达感激的心声。琴音悠扬，有

如行云流水，鸟儿飞鸣。“为什么一条弦能够弹出这般优美的韵音？”张德江饶有兴趣地问苏春发。苏春发告诉张德江，主要靠琴手的声乐感不停地轻轻摇动摇杆使琴音千变万化，从而弹奏出美妙的曲调。张德江欣赏完独弦琴演奏后，鼓励苏春发继续传承和弘扬优秀民族文化，为促进我国少数民族文化事业的大发展大繁荣做贡献。

十、京族聚居区被列入国家开发开放试验区

2010 年 6 月，中共中央、国务院在《关于深入实施西部大开发战略的若干意见》中明确提出:“积极建设广西东兴、云南瑞丽、内蒙古满洲里等重点开发开放试验区。”东兴的开发开放正式上升为国家发展战略。按照国家的批复，整个东兴市都属于重点开发开放试验区的范围，享受国家开发开放试验区的各种优惠待遇。这是京族聚居区发展史上的又一个重大机遇，必将对京族聚居区经济社会发展产生巨大的推动作用。

十一、司马义・铁力瓦尔地视察京岛

2011 年 5 月 18 日，全国人大常委会副委员长司马义・铁力瓦尔地在广西壮族自治区人大常委会副主任荣仕星等相关人员的陪同下来到京族三岛之一的沥尾岛视察。在沥尾村，司马义・铁力瓦尔地听取了村干部的情况汇报，实地考察了哈亭。司马义·铁力瓦尔地对沥尾村的工作，特别在加强各民族团结和发展生产、改善生活方面所取得的成绩给予了充分肯定，一再勉励干部群众珍惜团结和谐的大好局面，一如既往地加强各民族的团结，促进中华民族的大团结，为建设小康社会、和谐社会多做贡献。

京族干部茁壮成长

中华人民共和国成立以来，在党的民族政策的鼓励下，京族干部不断涌现，茁壮成长。1952 年，巫头、沥尾和山心三个自治乡成立时，京族国家干部只有 12 人，到 1956 年发展到 37 人，翻了一番。据不完全统计，至 2012 年底，正厅级京族干部有 4 人，副厅级和副师级干部为 10 人。在防城港市（地级）辖区内，副厅级京族干部有 2 人，处级干部共有 42 人，占全市处级以上干部人数的 6.1%，占处级少数民族干部总数的 13.3%，其中正处级 2 人、副处级 40 人。在京族聚居的东兴市（县级），科级以上京族干部有 69 人，占全市科级以上干部人数的 13.2%，占科级少数民族干部总数的 29.4%，其中处级 3 人、正科级 25 人、副科级 41 人。此外，许多京族干部还在市（地区）和县（市、区）党委、人大、政府、政协四大班子中任职。

表四 在县（市、区、开发区）和市（地区）党委、人大、政府、政协任职的京族干部情况

姓名	任职单位	职务	任职时间
李世友	东兴各族自治县人民委员会（政府）	副县长	1958 年 5 月至 1966 年 5 月
	东兴各族自治县人民委员会（政府）	副主任	1969 年 9 月至 1980 年 10 月
	防城各族自治县人大常委会	副主任	1980 年 11 月至 1984 年 11 月
唐　英	中共东兴各族自治县委、政府	常务、财贸部长	1975 年 11 月至 1979 年 1 月
	中共东兴（防城）各族自治县委、政府	常委、副主任（副县长）	1979 年 2 月至 1983 年 6 月
	中共防城各族自治县委、政府	常委、副县长（主持全面工作）	1983 年 6 月至 1984 年 7 月
	中共防城各族自治县委员会	书记	1984 年 8 月至 1986 年 10 月
	中共钦州地区委员会	副书记	1986 年 10 月至 1990 年 1 月
	钦州地区行政公署	常务副专员（兼）	1988 年 2 月至 1990 年 1 月
	钦广西人大常务会驻钦州联络处	主任	1990 年 1 月至 1994 年 10 月
阮成德	防城各族自治县人民政府	副县长	1980 年 12 月至 1984 年 10 月
	中共防城各族自治县委、政府	常委、副县长	1984 年 11 月至 1990 年 10 月
陈荣贵	中共防城各族自治县委员会	副书记	1988 年 10 月至 1990 年 2 月
	中共防城各族自治县委员会	书记	1990 年 3 月至 1993 年 6 月
	中共东兴经济开发区工作委员会	书记（兼）	1992 年 8 月至 1993 年 6 月
	中共防城港市委员会	副书记	1993 年 6 月至 1995 年 5 月
	防城港市人民政府	常务副市长（兼）	1993 年 10 月至 1995 年 5 月
赖国威	中共防城各族自治县委员会	常委、组织部长	1986 年 1 月至 1987 年 10 月
	政协防城各族自治县委员会	主席	1987 年 10 月至 1990 年 10 月
	防城各族自治县人大常委会	主任	1990 年 10 月至 1993 年 10 月
杨永嵩	防城各族自治县人民政府	副县长	1990 年 10 月至 1993 年 7 月
	东兴经济开发区管理委员会	副主任（兼）	1992 年 9 月至 1993 年 7 月
	中共防城港市防城区政府	副区长	1993 年 7 月至 1994 年 6 月
	中共防城港市防城区委、政府	常委、副区长	1994 年 6 月至 1997 年 12 月
林　兴	政协防城各族自治县委员会	副主席（兼）	1990 年 6 月至 1993 年 10 月
	防城港市人大常委会	副主任	1993 年 10 月至 1998 年 10 月
	防城港市人民政府	副市长	1998 年 10 月至 2006 年 11 月
	政协防城港市委员会	副主席	2006 年 11 月至今

续表

姓名	任职单位	职务	任职时间
阮振龙	中共东兴经济开发区工作委员会	副书记	1993 年 7 月至 1996 年 10 月
	东兴市防城港市	副主任	1996 年 10 月至 2007 年 10 月
	东兴市人大常委会	调研员	2007 年 10 月至 2009 年 10 月
苏维生	中共防城港市港口区委员会	书记	1993 年 7 月至 1998 年 9 月
	防城港市人大常委会	副主任	1998 年 10 月至今
钱进强	防城港市人民政府	副市长	1995 年 6 月至 1998 年 9 月
陈丹桂	中共防城港市港口区委、政府	常务、副区长	1993 年 7 月至 1998 年 12 月
黎彩文	防城各族自治县人大常委会	副主任	1987 年 11 月至 1990 年 10 月
苏明英	政协防城各族自治县委员会	副主席	1980 年 11 月至 1983 年 11 月
陈天堂	上思县人大常委会	副主任	2006 年 10 月至今
叶吉富	上思县人民政府	副县长	2011 年 6 月至今
陈仁富	中共东兴市委员会	常委、统战部长	2006 年 6 月至 2011 年 6 月
	中共东兴市委员会	常委、办公室主任	2011 年 6 月至今
杜锦荣	东兴市人大常委会	副主任	2010 年 2 月至今
孔学斌	东兴市人大常委会	副主任	2011 年 9 月至今
杨远艳	东兴市人大常委会	副市长	2012 年 5 月至今
韩世文	中共防城港市港口区委员会	常委、宣传部长、副区长	2011 年 5 月至今
阮国钦	防城港市防城区人大常委会	副主任	2009 年 6 月至今
黄兆明	防城港市防城区人民政府	副区长（兼）	2009 年 6 月至今
黄晓昀	防城港市防城区人民政府	副区长	2011 年 7 月至今
岑　艳	政协防城区委员会	副主席	2011 年 9 月至今
李世新	中共东兴市委员会	副书记	1999 年 4 月至 2001 年 3 月
杜福周	东兴市人大常委会	副主任	2000 年 1 月至 2006 年 5 月
莫振芳	中共东兴经济开发区工作委员会	委员、办公室主任	1995 年 11 月至 1996 年 9 月
	中共东兴市常委会	委员、办公室主任	1996 年 10 月至 1997 年 8 月
	政协东兴市委员会	副主席	1999 年 9 月至 2001 年 3 月
吴　晓	南宁市良庆区人民政府	副区长	2008 年 5 月至 2009 年 10 月
	南宁市良庆区人大常委会	副主任	2010 年 3 月至 2010 年 8 月
	政协南宁市良庆区委员会	副主席	2010 年 8 月至今

注： 在这里，我们主要统计防城港市辖区内京族干部的基本情况，至于分散在全国各地工作的京族干部的情况，除个别人员外，大部分人员我们未能统计。

文化

语言文字

京族拥有自己的语言——京语。京语是京族人内部的主要交际用语。中华人民共和国成立后，京、汉两族人民长期友好相处，京语吸收的汉语词汇越来越多，绝大部分京族人也都会汉语（主要是讲粤语）、汉文。京族曾经创造了自己的文字——“喃字”，又叫“字喃”，是 13 世纪末京族人在汉字的基础上创造的本民族文字。中华人民共和国成立后，“喃字”仍在京族人的歌本和经书中使用。

一、语言

京语是一种声调语言，即用声调区别词义。目前，京语尚未最后确定所属语系。在语言学划分上，有专家学者认为京语属汉藏语系壮侗语族，但未定语支。

京语以音节为语言的自然单位，每个音节都由声、韵、调组成，而且都具有一定的意义。京语的声母有 28 个，韵母有 104 个，元音分长元音和短元音，韵尾有鼻音和塞音，声调有舒声调和促声调。在语汇方面，有单纯词和合成词，绝大多数固有的单纯词都是单音词，合成词主要依靠词和词之间的意义和语法关系来构成。京语有一定数量的虚词，虚词的使用和语序一样，在句子中起主要作用。京语中还有不少量词，量词有表示数量和区分事物类别的作用。在语法方面，京语的基本语序是“主语 + 谓语 + 宾语”，其修饰词组以名词为中心，除数词和量词外，其余修饰成分都放在中心词后面。此外，京语通常运用四音格增强词语的表现能力，如:“吃饭”，京语为［kɑ：m¹］［tsɑ：u⁵］［kɑ：m¹］［tsɑ：u⁵］［tsɑ：u⁵］（饭粥饭粥粥）。这是以“ABABB”式进一步增强说话者的语气，充分表达说话人当时的心境。

京族的祖先很早就与汉族来往密切，因而京语受到汉语的较大影响。过去或现在，京语都大量地借用了汉语词汇，现代京语词汇中的汉语借词占京语总词量的 30% 以上。京语借用的汉语词汇,在语法上其特点与汉语大体相同,即是“主—动—宾”型的结构。与汉语不同的是，京语的定语放在所修饰的中心词之后，如“红花”，京语说“花红”；“大雨”，京语说“雨大”。

随着社会交往范围的扩大，京语的使用发生了很大的变化。中华人民共和国成立之前，京族人基本上独居于海岛，社会交往范围较窄，基本上是用本民族语言进行交流。中华人民共和国成立后，经围海造田，京族所居的海岛渐渐与大陆相连，加上党的民族政策的实施，京族人的活动空间和社会交往范围越来越大，京族年青一代有的同时使用京语、普通话和粤语三种语言与外界交流，有的则只用普通话和粤语，特别是散居于汉族村落的年轻京族子弟，真正懂得并熟练地使用京语进行社会交往的不多。

京语的语音随时间推移，也在不同程度地发展变化。关于京族的语言、语音发展，1953 年中南民族事务委员会和广西民族事务委员会曾经做过粗略的调查，1959 年、1980 年、1981 年又分别进行了三次调查。有关专家学者在 20 世纪 80 年代对京语的发展进行调查后，认为京语语音随着年代的发展，其声母、韵母和声调的数量有很大的差异（见表五）。

表五 京族语音不同年代差异统计

年代		20 世纪 50 年代	20 世纪 80 年代
数量差异	声母	19 个	28 个
	韵母	53 个	104 个
	声调	舒声调 4 个	舒声调 5 个、促声调 3 个

20 世纪 50 年代与 80 年代的调查相隔 30 年，这 30 年间京语语音的差异说明随着时代发展京语也有所发展变化。

二、“喃字”与“喃字”文化

文字是语言的记录符号，每一个民族都离不开文字。京族在使用汉字的同时，为了方便记录本民族语言，创造了“喃字”。

京族的“喃字”是在汉字基础上创造出来的一种方块文字，与汉字一样，主要采用假借、形声、会意等方法来造字。按“喃字”造字方法分类，可以分为几种类型。

1.假借字

假借字，即借用汉字，把汉字的某一个字作为京族“喃字”的一个组成部分。这类假借字数量较多，约占京族所有“喃字”的三分之二。“喃字”的假借字可分为三类。

第一类是借义又借音，但在读音上和意义上通常以“京语化”为核心。例如：

“喃字” 才文

现行京语 tàivan

字义 文化方面的才能

第二类是借汉字的原意，在读音上则按本民族的语音，相较汉语语音的原音有较大的变化。例如：

“喃字” 鲜

现行京语 tươi

字义 新鲜

第三类是借与本民族读音相同或相近的汉字，不考虑汉字的原意。例如：

“喃字” 吏

现行京语 lại

字义 来

2.形声字

这类“喃字”的特点由一个形符和一个声符共同组成。这类字使用时有如下几种情况：一是声旁的读音同汉字读音接近；二是声旁的读音采用京语读音；三是保留汉字的形旁，换了声旁；四是采取与汉字不同的形旁和声旁；五是采用自创的偏旁，与汉字原有偏旁结合构成新字。例如：

“喃字” 𦝄

现行京语 môi

字义 嘴唇

3.会意字

京族“喃字”的会意字数量不多。“喃字”的会意字由两个以上的汉字组成以表示一个意义，其中不含表音的偏旁。

由于历史和其他各种原因，“喃字”在京族民间一直未能得到推广普及，但京族老一辈人仍在京族歌本和宗教典籍中使用。如著名的京族传统叙事歌《宋珍歌》《沥尾史歌》以及“唱哈”词、祭文等就是用“喃字”记录的。现在，京族人也在保护、传承他们的民族文字“喃字”：在沥尾岛由京族学者苏维芳发起，成立了“东兴市‘喃字’研究中心”；最近，苏维芳用“喃字”、越南文、汉文翻译了京族史歌及民间史歌、故事等，并出版了《京族喃字史歌集》（人民出版社 2007 年 9 月出版）；东兴市“喃字”培训班陆续在沥尾岛举办，京族人学习“喃字”的兴趣高涨。

三、苏维芳的“喃字”缘

苏维芳，男，京族，1942 年出生于沥尾岛，大专文化，防城港市公安局原副局长、党委副书记。退休后，他热心民间文艺，是广西民间文艺家协会会员、防城港市民间文艺家协会副主席。

苏维芳对本民族的“喃字”有着深厚的感情。20 世纪 60 年代他担任沥尾村团支书时，就与“喃字”结下了不解的情缘。当时团支部办夜校和文艺演出队要用“喃字”演唱京族嘲剧《菊花与宋珍》，他让 70 多岁的外公阮其福帮他用“喃字”手抄嘲剧歌本，并认真向外公学习“喃字”，从此，他的“喃字”情愈来愈浓。他搜集、整理、翻译、编写了《京族喃字史歌集》《哈歌》《叙事歌》《传统京族民歌》《京族哈节祭文》等 36 本资料集，并深入开展研究工作。研究“喃字”与汉字关系、“喃字”文学与汉字文学关系、“喃字”与京族语言关系和京族历史文化等。同时积极做好“喃字”传承工作：从 2004 年以来，在沥尾村举办“喃字”培训班三期，培训 160 多人；举办三期哈妹培训班，有 60 多人参加；举办三次“喃字”书法展；与京族学校商议开设“喃字”语言课，精心编写了京族“喃字”语言培训教材。此外，苏维芳还积极参与申报京族非物质文化遗产项目和出版京族文化书籍。

所申请上报的京族哈节、独弦琴艺术、京族“喃字”等14项分别列入国家级、自治区级、防城港市级和东兴市级非物质文化遗产名录。

此外，他还参加编写了《中国少数民族古籍总目提要·京族卷》《京族古籍书目提要》等。

民俗文化

京族的民俗文化主要体现在饮食文化、节庆文化、婚俗文化、海洋文化、宗教文化、服饰文化等方面。

一、以嚼槟榔和风味小吃为特征的饮食文化

京族的饮食很有特色，嚼槟榔和风味小吃尤为出名。

古代，京族人嗜好嚼槟榔，尤其是京族妇女。因槟榔果含有槟榔碱和鞣酸，食之有消积、杀虫、利水消肿、除脚气、治脘腹胀痛之功效，如佐以蒌叶、蚌灰，效果更佳。古代京族人又以妇女唇红齿黑为美，京族人认为，嚼槟榔可以健齿护牙，保持口腔清新，并且可以染黑牙齿，故古代京族妇女都喜嚼槟榔。古代京族人结婚，男方家的聘礼中必有槟榔果，新娘入门的当天（或次日）早上，男方家也必邀宗族中至亲且德高望重者前来食槟榔。这种嗜好习惯，一直延续至 20 世纪 50 年代末期。防城先贤黄知元先生，在其 1943 年所著的《防城县志》中记载："交趾族即骆越族……交趾民族以涅黑齿，槟榔，佐以蒌叶、蚌灰，为其特异风俗也……吾邑旧时婚娶，聘礼以槟榔、蒌叶为必要物。岭表各县大抵皆然，此为交趾风俗，传布于其他民族也。"可见嚼槟榔是京族人最古老、最具特色的风俗。"红颊黑齿"曾经是从前京族妇女的标志。现在京族人以牙白为美，已经没有人嚼槟榔了。

此外，京族男子曾有吸烟煲之俗。烟煲是京族特有的烟具，外形像一个盅，里面盛着水，盖上有两个孔，一孔用来放烟丝，一孔用来插一根小竹管吸烟。烟煲现在已基本绝迹。

除了嚼槟榔和吸烟煲，京族人自己制作的品种丰富的风味小吃也很有民族特色。

1. 风吹饼。俗称“冰喇”，是京族最有名的风味小吃之一。风吹饼有草帽般大，因其极薄，薄得连微风都可吹走，故名“风吹饼”。它是将糯米磨成的浆蒸熟，趁热熨成直径一尺左右薄薄的大圆饼，并撒上芝麻晒干而成。吃的时候放在火上烤制 2—3 分钟，待饼逐渐膨酥即可食用。风吹饼吃起来又脆又香，是京族人待客和探亲访友送礼的上好风味食品。风吹饼也可用油炸，经油炸后更脆香。风吹饼的盛放工具是一种特别的竹筐，竹筐上部是张开的喇叭形，下部主体是直筒状，放好饼后要用布盖严，避免风把饼吹走。

2. 粉丝。即干米粉，俗称“呃粉”（京语音译），是京族聚居区“三宝”之一，在京岛享有盛名，是众多旅游者喜爱的特色风味食品。做法是：把粳米磨成浆，蒸熟，待冷却后切成粉丝状晒干即可。下锅前先用清水浸泡 10 分钟，再放油入锅与螺肉或虾肉或蟹肉等海鲜拌炒，然后加点葱花等作料，便可出锅食用。京族粉丝清爽可口，米香浓郁而不腻。

京族人在亲友来访或节日时，用粉丝与螺肉、蟹肉混煮成丝螺肉汤。这种粉丝螺肉汤入口甘香、嫩滑爽口、风味独特，是京族重大喜庆活动中必不可少的主食。

3. 芋头糕。江平芋头糕是京族特有的点心，是当地百姓生活饮食中最为常见的小吃，历史悠久。芋头糕的做法很讲究：先把芋头去皮，切成筷子头大小，过油炸至酥脆后起锅；香肠也切成筷子头大小，过油。将籼米粉、五香粉、盐、味精等佐料混合后加适量水烧开，然后与炸过的芋头、香肠拌匀，放在蒸笼上蒸 45 分钟，蒸熟后切成方形煎干便可。芋头糕吃起来酥脆可口。

4. 糯米糖粥。京族人普遍喜欢甜食，特别喜欢糯米糖粥。它的做法十分简单：先将糯米淘净，加水煮到八九分熟，再放少许红糖拌匀即可。煮好的糯米糖粥米粒透亮，香糯可口。逢年过节，京族人都要吃糯米糖粥，祭神拜祖必须准备糯米糖粥，招待客人也少不了糯米糖粥。

5. 白糍糟。这是用芝麻、花生和糖做馅的圆形糖心糍粑，是蕴含吉祥之意的京族传统食品。白糍糟外形酷似老人的满头银丝，所以又被称为“白头糍”。在除夕之夜，京族人家边守岁边做白糍糟，待到午夜零时，先用来拜神祭祖，再拿来和糯米糖粥一起吃，意在祝福新的一年生活甜蜜、人人长寿。

6. 虾糟。先将米粉和去皮煮熟的番薯揉成团，放到模具中做成直径约 1 寸的小圆饼，在圆饼的中心放上一只海虾，然后放到油锅里炸约 1 分钟即可。虾糟吃起来酥脆香甜，回味无穷。

7. 煎堆。先将糯米磨成粉，加水揉团，做成如鸭蛋大的球状，然后裹上芝麻，入油锅炸一两分钟捞出沥油即成。煎堆吃起来脆香可口。

8. 卷心糟、卷筒粉。京族的卷心糟、卷筒粉做法很特别：锅里烧开水，在水中放一个绷着白布的直径约一尺的圆木箩，白布上开几个透气孔，将磨好的适量米浆舀在白布上摊平，盖上锅盖，米皮蒸熟后起锅，用薄薄的竹片轻轻挑起，放一些炒熟的肉末、木耳、洋葱或椰菜做的馅卷好即成。卷成长方形的称为卷心糟，卷成筒状的称为卷筒粉。吃时配以特制的卤汁，非常美味。

9. 春卷。春卷是京族风味小吃的品牌，自古至今都是京族宴席上有名的菜肴。做法：把做好的卷筒粉放到油锅里炸 2—3 分钟，然后捞出晾凉即可。吃起来又香又酥。

10. 特色小菜。京族以海为生，特色小菜也以海产品为主，包括假蒌叶炒鲎肉、酸甜鱿鱼丝、红螺肉炒粉丝、白螺肉炒酸笋、姜丝蒸白帆鱼、文火炒沙虫巴（干）、蒸弹虾（虾勾）、蒸花蟹等。

京族人最喜欢的调味品是鲶汁。鲶汁集中了鱼的精华，鲜美可口，营养丰富，色、香、味俱全，是京族地区特有的调味佳品，也是京族人餐桌上必不可少的佐料，特别是逢年过节，京族地区几乎没有一家不吃鲶汁的。山心村京族群众有俗语说："千汁万汁，不如自家的鲶汁。"此外，沙蟹汁也是京族人家喜欢的调味品。

二、以哈节为代表的节庆文化

京族受汉族的影响较深，其节庆一般与汉族大同小异，唯有哈节是京族所特有。哈节是京族最隆重、最热闹的民族传统节日，代表着京族独具特色的节庆文化。

哈节亦称"唱哈节"。"哈"是京语，即"歌"的意思，"唱哈"即唱歌。唱哈节是一个以唱歌贯穿始终的祀神、祭祖的祈福活动。

关于唱哈节的来历，有一个美丽的传说。传说古时候有一位歌仙来到京族地区，以传授歌舞为名动员京族人起来反抗封建统治者的反动统治，开创美好幸福的新生活。由于歌仙的歌倾诉了京族人感同身受的苦难生活，描绘了令人无比向往的幸福生活，加上歌声优美动听，歌仙深受京族人的敬仰和喜爱，京族人跟歌仙学了许多歌，又以歌来歌颂歌仙。歌仙离去后，京族人修建了哈（歌）亭，内设神位以示纪念。每年到了约定的日子都要到哈亭唱歌，以歌声来祭奠歌仙。久而久之，每年一次的唱哈节便成了京族人最盛大的民族节日。关于哈亭还有一个传说，即镇海大王铲除蜈蚣精的传说。这个美丽的神话传说反映出京族三岛的村民的祖先征服自然、战胜邪恶势力、建设家园的艰苦创业精神。相传京族三岛一带原是一望无际的大海，海中住着一只蜈蚣精，凡是经过其洞口的船只，必须奉献一个人给它吃，否则蜈蚣精便兴风作浪，打翻船只，吞食一船人。长期以来，蜈蚣精成了这一带的大祸害。最后，智勇双全的神仙镇海大王帮人们铲除了这只害人的蜈蚣精。蜈蚣精被斩成三段，头变巫头岛，身变山心岛，尾变尾岛，就是现在的京族三岛。京族祖先为了感谢镇海大王除妖消难的大德，便尊奉他为护岛神，立哈亭供奉，每年都到海边将其迎回哈亭来享祭，这就成了京族人一年一度最盛大的民族节日——唱哈节。虽然这些都是被京族人赋予了神话色彩的美丽传说，但却表达了京族人的感恩之心和怀念之情，以及对美好生活的追求，体现了京族惩恶扬善、勤劳善良的传统美德。

一年一度的唱哈节欢庆活动一般持续一周左右，这种传统延续了几百年。1958 年“人民公社化”运动后，唱哈节活动停办了，一直到改革开放后，从 1985 年起才逐渐恢复。唱哈节的日期，在京族各地区有所不同。沥尾在农历六月初十，巫头在八月初一，山心在八月初十，红坎在正月二十五。各地唱哈节的日期基本上继承了传统，延续了数百年，只是巫头略有变化。“文化大革命”前巫头和沥尾的唱哈节同为农历六月初十，改革开放后唱哈节得以恢复时，考虑到由各村连续地举行唱哈节，可以增进彼此的友好交流，也能使欢乐的节日气氛延长，因而巫头的唱哈节由六月初十推迟到八月初一。

唱哈节的各项活动主要是在哈亭内举行。

整个唱哈节的活动过程，沥尾、巫头、山心、红坎等几个京族聚居村落基本一致。唱哈节来临之前，京族人都赶着把活干完，各家各户把庭院打扫干净，布置一新，并备好待客的酒菜。到了唱哈节那天，全村男女老少集体出动，聚集在哈亭举行节日活动。改革开放以来，随着对外交往的密切以及京岛旅游业的蓬勃发展，现在参加唱哈节的除了京族人，还有来自四面八方的其他民族的客人，也有越南友人，一时间宾客云集，高朋满座，大家兴高采烈地共度佳节，场面隆重而热闹，充满原始古朴且时尚现代的气息。节日期间的活动安排在唱哈节的前几天就由村里的“老大”、村委会成员以及村里几个德高望重的老人开会讨论，制定出具体方案，并安排好分工，以保证节日期间各项活动都有条不紊地顺利进行。

整个唱哈节的过程，大体分为迎神、祭神、“坐蒙”（入席）、送神四个部分。

1. 迎神。在唱哈节第一天，村民们齐集哈亭，等到吉时便集合队伍举旗擎伞、抬着神架到海边迎神，即把本村信奉的神灵请进哈亭。迎神仪式很讲究，也是唱哈节中最具特色的活动之一。迎神队伍由负责唱哈节主要仪式的香公（负责哈亭节日庆典及日常哈亭进香工作）、“翁祝”（祭神时负责诵读祭文）、正祭员（又称“万拜人”，祭神时负责斟酒）、陪祭员（又称“哈头”，祭神时负责敬酒）、通唱（包括正、副通唱，负责主持唱哈节祭神仪式）、引唱（包括东、西引唱，祭神时负责引导祭祀队伍）、执事（负责传递祭品），以及举旗擎伞方队、抬香案台方队、抬神架台方队、持各式鼓钹方队组成。近年来，迎神队伍中新增了身穿京族传统服装的礼仪方队和文艺表演方队，还有受邀参加唱哈节的越南代表组成的方队。由上百人组成的迎神队伍声势浩大，十分气派。迎神所用的器物，如香案台、神架台做工讲究，凸显出迎神仪式的庄重。

迎神队伍有专人统一指挥，到了吉时（一般是接近正午时分）便从哈亭出发，到海边迎神，一路上鼓乐齐鸣，营造出一种庄严、肃穆但又不失热闹的祭祀氛围。队伍中的鼓是按一定顺序排列并敲击的，而且鼓声还有不同的含义。排在最前面的鼓称“前鼓”或“前军鼓”，是队伍中体积最大的鼓，需两人肩抬，一人击鼓，前鼓的鼓声指挥整个队伍击鼓的节奏，且有“快、快”即催促迎神队伍前进的含义；排在中间的手持小鼓称“中鼓”，它的鼓声呼应前鼓，有“前进”的含义；最后是“后鼓”，鼓声有“等等”之意。迎神队伍到达海边的迎神地点后，由香公、“翁祝”等人面向白龙半岛白龙尾上的镇海大王庙进行一番迎神祷告，然后香公面朝神架台上的神灵牌位抛杯珓，得胜珓后，表明神灵已同意村民们的祈福，可以将神灵迎回。随即放一挂鞭炮，迎神队伍浩浩荡荡返回哈亭。沿路各街道的民居店铺在迎神队伍经过门口时都要放鞭炮，以示庆贺。下午在哈亭内要举行一场小型祭祀仪式，主要是为翌日开始的祭神活动做准备。其中有一项独特的仪式，即在祭祀仪式完成后，众人将一红色圆木（俗称“封庭杆”）横着置于哈亭中部两柱之间，意思是留住从海边迎回的神灵，同时避免其他鬼神进入哈亭。封庭杆在唱哈节最后一天的送神仪式上才能放下来，表示这时才能将神灵送走。据说从前在唱哈节之前，有的村还举行盛大的斗牛活动，山心就流传着这样一首民歌："无论你在哪儿做买卖，八月初十也要回家看斗牛；尽管你的买卖繁多百过头，八月初十也要回家看斗牛。"

2. 祭神。唱哈节的祭神仪式要持续几天，分为大祭和小祭。唱哈节第二天是大祭，随后几天都是小祭。大祭与小祭最大的区别是大祭时必须宰杀一头生猪（通常在祭神仪式开始前）作为祭品，以前称宰"养象"。上一年唱哈节结束后由新选出的八名陪祭员各饲养一头猪，在第二年祭神仪式开始前从中选出养得最大最肥的猪，这头被评选出来的大肥猪就叫作"养象"。在大祭结束后，所宰猪的一部分供唱哈节饮宴用，其余的归主人支配，另外七头猪则卖掉，所得收入作为唱哈节的活动经费。20 世纪 80 年代以后，祭神所用的猪不再由个人饲养，而是由村里集体出钱购买，大祭结束后再将其以低于市场价格卖给村民。

祭神仪式一般从上午 11 点开始，大祭一般持续 2 个小时，小祭约需 1 个小时。唱哈节的祭神仪式受道教及汉文化的影响，与当地汉族在祠堂里举行的春秋二祭大体相同。先由正祭员读《迎神祝词》："恭维王！三江孕秀，五岳储精。秉北方之正气，维东海之英灵。天地共其德，日月秉其明……"祝词念完，众人要齐声应答："是！"接着遵循唱哈节传统的祭祀程序祭神：首先摆放祭品；其次祭祀人员用桃叶水洗净双手，给神灵进献香烛烧酒，同时哈妹们跳起"进香舞""敬酒舞"伴之；再次，由"翁祝"用京语诵读"喃字"写成的祭文，表达对神灵的崇敬和感激之情；最后将纸宝、祭文在灵位前焚化。祭神的全过程，除念祭文外始终有锣鼓伴奏，每个程序都有固定的鼓点，凸显出唱哈节肃穆、隆重的祭神氛围。唱哈节的祭祀礼仪与一般祭祀不同，由正、副通唱用京语诵读主持祭祀仪式，整个祭祀仪式都严格遵循传统的程序，几百年来基本上没有变化。

3. "坐蒙"（入席）。到了唱哈节最后两天（若逢十年大庆则是最后三天），祭神礼毕后，还要在哈亭内设席饮宴和听哈，称为"入席"或"坐蒙"（宴席中盛放菜肴的长方形木托盘在京语中称为"蒙"，所以乡饮、听哈称为"坐蒙"，也称"哈宴"）。按传统规定，凡是本地京族男子到了一定年龄（现在一般是 18 岁）便有资格入席。村里每年都会根据乡饮簿（成年男子参加哈节"坐蒙"的花名册）的顺序轮流安排"坐蒙"的人员，一般是每户 1 人。因为哈亭的容量有限，不可能容纳全村的成年人同时入席，就算是现在最大的沥尾哈亭也只能容纳 30 多席（每席 10 人），坐 300 人左右。因此，每年"坐蒙"只能安排一部分人参加，其余的只能往后轮了。

“坐蒙”时，哈亭左右偏厅被铺上草席，摆上特制的圆桌，大家围着圆桌席地而坐。“坐蒙”的菜肴除少数由哈头提供外,大部分由参加“坐蒙”的各家自备，轮流出菜。出菜者把菜肴放在长方形木托盘上，将托盘置于席中。随着京族人生活水平的提高，菜肴的数量和品种也逐年增加，现在每席一般都有 10 道菜以上，全为荤菜，吃不完的由出菜者带回家，与那些没轮到“坐蒙”的亲朋好友分享。按传统规定，“坐蒙”时妇女不能入席，只能捧菜上桌。改革开放以后，民族交流日益频繁，唱哈节也开始邀请一些非京族的贵宾参加“坐蒙”，并允许女性嘉宾入席，但本村的妇女仍遵循传统不能入席。宴席中有哈妹“唱哈”、独弦琴演奏等独具京族特色的文艺表演，参加“坐蒙”的人也可以即兴表演节目，自娱自乐。现在，最后一天的“坐蒙”有一个新环节，即“敬琼浆词”（唱祝酒词）。席间有编唱祝词能力的人都可以即兴表演，哈妹要唱答“琼浆词”中的问题，一问一答，颇有意思。

4. 送神。“唱哈”结束后要送走神灵。等到唱哈节最后一天的吉时，香公在神位前念颂《送神词》:“恭维王！三江孕秀，五岳储精。秉北方之正气，维东海之英灵。天地共其德，日月秉其明。感之必通，求之必应。今日良辰，起驾还宫。来年仲秋，再御龙亭。承蒙圣德洋洋，瞻仰天恩浩浩。相安相乐，男女康宁。”然后抛杯珓，得胜珓后，撤下封庭杆，哈妹们跳起蕴含驱赶野鬼邪魔、恢复哈亭往日平静之意的“花棍舞”，神灵即可被平安送走。唱哈节最后一天还要举行新旧哈头交接仪式，以表彰刚卸任的哈头为唱哈节所做的贡献，同时选出新一届哈头，履行哈头的职责。送神仪式后，唱哈节便宣告结束。

唱哈节的主要活动除了祭神拜祖、“坐蒙”,还有一个重要的活动内容——“唱哈”。以前传统“唱哈”的主要角色有一男两女三人，男的叫“哈哥”（又称“琴公”),女的叫“哈妹”（又称“桃姑”）。“唱哈”时由哈妹轮流演唱,哈哥持琴伴奏，当哈妹唱完一句，哈哥便依曲调拨奏一节，如此一唱一和。自 20 世纪 80 年代恢复唱哈节后，“唱哈”的都只有哈妹，没有哈哥。“唱哈”时，在哈亭中间铺一张草席，主唱的哈妹赤脚站在草席中间，边唱边用手里的两根小竹棍和着歌声敲打节奏，其余几个哈妹坐在主唱哈妹身后，由其中一人敲着竹制的梆子伴奏。当哈妹唱到精彩处时，旁边有人负责敲击鼓、钹应和，将“唱哈”的气氛推向高潮。主唱的哈妹疲倦时，就由另一个哈妹出来主唱。“唱哈”活动从迎神的当晚就开始了，但时间不长，只能算是“唱哈”的序幕，哈妹们简单演唱几曲，中间穿插几个舞蹈，大约持续一个小时。从第二天祭神起，“唱哈”活动正式开始，分下午和晚上两段，哈妹们跳着“进香舞”“花棍舞”“跳天灯”“竹竿舞”等唱哈节的祭祀舞蹈以及一些新编排的反映京族人民生产生活的舞蹈，唱着内容丰富的“哈歌”。“唱哈”中演唱的“唱哈词”多有歌本流传，以“喃字”写成，内容包括民间宗教信仰、京族的历史传说、汉族的古典诗词、情歌以及京族人生产生活新面貌等，都是由京族人十分熟悉、喜闻乐见的故事编写成的，因而深受京族同胞的欢迎。

除了哈节，京族人的春节也有其独特的情趣。

农历十二月初五起，大人们备好年货，小孩子有了新衣新裤，家家户户喜气洋洋，迎接新年到来。

农历十二月二十六、二十七、二十八日（也有在大年三十的），沥尾岛、巫头岛的京家人扫墓祭祖，祈祷祖先庇护，新的一年平安。

农历十二月三十日，是年终月尽辞旧迎新之日。这一天，京族人家宰鸡杀鸭，鱼、虾、蟹、螺、沙虫等应有尽有，菜肴丰盛，一家人聚在一起辞旧迎新，欢度节日。

家家都会提前把年粽和菜肴做好，而年初一就可直接享用，不再复做，取“一年丰足过一年”“年尾剩到年头”以及“去年有剩到今年”的吉意。全村各户还会络绎不绝地到哈亭供神拜祖，烧香敬茶，燃放鞭炮。接着是拜敬供奉本境土地神的社庙和家里的祖公棚，再拜门前的“天宫赐福”和本家土地（合称“天地神”）。祭拜完毕，合家团聚欢宴，畅谈一年来收入情况和来年发展生产的设想，总之，人人说吉利话，个个道喜庆语。

京家的除夕之夜，是很隆重的。他们边守岁边包粽子，做白糍糟。粽子是用糯米和绿豆或芝麻等材料做成的，用又长又大的粽叶包成方中带圆的形状，俗称“砧板粽”，放到锅里或大瓦缸里煮熟。白糍糟是将糯米磨成粉，加水搓揉成团，做成如拳头或茶杯大小，包入糖及芝麻为馅即成。这些是京家在过年时用以祭祖祭神及最吉庆的食品之一，与糯米糖粥相配，甜丝丝的气息飘溢满屋，一年奋战于惊涛骇浪之间的京族渔家，这时便尽情享受着团圆守岁的天伦之乐。在半夜之前，做好白糍糟，煮好糯米糖粥，合家守岁到子夜零点祭祖后，一起吃糖粥和白糍糟，祈祝今后的日子甜蜜似糖，人丁长寿，一家人其乐融融。

大年初一清早，人人穿上最新最好的衣服，各家各户，纷纷到井边烧香敬茶，把钱币撒到水井里。这种风习，俗称“买新水”，意为祝愿新年的“水头”（意为“钱粮”）比旧年更丰足。大年初一这天，按照传统习俗，京家人既不待客也不到别家串门，全家欢聚一堂，共庆年节。这一天，如有要事必须外出，得事先占好时辰和“利向”（吉利的方向）。

大年初二，是被京家视为新年里最吉利的日子。吃过早餐后，京家人就纷纷出门拜年了。中青年夫妇挑着粽子，携儿带女，喜气洋洋地往外婆家拜年。一切访亲探友活动，都从这一天开始。这一天，少年儿童可以尽情玩要，或放爆竹，或玩“走田”“赶狗占窝”“顶头”“捉子”等游戏，无比欢乐。

大年初四，京族三岛各姓都开始散年。一般在奉神祭祖后，京家人享用菜肴丰盛的散年晚餐，意即新年活动基本结束。散年后，京家人就开始干活了，如这时海上有鱼汛，就拉网或捞网捕鱼，或做些轻活，没有过元宵节之前，大都只干半天。正月十五元宵节，也称“过小年”，京家人备“三牲”（鸡、猪肉、鱼）拜祖后便正式投入渔业、农业生产。此外，山心村京族人在正月初十还到哈亭祭祖奉神。京族民间俗语云：“正月十五吃完粽就做工。”春节活动宣告结束。

三、以对歌、对木屐为代表的婚俗文化

1. 踢沙探情

星疏月白，绿珍珠般的京族三岛，一时间成了虚幻的神话世界。在大海的轻声细语中，暗幽幽的木麻黄林里飘出一阵阵迷人的歌声：

南风海上来，南风在海上，
月亮天上来，月亮在天上；
问声天上月，告诉傻哥哥，
阿妹来不来？哥在妹心上！

这是京族青年男女的对答唱和。随着这美妙动听的歌声，木麻黄林里翩然出现两个优美的身影，皎洁的月光下清晰可见，是一男一女。女子长衫飘飘，袅袅娜娜走在前面，男子身高体壮，紧随在后。走到一片泛着柔亮银光的沙砾滩上，男子靠近女子并咳嗽一声，女子骤然停住脚步。紧接着，一个十分奇特的“镜头”出现了：男子用脚收拢起一堆亮晶晶的沙子，然后一下一下地向女方踢过去。说来也真叫人诧异，女的不仅没有闪避，反而一动不动地在原地站着，欣然承受。

这可不是男女之间的轻贱之举，而是京家男女青年正式的求爱仪式。按照京家的习俗，男女青年互生爱慕之情后，即成双结对，踏着月色来到沙滩上，男的

先是故意咳嗽一声，请不要小看这一声，它是男方求爱的第一个信号呢！得到这个信号，女子便有意放慢脚步，等待对方上前踢沙给自己（要是踢沙不便，亦可摘下木叶绞成一绺绺，尽情往姑娘身上掷抛），这是第二个信号。如果姑娘下决心跟这个痴情的踢沙者或投叶者交往，则回眸含羞一笑，并以同样的方式回敬之。从此，在婚姻的阶梯上，这对适龄男女算是踏上了第一级。

2. 交换木屐订终身

京族有交换彩色木屐来决定男女婚配姻缘的习俗。

通常京族男女定情以后，至关重要的一关就是交换彩色木屐了。准备彩色木屐时，男女双方绝对不能通气，他们各自暗暗地制作一只或左或右的木屐（只能准备一只）。在木屐上，他们精心描绘各式各样的图案，以表达情意，有画海石花的，有画蝴蝶、鲜花的，有画牛郎织女的……

男女双方准备好彩色木屐后，就通过“蓝媒”（京语，媒人之意）选定吉日，由媒人送或这对情人自己交换木屐，通常多由媒人代交。

媒人去女方家交换木屐前，男方要事先教媒人一首《木屐歌》，好让媒人代唱。歌词大概是：托媒送去屐一只，盼望你我成一双；双双有缘又有福，结成姻缘甜似蜜。当媒人代男方唱完歌后，女方马上回歌：“谢你送来屐一只，蝴蝶鲜花好相伴；木屐巧合成佳偶，情投意合结凤鸾。”

《木屐歌》唱毕，就看男女事先准备的木屐是否配对了。如木屐合起来是一左一右就算配对，就认为有缘分，天意配成的可以成双结对；如果都是右脚的或左脚的，就不配对，认为命不相合，相聚无缘，尽管男女双方有过山盟海誓，那也是瞎子点灯白费蜡。

很显然，这种交换彩色木屐的婚姻习俗是带有宿命论的色彩的。中华人民共和国成立后，这种习俗逐步被京族人扬弃，代之以自由恋爱的新方式。

3. 订婚

交换木屐后，就到了订婚这一关了。订婚，是一门婚事的重要环节。婚事一旦定下来，一般不能轻易反悔，因此人们对订婚十分慎重，礼仪也相当复杂。大致的过程是：1. 合年庚。男方家请算命先生推算男女双方的年庚是否相合，若相合，就把女方的年庚留下来；不合，则交媒人退还女方家。2. 定彩头。将留下来的女方年庚放在祖公棚的祖案上，期限为 3 天或 7 天。在此期间，若家里有人患病、家畜死亡或打破碗碟等不如意的事情发生，便认为不吉利，得把年庚退还女方；若平安无事，则认为祖先默许，可以婚配。定彩头获吉利后，就请媒人向女方家报信并议聘礼。聘礼一般是酒、米、猪肉等，由男方家把聘礼送到女方家，以确定这门亲事。3. 联亲。亲事确定后，便由“蓝媒”选定佳期，进行联亲。联亲的时候，由男方家请一对能说会唱的男女，将用糖、糯米、蒌叶、糕饼、茶叶、红枣、黑枣、槟榔等物摆成喜庆图案的礼盘送到女方家。在接送礼盘的过程中，双方都以歌代言，直唱到情满兴尽的时候，女方家的歌手才接过礼盘。这时，双方的婚事才算真正成为定局。

4. 迎亲

迎亲是京族婚礼中最隆重的仪式，过程也比较复杂，包括送日子、哭嫁、开容、认亲、接亲、拜堂、回朝等内容。

男方在迎娶前数月，先请算命先生择定开容和迎娶的日期，而后用红纸写成娶亲日子单，加上猪肉 1 斤、槟榔 1 包，由媒人送至女方家，称“送日子”。若女方认为婚期过于紧迫，便退回娶亲日子单；若女方认可，则将日子单留下，准备完婚。

新娘在出嫁前 3 天或 7 天就开始哭嫁，俗称“哭朝”。第一天哭叹父母，诉说父母的养育之恩；第二天哭叹叔伯兄嫂，诉说年少不懂事，承蒙大家的教育和帮助；第三天哭叹姐妹，诉说友情，不忍分别。在新娘哭朝时，其母亲或婶嫂、姐妹有时也陪着哭，表现依依不舍之情，哭诉的内容大多是教导新娘嫁后的持家之道等。

在新娘出嫁的前一天，男方将香粉、红线等物送到女方家。这时女方家祭祖，新娘放声大哭一场，然后由一名夫妇和睦、儿女双全的妇女在堂屋用红线为新娘夹去面部的细毛，并涂上脂粉，称“开容”，意为从此要以新的面容为人妻做人媳了。

接亲前一天或当天上午，“带中”（京语，指很会说话的人）伴随着新郎来到女方家正式认亲。新郎身着礼服，到女方家后，先拜女方家的祖公（拜四拜），再拜岳父母（拜三拜）。新郎在拜见时要取半跪式，头向左侧，不能正视，以示孝敬。礼毕后，新郎要将槟榔敬奉给岳父母和叔伯婶母。在认亲的过程中，自始至终均需以歌代言，男女双方都约有歌手对唱。为了试探男方的才学和智慧，女方的歌手特意设置一些问题来为难对方。这时，“带中”就必须灵活机智地一一应答，否则会惹来哄堂大笑。

新郎认亲回来以后，男方家便组织接亲队伍，并带上两对男女歌手。女方家也请两三对男女歌手在新娘家伴着新娘等候。接亲时女方家大门紧闭，并在路口设下三道彩门，每道门都有彩带或红绳之类的物品阻拦接亲队伍，并派歌手把守，这是婚礼中的“歌卡”。第一重“歌卡”全由歌童把守，第二、第三重由得力的歌手把守。当接亲队伍唱着歌前来的时候，守“歌卡”的女方歌手就不断唱起《盘歌》进行盘问，接亲的男方歌手必须一一以歌作答，直到对方满意，才能通过“歌卡”。三道“歌卡”全通过后，女方家才敞开大门。新娘由最亲的兄弟背出门外，由接亲和送亲的队伍陪同步行到男方家，不坐花轿，不论路程远近都是一样的。一路上，歌声不断，以增加婚礼热闹的气氛。

新娘将到男方家时，男方家派人到离家不远的地方迎接，并铺好席子让新娘走进家门。喜堂上，新郎在左，新娘在右，一同跪拜祖公和父母，四拜祖公，三拜父母，即称“拜堂”。之后是京族婚礼的最高潮，由新郎新娘合唱《结义歌》。最后，新郎新娘用托盘把槟榔敬献给父母、长辈及众宾客。礼毕，新郎新娘共入新房。新房内由一位公婆和丈夫俱在、儿女双全的妇女来铺床，边铺边说“彩话”，以图吉利，最后由新娘送给一个封包以表谢意。当天晚上，新娘由陪嫁的姐妹陪着过夜。

新娘过门后第三天，男方家准备好染红的糯米饭两坨（约 3 公斤重），由新郎新娘带回新娘家拜见父母，在娘家住一晚后返回男方家，叫“回朝”。

四、以敬海神为特征的海洋文化

京族是一个居住在海边，以海为生的海洋民族。大海是京族人的故乡，是京族人的衣食父母。京族人崇拜大海，热爱大海，赞颂大海，歌唱大海，大海的气息已渗透到京族人生产、生活、生存的每一个细节。京族的民间故事、民歌、舞蹈等文学艺术，绝大部分取材于大海或与海有关，从而独具京族的海洋文化特色。京族人尊奉海洋中的神灵，崇拜海洋神灵，这些构成了京族海洋文化的核心内容。京族人生产活动的最主要空间——大海，它喜怒无常、变幻莫测，有时风平浪静，宁静得像一块蓝色的玻璃，像一个熟睡的婴儿；有时则骇浪滔天，狂暴得像一头发怒的狮子，仿佛要毁掉海中的一切生灵！从前，常年在大海上捕鱼的京家人认为唯有祈求海中的神灵才能保佑自己逢凶化吉、岁岁平安、年年有鱼。因此，他们把镇海大王的牌位放在哈亭中供奉，而且每年在京族最隆重的节日——唱哈节里，还要到海边将镇海大王迎回哈亭祭拜。此外，在白龙半岛的白龙尾上有一座镇海大王庙，每年农历的二月和八月，京族三岛的人都要择日派各自的代表到庙里进香祈福和还福，祈求镇海大王保佑。京族人还在渔船的船头设海公和海婆的神位，每次出海前都要在神位前焚香祷告，祈求平安和丰收。每年农历十二月二十日到二十八日间，同船出海作业的渔民还要一起做“年晚福”，感谢镇海大王和海公海婆一年来对大家的庇佑，祈求镇海大王、海公海婆保佑来年生产顺利丰收，出海平平安安。在新年第一次出海捕鱼放网之前，也要到海上拜祭海神，祈求神灵的庇佑。这一切，都反映在京族的文化中，并经过艺术创作，更加神化、美化和艺术化，在京族聚居区广为流传。

五、以民间信仰为主的宗教文化

京族没有统一的宗教信仰，其宗教信仰是多元的。绝大部分京族群众的宗教信仰基本上是从佛教和道教衍生出来的民间信仰。

京族宗教信仰主要体现在一些与日常生活有关的宗教仪式上。但凡家中有人过世，要请法师设坛作法，超度亡灵，即“做功德”;家中有人病重，或久病不愈，或意外器物伤身，则被认为是触犯了鬼神的缘故，要请法师作法，代向神灵忏悔说情，请求神灵宽恕；如人畜不安、家厄频起，也要请法师前来驱邪除魔等。其中的一些法事带有浓重的巫术色彩。

京族宗教活动中的主要角色是师父和生童。师父即道教里的法师、道公，京族人惯称为“师父”。京族每个村都有几名师父，有的村连师父带徒弟有 10—20 人。师父也分品级，以其掌握经文符箓的多寡、统率阴兵的多少而定。初出师的为“一家师”，随后逐步升级为“二家师”“三家师”，以此类推，“五家师”就算是很高的品级了。师父品级的晋升由高一级的师父授予，还要举行正式的晋升仪式。京族还有“降生童”的习俗。按京族传统的说法，生童是能让神灵附体从而替神显灵代言的男子。过去京家若六畜不旺、生产失败，则请生童来作法除妖、消灾解难,称为“降生童”。师父和生童都是京族民间宗教活动中较受尊崇的人物，但他们不出家，也不斋戒，平时也生产劳作，就同普通的老百姓一样，只有村中有婚丧、生育、寿诞以及意外事情（诸如天灾人祸等）发生，才请他们去诵经作法，驱邪解厄，占卜吉凶。

从京族的宗教仪式可以看出，京族的宗教是民间信仰，来源于道教的神仙信仰、俗神崇拜。京族的法师已非纯正的道教子弟，他们没有系统的道教典籍，而且“道”的观念也很淡薄，也不太注重“道”的修炼。他们不以传统道教的道、经、师为“三宝”，而尊佛、法、僧为“三宝”，所诵经文也是道、佛相杂。由此可见，京族法师是道、佛兼收。他们信奉多神，既尊奉道、佛教的神灵，也崇奉本民族的民间诸神。他们所做的法事，既道佛并举，却又非道非佛，有的法事还带有浓厚的民间巫术色彩，事事都以杯珓占卜。可以说，京族法师在进行法事活动时，将道、佛、巫融为一体，自成一格，这也是京族宗教信仰最明显的特色。

京族民间信仰天官和土地（地官），也是受了道教的直接影响。道教有“天官赐福，地官赦罪，水官解厄”之说，天、地、水是为道教的“三官”，为道教所尊奉。而京族民间把天官和土地合供于家宅的习俗却是别具一格。一般在京家庭院内，距厅堂门口4—5米之处立有一座用砖或石头砌成的神台，神台高约1米，分上下两层：上层供奉天官，神位上书“天官赐福”；下层供奉土地，神位上书“本家土地”或“本家土神”。天官被奉为福神，土地被视为家宅的保护神。民间信仰的土地神除了“本家土地”，还有被称作“本境土地”的土地神。“本家土地”只辖一家一宅，“本境土地”所辖之地则有大有小，或辖一村，或辖村中的一小块地方，连庙宇和丛林也各有其“本境土地”。每个村落都有管辖全村的“大本境土地”，一般将其供奉在哈亭中。沥尾、巫头将本村“大本境土地”的牌位立在哈亭正坛前，而山心则是将本村的“大本境土地”供奉于哈亭正坛之上。由此可见，京族人对土地神的供奉是十分虔诚的。

佛教对京族人的影响主要体现在供奉观音、三婆上。京族地区供奉观音的寺庙有巫头的灵光禅寺和沥尾、山心等村的三婆庙。三婆庙中的主神观音被尊奉为“观音老母”。在农历二月十九日、六月十九日和九月十九日，三个被京族人称为“观音诞”的日子，京族人会到三婆庙进香跪拜，求子求福的人特别多，其中尤以妇女居多。

此外，也有一小部分京族人信仰天主教。约在1850年，法国传教士来到京族聚居区进行传教活动。在江平镇的恒望村、东兴镇的竹山村下辖三德村和东郊的罗浮村，都设有天主教堂。京族聚居区的天主教堂归北海教区指导，教区派神父、修女在此主持教务。信教群众在教堂里念经祷告，做弥撒，听布道。每逢星期天，信奉天主教的群众都要到教堂做礼拜，每逢瞻礼节（天主教节日），教众也要齐集教堂，举行庆祝活动，其中四大瞻礼节（圣诞节、复活节、圣神降临节、圣母升天节）的活动更为热闹隆重，信教的京族群众是非去不可的。

京族还有崇拜和信仰灶神、树神、网神的。

受各种信仰的影响，京族人在生产生活中形成了多种禁忌习俗。

生产上的禁忌：渔网放在海滩上，忌人从上面跨过；在胶新网（用鸭蛋白、薯莨、油甘子叶汁染网）和缀织渔网时，忌别人走近观看和讲话；在浆网或晾网时，竹竿头处要挂上一团簕刺（又称“簕古头”）以辟邪；新造而尚未入水的船只竹筏忌人坐在上面；抬网出海，第一网时忌遇见女子；准备拿去围箔用的新竹木忌女子跨过；请人装渔箔时，忌煮焦饭；忌在渔箔里大小便；坐船时，忌双脚垂在船外或舱里，忌坐在船头拜神的地方等。

生活上的禁忌：建造房舍、畜舍时都要择吉日，否则认为会遭到天灾人祸；忌居住未按照传统规矩建造的房屋，“宁置败家田，不住败家屋”；上山打柴带米出门时，忌米粒掉在地上，否则认为上山会遇凶险；忌夜晚在林间吹口哨或唱歌，否则认为会招来鬼怪摄人魂魄；天黑后忌向别人借钱；逢农历初一、十五忌别人进门借火、借盐腌鱼，否则认为家里的“水头”（指钱财）会被别人扯去；在船上，忌把饭碗反扣，忌汤匙紧贴碗边拖过，否则认为渔船会有翻船、搁浅的危险；忌把脚踏在炉灶上；忌食狗肉；孕妇和产妇忌进入哈亭，忌移动床铺，忌在孕妇房内剪东西；出海的人忌出入产妇的房间。

京族的许多禁忌源于谐音，如“焦”和“礁”同音，渔家出海最怕触礁，所以煮饭做菜皆忌烧焦；“油水”和“游水”同音，因为出海作业在发生意外时才需“游水”，所以做菜用的油不能直说“油”，这样说会被认为是不吉利的，而要改说“滑水”，因为“滑水”寓意“顺当”。

随着现代科学技术的发展，京族人的观念也发生着变化，许多带有迷信色彩的禁忌逐渐消失。

六、以长摆礼服为代表的服饰文化

京族传统服装分为便装和盛装两大类。

便装式样比较简单，装饰也比较少。男性穿的是长过膝盖、无领无扣、窄袖袒胸的上衣，裤子宽而长，尤其是裤裆，几乎是裤长的三分之二，腰间束以彩色腰带，一般束一两条，有的束五六条，以此来显示自己富有能干。由于上衣长过膝，而且衩又开得很长，不便活动，平时穿着者就把两边的衣脚撩起，在腹前随意打个结，给人一种洒脱的感觉。男性上衣的颜色一般是浅青、淡蓝或浅棕三种，裤子多为黑色。女性便装的下装与男性的无异，也是既宽又长，盖过脚面，看上去像轻柔飘动的长裙，唯上装与男性便装相反，上衣很短，衣脚仅至腰间而不及臀部，有“长不遮臀”之说，样式为紧身窄袖、无领、胸开襟，但有三颗纽扣。女性不束腰带。女性服式色彩较为丰富，而且不同年龄的女性服装颜色也有所不同。青年女性一般喜穿白、青或草绿色的上衣，配以黑色或褐色的裤子；中年女性常着青色或浅绿色上衣，配以黑裤；老年女性多穿棕色或黑色衣裤。男女服装少有花饰。京族妇女多在上身袒胸处着一块绣有精美图案的菱形遮胸布，名为“胸掩”，既实用又美观。

盛装是在节日喜庆和宴会时穿着的服饰。男子的盛装是套在便装外面的无领窄袖长袍，其颜色多为黑色，也有青色或淡棕色的，并配一顶黑色或棕色的圆顶毡帽，俗称“头箍”。女子的盛装类似旗袍，是下摆较宽的矮领窄袖长衫，其颜色大多为黑、白或用薯莨染成的红褐色。

过去京族人都不习惯穿鞋袜，只有在晚上洗澡、洗脚后或下雨天不出工时才穿鞋袜。以前，因鞋袜用棕树皮编制而成，所以又称“棕屐”。曾有京族人“爱跣足”的记载。这种“跣足”的习惯，是由京族地区的自然环境和经济条件决定的。现在，京族人在平日里只喜穿拖鞋。

京族女性的发式比较讲究。未成年少女梳长辫，辫上系红丝带；成年后，女子则是将头发从头正中平分，两鬓留着少许头发，称“落水”，结辫于后，用黑布或黑丝线缠绕，再将辫子自左至右盘于头顶，状如一块圆形砧板，故俗称“砧板髻”。京族妇女还有戴耳环的习惯，女孩长到 6—7 岁就要穿耳孔。女子到了 14 岁开始梳分头、盘“砧板髻”、戴耳环，表示已经成年。京族妇女外出时喜欢戴圆锥形的尖顶葵笠（又称“京笠”），用它来遮挡海边的炎炎烈日。

随着时代变迁，京族传统服饰不断改良，并发生一些变化。20 世纪 80 年代以后，这种变化趋势更加明显。今天的京族服饰都是经过改良的京族盛装样式：男子上装是无领或短领的窄袖对襟衣，上有五颗纽扣，下装为深色的阔脚裤，服装样式明显受到汉族传统服饰的影响，而女子服装是无领或矮领的窄袖对襟紧身高衩长袍和阔脚裤。服装的面料也有了很大的变化，不再用自织的粗麻布料，而是用市售绸缎等，而且一改过去男女服装无花饰的传统，现在用来缝制京族传统服装的面料大多绣有精美的纹饰，颜色较过去更加丰富，图样更美观。

民间文学艺术

京族虽然是我国人口较少的民族，但其文学艺术依然绚丽多彩，种类丰富。

一、民歌

京族是一个喜欢唱歌的民族。唱歌是京家人最普遍、最流行的交际和娱乐活动，生产劳动要唱歌，谈情说爱要唱歌，结婚典礼要唱歌，拜神祈福要唱歌，亲朋好友相叙也要唱歌。京族民歌的内容丰富、题材多样、风格独特，有凄婉哀怨的苦歌，有令人津津乐道的喜歌，有真挚委婉的恋歌，也有美妙动听的颂歌，还有神话歌、风俗歌、唱哈歌、做海歌，有叙事的、有抒情的，甚至还有把唐代大诗人白居易的《琵琶行》、宋代词人苏东坡的《念奴娇》译成京语，用京族喜闻乐见的民歌曲调吟唱的。

京族的民歌，有许多是倾诉生活苦难的，如：

一日三餐粥稀稀，
肚饥饥，
一日三餐粥稀稀。
人家粥稀用勺舀，

我家粥稀用捞篱（一种用小铁丝网做成的炊具）。

再如：
膝头共嘴来相依
热死冇（没）人俾（给）把扇，
冷死冇（没）人俾（给）件衣。
待到半夜北风起，
膝头共嘴来相依。
又如：

渔工苦歌

正月里来正月中，远离父母去打工。
离乡背井步步远，如同尖刀刺心中。
二月里来二月中，背起背包四处碰。
年年打工难温饱，一年更比一年穷。
三月里来三月中，鱼汛时节无时空（闲）。
未曾入睡鸡已啼，老板声声催出工。
四月里来四月中，船出浪谷抢浪峰。
鸡啼二遍就出海，鲜鱼满舱肚子空。
五月里来五月中，海上吹来大南风。
浪大船小晃荡荡，浑身骨节都摇松。
六月里来六月中，夏天太阳似火红。
手磨起泡脱了皮，腰骨压弯头壳（脑袋）痛。
七月里来七月中，初秋海蚊叫嗡嗡。
渔霸挂着丝罗帐，海蚊叮死老渔工。
八月里来八月中，站在船舱背弯弓。
拖了鱼来又捞虾，累死累活月月空。
九月里来九月中，海上逐渐吹北风。
下海捉鱼又摸虾，牙齿上下咯咯碰。
十月里来十月中，漫天刮起大北风。
冬天寒夜棉被破，蜷身难睡身酸痛。
十一月里来十一月中，海边风沙漫天空。

天寒地冻也下海，手脚冻得红通通。
十二月里来十二月中，好做难做满年工。
老板算盘噼啪响，左除右扣两手空！

这些民歌，生动形象地反映了京族人在旧社会的苦难生活——一年到头，为渔霸打工，累得死去活来，结果“老板算盘噼啪响，左除右扣两手空”。吃的是稀得不能再稀的粥，要想从粥中找到一两粒米，只好用捞篱。天热没有扇子，天冷没有棉被，半夜起北风时，只好蹲着，嘴巴放在膝盖上取暖打盹。

青年男女之间的恋歌，在京族民歌中占有相当大的比重，有独唱的，有对唱的。如：

不知哪朵引哥来

哥也远来妹远来，芙蓉茶花一齐开。
芙蓉茶花开几朵，不知哪朵引哥来？

两相思

男：思妹思得肝肠断，盼妹盼得眼睛穿。
枕上泪湿双重席，床底泪沟驶得船。
女：实系思，日夜思哥哥不知。
月大思哥三十日，月小思哥无了期。
哥是六月分龙雨，不知落在哪一滩？
难得风吹乌云散，想哥容易见哥难。

花香藕甜

男：万丈古井栽藕笋，同哥情深到底连（恋）。
海鸥飞至云端顶，不得成双我踏天。
女：哥是好花在花圃，妹是莲藕在塘边。
几时移花同藕种，花也香来藕也甜。

栽芥菜

男：芥菜命啊芥菜命，同院撒落隔院栽。

一心只想同院长，又怕落得两分开。

女：沙滩上面栽芥菜，人讲冇（不）生（长）我亦栽。

三朝去看出嫩蕊，摘叶留心等哥来。

半浮半沉挂妹心

女：日头落海半边阴，葫芦入水半边沉，

为何不沉沉到底，半浮半沉挂妹心。

男：怎得变，怎得沙洲变良田？

怎得变成三岁儿啊，朝朝抱在妹胸前。

蜘蛛牵挂网

男：实系思，日夜思妹妹不知。

思妹如同刀割肉，想着几时痛几时。

女：蜘蛛牵网又牵丝，不挂竹竿亦挂篱。

挂篱挂竹人看见，挂哥心里无人知。

男：蜘蛛牵网麻篮里，你丝（思）不如我丝（思）多。

你丝（思）一斤十四两，我丝（思）十六无止砣。

女：蜘蛛牵网拦江边，水冲冇（不）断系（是）真丝（思）。

蚂蟥扒住水雀脚，生死同哥一起飞。

实难分

高情高到马长角，恋妹恋到石山崩。

彭祖磨刀合到老，我与阿妹实难分。

风雨共舟歌

男：见妹长得惹人爱，语音未了笑声来。

眼似天星眉似月，脸似芙蓉花正开。

女：见哥长得好模样，行至风头风尾香。

哥到妹岛妹欢喜，哥离妹岛妹断肠。

男：我家住在岛西边，家无网来又冇（没）田。

兄弟多来家底薄，阿妹到底怜（恋）冇（不）怜（恋）？

女：万丈古井栽藕笋，同哥情深到底连（恋）。
　　如哥讨乞共哥去，烂碗一人捧一边。
合：听见阿妹（哥）发誓言，共碗清水比蜜甜。
　　一条苦藤两只瓜，风雨共舟到百年。

这些情歌，运用京族本地的乡村俚语和日常生产生活中的具体事物作喻，倾诉京族男女青年相慕相恋的真情实感，通俗朴实、形象生动、比喻贴切、诙谐幽默、情真意切，使人回味无穷。

中华人民共和国成立后，特别是改革开放以后，京族聚居区特别是京族三岛发生了翻天覆地的变化，京族人的生活水平和政治地位不断提高。京族人为感谢共产党、感谢政府，也唱出不少新歌、好歌，如：

换弦弹新曲

京家爱弹独弦琴，古往今来千百年。
琴弦载不尽悲和乐，琴音诉不完苦与甜。
昔日阿公拨琴弦，琴音一响泪涟涟。
琴弦低泣恨满胸，口吞黄连苦难言。
一诉地主夺我田，二诉官差抢我盐。
三诉渔霸掠我鱼，四诉海盗劫我船。
口吸旱烟满肚气，火气腾腾胸中燃。
阿公背琴捧烂碗，流浪乞食受熬煎。
如今我弹独弦琴，琴声一响动心弦。
换过琴弦弹新曲，口含蜜糖歌声甜。
一唱救星共产党，救我京家出深渊；
二唱社会主义好，引来幸福万代泉；
三唱“四化”前程美，祖国处处是春天；
四唱京岛光景好，海边榄树花争艳。
古琴登上新舞台，激情如潮歌如泉。
向着北京尽情弹，千歌万曲唱冇（不）完。

海榄根连根

护堤海榄根连根，党同群众心连心。
京家拥护共产党，风吹浪打永不分。

唱得鱼虾把头抬

京家好歌满南海，唱得岛上百花开。
船上田头唱不停咧，谁想听歌上岛来。
海歌好听人喜爱，引得鱼虾把头抬。
引得螃蟹侧耳听，引得海鸥落坡来。
引得潮水不舍退咧，满载鱼虾回港来。

满网鱼虾满网歌

阿哥驶船出大海，阿妹伴哥把网拖。
越拖越深网越沉，满网鱼虾满网歌。

政策落实人心红

船靠艄公帆靠风，政策落实人心红。
多去撒网少搁港啊，淡季变旺有（不）忧穷。

这些新时代的民歌，唱出了京族人的喜悦，也唱出了对党和政府的深厚感情。

京族民歌除了苦歌、情歌、新歌，还有叙事歌、婚礼歌、盘歌、唱哈歌等。京族传统的叙事歌主要有《刘平杨礼金兰结义》《石生的故事》《盖王的故事》《青提婆传》《水晶公主》《柳杏公主》《宋珍歌》《京族史歌》等。叙事长歌《刘平杨礼金兰结义》洋洋洒洒 143 行，叙述的是杨礼如何帮助朋友刘平考学的故事，是京族民间叙事歌中最具有代表性的作品。

二、民间故事

京族的民间故事丰富多彩，有京族三岛来历的传说、反帝斗争故事、机智人物故事、动物故事、植物故事、爱情故事、世态人情故事等。这些民间故事大都被赋予了人文色彩，赞颂了京族人美丽的家乡、纯洁的爱情和勇敢善良的性格，揭示了善恶美丑和世态炎凉，反映了京族人对真善美的向往以及对邪恶势力的憎恶，故事情节曲折，引人入胜。

（一）《京岛传说》之一

相传有三艘渔船在北部湾打鱼时被狂风暴雨打翻，群鲨冲向落水渔民。危急时刻，电闪雷鸣，一个神仙从天而降，用宝剑向海面挥去，赶走了鲨鱼，又用宝剑在海面上画了三个小圈，遂冒出三堆白沙，由小变大，变成三个小岛。落水渔民奋力游向小岛，终于登岛脱险，岛上涌出清泉，群鸟送来五谷种子。他们在岛上打鱼种田，一代代生息繁衍。这三个小岛就是如今的京族三岛。

这一传说揭示了京族人在波涛汹涌的茫茫大海上捕鱼遇到危险时，希望通过神的力量获得帮助，以求平安的强烈愿望。

（二）《京岛传说》之二

相传白龙岭有个石洞，洞里有个蜈蚣精，由洞旁经过的船只都要送一个人给它吃，倘若不送，它就兴风作浪，把船掀翻。一天，东兴码头来了个老乞丐，搭船去北海，上船时带了个大南瓜。开船后，他请船工把南瓜放进锅里煮。船到白龙尾海面时，蜈蚣精又要吃人了。船主说："乞丐公，你为大伙做牺牲行吗？"乞丐说："先把南瓜拿给我。"船工递过煮得滚烫的大南瓜，乞丐举起大南瓜就投入蜈蚣精的血盆大口里。蜈蚣精吞下大南瓜，烫得直打滚，最后尸断三截，化成三个小岛，头变成了巫头岛，身变成了山心岛，尾变成了沥尾岛。原来这乞丐是神仙变的，从此人们尊他为镇海大王，在白龙尾立庙供奉。京族三岛的哈亭都专设供奉镇海大王的神位，每年哈节都要迎镇海大王到哈亭享祭。镇海大王被京族人视为保佑三岛安宁、海上平安、打鱼丰收的海神。

这个传说将自然灾害妖化，而将人仙化，仙以智慧和力量战胜了妖，表达了人类战胜自然的强烈愿望，反映了京族人征服惊涛骇浪的信心和除暴安良的美好愿望。与第一个传说相比，第二个传说更有艺术性。《京岛传说》中关于镇海大王的传说，是在京族三岛流传最广的口头文学。

（三）《京岛传说——海珠成岛》

相传很久以前，在一个小海湾的东头住着京族渔民，西头住着汉族渔民，中间住着渔霸"花头鲨"。

海湾东头有户人家，只有父亲阮大爹和女儿阿妹两人，靠租"花头鲨"的渔具打鱼度日。阿妹 17 岁，美丽如海牡丹，从小跟父亲练就了一身的打鱼本领。阿妹的心上人武哥勤劳勇敢，可惜他的父母早被"花头鲨"害死了。

一天，阿妹独自出海捞海参，见一条大鲨鱼追赶一只五彩大龙虾，就用渔叉刺死了鲨鱼救了大龙虾。那只大龙虾跳到阿妹的小船上，转眼间变成一个小姑娘。小姑娘说她是海神的女儿。为了报答阿妹，小姑娘就送给阿妹一颗镇海珠，说镇海珠能治人间百病，能使人起死回生，但一落地就会变成泥沙。两人结拜为姐妹，约定今后只要阿妹向南划船 99 里，喊三声“珊珠”，两人即可相见。

阿妹与出海来接她的武哥刚刚回到家中，发现父亲因为欠租被“花头鲨”的大管家墨鱼九毒打了一顿，已经奄奄一息。阿妹立刻把镇海珠贴在父亲的胸口，父亲得救了。

不久，阿妹家一带发生了一场瘟疫，阿妹和武哥带着镇海珠到处救治穷苦乡亲。“花头鲨”一家也得了瘟疫，他听说长工二叔公病死又转活，就抓他来拷问，知道了镇海珠的秘密。于是“花头鲨”就派家丁装病倒在路边，武哥见了便拿出镇海珠给“病人”治病，家丁趁机便抢走宝珠，抓了武哥。“花头鲨”拿到镇海珠，要武哥说出使用方法，武哥飞起一脚踢落镇海珠，宝珠顿时化成一堆泥沙。凶残的“花头鲨”抓来全村老少做人质，限阿妹三天之内交来宝珠，否则处死众人。

阿妹只好去求珊珠想再要一颗镇海珠，珊珠带阿妹去求海神，愤怒的海神不但拒绝，还将珊珠关进黑屋子，将阿妹变为一只海鸥。阿妹飞到黑屋子找到珊珠，得知宝珠藏在深深的镇海洞里，于是她趁守洞的虾兵蟹将不留意，进去衔走了一颗镇海珠。当她快飞近海岸时，被海神发现，一箭射落她口中的宝珠；阿妹又进洞衔出一颗，快近岸时，被海神射伤了翅膀，宝珠掉落到海里；阿妹再一次设法进洞取得一颗镇海珠，快飞到岸边时，被海神的箭射穿了胸膛，她和宝珠一起坠入海中……

三天过去了，“花头鲨”凶狠地下令要砍去全村人的头颅。这时管家墨鱼九献计说，最好将众人从悬崖上推到海里让海浪冲走，免得阿妹取回珠宝将这些人救活。于是，乡亲们被推进大海，奇怪的是，海面上突然轰隆隆升起三座小岛，乡亲们爬上小岛得以活了下来。不一会儿，站在悬崖边的“花头鲨”一伙人的脚下地面突然坍塌了，他们被卷入海中淹死了。

原来，三座小岛是那三颗镇海珠变成的，第一颗变成巫头岛，第二颗变成山心岛，第三颗变成沥尾岛。

前两个关于京族三岛的传说反映的是人与自然的斗争，而第三个传说反映人类社会的斗争。瘟疫和剥削者，分别代表天灾和人祸，两者曾经都威胁着劳动人民的生命，而人祸比天灾更厉害，这就是故事所揭示的深刻社会意义。在阶级压迫的年代，京族人要战胜这两种死亡的威胁是非常困难的，但又无时无刻不在渴望战胜或摆脱它们。于是，在京族民间文学中惩治邪恶、救助良民的美好愿望就得到了充分的表达。

（四）《鲎的故事》

《鲎的故事》是一个流传在京族民间的凄美爱情故事。相传有一个善良的渔家小伙子爱上了财主家的漂亮女儿，两人情深意笃，打算私奔。财主发现后将小伙子毒打一顿，将两人都赶到海里。故事是这样描写这对恋人在海上的最后挣扎的：

后生（小伙）醒来，发现自己躺在海滩上。突然，海上传来女子的哭声，后生闻声望去,海上漂着一张竹排,竹排上的女子正是自己的爱人。他忘了疼痛，马上起身跳进海里向竹排游去。他拼命地游，几次接近竹排，又几次被浪头推开，和风浪几经搏斗，后生耗尽了力气，最后只能绝望地看着爱人，向下沉去。女子看见后生要被海浪吞没，立即跳下海去，把后生抱在怀里……

这时海浪把竹排冲走了，他俩永远沉入了海底。

从此以后，海里就有了总是双双抱在一起的鲎。

《鲎的故事》充分反映了京族人民对忠贞爱情、炽烈情感的赞颂。

（五）《并蒂莲的传说》

每逢盛夏，沥尾村哈亭周围的荷塘里,“接天莲叶无穷碧”，粉嫩的荷花竞相绽放，似一幅硕大的绿底碎花碧绸，让人心旷神怡。尤其是那并蒂莲，一茎所生的两朵荷花，双蒂背靠着相互偎依在花茎上绽放着，鲜艳欲滴，娇俏惊人，美得让人陶醉。关于并蒂莲，有一个美丽动人的传说一直在京岛地区传诵。

相传在遥远的古代，京岛尾有个苏公子，长得眉清目秀，气宇非凡，而且非常孝顺。他的父亲早早病逝，而母亲又不幸得了重病，不能行走，瘫痪在床，他背着母亲到处寻医问药，煮饭煲药，日夜在床边服侍。每餐饭先喂母亲吃完他自己才吃。照顾母亲睡下，他自己才敢睡。他的孝心深深地感动了天上王母娘娘身边的一个采莲仙女。

采莲仙女偷偷来到人间，来到京岛沥尾，看到这里大海宽阔，天空蔚蓝，山清水秀，遍地生长着奇花异草，还有人间稀奇少见的“红姑娘”（红薯），遗憾的是，少了出淤泥而不染的荷花。荷花的全身都是宝，莲藕可供食用，莲子是滋补佳品，花叶能供人们观赏，同时藕节、莲子、荷叶等是治病的好药材。她决定把荷花种子偷偷带到人间，带到京岛沥尾。

后来，采莲仙女把荷花的种子播种在京岛沥尾村附近的池塘里。夏日的荷塘里，绿色的荷叶随风摆动，娇美粉嫩的荷花摇曳多姿。荷塘深处鱼虾追逐嬉戏，轻风拂水面，泛起层层涟漪。路过此地的苏公子被深深吸引住了。他愣愣地看着，心想池塘里究竟是什么花长得如此美丽？

突见层层叠翠的荷叶中，有一位漂亮姑娘在拨动独弦琴，荡舟缓缓行来，姑娘非常美，比荷塘里正在盛开的荷花还美，她就是采莲仙女。苏公子被采莲仙女深深吸引。他上前跟采莲仙女攀谈，知道她从万里之外而来，因为爱上沥尾的美好而留了下来，并在此与村人共同播种荷花，造福后代。后来他俩互生爱慕，结为连理。小两口互敬互爱，孝顺母亲，努力劳作，过着幸福甜美的生活。可好景不长，采莲仙女私自下凡、日久不归的事情传到王母娘娘耳朵里，王母要采莲仙女回天宫，可采莲仙女难以割舍夫妻情意，心恋凡间，拒绝回到天宫。王母娘娘大怒，派出天兵天将，要将采莲仙女捉拿回去。逃到荷塘里的采莲仙女心痛欲绝，痛哭流涕，不愿离开，她恨自己不该出身于天宫。她的眼泪滴到荷花里，荷花更显粉嫩了。她把头上的玉簪投向荷叶，张张荷叶则更显碧绿。苏公子见妻子遭受到如此威吓，立即跳入荷花池，两人紧紧相拥，久久不愿分开。一对痴情的夫妻化作荷叶簇拥中一枝莲梗上长出的两朵粉红的花儿，两朵粉红的花儿紧紧地偎依在一起，这就是并蒂莲。沥尾哈亭附近盛开的荷花中总有相依相守的并蒂莲，花开花落，年年如此。

“灼灼荷花瑞，亭亭出水中。一茎孤引绿，双影共分红。”这就是自古以来美丽、同心、忠诚并蒂莲的写照。并蒂莲有瑞莲之称，是荷花中的极品，它象征着永结同心的恩爱夫妻天长地久的纯洁爱情。每逢夏天，京岛哈亭周围荷花竞相开放时，人们便纷纷前来观赏，希望能看到并蒂莲。因为据说人要是能看见一次并蒂莲，就会一辈子平安、健康、幸福、好运！

（六）《田头公的故事》

传说田头公从小读书用功，勤奋好学，在 18 岁时娶了一个很漂亮的妻子，感情甚笃。后来田头公考中了状元，在朝廷做官。由于与妻子感情深厚，田头公每天晚上都骑着飞马回家，拂晓时才赶回朝廷。不久他的妻子怀孕了，其母不知儿子每晚回来，怀疑媳妇有不贞行为，对媳妇冷言冷语，因此田头公的妻子不愿田头公在朝廷做官了。

有一天，田头公的妻子为了使田头公不能去上朝，在天亮前偷偷地将他的官靴藏了起来，拂晓前田头公起来找不着靴子，非常焦急，如果在天亮前赶不回去上朝，皇帝发现就会被杀头。田头公急得没法，就先把太阳关了起来，用黑泥抹在腿上脚上充作靴子赶回朝廷。皇帝觉得这天非常奇怪，黑夜为什么那么长，太阳总不出来，认为朝廷中必有叛国的人，立即查看有无官员夜间离去的，后查出田头公没有官靴就立即把他杀了。

田头公虽被砍了头，但没有死，他捡起自己的头离开朝廷走回了家。

田头公走至半路，遇见一个牧童放牛，问道："看牛哥哥，你每天放牛，牛吃了的草还能长出来吗？"牧童说："还能长出来的。"田头公继续往前走，看见地里一个姑娘在割葱，就问她："姐姐割了的葱还会再长出来吗？"割葱的姑娘说："还会再长的。"田头公捧着头回到家，入屋见到母亲就问："母亲，有人杀了我的头，还能再生出来吗？"他母亲惊慌失措地说："人杀了头就死了，怎么还会再生出来呢！"田头公就此死了。

田头公托梦告诉妻子，每天杀一只鸡浸在大油缸里，共浸 100 只。后来，这些鸡都化成了虫，一天被田头公的母亲看见，她就烧了一锅开水把小虫烫死了。田头公又托梦给妻子让她把烫死的虫倒在门口。不几天，那里长出两根非常美丽、笔直的竹子。

不久，皇帝乘轿出巡，走到田头公的家门口时，轿杠断了。他们发现田头公家门前那两株又美又直的竹子，就砍来做轿杠。当抬着皇帝的轿子过桥时，轿杠突然折断，皇帝跌落河中淹死了。田头公从这天起就做了神仙，保佑一方百姓。人们在每年农历八月十五日这天纪念他。

（七）《宋珍和陈菊花》

相传宋湘夫妇（京族）年近半百才得一子，取名宋珍。宋珍全家靠种田为生，但不幸的是连年灾害，租税重重，年老的宋湘受尽了生活折磨，病死了，剩下宋珍母子每日捡柴度日，生活更为贫苦。

有一年，冬天非常寒冷，宋珍无法上山砍柴，家中又无粮，他只好出门求乞，不知不觉走到一间庙前，便进庙内避寒，坐了不久就睡着了。富豪陈富友之女陈菊花这天正与婢女翠环乘轿到庙烧香，见一青年伏地而睡，便叫翠环上前询问。宋珍被翠环唤醒，见两位少女站在跟前，十分惊奇。菊花问宋珍因何在此睡觉，宋珍答道："因家贫穷，天寒无法上山砍柴，只得出门求乞，但寒风迫人，无奈进庙避风。"菊花见腊月严寒，而宋珍只穿单衣，十分同情，便赠银相助。宋珍不好意思接受，翠环在旁忙劝说："小姐既然赠予你，还不赶快多谢小姐。"宋珍即叩谢，并表示日后定然报答。菊花见宋珍一表人才，心生好感，翠环看出小姐心事，就问宋珍家居何处，曾否娶妻。宋珍回答："家居离城十里，自幼丧父，现与母亲相依为命，尚未娶妻。”宋珍问菊花何处人士，菊花说她的父亲是陈富友，但对父亲平时欺压百姓的行为表示厌恶。宋珍见这位出身富家的小姐能有如此见地，非常钦佩。两人谈得非常投机，由互相倾谈家境、遭遇，一直谈到个人抱负。宋珍诉说自己由于生活所迫，无法安心向学，常为不能更好地为国家效力而惭愧，菊花更感宋珍年轻有为，两人便在庙中互许终身。菊花劝宋珍回家攻读，以求功名。

宋珍回家将一切经过告诉母亲，母子二人非常感激菊花。从此，宋珍日夜攻读，准备应考。虽然他非常思念菊花，但因家贫怕陈富友拒绝而不敢前往探望。

菊花自从烧香回家，日夜想念宋珍，只因家规严厉，不敢前往探望。一天，菊花正想得出神，翠环来报，说菊花已被父亲许给了张知县的儿子张守仁，翠环试探着说：“宋相公家境贫困，如今定下这门有钱的亲事，不如退了宋家吧。”菊花说：“钱势不能换取真挚爱情。张守仁平日行为放荡，我决不嫁。”正在此时，菊花的母亲陈夫人到，并将订婚之事告知菊花，菊花只得说：“我不愿出嫁，留家守候父母。”菊花母亲不明真相，还说女大当嫁，不能一辈子在母亲身旁。菊花就告知母亲，张守仁不务正业，行为放荡，嫁给这样的人会毁了她一生。菊花母亲听后也没法，母女只好相对落泪。其父闻声赶来，听闻菊花不愿嫁到张家，大怒说：“女儿婚嫁由父母做主，哪有儿女自由选择之理，且张家有钱有势，正好门当户对。”菊花迫不得已将到庙烧香遇见书生并赠银相助许下终身的事说了，请父母答应她。陈富友听后大骂菊花，说女儿有钱人不嫁却爱上乞丐，将来要受苦一生，并表示不管女儿愿与不愿，必须出嫁。此时，张家派人送来礼金，并选定日子成亲。

成亲之日渐近，菊花忧郁成病，终日不思茶饭，急坏了陈夫人，无奈怎样劝说都不见效，只好吩咐翠环小心伺候。

翠环见菊花对宋珍感情真挚，就设法成全他们。一天，翠环对菊花说：“眼看婚期迫近，老爷不肯退婚，小姐你整天愁眉苦脸也不是办法，不如逃到宋相公家暂避，待过了婚期再做打算。”菊花虽觉女子私逃不太好，但也觉得这是唯一的办法。于是，两人偷偷收拾些细软财物，趁深夜家人熟睡后，从后花园逃走了。到宋珍家时，宋珍正在读书。他忽然听到有人敲门，开门一看，原来是菊花主仆二人，喜出望外。翠环将陈富友逼迫小姐成婚之事相告，宋珍母子安慰菊花，留她住下。从此菊花住在宋家，每日帮助婆婆料理家务，而宋珍每日努力读书，一家人生活得非常愉快。

过了一年，正逢考期，宋珍一家变卖了家中所有值钱的物品给宋珍做路费上京考试，菊花相送至城外，并同到庙中发誓双方永不变心。菊花请宋珍安心上京，家中一切由她照料，宋珍非常感激，请菊花保重。

菊花送走宋珍，在回家途中被陈家仆人看见，尾随她至宋家，随后将此事回报陈富友。陈富友派人到宋家抢回菊花，并把宋珍母亲抓来做苦役。不管菊花怎样请求，陈富友定要菊花与张守仁成亲。菊花最后想出一个办法，说自己身患重病，要求把婚礼延期，陈富友以为菊花回心转意就答应了。

宋珍上京应考果然考中了状元，皇帝见他年轻英俊，拟招为驸马，派宰相为媒，但宋珍思妻情切，不肯答应，宁愿不做官也不弃妻。宰相献计宋珍，送钱给菊花解除婚约，但遭宋珍拒绝。皇帝听后大怒，命宋珍上朝，问他为何拒婚。宋珍将自己的身世及菊花如何相助，两人感情如何真挚诉说一遍，表示如果非要招他为驸马，他就弃官回乡，并说如果有了功名就贪新忘旧，那是忘恩负义之人。皇帝见宋珍如此坚贞如此信守誓言，大为感动，就打消了招他为驸马的念头，并认他为义子，给他假期回乡接母亲和妻子上京。

虽经多次拖延，张家最后还是定了日期迎亲。这天宋珍刚好乘船回到家乡，他乔装打扮准备探听菊花在家的行为。行至城门听闻乞丐相传，陈家明天嫁女，宋珍以为菊花变心，非常愤怒，但细想菊花也许被逼迫，就化装为乞丐到陈家探听消息。他趁陈家客人众多，忙乱之际混入陈家花园，忽闻柴房传来哭声，走近一看，原来是自己的母亲，便上前询问。他母亲不知是儿子回来，就将儿子上京未回、媳妇被迫明天出嫁之事诉说一遍。宋珍告诉她，说她儿子已中状元，不日可归，请她放心。然后，他继续往前寻找，看见一位小姐在园内烧香祷告，上前一看，原来是妻子菊花，就躲在后面偷听。只听菊花诉说对他的思念，希望他早日高中回来，并祝婆婆健康，自己准备一死等。宋珍上前骗菊花说："我是宋珍的朋友，宋珍中了状元后做了驸马，不要以前的妻子与朋友了，我也是求乞才归来的。张家有钱有势，不如顺从父命，嫁到张家好享福。"菊花赶忙说："宋珍绝不是那种人，他不会弃我，也不会丢下婆婆的！"宋珍见菊花那么信任自己，十分感动，立即离开回船，换上状元衣服，命令卫士将陈家包围。

陈富友闻知宋珍考中状元回家，万分惊慌，菊花闻之则惊喜万分。宋珍将陈富友及张知县都定了罪。从此，宋珍母子及菊花团聚，宋珍与菊花感情更为深厚，一家人过着美满幸福的日子。

除了以上故事，《梁山伯与祝英台》《董永的故事》《二度梅》等故事也在京族地区广泛流传。

三、民间音乐

京族民歌曲调有 30 余种。其曲调具有繁复的装饰音、悠长的花腔、低细的音调、缓慢的旋律，使曲调（尤其是传统曲调）的主体情调轻缓舒慢、委婉悠柔，这也是京族民歌曲调的一大特色。

京族民歌的唱腔很多，其旋律婉转，线条鲜明，音色清纯，例如《进言歌》：“冬去春来天放暖，万物竞茂开笑颜，渔哥繁忙补渔网，梦里急着到海旁。坐上摩托去海边，装上炊具和渔网，撒下渔网捕大鱼，渔哥心中乐荡漾。大鱼大虾海螃蟹，要啥有啥乐滋味，满载鱼虾转回家，不忘孝敬老人家。”此曲词调的音乐部分，由完整的拍节歌与散板构成，创作技法新颖，字密音繁，丰满华丽，由女声演唱，演唱时均以文雅、质朴、细腻、生动为基础。

京族民歌的演唱手法：一贯运用柔和、圆润、细腻、动听的音色来表达京族民歌的特色，民歌以抒情、清脆、优雅的旋律为特点的风格，为听众所欣赏。

京族民歌的大部分作品细腻、清秀、淡雅，所以演唱时，演员多用立音嗓子来演唱，这也最能表现京族民歌的特色。立音嗓子的特点是演唱如青春少女般的，天真无瑕、纯洁善良的，充满着无限遐想的，假声运用多于真声。采用立音嗓子演唱时，音量虽然不大，但声音的穿透力很强，其甜美、纤细、清脆、打动人心的音韵和甜美的嗓音充满了阴柔之美。唱到亲切、抒情的部分时，常用花腔来完成作品内容的深层次意境。每年夏秋时节是京族的唱哈节，要几天几夜连续演唱京族民歌，观众轮流来听，演员轮流来唱。通过唱哈节，京族民歌显示了全部乐美。其间，立音嗓子的演唱时间最长、最受听众喜爱。

京族民间广为流传的一首情歌《过桥风吹》，充分展示了京族民歌的演唱特色。歌曲内容是：一对青年男女约会，分别时互送衣服作为定情的礼物，但又担心回家后被父母发现所穿出去的衣服不在身上，所以他们想了个办法，打算哄骗父母说衣服在过桥的时候被大风刮下了河。办法想出来了，他们喜笑颜开，高兴地蹦着、跳着、唱着回家了。这首歌曲本来是表现这对恋人解除忧虑后的欢快心情，但歌的曲调侧重强调了调式的骨干音（“属音”“下属音”），并且常常出现上滑音和下滑音，形成较复杂的装饰音和悠长的花腔，令曲调尽管有欢快之感，但仍然摆脱不了缓慢、缠绵这一特点。

京族民歌在表现欢快时，因装饰音和花腔繁多使曲调旋律缓慢、音调低细，在表现苦闷、忧愁的情绪时，曲调中的这种情调更突出、鲜明，幽怨感十足。如《想妹想入迷》的曲调，整个曲调自由平稳，旋律缓慢，用如诉如叹的多种装饰音和颤音加以润饰，使人听来柔肠百结、缠绵忧伤，听者犹如进入一种更深夜静，孑然倚窗，听远处鸟鸣猿啼，充满寂寞忧愁的氛围。曲调将主人公在夜晚思念恋人而不能见面的情怀表现得淋漓尽致。如再配上京族独弦琴的琴音，那幽婉的歌声、琴声更是催人泪下。

京族的乐器中最有民族特色的是独弦琴，除独弦琴外，汉族的二胡、笛子，以及鼓、锣、竹梆子、小竹板等乐器也会使用到，这些乐器都是从汉族地区传入的，构造没有变化。

独弦琴结构简单，它用半片大竹筒或三片木片做成方形的长匣，是为琴身。琴身长约两尺半，一端插上一小圆木与琴身成直角，另一端安上一个把手并系上一条弦线连接到小圆木上，即成独弦琴。奏时用一小竹片拨线，能弹出四个音，声音婉转动听。独弦琴音量较小，曲调清雅，在夜深人静的时候拨弄琴弦，悠扬的琴声会传得很远。独弦琴过去只用来独奏乐曲及伴奏歌曲演唱，不伴奏舞蹈。弹奏时不看乐谱，全凭记忆。伴奏歌曲演唱时，全凭伴奏者听音，人们唱出什么音，便弹出什么音，其技巧的高超在于弹奏的曲子多带装饰音及长颤音。

独弦琴的乐曲据说过去有许多，现存的乐曲有《高山流水》《骑马》《这样好，那样好》等，其中以《高山流水》较长，其他都是一些较短的曲子。

旧时，独弦琴只有在群众休闲娱乐时才弹奏，从未上过舞台演奏，到了新社会，得到党和政府的重视，独弦琴才被搬上舞台。

四、民间舞蹈

京族的舞蹈与音乐一样，蕴含着京族的历史和心理因素，京族人能舒服地接受柔和、委婉的音乐，因此，相对于舞蹈，强烈、猛劲的舞姿是不太会被接受的。

京族的传统舞蹈“跳天灯”和“花棍舞”，都是在唱哈节中才跳。

“跳天灯”由4个、6个或8个女演员表演，演员穿白色长衫，黑色长裤，头顶一个盘子，盘子上有燃着的三支蜡烛，两手各拿一个杯子，杯中各有一支燃着的蜡烛。舞蹈动作简单，随着鼓点节奏的快慢，演员一面转动手腕一面纵横交错地穿插构成各种图形，烛光与白衣相映，十分优美。

“花棍舞”由1—2个女演员表演，演员穿白色长衫，表演时两手各拿一条长约1尺的木棍，木棍上缠着彩色花纸，先唱后舞，其间又边唱边舞。舞蹈以手腕绕花棍为主，动作变化较多，伴奏的鼓点越快，演员也舞得越快，给人一种柔和中带欢快的感受。

从舞蹈场景来说，京族舞蹈可分为哈节舞蹈和道场舞蹈两类。道场舞蹈是办丧事做斋时由道公表演的，这类舞蹈基本上是从汉族道场中移植过来的。哈节舞蹈是哈节期间表演的舞蹈，也是京族最有代表性的传统舞蹈，如“进香舞”“敬酒舞”“灯舞”（跳天灯）等，这类舞蹈都由女性表演，动作细腻别致、柔和圆润，感情内向含蓄，舞姿端庄大方，充分体现了京族妇女多情与温顺的性格，具有浓郁的民族风格，与北方那种豪迈奔放的舞蹈风格形成鲜明的对比。

哈节舞蹈有它的动作规律，这就是流动中的“圆”“柔”“收”，动作线条都呈弧形。舞蹈的主要动作“轮指”“转腕”“击掌”“摇臂”以及基本步法“三角步”“躬身碎步”，大都体现了这种“圆”“柔”“收”的要求——动作的连接柔和连绵，结束时都有向里收回的感觉，构成了柔和含蓄的舞蹈风格。

哈节舞蹈这种风格的形成有它的历史原因，它与京族人民的生活环境、民族性格和特定的祭祀内容有着密切关系。过去，京族人民居住在偏僻的海岛上，他们以捕鱼为生，长年往来大海之上，遭遇风浪突变时，往往有去无还，自古以来不知有多少人葬身汪洋大海。所以，每当男人出海打鱼，在家的父母妻儿无不牵肠挂肚，为出海亲人的生命而深深担忧。于是一遇险情，家人就焚香点烛，祈求神灵保佑，并扶老携幼拥向海滩，盼望着出海亲人归来。当出海的人驾着船或竹排安全到家时，家人才如释重负，迎上去，用绵绵细语和温存的问候来安慰他们疲劳的身心。这样特定的生活环境和生产方式，就形成了京族妇女多情、温柔的性格和舞蹈风格。

哈节舞蹈是在肃穆的祭祀气氛中面对神台表演的，面对强大的神灵，舞者的动作谨慎而轻柔，感情虔诚而含蓄。比如“花棍舞”，在京族传统哈节的第三天表演，是在人们对各路神灵和先祖进行祭祀和娱乐之后，为护送神灵，尤其是为镇海大王上路归天专门表演的“驱邪开路”的女子独舞。“花棍舞”表演一般在村口路边进行，京族人只要听到大木鼓沉重的敲打声，就立刻从四面八方向村口拥去，大家团团围在参天大树之下，观看窈窕少女手持具有“驱邪消魔”法力的花棍闻鼓起舞。少女频频舞动花棍，表示向四面八方驱赶邪恶，为各路神灵和祖宗开道、送行，这根花棍因此也具有引人注目的魅力。在舞蹈结束时，少女将花棍抛向空中，会引得众人去抢，因为花棍被认为是免灾消祸、祈求好运的宝物。

京族舞蹈的表演动作来源于生产劳动。京族人民在织网、补网的劳动中，都要运用手腕之力穿梭打结；在拉网时要小指到食指依次抓紧网纲，双手交替回拉，并后退。京族舞蹈中“轮指”和“轮指手花”等手部动作和“躬身碎步”的步法便由此逐渐形成。

哈节舞蹈常常要用音乐伴舞。哈节舞蹈伴舞音乐可分为打击乐和民歌伴唱两类。

打击乐是京族舞蹈的主要伴舞音乐，京族老鼓手常说：“鼓舞鼓舞，以鼓带舞；怎样打鼓，就怎样跳舞；鼓响舞起，鼓息收舞。”可见，打击乐在京族舞蹈中占有重要地位。打击乐器有大鼓、大锣、小鼓、小锣、钹、木鱼、竹板等。大鼓在伴奏中起着担纲作用。如“花棍舞”，仅用一面大鼓击奏，由于鼓点一疏一密，节奏对比鲜明，加上鼓声深厚，造成了庄严、肃穆的气氛，有效地烘托了舞蹈的情绪。再如伴奏祭神的“敬酒舞”时，乐队运用了大鼓、小鼓、锣、钹的合奏，击乐进行中，鼓点的强弱和疏密有致，平稳中略带跳跃，虔诚中包含热情，变化起伏与舞蹈动作配合十分贴切，使舞蹈较好地表现出祭祀人群向神灵反复劝酒的意境。这种鼓点音乐的民族特色，增强了哈节舞蹈的表现力。

民歌伴唱，是借用现成的京族民歌作为哈节舞蹈的伴唱音乐。这类民歌的结构一般比较简单，多是一问一答的两句式，也有起承转合的四句式。在演唱内容上，有时虽与舞蹈没有直接关系，但对舞蹈情绪起着调节作用。由于京语语音的关系，在演唱行腔时，鼻音、儿化音较多，连续的半饰音和上行下行颤音形成了京族民歌演唱的特有风格。有的伴唱歌曲结尾处加上“叮当叮”这个富有特色的衬词，别具风采。这类伴唱音乐的韵味与舞蹈风味融为一体，使京族舞蹈风格更为突出。

五、民间戏剧

京族民间戏剧简称“嘲戏”。京族地区嘲戏的传统剧目有《阮文龙英勇杀敌》《等新娘》，还有早已传入的汉族古典戏剧《二度梅》。

《阮文龙英勇杀敌》主要描写在京族地区，阮文龙组织群众反抗法国殖民者的故事。出征前他与妻子告别，妻子鼓励他安心前往。

《等新娘》主要描写京族地区青年男女结婚的盛况。京族原来有男方到女方处等新娘的习惯，到时男女双方青年齐集，摆花对答。这个剧目主要描写这个过程。

京族戏剧剧目《二度梅》的内容与汉族的戏剧剧目《二度梅》的内容大同小异。汉族的剧目《二度梅》主要描写唐朝梅良玉与陈杏元的爱情故事，而京族的《二度梅》则描写越南在法国统治时期，陈杏元与梅良玉相恋，而法国入侵者要越南人民每年献一名美女，强迫陈杏元嫁番王的故事。

中华人民共和国成立后京族的文艺创作

中华人民共和国成立后，祖国日新月异的变化，京族人越过越红火的日子以及党和政府对京族人的亲切关怀和殷切期望，激发了京族人从事文艺创作的热情，从而涌现了一批较有成就的文艺创作者及成功作品。

一、剧作家李英敏和电影《南岛风云》

李英敏，京族当代最著名的电影剧作家，一生创作了大量作品（包括电影剧本和其他作品）。1952 年 8 月，李英敏调入文化部电影局从事电影剧本创作，开始了他文艺创作的职业生涯。虽然电影对他来说是陌生的，但本职工作的需要，加上日理万机的周恩来总理对他写作工作的勉励，他觉得一定要奋力攻破电影剧本创作这一“堡垒”。他观摩了一些影片之后，结合自己 10 多年游击生活的积累和依靠自身的文艺创作素养，各种主观和客观条件综合发挥作用让他一举成功，他先后创作了电影剧本《椰林曲》（与陈残云合著）、《南岛风云》等。尤其是《南岛风云》剧本的创作相当成功，同名电影于 1955 年由上海电影制片厂摄制，放映后在全国产生很大的反响，成为李英敏的成名作和代表作。

创作于 1954 年的电影剧本《南岛风云》描写了抗日战争时期中共领导的海南岛抗日游击小分队的故事。故事梗概如下：

1943 年，日本侵略者侵占海南岛，并对中国共产党领导的抗日武装部队进行疯狂的扫荡。为了粉碎敌人的扫荡和封锁，抗日人民武装部队主力要转移到外地作战。出发前，部队领导交给看护长符若华一个光荣而又艰巨的任务，要她继续留在山上，负责照顾和保护隐蔽在山上养伤的 18 名伤员，等待主力部队胜利归来。部队领导还把事务长和女炊事员小春留下，让他们配合符若华工作。事务长是一位富有经验的老战士，炊事员小春虽年轻但意志坚强，留在山上的伤员中还有指导员韩承光，他是一位坚强而富有斗争经验的同志，并担任留在山上的这支队伍的党支部书记。有了这三位战友，符若华对完成任务充满了信心。她和伤员们隐蔽在一座偏僻且林木十分繁密的高山上。

日军占领了山脚下的村庄，在村头修筑了碉堡，在进出村庄的路口处设立了岗哨，对来往人员盘查严密。日军还像疯狗一样四处打探我抗日部队及伤员的消息。符若华和留在山上的伤员同志与山下群众的联系被切断了，山上的粮食、药品越来越匮乏，他们忍受着饥饿和伤痛折磨，形势异常严峻。看到伤员们又饥又痛，符若华心里沉甸甸的，但她是个共产党员，形势越是严峻，她越要表现出乐观和坚定，要振奋精神带领伤员战胜封锁、饥饿和伤痛。

炊事员小春不忍心伤员忍痛挨饥，多次请求下山找粮食和药品。不久，党支部批准小春的请求。小春进村后找到乡亲们，带回了部分粮食和草药，还同农民阿金叔约好下次送粮食的时间和地点。不久，阿金叔往山上送粮，不幸被日军发现而被捕。事务长来取粮时，也碰上了日军事先设下的埋伏，他机警地逃脱回到山上，但没拿到粮食。

阿金叔英勇牺牲了，符若华知道消息后悲痛万分。为了不影响伤员的情绪，她决定和事务长共同分担痛苦，不让同志们知道这些坏消息。而伤员们正满怀期待地盼望事务长归来，有的伤员还高兴地对符若华说：“事务长一回来，就可以吃饱饭了。”看到这些坚强乐观的战士，符若华充满了信心和勇气，她相信有这些坚强的战士一定能战胜任何艰难困苦。她不再隐瞒事实，鼓起勇气，把阿金叔如何牺牲，事务长如何从敌人那里逃脱回来，但没有取到粮食的情况如实地告诉了伤员们。伤员们听了，虽然非常悲痛，但并没有灰心丧气，大家肃穆地唱起了《延安颂》，用庄严的歌声表达抗日斗争必胜的坚定信心。

日军的封锁越来越紧了，山上缺粮的问题也越来越严重了，事务长几次冒着生命危险下山弄粮都没有成功，他再次下山，弄到了一点粮食和草药，可在穿过敌人封锁线时，被日军发现，受了重伤，在半路上因伤重而牺牲了。

事务长的不幸牺牲让符若华感到非常的悲痛。这时，指导员给她安慰和鼓励，相信她一定能克服困难，希望她再次鼓起勇气去战胜今后的困难，完成部队领导交给的光荣任务。符若华得到了指导员的安慰和信任，从悲痛中振作起来。她擦掉了眼泪，继续投入伤员救治的工作，并鼓励伤员克服困难坚持到最后的胜利。伤员林东经不住斗争的考验动摇了，无耻地要跑下山投敌，为防止山上的情况暴露，符若华在紧要关头表现出惊人的勇敢，她果断地消灭了这个叛徒，并把伤员们转移到另一个山洞里隐藏起来，躲避日军的跟踪搜查。后来，指导员因伤势过重牺牲了，符若华接任了党支部书记一职。经过艰苦的锻炼和考验，符若华变得更加坚强和沉着了。

日军更加疯狂地向山上进攻，他们派了密探乔装打扮上山来刺探情报。符若华和同志们一起机智地抓住了敌人的密探。不久，主力部队回到山区，队伍壮大了，留在山上的伤员们也已养好了伤，胜利归队。

电影《南岛风云》通过讲述主人公符若华和伤员们不畏艰险，战胜缺粮少药和恶劣环境的威胁，终于坚持到主力部队胜利归来的故事，再现了中国共产党领导的抗日武装力量在海南岛坚持抗日斗争的史实，讴歌了中国共产党领导的人民军队坚韧不拔的革命意志和英雄主义精神。

同时，影片生动地再现了抗战时期海南岛的历史风貌，展示了南国风情和浓郁的地方特色。那千姿百态的椰林、遮天蔽日的杂树、枝蔓缠绕的野藤、怪石嶙峋的峡谷、清澈见底的小溪，构成了海南特有的自然风光。这些自然景物与人物心灵以及复杂的时代风云变幻结合起来，构成了影片特有的情调和审美境界。加上著名演员上官云珠能克服她自己与主人公“符若华”这一角色的较大距离，准确地把握主人公的性格特点，成功塑造了“符若华”这个由普通妇女成长为坚强的革命战士的人物形象，使这一人物形象生发出动人的艺术光彩，也让影片《南岛风云》获得巨大成功。

《南岛风云》放映后，得到周恩来的赞扬，他说：“影片不错，生活气息很浓，很动人。”（李英敏：《闻鸡起舞》，载《广西党史》1997 年第 5 期）该片获得了文化部 1949—1955 年优秀影片奖，影片于 1956 年公映后，还由中国电影出版社出版了剧本的单行本。此后，《南岛风云》的好评如潮。

如袁鹰的《火种是不会灭的——看影片〈南岛风云〉后随感》（《大众电影》1956 年第 5 期）、刘仲平的《看〈南岛风云〉》（《人民日报》1956 年 4 月 2 日）、敏泽的《影片〈南岛风云〉的主要成就》（《大众电影》1956 年第 6 期）、上官云珠的《我演符若华》(《大众电影》1956年第6期)等，都给《南岛风云》很高的评价，有人称其为“反映海南革命和我国抗战的一代佳作”。剧作家李英敏也多次应邀在《大众电影》和《人民日报》上发表关于创作经验的文章。1955年冬天，李英敏由剧本创作所副所长晋升为文化部社会文化管理局第一副局长，并任中央群众艺术馆馆长。

二、作曲家陈钦平和他的交响乐作品《春潮》

2008年5月8日，这一天我国奥运圣火登上了世界最高峰——珠穆朗玛峰。那一刻，中央电视台直播奥运圣火登峰的壮举吸引了众人的目光。运动员高举圣火，在雄壮激昂的背景音乐中登上了顶峰，而这段激荡人心的音乐就出自京族作曲家陈钦平的交响乐作品《春潮》。

陈钦平创作歌曲近300首，其中《南方三月天》(宋祖英演唱)、《我们总是这样》(周灵燕演唱)、《北部湾今歌》(王相洲演唱)在全国广播电视媒体上展播并获奖，他还创作有大量的影视剧音乐和器乐作品。

《春潮》是陈钦平的代表作之一。该作品分为三个部分：第一部分在宁静舒缓的引子后，呈示了悠扬刚健的主体音调，展示了南海地区美丽的风光和人们欢快生活的画面；第二部分是用轻快而富有民族特色、律动性很明显的旋律，表现人们幸福劳动的生活场景；第三部分是气势磅礴的如春潮般的雄伟旋律，抒发了人们对美好生活的坚定信念和展望。作品以京族的特色音乐素材为主，加进现代时尚音乐元素，以交响乐作品的创作技巧把音乐形式和作品内涵表现得淋漓尽致，充分展示了陈钦平深刻的创作思想以及娴熟的创作技巧。

三、苏维光和京族民间文学

苏维光，中国民间文艺家协会会员，广西作家协会会员。他的主要成就是对民族民间文学的搜集、京语民歌翻译和一些新民歌的创作。他参加了《京族民间故事选》《京族民歌选》《毛南族、京族民间故事选》《毛南、京、仡佬、回、彝、水六族故事选》《中国歌谣集成·广西卷》(京族歌谣)的编选工作，翻译了《京族民歌选》中不少京语民歌。

苏维光出身渔民家庭，熟悉京族渔民生活和京族民间文学。他钻研京语民歌格律，与裴永彬合写了《京族民歌格律》一书，与阮成珍、裴永彬、符达升、过伟一起创作了《京族婚礼与婚礼歌》的歌词，与过伟合写了《京族唱哈节》《京族独弦琴》《京族海上渔业生产与海歌》等书。

苏维光创作的诗歌多为民歌体，作为新中国翻身得解放的京族渔民诗人，在那个年代的创作多为短小诗歌，诗作多是配合时代主题而作。其中较有审美价值的诗有《京族民歌选》中的《掷木叶》《满园春·舞花棍》等短诗。如《掷木叶》：

叶片呀替我着想，我掷撒到她身上；
你莫着急落地，你紧紧扒着她衣裳。
……
叶片呀替我着想，委托你帮我做红娘；
轻轻试探她心思，听听她有什么反响。
但愿她摘叶掷过来，以表达对我的衷肠。
……
姑娘斜眼暗中想：后生人品是好样。
紧抓树叶心扑扑跳，咬嘴唇回掷他身上。
……
叶片真为我着想——好像雨点落在我身上；
叶虽轻但分量重啊，我焦闷的心顿时舒畅！
树叶真为我着想——春风送暖喜气溢洋；
如今人乐叶欢齐争艳，根深叶茂花果四季飘香。

掷木叶是京族青年男女恋爱时表达情意的特有方式。这首诗歌以木叶为道具，将男女双方的情感传递写出了民族生活的气息，尤其是将羞涩、试探的复杂心理活动刻画得细腻真切，是一首较好的情诗。

苏维光作为京族土生土长的民间艺术家，除了做好本职工作，业余时间他的心思都放在搜集京族民歌、民间故事、民间传说上，为许多宝贵的京族民间文学遗产的保护传承贡献颇多。由他搜集、整理并出版的相关京族民歌、民间故事、传说在京族聚居区广为流传。

四、潘恒济及其散文

潘恒济，广西作家协会会员，广西散文家协会会员。著有散文集《醉在春天》、诗集《野果》《试金石》。《中国当代散文史》(中国文联出版社 2001 年 9 月出版)的“第十三章　绚丽多姿、风格独特的少数民族散文”相关文字对散文集《醉在春天》做了评价,《广西散文百年》(民族出版社 2004 年 12 月出版)第二十五章第二节以“大海的真诚守望者与歌者”为标题对《醉在春天》做了专节的评述。

潘恒济在学生时代便爱好文学，常常利用午睡时间阅读小说及其他文学作品。参加工作后，即使是在“文化大革命”时期学校“停课闹革命”的时候，他也坚持阅读了一大批古今中外的文学名著，这为他的创作奠定了坚实的基础。20 世纪 60 年代初，他开始学习写作，在县级报纸上断断续续地发表了一些习作。1972 年,他开始向省级及以上报纸杂志投稿。1972 年,他发表了第一首诗作《雨夜行军》(《广西文艺》1972 年第 5 期)。从那时开始，他又陆陆续续在省级及以上报纸杂志上发表一些诗作，后与苏虎棠合作出版了诗集《野果》《试金石》。

20 世纪 80 年代起,潘恒济开始转向散文创作。1981 年第 3 期《边疆文艺》发表了他的第一篇散文《海上“花市”》,1984 年第 5 期《三月三》发表了他的散文《青青的竹林》。1985 年,《青青的竹林》被评为第二届广西少数民族文学优秀作品。从此,他一直坚持散文创作。1999 年,他的散文集《醉在春天》出版。

常说散文是“过滤的人生”，是散文家人生历程中的一段感情结晶，潘恒济的《醉在春天》正是如此。文章真实地记录了潘恒济在过去一个特定时期内情感的走向，描写了他之所以爱，之所以遮掩，文章所表现出的个性相当鲜明。面对自己生存环境中的人生世相，作为一个有良知的作家，潘恒济没有回避，表现出少有的热情与冷静。他的散文贴近生活，关怀人生，忧患感时，浸染沧桑。因此，对于他的作品，我们可以看作是他的生活、他的情感的一次过滤、升华。

潘恒济的散文创作大体包括三个内容:对海的深情咏叹和对故乡的深切怀念，对人生世态、人情哲理的冷静思考，对祖国大好河山的描摹赞美。从艺术的角度来看，他的前两类作品显得更加成熟，也更有魅力，能够看出，作者在创作前两类作品的时候是饱含着感情与耗费了心血的，特别是写海、故乡的那部分，最能够代表潘恒济真正的创作水平，是体现他的作品与众不同的风格的部分。作者念念不忘故乡的山、故乡的海、故乡的人。虽然他在文坛崭露头角的时候是以诗人的身份出现，他的诗里也饱含热情地歌颂了故乡的山、故乡的海，但事实证明，他用散文的形式所表现出来的情感和内涵更为浓烈与丰富，甚至更加细腻动人，更能表达作者的所思所感。如《青青的竹林》。

《青青的竹林》以第一人称“我”回忆了发生在家乡青青竹林里的童年趣事，表现作者对故乡的依恋、对大自然的热爱。作品用朴素淡雅的语言叙述了捉迷藏、制牧笛等孩童时代的游戏，而最生动的是对找竹笋虫、烤竹笋虫吃的描写：“当你在竹林里发现一株嫩嫩的竹笋，尖尖的嘴巴儿枯萎了。你一刀将它砍倒，把它破开，一条圆滚滚的又嫩又白的竹笋虫便掉了下来”，“竹笋虫浑身是油，放在火堆里，脂肪不断往外冒，发出‘吱吱’的响声。竹笋虫熟了，一股诱人的香味直扑入鼻。吃上一条，满嘴是油，满口是香”。不夹杂丝毫功利色彩的童心童趣通过质朴自然的语言传达出来，在潜移默化中感染着读者。

五、张永东及其作品

张永东，广西作家协会会员，广西民间文艺家协会会员。

张永东的父亲、母亲、外祖母、舅舅均为京族民间歌手。他自幼生活于京岛渔村，熟悉海岛和京族民间生活，退伍回乡的几年生产劳动，使他对劳动有切身的体验。大学的深造，培养了他较高的思想理论修养和敏锐的创作思路。1982年之后，他在工作之余陆续创作并发表了一些作品，比如描写京族风情的散文《京族的“瓜珠珠”灯》《京岛的拉堤果》、短篇小说《归家》《梦的变故》、与人合著的《京族民间文学》等。2007年，张永东出版了个人文学作品选《潮之韵》（作家出版社出版），全书选辑了他的散文诗、散文、小说、文艺评论共200多篇。他的文学作品常常带有一丝苦闷和愁绪，散发出京族青年一代文人的气质和特有的民族风格。

张永东对文艺理论有一定研究，论文《中国京族海洋文化的多彩元素及丰富内涵》获2011年广西少数民族文学创作花山奖，《建设海洋文化名城的“三大意识”“三大能力”浅谈》获北部湾海洋文化论坛三等奖。他编著的《中国京族文化史》一书于2012年已完稿。

六、莫振芳及其影视文学作品

莫振芳，京族，1949年7月生，广西东兴市江平镇尾村人，广西民间文艺家协会会员、理事，防城港市民间文艺家协会主席。他长期以来从事教育、党政工作和业余文艺创作，主要作品有与潘恒济合作的神话叙事长歌《斩龙传》、与苏虎棠合作的诗集《活化石》、十集电视连续剧剧本《金滩有缘》、散文集《东兴如此多娇》、诗集《多情的北仑河》、幽默笑话集《笑在东兴》。和潘恒济合作的电影文学剧本《潮起金滩》(上、下集),发表在《电影文学》2012 年第 17 期上。此外,他还在《广西日报》《新作品》《港城文艺》等省(区)、市级报纸杂志上发表过小说《考试》,诗歌《等海》《螃蟹的自语》《金滩礼赞》,歌词《我的大学在农村》《崛起的东兴》等。他搜集整理的京族民间故事《乌龟的传说》《日月分道》还被收入《中国少数民族文学史丛书·京族文学史》一书中。

莫振芳的文学创作源于对大海的依恋,作品中回响着大海的涛声,激越着大海的澎湃。综观他的文学作品,无一不与大海有关,字里行间处处渗透出大海的深邃与清澈,写照了渔岛的劳作与欢乐,雕刻着京家的纯朴与厚实。发表在广西《新作品》里的诗歌《等海》,是这样描述渔民的妻子在海边等待丈夫归来的:"丈夫出海去/妻子睡不着/背起孩儿点着灯/出到海边把夫等/灯儿小/油儿少/放进半把相思豆/豆儿沉/油儿浮/多少相思多少油/豆是阿妹心里长/油是阿哥汗水流/京岛渔家海为田/风里雨里浪里走/一人出海全家忧/万种牵挂在心头/爱红豆/等海归/大海无垠空悠悠/望穿秋水不见人/不见亲人不回头/灯儿暗/盏无油/只有相思无尽头……"看,多日常的生活,多逼真的描写,好一幅京岛夫妻牵挂的恩爱图,好一张海边人生活劳作的实景照。

莫振芳的创作,无不充满了对家乡的热爱与感恩。他生于京岛,长于京岛,对家乡的一山一水、一草一木都有着魂牵梦萦的情结。正如他在诗集《多情的北仑河》自序中所言:"京岛的每一棵树都生长着美丽,每朵花都绽放着神奇,每一寸土都繁衍着古老,每一滴水都流淌着故事。每当我走在家乡的路,常常感叹家乡的美;每当我捧起故乡的土,常常催生感恩的情。"知恩图报,君之美德。他有一句口头禅:"生我一个莫振芳,我还家乡文十筐。"亦如《多情的北仑河》中"海姑娘"末节里所写:"你用翡翠镶嵌地球/你用珍珠装饰理想/你用青春晒结晶莹/你用生命托出太阳/我是你的情人/你是我的偶像/我一头扑进你的胸膛/骤然触到你爱的滚烫。"正是这悠悠游子情,绵绵赤子心,激励着他在文学的大海里奋臂遨游,写下了以京岛为题材、以渔家为原型、以金滩为实名的感人至深的诗歌、散文、电视剧剧本和电影文学剧本。

莫振芳的创作,更有一种对时代的担当与责任。他常言:"家乡美了,京岛富了,我们不写谁写?"正是这种对社会、对时代的担当与责任,使只有高中文化的他笔耕不辍,创作不息。2000 年,京岛金滩的旅游业渐入佳境,为了更好地宣传金滩,让没来过的人想来,来过的人不想走,走了的人还想来,他与苏虎棠合作,用三个多月的时间，完成了十集电视连续剧《金滩有缘》的剧本创作，协助摄制组一举完成了拍摄、制作和发行。该连续剧描写了东南亚某集团公司总裁苏子裕与失散20多年的妻子阮妈、女儿海果和养女海花一家悲欢离合的故事，讴歌了京族人善良纯朴的美德和人间的亲情挚爱。故事情节跌宕起伏，引人入胜。该剧主题歌由著名作曲家徐沛东作曲，著名歌唱家宋祖英演唱，全剧因此增色不少。2012年，中共中央、国务院批准实施东兴国家重点开发开放试验区建设。为迎接这千载难逢的历史机遇，更好地推动金滩国际旅游岛建设，莫振芳与潘恒济废寝忘食，挑灯夜战，用两个多月的时间完成了电影文学剧本《潮起金滩》的创作。该剧描写大学生杨一飞毕业回乡后，他“不找市长找市场”，主动放弃即将到手的待遇不错的公务员岗位，到京山岛艰苦创业，通过发展海水养殖业和旅游业带动京山岛村民共同致富的经历，热情地讴歌了当代大学生远大的理想和高尚的情操，也无情地鞭挞了市场经济过程中一些被扭曲的灵魂。由于剧本主旋律突出，时代脉搏清晰，地方特色浓郁，矛盾冲突合理，故事引人入胜，投稿后不到一个星期，即被全国中文核心期刊《电影文学》采用发表。莫振芳亦完成了从出书到电视剧剧本创作再到电影文学剧本创作的三级跳，成为京族三岛中敢于探索电视剧、电影文学剧本创作的第一人。

七、张永志和他的书法艺术

张永志，广西东兴市江平镇巫头村人。他自识字起便以手指、树枝在家乡的海滩和沙丘上开始自己的书法之路和童年之梦，从而一生与金石书画和文学结缘。20世纪80年代初，张永志进入南宁书画夜校聆听广西书画名家的教诲并投身书海。1989—1992年就读于中国书画函授大学书法系，并以优异成绩毕业。30多年来，他苦心临读古今名家碑帖、作品，于书法各体用功甚勤，尤潜心于隶书、行草，形成了古朴奇雅、狂放洒脱、秀逸多变的书风。他的书法作品曾在省级及全国、国际大展大赛中获金奖，至今所获金奖、银奖及一、二、三等奖等奖项达近百项。他的数百幅作品于海内外各地展出并被收藏，作品、简历等被载入《当代书法家精品》《中华翰墨名家作品大观》（世纪珍藏版）和《中国硬笔书法家大辞典》《世界华人文学艺术名人大辞典》《中国当代书画名家精品大典》等数十部辞书和作品集。他所获部分奖项与荣誉有：1999年，其作品在中国文联、中国民间文艺家协会主办的全国民间工艺美术书法大展中荣获精英奖；2006年，硬笔书法作品入选中国最权威的硬笔书法展，他本人也作为会员代表出席在北京人民大会堂召开的全国硬笔书法家代表大会，同时当选中国硬笔书法协会理事；2008年，他获特邀作为京族书法家代表，参加由国家民族事务委员会主办、中国民族书画研究院等单位承办的“和谐中国，祈福奥运”全国56个民族书法家同写“福”字大型活动，作品在全国八大城市巡展，并被北京奥组委和中国民族博物馆收藏；2009年，书法作品入选由中国书法家协会、广西壮族自治区党委宣传部、广西文联主办的庆祝中华人民共和国成立60周年“八桂书风”优秀作品晋京展及相关大型作品集。先后获得中国文联、人事部艺术委员会、世界文化艺术鉴定中心等单位授予的“海峡两岸德艺双馨艺术家”“著名书法艺术家”“中国当代杰出书画家”“中华当代杰出功勋艺术家”“当代中国书画收藏市场最具收藏价值艺术家”等一系列荣誉称号。此外，张永志先后举办过六次个人书法展，广西电视台、《南宁晚报》等多家媒体对展览做了报道，并给予了较高的评价，《广西日报》以《天涯何处无芳草——记京族第一位书法家》为题对其从艺事迹做过专题报道。他现为中国书法美术家协会理事、中国书画艺术家创作中心理事、中国硬笔书法协会理事、世界教科文卫组织专家成员、广西书法家协会理事、防城港市书法家协会主席、防城港市书画院院长、防城港市港口区文联主席。2006年出版了《张永志书法作品集》，2012年出版了《京族书法家张永志作品集》。此外，还主编《防城港市书画三十家》一书，创办和主编综合文艺季刊《天堂滩》。

活跃的农村业余文艺活动

中华人民共和国成立以来，京族聚居村落的业余文艺活动一直比较活跃。

一、民歌对唱和业余文艺演出

民歌对唱和业余文艺演出是京族人最常见的文艺活动形式，特别是民歌对唱，在群众中最为流行。茶余饭后，京族人特别是中老年人便三五成群地聚在一起，拉起嗓子就唱，你来我往，互相酬答。越唱人越多，越唱越红火。阮成珍、裴永彬、郑日昌、陈英达、李娟、黄玉英、黄玉珍、黎文业等人都是京族有名的歌手。

20 世纪 50—60 年代，京族聚居区的农村业余文艺队就活跃在京族村落。“文化大革命”期间，京族聚居区的沥尾村、山心村、江龙村、竹山村等纷纷成立了农村业余文艺宣传队。这些农村业余文艺宣传队，白天干农活，晚上排练、演出。他们自编、自导、自演，走村串寨，深入京族聚居区的各个村落，用京族人喜闻乐见的短小文艺节目宣传党的方针政策，宣传好人好事。反映京族人生产生活情趣的《拉大网》《花棍舞》《京族之歌》，反映围海造田英雄壮举的《向阳基》《拦海之歌》《堵海战场英雄多》《新愚公》，反映学雷锋先进人物的《我们村里好事多》，宣传计划生育政策的《计划生育好》，歌颂党和人民军队的《长征组歌》，赞扬京族女民兵的《飒爽英姿》等，是这些业余文艺队常常演出的节目。那时，在京族村落，电影难得一看，也没有电视，农村的文化生活十分贫乏，业余文艺宣传队的文艺演出丰富了京族人的精神生活。《光明日报》曾以《欢乐的渔岛》为题，报道了沥尾业余文艺宣传队的演出。

进入21世纪以来，京族业余艺人到全国各地或到国外表演的机会更多了。苏春发、苏海珍、唐小媛等人多次在北京、上海、广州、香港、澳门、台湾等地表演，还到美国、法国、日本、挪威、越南等10多个国家进行了演出。

二、民间艺人参加业余文艺会演

20世纪50年代以来，京族民间艺人多次参加省（区）、市（地区）的业余文艺会演，参加了诸如1955年广东省合浦专区第一届民间艺术观摩表演、1956年广东省首届少数民族民间艺术表演、1959年湛江地区业余文艺会演、1966年钦州地区第一届业余文艺会演、1986年广西音乐舞蹈调演、1989年第三届广西三月三文化艺术节，以及1995年11月第五届全国少数民族传统体育运动会开幕式表演等。2010年1月，京族8个小哈妹组合参加了中央电视台第十四届青年歌手电视大奖赛，所演唱的歌曲《问月》获团体优胜奖。此外，沥尾业余文艺宣传队在广西业余文艺会演中还获得“广西军区民兵文艺先进单位”荣誉称号。

非物质文化遗产

京族非物质文化遗产被列入国家级非物质文化遗产名录的有两项：一是京族哈节，二是京族独弦琴艺术。

一、京族哈节

京族哈节是京族人最隆重、最盛大的民族节日，由京族聚居村落的民间事务委员会负责组织（旧时由“翁村”负责组织）。它通过迎神、祭神、“坐蒙”、送神等仪式，把京族的宗教文化、海洋文化、服饰文化、饮食文化以及京族的民间故事、民歌、音乐、舞蹈等有机地、艺术地结合起来，呈献给全村村民和前来参加哈节的贵宾。整个过程，既庄严肃穆又不失欢快，具有浓郁的民族特色。京族哈节是防城港市乃至广西少数民族节庆文化中的一大品牌。2006 年经国务院批准，京族哈节被列入第一批国家级非物质文化遗产名录（属民俗类，序号 455，编号 IX-7）。关于哈节的具体内容，已在前文进行了详细的介绍，这里不再赘述。

二、京族独弦琴艺术

2011 年 5 月 23 日，国务院发出《关于公布第三批国家级非物质文化遗产名录的通知》，京族独弦琴艺术作为传统音乐被列入国家级非物质文化遗产名录。

独弦琴是京族最具民族特色的乐器。独弦琴结构简单，因其只有一根弦，故又叫“一弦琴”。由于独弦琴的音律悲凉婉转，因此又叫“悲凉琴”。一琴多名，反映了京族人对独弦琴这种祖传乐器的珍爱。

关于独弦琴的来历，京族民间有一个美丽的神话传说，故事是这样的：

在远古的沙头岛上，住着一对善良的老渔人石公石婆。石公石婆先是收养了一个儿子，取名阮通，后来生了一个儿子，取名为石生。哥哥阮通好逸恶劳、心地歹毒，弟弟石生勤劳善良。

石公石婆死后，阮通每天在家，石生则每天出海打鱼，所打来的鱼全部交给阮通拿到街上去卖。阮通每次卖鱼之后，都私藏了一部分钱，天长日久，攒的钱多了，阮通就和石生分家了。分家之后，阮通很快建起了房子，娶了妻子，开了酒店。石生依旧天天出海打鱼，上山砍柴，穷得叮当响。有一天，石生打柴时遇到一位神仙，他教石生武艺，又赠给石生斧头、弓箭和逢凶化吉的咒语。

再说这一带的骷髅山上有一个吃人的蟹精，每年都要吃一个人。如果地方官员不在八月中秋节前把人送到，它就会在海上掀起巨浪，让所有渔船沉没。皇帝榜告全国，谁能杀死蟹精，便赏千金、赐官爵。这一年轮到送阮通上山被吃，阮通却设计，假意让石生代他送一坛酒到骷髅山给他的朋友，把石生送给蟹精。石生从山上学艺归来，不知真情，以为真的是送酒，爽快地答应了。谁知石生到了山上，被蟹精抓住，蟹精张口就要将他吃掉。石生与蟹精展开殊死搏斗，却不敌蟹精，情急之下念动咒语，杀死了蟹精，扛着死蟹精回到村里。阮通却骗石生说他杀死的是皇帝的宝蟹，皇帝正在派人抓他，要石生赶快逃走。石生不知是计，丢下蟹精仓皇逃走。阮通却扛着蟹精向皇帝请功，说是他杀死了蟹精，皇帝封阮通做了大官。

石生在逃亡的途中听到哭泣声，转头望去，见到一只巨大的乌鸦抓着一个姑娘从头上飞过，便用箭射伤乌鸦，然后顺着血滴找到了一口深不可测的枯井，但什么也看不见，便返回了。原来乌鸦精抓走的是皇帝的女儿。皇帝见公主被乌鸦精抓走，十分焦急，认为阮通既然可以杀死蟹精，也一定能把乌鸦精杀死，便下令阮通去杀乌鸦精救公主。阮通惊恐之余想到石生，他布置手下人员组织唱哈。石生听到村里无缘无故唱哈，便回村打听缘由，被阮通发现。阮通假惺惺地对石生说：“上次杀死皇帝宝蟹的事，我几次三番为你求情，皇帝已下令免了你的罪，你放心回家好了。”石生十分感谢阮通，并将乌鸦精躲进枯井的事告诉了阮通。

阮通便带人和石生一起来到枯井，用绳子和篮子把石生放下枯井，并约定：石生找到公主后就摇响铜铃，上面的人先把公主吊上来，再吊石生上来。公主上来后，阮通却马上命令手下的人把大石推下井，欲把石生活埋在枯井中。而石生在枯井中杀死了乌鸦精，并救出了被乌鸦精抓来关在洞里的东海龙王公子，龙公子带着石生进入龙宫。龙王为了答谢石生的恩德，送了一把独弦琴给石生，并告诉石生：这是一把宝琴，弹起它，能消愁解闷、化险为夷，要好好保存，并命人送石生回家。

石生回到家后便找阮通论理，阮通命人把石生抓起来，关在大牢里。石生无意间触动独弦琴，独弦琴发出扣人心扉的声音，他猛地记起了龙王的话，便叮叮咚咚地弹唱起来。

公主那天离开枯井后，听说救命恩人石生死在井里，便伤心痛哭，嗓子都哭哑了，从此讲不出话。这一天早晨，公主听到琴声之后，突然能讲话了，便兴高采烈地跑去告诉皇帝。皇帝非常高兴，便带着公主顺着琴音来到阮通的官衙，找到了石生。皇帝弄清真相后大怒，严办了阮通，并把公主许配给了石生。幸福的石生常常弹起独弦琴，琴声传向四方，悠扬动听，给苦难中的人们带来福音。

京族人对独弦琴倾注了深情的艺术幻想，表现出爱憎分明的民族特性和独特的审美格调。

目前，京族优秀的独弦琴传承人主要有苏春发、苏海珍、唐小媛等人。

苏春发，1955 年出生在京族沥尾岛，现为广西防城港市民间文艺家协会会员。他 13 岁开始师从沥尾岛的独弦琴老艺人阮世和学弹独弦琴，现在是国家级非物质文化遗产项目——独弦琴艺术的代表性传承人。多年来，他先后教授 300 多人弹奏独弦琴，其中年长的 80 多岁，年幼的只有 3 岁。苏春发还经常带上心爱的独弦琴到北京、上海、江苏、浙江、海南、香港、台湾等地演出及开展文化交流，多次参加中央电视台、地方电视台组织的文化活动，向世人展示京族文化的风采。2000 年以来，他先后参加中央电视台《东南西北》栏目擂台赛、第十届全国农民艺术节、中央电视台春节联欢晚会、中央电视台节目《远方的家》，以及全国非物质文化遗产会演《月下摇篮》和广西电视台《可爱广西》《走进农家》《与北京农民交流》《海之贝》《琴声人生》等专题片的拍摄。在广西壮族自治区成立 50 周年大庆期间，国务院副总理张德江曾到访苏春发家，听了他的独弦琴演奏后，对他在弘扬民族文化方面的努力给予了肯定和鼓励。

苏海珍，女，1973 年出生于广西东兴市。从 1995 年开始，先后在南宁、广州、银川、台湾、澳门、上海、北京等地参加了 20 多次的演出，14 次获奖，并多次参加中央电视台主办的晚会或比赛，是京族年青一代中参演次数和获奖最多的业余艺人。2000 年 11 月在南宁国际民歌艺术节“广西歌坛荟萃”民间歌手邀请赛中荣获金奖。2001 年 10 月随广西歌舞团赴北京参加第二届全国少数民族文艺会演，并得到了江泽民等领导的亲切接见。

唐小媛出生在美丽富饶的京族沥尾岛，她毕业于中央民族大学音乐学院，是防城港市最年轻的政协委员。年纪轻轻的唐小媛带着她的独弦琴到法国、挪威等欧洲十几个国家进行了巡演，还到过尼泊尔、日本、美国等 10 余个国家和中国香港等地区演出，拥有“奥运宝贝”“京族之花”等美誉。2008 年，她当选为北京奥运“祝福北京”民族使者，并应邀参加了挪威、尼泊尔的世界民间音乐节。

文化设施

中华人民共和国成立以来，特别是改革开放以来，随着经济实力的增强，京族村落都扩建、重建、新建了一批文化设施。

一、哈亭

哈亭是京族人唱歌、跳舞、娱神的文化场所。最早的哈亭比较简易，只是木柱草盖的小亭子，经过不断的修葺、改建，后来发展到木石砖瓦结构的庙宇式建筑。现今哈亭的修建更是融入了现代建筑工艺，采用钢筋混凝土结构，坚固美观。

哈亭为二进式结构，屋顶采用反翘曲线式样，上面饰以红瓦，与白色的建筑主体形成鲜明的对比，屋脊正中饰以双龙戏珠的雕塑。哈亭内部分为正殿和左、右偏厅两大部分。正殿供奉镇海大王等神灵和当地京族主要姓氏祖先的牌位，但各村供奉的神灵有所差异：沥尾、巫头两地的哈亭供奉的是镇海大王、高山大王、广达大王、安灵大王和兴道大王，合称“五位灵官”，其中以镇海大王为主神，其余四位是副神。山心哈亭供奉的主神是兴道大王，副神是镇海大王和本境土地。红坎村哈亭供奉的则是百祖（百位神仙）。因殿内供奉的镇海大王又被京族人称为“海龙王”，所以哈亭正殿又称“龙廷”，左、右偏厅是唱哈节期间听哈和摆设宴席（俗称“坐蒙”）用的。传统的左、右偏厅都是砌成三级，并按由高而低的顺序排列木板或石条台阶，两级台阶距离约 15 厘米。这些台阶是唱哈节时供人们按照长幼顺序或修建哈亭、筹备唱哈节捐款的多寡来分等级入座听哈或“坐蒙”所用。20 世纪 80 年代后新建的哈亭已经不设台阶，乡饮席位也已不分等级，但仍有长幼之分，长辈一般被安排在前面的位置。

哈亭内的圆柱上都雕有记述京族历史的楹联或诗词，据说有些楹联从哈亭建立之初就有了，一直流传至今，有几百年的历史。如沥尾哈亭正殿离神位最近的两副楹联：“风云一遍白腾江上接威灵；社稷两回青史边中垂火烈”，“古在南邦成原例山河之永固；今朝北国敬严存社稷之遗风”。楹联的内容也从一个侧面反映了京族先民生活。从建筑结构上来说，现代哈亭实际上已不仅仅是简单的亭子，它既保留了传统哈亭的建筑特色，又吸取了现代建筑艺术的精华，无论从建材、规模、样式上都体现了对传统文化的继承、完善和发展，有利于扩大唱哈节的影响，弘扬京族文化。现在，京族村落共有四座哈亭：沥尾哈亭、巫头哈亭、山心哈亭、红坎哈亭。其中最大、最雄伟壮观的是沥尾哈亭，高 9.8 米，建筑面积 1100 平方米，占地面积约为 5000 平方米，总投资 40 多万元。它的建成，不仅为唱哈节期间各项活动的开展提供了更为宽敞的空间，也扩大了自身的影响，吸引了包括越南在内的国内外游客前来参观游览。

二、歌堂

京族歌堂没有固定的场所，只要 3—5 人约定时间，或在这家或在那家举行。歌堂多以京语对唱为主，有的时候附近其他民族的人也参加，可用白话互相对歌。

近几年来，出现了京族歌圩。

京族歌圩，在江平镇沥尾村，由郑日昌、黄永贵、李仕成、苏权忠、黄永华等牵头组建。每月 10 日、20 日、30 日为固定歌圩日，重大节日及各种特定宣传日也举行歌圩，通过山歌宣传国家的方针政策，赞颂美好生活和对唱者的友谊等。歌圩参与人数 100—200 人，年龄多为 60—80 岁。防城、钦州、北海及越南的歌手经常到京族歌圩交流，以歌会友。

京族歌圩以京族歌谣为主体，歌谣内容涉及天文、地理、历史、科技、哲学、伦理道德、宗教、艺术等各个领域。歌圩期间，除对歌外，还举行丰富多彩的游戏活动，表演当地群众喜闻乐见的采茶戏等。

三、文化室和文化广场

京族聚居地的各村委会内均设有文化室，文化室配备各种各样的图书。图书多数为科学种养类，全天开放，村民可以自由阅读。

京族文化广场在东兴市江平镇沥尾哈亭对面，占地面积约 117 亩，其中广场面积 3.6 万平方米，配套用房 1200 平方米，总投资 2000 万元。广场的设计融入京族的民俗风情，突出京族地区繁荣、富裕、团结、祥和的主题。京族文化广场是传承和弘扬京族文化，展现京族人民新生活、新形象，提高京族影响力、知名度和美誉度的一张亮丽名片。

四、博物馆

东兴京族博物馆与东兴京族生态博物馆两馆合一，位于东兴市沥尾风景名胜区，于 2008 年 4 月开工建设，2009 年 7 月建成并正式对外开放。博物馆占地面积 1.7 万平方米，建筑面积 3000 平方米，总投资 500 多万元，是一座以征集、收藏、保护、研究、展示京族文化与艺术遗存（包括物证、典籍等物质和非物质遗产）为主的民族博物馆，是展现京族传统文化魅力、体现国家民族政策的一个重要窗口。

博物馆陈列展厅面积约 1200 平方米，以“大海是故乡——广西东兴京族文化展”为主题，分为序厅、居住环境、京族服饰、“喃字”风采、民宅变迁、靠海为生、以海为敬、独弦传情、习俗信仰、发展之路 10 个部分。该展厅设计独特，主要以京族人的生产生活为主线，通过 245 件实物、图片和场景简洁而直观地向观众展示了京族的历史与文明的发展进程。在这里，观众可以看到京族人优越的居住环境、热火朝天的生产劳作场面、各式各样的生产工具、精湛的生产技艺、精美的民族服饰、独具特色的节庆文化，并领略到“喃字”的古朴风采、独弦琴的优美旋律，进而了解京族的历史由来、生产生活、文化习俗以及宗教信仰等。

田汉到京族聚居区采风

1962 年 2 月，中国文联副主席、戏剧家协会主席、国歌歌词作者田汉与其夫人安娥（著名作家、诗人）风尘仆仆地来到京族聚居区考察、采风。田汉来到京族聚居区之后，兴趣甚高。他在东兴观看了东兴民族艺术团改编演出的采茶戏《三看亲》，并同演员们进行座谈、合影，勉励演员们多演戏、演好戏，还游览了中越友谊大桥、中越友谊公园和越南芒街。每到一处，他都详细地了解相关情况，尽情领略当地的风土人情，还即兴赋诗。其诗云：

北仑河

血稠于水北仑河，中越人民抗法倭。
一自红旗飞碧野，千秋风艇共驾波。
蝶儿飞舞和平界，燕子衔成友谊窝。
国境桥边溪石上，浣娘相向暮砧多。

登中越友谊公园

哨楼岭上伏波祠，古垒依然抗战时。

国越几回潜木屋，翠兰当日脱囚羁。
江边护友称农父，山上歼仇几健儿。
鲜血凝成兄弟谊，隔河辉映两丰碑。

访芒街

琵浓蕉绿访芒街，几次楼台涌劫灰。
少女如仙垂秀发，老人健步跻倭鞋。
自由莫忘艰难日，幸福都从苦斗来。
犹忆金平山上望，奠边战鼓正如雷。

在京族聚居区考察期间，田汉还到巫头村调研民族文化的有关情况。到了巫头村，听了有关京族情况介绍后，田汉对村干部阮成珠等人说："为什么传统流行的民歌不唱了？"阮成珠回答说："旧民歌旧的东西太多，不提倡流行。"田汉紧接着说："怎么旧的太多了？你唱来听听。"阮成珠便拉开嗓子唱道：

日头落山半边阴，
葫芦入海半边沉。
为何不沉沉到底，
半浮半沉挂妹心。

"好啊！这歌很好，可与唐诗《竹枝词》'杨柳青青江水平，闻郎江上踏歌声。东边日出西边雨，道是无晴却有晴'媲美啊！"田汉高兴地说，"再唱一首听听。"阮成珠又唱一首：

怎得变，
怎得沙洲变良田？
怎得变成三岁儿，
朝朝抱在妹胸前。

田汉听了微微一笑说："有些民歌粗俗诙谐，群众喜闻乐见，劳动累了，唱一唱可以解愁闷，让大家开开心也好嘛。"少顷，田汉即赋诗一首：

正为钦州春播愁，北风时雨到巫头。
沙田薯秀称先进，浅海帆多占上游。
织网林中亏汝力，弹琴月下待郎求。
哈亭只惜清规在，欲唱情歌不自由。

春风化雨，润物无声。田汉这首诗的鼓励和肯定成为京族群众继承发扬民歌的动力之一。“文化大革命”后，京族民间艺术得到进一步弘扬。由苏维光、阮成珍等人收集、整理的124首京族民歌、100篇民间故事结集出版。1980年7月，京族三岛全面恢复了一度停止的唱哈节。

军事

京族和京族聚居区军民
争取中华民族独立和解放的军事斗争

京族聚居区地处边境，北靠十万大山，南濒北部湾，位于两国（中国和越南）三省（中国广东、广西和越南广宁）交界，加上物产富饶，水陆交通便利，在军事上具有重要的战略地位。100 多年来，京族聚居区成为中国人民反抗帝国主义、封建主义，争取民族独立、人民解放的重要战场，发生过众多军事斗争，书写出许多悲壮的故事。

1886 年法军入侵江平地区，京族聚居区沦为半封建半殖民地社会。至 1949 年中华人民共和国成立，这半个多世纪以来，法国侵略者、日本侵略者和清朝封建统治者、国民党反动派对京族聚居区各族人民进行了残酷的压迫和剥削。京族聚居区的各族人民与帝国主义、封建主义和国民党反动派进行了一系列军事斗争，为中华民族的独立、解放做出了贡献。

一、江平义军的抗法斗争

从 1873 年开始，法国侵略者对越南北部不断发动进攻，企图完全占领越南，并从越南侵入中国的西南边疆，刘永福率领的黑旗军与法军多次展开激战。江平镇沥尾村京族村民杜光辉组织京、壮、汉族群众 100 多人参加黑旗军，在中越边境与法军展开武装斗争。1873—1884 年的 10 多年间，杜光辉率黑旗军一部转战中越边境，并曾驰援越南芒街，与越南人民并肩作战。杜光辉沉稳坚忍，作战骁勇，善于用兵，富有组织才能。刚参加黑旗军时，他在中越边境募集义军，前9天只招募到7人，但他不气馁，利用自己丰富的文化知识，向广大边民揭露法国侵略者侵占越南、觊觎中国的野心，宣传唇亡齿寒的道理，以激发边民的爱国激情和援助友好邻邦的热情。经过近一年的努力，他终于招募到1300余人参加义军。他日以继夜地对这支部队进行训练，随后率队开赴越南抗法前线，取得了多次重大的胜利，该部成为当时活跃于中越边境的一支抗法队伍。1883年12月中法战争爆发后，杜光辉先后率领义军参加了马头山、冲锋隘、鱼囊岭的战斗，取得了一系列胜利，歼敌多人，狠狠打击了法军的嚣张气焰，使法军听到杜光辉的名字就胆战心惊。一次，杜光辉带领义军埋伏在一处陡峭峡谷的两侧山坡上，并在入谷的小路上撒下黄豆。法军被杜光辉派出的少量部队引进峡谷。法军穿着皮鞋，走在黄豆上，脚底打滑，士兵们一个个东倒西歪，有的摔得头破血流。正当法军步伐混乱、队伍松散的时候，杜光辉一声大喊，箭离弦，弹出膛，巨木滚，大石落，法军横尸遍谷，没死的仓皇逃命。还有一次，在敌众我寡、力量悬殊的不利情况下，义军被法军围困于越南马头山。马头山与外界的唯一出路已被法军封锁，而四周为悬崖峭壁，无路下山，义军与黑旗军失去联系，即将弹尽粮绝。而且敌人的包围圈在慢慢缩小，义军军心浮动，形势万分危急。在这危急关头，杜光辉镇定自若，告诉部下，没有粮食，山上有的是竹笋，只要坚持，就是胜利。义军在山上以竹笋为食，整整坚持了7天。之后义军找到一个没有法军防守的悬崖，杜光辉率领士兵砍伐山藤，结成一根又粗又长的绳子，把绳子的一头绑在树根上，另一头垂到悬崖下。在一个漆黑的深夜，杜光辉派人往悬崖的相反方向开火，吸引法军的注意。法军以为义军要从开火的方向突围，就集中兵力堵截。义军主力却在枪声中攀绳由悬崖下山突出重围。第二天晚上，杜光辉把剩余的一点糯米煮成饭，糊在一面皮鼓上，放在经常有鸟儿出没的地方，然后率剩下的义军攀绳下山，躲在石缝里。法军早上起来，听见山上皮鼓响，不知是鸟儿在啄食皮鼓上的糯米饭，以为义军在集合准备下山。皮鼓响了一天，法军也一天不得安宁。当晚第一批下山的义军经过准备，突然袭击法军指挥官驻地，法军以为是黑旗军增援部队来了，慌作一团。围山的法军听到背后枪声大作，以为指挥部给黑旗军包围了，便赶快回兵救援，却遭到杜光辉率领的义军半路伏击，被打得晕头转向。这一夜法军损失惨重。法军知道吃亏了，天一亮便上山搜索，在山顶只搜到一面糊了糯米饭的皮鼓和几根藤绳，法军气得跳起来。杜光辉由于抗敌有功，被清政府授予八品顶戴。

当法军入侵江平沿海地区时，京族人与江平一带的汉族人组成了由龙正棋领导的江平抗敌义军，与法军展开了多次猛烈的战斗，其中最出色的是冲锋隘一役。在这次战斗中，法国侵略者出动了训练有素而且配有各种新式武器的士兵200余人，而江平抗敌义军人数还不足100人，只有火绳枪、长矛、大刀等简陋的武器。虽然此次战斗敌强我弱，但义军击毙大量法国侵略者，取得了胜利。龙正棋作战英勇，光荣牺牲。

法军自冲锋隘一役失败后仍贼心不死，准备再犯，激起了江平京、汉各族人民的莫大愤慨。由黄甫文率领的另一路义军与法军展开了猛烈的战斗。在敌强我弱的情况下，义军采取了巧妙的战术与敌作战。自冲锋隘一役后，法军惶惶不可终日，缩在营垒内不敢轻易露面，义军便在鱼囊岭对面的一座山上竖起一面红旗诱敌。法军见义军红旗竖起，以为义军兵到，便集中炮火扫射，岂知旗下无人，消耗了不少弹药。义军又利用夜色组织人马佯攻，将纸炮和弹药一起投向法军营内，顿时炮声隆隆。法军以为义军夜袭，乱作一团，义军即乘机进攻，歼灭了许多敌人，战斗取得胜利。这支义军一直坚持作战，直至法国侵略者撤出江平地区。

二、京族和京族聚居区军民抗击日本侵略者的军事斗争

“九一八”事变后，日本侵略者侵占了我国东北三省，抗日救亡活动在全国风起云涌，国际社会也同情中国，日本在国际上被孤立。为了将东三省从法律上真正地从中国分裂出去，变成日本的一部分，也为了转移欧美国家的注意力，化解外交危机，日本采取了两项行动：一是将溥仪挟持到东北，成立傀儡政权；二是在上海滋事，企图转移国际社会的注意力。日本通过川岛芳子策动日本佛教日莲宗僧人天崎启升前往排日的上海三友事业公司寻衅滋事，另雇用日本青年浪人冒充三友实业公司的工人将天崎启升等人击毙，然后诬称中国工人打死其侨民，并以保护日本侨民为借口，于1932年1月28日进攻驻守上海的国民革命军第十九路军，遭到十九路军坚决而顽强的抵抗，淞沪会战爆发。面对数倍于我方守军的侵华日军，十九路军的将士同仇敌忾，与敌人展开了殊死搏斗。江平人民的优秀儿子唐之章，时任十九路军七十八师一五五旅第二团团长。是役，唐之章亲率大刀队与日军浴血奋战，杀敌无数。3月1日，唐之章壮烈牺牲于上海杨家楼，年仅27岁。江平人民的另一位优秀儿子周裕昆，淞沪会战时任国民革命军某师炮兵营长，在激战中，我守军阵地遭日机轮番轰炸，敌人凭借着飞机的掩护潮水

般地向阵地扑来，在无法开炮的危急情况下，周裕昆驾着炮车朝蜂拥而来的日军碾过去，最后壮烈殉国。

“七七”事变后，日军发动全面侵华战争，而抗日烽火也燃遍了中华大地，京族聚居区的各民族同胞积极投身于抗日救国的斗争之中。在国民党部队任职的红坎村京族人李坤、范振辉等人，在 1937 年 12 月的南京保卫战中与日军殊死搏斗，日军攻占南京后，李坤在长江殉难，范振辉随队转移。贵明佳邦村京族人利培源，于 1938 年参加了中共领导的海南抗日游击队，担任琼崖人民抗日游击独立纵队第一支队第二大队政治委员，指挥部队与日本侵略者浴血奋战，1942 年 5 月在琼山县（今琼山市）咸丰乡战斗中壮烈牺牲，年仅 23 岁。后来成为京族著名作家的李英敏，于 1940 年奔赴海南岛，参加了冯白驹将军领导下的抗日武装，同战友一起，坚持进行艰苦卓绝的敌后斗争，一直到海南岛解放。另外，从 1938 年 2 月起，京族聚居区先后有四批 30 多名热血青年奔赴延安，投身抗日洪流,又有三批 75 名青年主动请缨上了抗日前线。在京族聚居区留守的京、汉、壮、瑶各族同胞和当地守军也与进犯的日军展开各种形式的军事斗争。

1938 年春，侵华日军开始进犯京族聚居的防城县。从 1938 年 3 月 29 日起至 1942 年 10 月，日军先后 17 次出动战机近 100 架次，轰炸企沙、江平、东兴、白龙、防城镇等地。1938 年 10 月，日军侵入京族聚居区一带海面，企沙、江平、白龙、竹山一带布满了日军的舰艇。1938 年 10 月 21 日，日舰进犯企沙港，与中国守军展开厮杀。此后日舰多次炮轰企沙、西沥等地。

1938 年 12 月，为阻日军入侵，防城县京、汉、壮、瑶各族同胞积极响应国民政府的号召，毁坏公路、桥梁。每公里公路毁坏 8 段，每段长 5 丈、深 1 丈，挖成“之”字形,仅留 1 米宽的人行道。京族聚居区的茅（岭）（冲）仑路、松（柏）竹（山）路、防（城）东（兴）路全被破坏，完整公路不留一里。罗浮石拱桥、黄滩桥、沟尾桥、黄竹龙桥、楠松桥、竹排江桥均被破坏。

1939 年 11 月 15 日凌晨,日军数千人在企沙镇疏鲁登陆,向县城防城镇推进,在企沙街北面的金堂岭、沙潭江、公车一带与防守的中国军队展开激战。金堂岭战斗中，广西新编第十九师第五十六团某营第三连副连长李一峰带领守军一个排与敌人展开血战。年仅二十多岁的李一峰抱一挺轻机枪向敌人猛烈扫射，毙敌数十人，使日军不敢再向前推进。天亮后，日军出动战机，在金堂岭低空猛烈轰炸和扫射。中国守军子弹用尽,寡不敌众,李一峰及两个班战士英勇牺牲,为国捐躯。

1945 年 3 月初，日本侵略者在越南下居发动事变，靠近我国边境一线的越南北部落入敌手，东兴形势日益紧张。3 月 18 日晚，防城县政府命令东兴镇内百姓疏散，群众携老带幼离开东兴城区。3 月 19 日下午，越南下居日军 300 余人进犯越南芒街，驻守东兴的中国军队协助法军据险迎击，敌不支，后退 10 余里。21 日，东兴中国守军奋勇渡过北仑河，再次协助法军袭击日军。23 日，日伪军便衣队窜入东兴城区，东兴镇第一次沦陷。东兴沦陷后，日伪军建立维持会、保安团、别动队等伪组织，东兴商店、住户囤储的粮食被日伪军掠夺一空。4 月 14 日，东兴中国守军潜入东兴城区，在当地留守民众的配合和支持下，与日伪军在东兴展开激烈的战斗。战斗异常激烈，盟军出动飞机一架助战，日伪军退守越南芒街高山屯，中国军队与日伪军隔河对战，芒街高山屯防御工事被中国军队炮火击毁一角。此役打死打伤日伪军数十人，俘获 70 多人，缴获机枪 10 多挺，步枪 20 多支，中国军队排长 1 人和士兵 10 余人壮烈殉国。首次收复东兴。4 月 27 日，日伪军增援到来，再次猛攻东兴镇，东兴守军转移，东兴第二次沦陷。6 月 3 日上午 5 时，日伪军 100 多人，配机枪 7 挺、步枪 70 多支，分两路向竹山侵扰而来，进抵竹排江时，大肆抢掠粮食，并将竹排江至小坡江一带的电话线、电报线尽数拆去。驻守红石沟的中国联防队转进竹排江，与日伪军发生激战。下午 1 时许，日伪军乘船逃窜。7 月 5 日，越南芒街伪军 40 余人向东兴附近中国守军投诚，中国守军乘敌兵力空虚，集结红石沟，推进至东兴近郊，并以便衣队先行渗透城区。7 月 7 日早晨，东兴守军内外夹击，并越过北仑河国际铁桥与敌激战，残敌退守高山屯，亦遭东兴守军攻陷。此役，先后收复东兴和越南芒街。7 月 19 日下午，驻越南日伪军 200 余人再次攻占越南芒街，并向中国东兴推进，东兴守军和越南守军联手迎击，因地形对我军不利，东兴守军转移至郊区防守，东兴第三次沦陷。8 月 15 日，国民革命军第一九五师开进东兴，东兴光复。

在东兴军民与日伪军展开东兴争夺战的同时，中共地下党组织于 6 月 14 日在那良发动抗日武装起义，组建了钦防华侨抗日游击队。随后在北仑河两岸开展抗日活动，逐步建立北仑河两岸的抗日游击根据地，沉重地打击了在越南的日伪军。在越南国民革命军第三军服役的京族子弟也随部队与退守越南的日军进行激战，多次围歼日军。

三、京族聚居区军民为推翻国民党独裁统治的军事斗争

抗战胜利后，国民党发动了内战。为了推翻国民党的反动统治，建立新中国，中国共产党领导全国各族人民展开了一场波澜壮阔的人民解放战争。

（一）中国共产党领导的人民军队在京族聚居区开展的一系列军事斗争

1. 进占江平

1947 年 5 月 14 日，防城县三波、光坡、企沙三地由共产党领导的地下武装200 多人以及光坡乡国民党自卫队在光坡举行起义（被称为“三光企起义”），成立了农民翻身独立大队，国民党防城县当局又恨又怕。1947 年 5 月 29 日，国民党防城县警察大队队长陈树浩率领 400 余人进攻光坡，企图将起义部队一举消灭。农民翻身独立大队采取敌进我退、避实就虚的战术，于当天下午分乘 20 余艘木帆船从光坡潭油经白龙尾海峡向江平进发。30 日拂晓,大队人马分别在山心、巫头、沥尾三岛登陆，马不停蹄地向江平圩挺进，并对国民党江平镇公所发起突然袭击，镇公所内的国民党自卫队还弄不清楚是怎么一回事就当了俘虏。此次战斗，俘敌及缴获武器弹药一批。国民党防城县联防主任黄玉书和江平镇镇长陈芳仓皇逃命，侥幸逃脱。农民翻身独立大队进驻江平镇做短暂休整，指挥部设在江平中学。大队领导人谢王岗会见校长、地下党员梁逸夫，动员他加入队伍参加武装斗争，梁逸夫应允待时机成熟后带队上山参加游击队。不久，起义部队从原路返回光坡。

2. 攻打东兴城

东兴是国民党在防城县最重要、最富庶的据点，驻有国民党县警察大队一个中队、镇自卫队以及第二区公所、警察局、海关、银行等机构的武装人员约 500人，东兴的屏障大营常驻有一个警察中队。如果占领东兴，就会震动钦防乃至粤桂，而攻占大营则是关键。为此，1947 年 6 月，中国共产党领导的钦防农民翻身总队（以下称“农民翻身总队”）决定攻打东兴，并做出如下部署：

由总队长朱守刚、政委谢王岗率领第一、二、三、四大队和独立大队（少一个连）约 1000 人从那梭炮台村出发，对东兴进行远距离奔袭。第二大队队长曾祚佑和副大队长朱守伦带领 80 人组成的突击队先出发，争取拂晓前攻破东兴闸门，攻克大营。然后一个大队攻打区公所和镇自卫队，一个大队攻打海关和银行，一个大队占据北仑河国际铁桥中方的桥头堡。

6 月 15 日（农历四月二十七日）晚 8 时，农民翻身总队近千人在总队长朱守刚、政委谢王岗、副总队长刘镇夏、政治处主任卢文率领下，由墰耕村向东兴进发。墰耕村距东兴约 20 公里，只有弯弯曲曲的羊肠小道相通，到东兴需走 6—7 个小时。为了方便辨认，每个战士左臂都扎条白毛巾。负责攻克大营的突击队队长曾祚佑、副大队长朱守伦已率领突击队员先出发。当突击队到达东兴镇郊的黄花江时，因涨潮水深，部队没法通过，绕道到达大营附近时天已蒙蒙亮，失去袭击大营的最好时机。攻打大营的战斗没有打响，而指挥部又无法了解情况，预定的进攻时间一到，刘镇夏立即指挥部队从正面向东兴镇发动猛烈进攻。战斗打响后，突击队也向大营发动猛烈进攻，但遭到了敌人的顽强抵抗。

天亮时，东兴守敌在大校场的哨兵发现农民翻身总队并开枪。农民翻身总队第三大队在政委赵善弭率领下砍破木栅闸门，攻占了牛路街等地，并马不停蹄地冲进生财街与零星敌人展开巷战，这时突击队继续在大营牵制敌人。不久，突击队攻下海关大楼和敌据点“三多利”，缴获轻机枪 1 挺，步枪几支。消息传开后，各大队纷纷破闸冲进镇内。

为了扩大战果，谢王岗和卢文商量后决定：突击队继续在大营附近牵制敌兵，已攻入市区的队伍继续扩大战果，将指挥部转移到牛路街口山坡处的防城县立二中。朱守刚和谢王岗到达县立二中时，独立大队已打进镇内。经商定，卢文和刘镇夏主要负责指挥镇内的战斗，朱守刚和谢王岗则在指挥部指挥全局，如果遇敌增援，则负责组织队伍于外围抵抗，并通知部队撤出东兴镇。

第一大队指战员在卢文的指挥下，冲到克强街（今解放路），在本仁堂旁遇到抵抗。本仁堂是一幢青砖垒起的普通店铺式建筑，上下两层楼房，房内敌人不断从门窗内向总队战士射击，阻止我方部队接近和通过。战士们经过侦察发现，该房子四周没有碉堡和枪眼，墙脚下没有射击点，便逐一穿房而过，直抵墙根下。卢文命令第一大队一连副连长林坤在该房子东面凿墙。这时，驻大营的敌人派出数十名武装人员沿着街道攻击第一大队，企图与本仁堂的敌人取得联系。卢文一面指挥战士们抵抗，一面派人向刘镇夏报告，请求支援。不久，增援部队到达，双方展开激烈的巷战，敌人几次冲锋都被打了回去。半个小时后，林坤等人在墙上凿穿了一个洞，林坤把一枚自制地雷塞进洞去，点燃后撤到一边。“轰”的一声，房子为之震动，本仁堂的楼梯被震歪了，守敌仓皇逃跑，战士们冲了进去，占领了本仁堂。

独立大队两名突击队员冲到中山街口“三多利”楼房门前，不幸中弹，光荣牺牲。第一大队一连几位战士冲上“三多利”隔壁一栋楼房搜索，发现敌人已从后楼逃跑，丢下两支法国新式“虎枪”及一箱子弹，这几位战士就用这两支“虎枪”与盘踞在中山路右侧小庙的敌人进行近距离的枪战。

由于白天进攻比较困难，卢文和刘镇夏商量，决定待入夜后再继续推进。入夜后，刘镇夏布置各中队利用黑夜摸索前进，扩大占领区。第一大队一连连长涂景祥率领20多名战士，携带轻机枪一挺攻入菜市。陈增相、黄毓南等沿着桥头街冲进北仑河铁桥桥头的伪警察所，发现敌人早已逃跑。而进攻镇北面和镇中心的队伍遇敌顽强抵抗，进展不大。

将近半夜，刘镇夏把指挥部迁到牛路街近闸门口的地方，就地休息。下半夜，从防城来增援的敌警察中队在闸门外叫门，情况十分紧急，刘镇夏马上通知队伍集中，准备突围。战士们迅速集中，并且把枪口一齐对准闸口。刘镇夏一声令下，大家同时向闸门外开火，接着往外冲。卢文和刘镇夏把队伍撤到镇东边山上集结休息。不久，与朱守刚、谢王岗在集结地不远处相会，并在附近山头布阵备战。

天亮后，东兴守敌发现农民翻身总队的战士还在附近山头活动，便出动100多人发动进攻。农民翻身总队派一部分兵力与东兴守敌正面作战，派三个大队的兵力从南北两翼迂回包抄，东兴守敌发现后即溃退，农民翻身总队正面作战部队即发起冲锋，东兴守敌窜回东兴镇，闭闸抵抗。中午，农民翻身总队撤回山区。

此次农民翻身总队虽然没有完全占领东兴，但已攻入镇内，占领了大半个市镇，并击毙国民党军警数人，缴获轻机枪一挺、步枪四支及大批军用物资，对敌人震动很大。国民党防城县县长陈济南急电广东省政府请求增兵，被省政府责备“治匪不力”。驻越南芒街的法军一阵慌乱，关闭了北仑河国际铁桥，加强了边境巡防。越南芒街伪军内部因此发生倾轧，自卫队大队长邓伯奇以“通匪”罪枪杀副大队长裴幸进。

3. 黄竹歼灭战

江平镇下辖的黄竹圩位于十万大山南麓、防城县的中南部，距离江平、江山、那梭、华石4个圩镇各10多公里，是国民党军队对共产党领导下的山区武装部队进行“清剿”的据点之一。以陈碧锋、陈汉三为首的国民党黄竹圩自卫队（共2个班）在黄竹圩边的岭顶上建了一座炮楼，在圩周围设置五六米高的大木栅和炮楼连在一起，并在大木栅两旁插满竹刺，构建成一个完整的防御体系。自卫队在黄竹圩无恶不作，不仅当地村民深受其害，也严重威胁共产党的游击队活动和地下交通线的安全。自卫队不仅杀害了游击队地下交通员黄平南，还与警察中队一起到桂芳尾村袭击粤桂边区人民解放军第三支队第二十团第三营（以下称“第三营”）驻地。群众和地下党组织对他们恨之入骨，纷纷要求消灭这股反动武装。

第三营根据形势的发展和群众的要求，决定消灭黄竹圩自卫队。第三营营长颜储龄亲自指挥这场袭击战。战前，颜储龄挑选了几名熟悉黄竹圩当地情况的战士，深入黄竹圩周边农村秘密开展战前宣传发动工作，得到了当地广大群众的积极支持。同时，颜储龄还多次派出侦察人员深入黄竹圩侦察自卫队的兵力部署情况和活动规律。侦察到的大概情况是：自卫队建立初期对进入黄竹圩的人员盘查很严。每月逢农历三、六、九日黄竹圩圩日，赶圩的群众在进入栅门前都要进行严格检查。1948 年春后，自卫队的盘查有所松懈，对出入黄竹圩的群众既不搜身也不检查货物。根据侦察到的情况，第三营决定于 1948 年 4 月 21 日（圩日）袭击黄竹圩自卫队。战前，第三营从第一、第三连挑选 10 多名骨干，组成以颜守才为组长的突击组，又将突击组分成三个小组，一个小组负责到陈碧锋杂货店击毙陈碧锋，一个小组负责解决守卫栅门和在圩街巡逻的自卫队员，一个小组负责到赌场击毙陈汉三。

4 月 21 日凌晨，第三营的大部队到黄竹圩附近的山林掩蔽，做好接应突击组的准备。这天是黄竹圩圩日，赶圩的群众来来往往，热闹非凡。约上午 11 时，突击组组员化装成赶圩的老百姓，将武器藏在货物里，挑箩带篓，先后进入圩内，三个小组约定中午 12 时开始进攻。颜守才带领袭击陈碧锋杂货店的突击小组依时进入该店，老奸巨猾的陈碧锋对进入店内的突击组组员起了疑心，即刻逃往后门，并欲拔手枪反抗。颜守才见陈碧锋逃窜，随即追上，在他拔枪时将他抱住，两人抱成一团滚到地上，扭打在一起，赶上来的突击组组员何珍开枪将陈碧锋击毙。正在赌场赌钱的陈汉三听到枪声后立刻站起来，伸手拔枪，早已在赌场的突击组组员杨祥新在陈汉三拔出手枪前将其击毙。另一突击小组同时冲到圩上俘虏了正在巡逻的自卫队员。这时炮楼里还有一个班的自卫队在负隅顽抗。

圩内的战斗打响后，集结在圩外待命的第三营大部队迅速向炮楼靠近，并向炮楼里的敌人发动进攻。还对敌人展开政治攻势，向炮楼喊话，反复宣传解放军优待俘虏的政策，并让俘虏和炮楼守敌的家属向炮楼喊话，要他们投降。炮楼守敌起初对喊话不予理睬，企图拖延时间等候救兵，至下午 2 时仍未见救兵才投降，战斗取得胜利。

此次战斗全歼黄竹圩自卫队，缴获步枪 20 余支、手枪 3 支、手榴弹和子弹一批。此后，黄竹圩再也没有国民党自卫队驻守，整个黄竹地区成为游击队的根据地。黄竹歼灭战结束后，颜储龄为此次战斗编了一首顺口溜：“赞黄竹，笑陈屋；工农好，财主毒。汉三赌诈钱，碧锋抢牛谷；搬村人受压，围栅霸享福。民怨沸腾惩腐恶，反动透顶终被戮；勇士乔装赶集客，斩取魔首巢倾覆。”

4. 策反国民党江平镇自卫中队和江平袭击战。

1948 年 4—5 月间，中共十万山地委领导的南区武工队配合粤桂边区人民解放军第三支队横县独立营（以下简称“独立营”）在东兴、江平丘陵地带的战斗大大地震慑了敌人。国民党江平镇自卫中队的敌人犹如惊弓之鸟，惶惶不可终日。根据这一情况，独立营营长苏参派第七连连长陆健匡、指导员何锦华安排可靠的群众深入江平镇自卫中队做策反工作，对他们宣传中共对起义人员的政策，晓以大义，劝他们及早起义，投奔解放区。这一政治攻势取得了很好的效果。江平镇自卫中队派班长孙诚到罗架岭和陆健匡、何锦华协商起义的有关事宜，孙诚表示愿意带队起义，要求保证他们的生命安全。何锦华、陆健匡对江平镇自卫中队的起义决心表示赞赏，欢迎他们起义，同时再次讲明党的政策，对起义官兵，不但保证生命安全，而且保留他们的原级原职，对有功人员还给予适当奖励。5 月上旬，江平镇自卫中队队长吴海臣到独立营第七连协商，决定于 14 日晚举行起义，起义后将队伍开拔到第七连指定的电河村。14 日晚，吴海臣带领江平镇自卫中队 28 人到达电河村。随后，独立营第七连到电河村迎接。晚饭后，第七连官兵和起义官兵在那批角的草坪上举行联欢晚会，庆祝江平自卫中队参加革命队伍。

为了进一步打击敌人，鼓舞士气，独立营决定袭击江平镇公所。江平镇公所内有个炮楼，周围设有多层营栅，挖有数条较深的壕沟，内插竹签，构成了一个防守坚固的营地，并驻有一个约 30 人的保安队。15 日晚，独立营教导员李舟率领在冲吉村的第四连、第七连和起义的江平镇自卫中队共计 200 人，连夜向江平进发。由于天黑及事前侦察不详等原因，四连连长黄立香误把炮楼隔壁的一间理发店用地雷炸掉，正在炮楼睡觉的敌人被爆炸声惊醒，仓促应战，不久，第七连指战员攻入镇公所，占领了炮楼。这次战斗，共缴获步枪 6 支、手枪 1 支、子弹 200 多发，俘虏 10 多人。

5. 江尾遇袭战

1948 年 5 月 15 日袭击江平镇公所之后，独立营第四、第七连以及由江平镇自卫中队起义人员改编而成的江平中队于 16 日下午 3 时多回到驻地休息。晚饭后，第四连和江平中队转移到江尾村，第七连转移到电河村罗架岭一带。战士们连日行动，十分疲劳。当日傍晚，驻东兴镇的国民党广东省保安第九团和警察大队 800 多人趁第四连和江平中队疲惫之机连夜袭击。战斗打响后，第四连指导员刘连元和班长李万松为掩护战友渡河突围，在江尾村村前的小山上冒着猛烈炮火阻击敌人，刘连元中弹牺牲。连长黄立香渡河后身先士卒，掩护战友突围，不幸中弹，身负重伤，但他强忍剧痛，坚持战斗，直至牺牲。梁维姬和黎志君两位女游击队员不幸被俘，黎志君被俘后顽强地反击，最后在龙潭湖畔牺牲，梁维姬也抱着石头坠入湖底。黄立香和刘连元牺牲后，部队被迫撤退，在龙湖岭脚和岭东面的小草坪上与近 10 倍于己的敌人进行了殊死搏斗，又有一部分战士壮烈牺牲。约下午 4 时，被打散的第四连才陆陆续续回到稔稳。

独立营第四连在江尾被袭，连长、指导员等 13 人牺牲，4 人负伤，2 人被俘。这是独立营在十万大山地区反“清剿”作战中所遭受的较重大的一次损失。不久，第四连经扶隆隘转移到上思县的那当、那齐和那琴等地休整。

6. 横龙伏击战

1948 年 12 月 26 日，粤桂边区人民解放军第三支队第二十团（以下称“二十团”）会集那梭稔稳，国民党防城县警察大队闻讯后从茅坡、那梭、那勤三路向稔稳进犯，妄图一举歼灭二十团主力。二十团获悉这个情报后，即集中第一营、第三营第一连和茅岭大队共 200 多人，由二十团的彭扬、刘镇夏、陈生等指挥，选择地势险要、四面环山的横龙岭伏击来犯之敌。

27 日上午 9 时左右，防城县警察大队第三中队从那勤方向而来，刚进入伏击火网，即遭迎头痛击。除 20 多人侥幸逃脱外，此战共击毙敌中队队长曹桂廷、中队副队长苏运汉等 27 人，伤敌 8 人，缴获六五轻机枪 1 挺、六五步枪 9 支、其他步枪 14 支、军需弹药一批，取得重创敌一个中队的胜利。

7. 策反国民党竹山自卫中队

1949 年 4 月初，防城县南区的那梭、那良、江平等几个主要国民党据点被拔除以后，国民党在防城县境内的驻军犹如惊弓之鸟，几个团部和县警察大队部都龟缩在防城、东兴两个城镇内。国民党军队为了确保东兴镇的军需补给，派一个保安连和一个乡自卫中队驻扎在竹山圩。4 月上旬，竹山自卫中队接到命令，要他们准备逃往海南岛，士兵大都怀有不满情绪。

活动在防城县南区的粤桂边区人民解放军第三支队第二十团第一营营长陈生决定策反竹山自卫中队，他派熟悉当地情况的南区武工队队员莫超芳、苏积辉做策反该自卫中队的工作。苏积辉通过关系找到竹山自卫中队班长陈发（罗浮人）和赵良基，了解到该中队的士兵大多数是松柏、竹山、楠木山、东郊村被强征来的壮丁，他们对长官的军阀作风十分不满，也不愿意离乡背井到海南岛当兵。陈发将情况报告给南区武工队，要求尽快起义，参加游击队。6 月 13 日，已任粤桂边区人民解放军第三支队第二十六团团长的陈生到松柏与陈发、赵良基见面，商定由游击队与自卫中队里应外合举行起义。陈发接受任务后，秘密联合手下士兵起义。在陈发的教育和策动下，自卫中队的大部分士兵认清了形势，决定于

15 日晚 10 时起义。

15 日晚，按照原计划，陈发约自卫中队中队长吴汉辉一起打麻将，以便伺机将其捆缚，但由于吴汉辉有事外出，情况发生了变化。晚上 7 时许，准备起义的陈发、赵良基、汤武辉等自卫中队队员和王以荣、陈俊、黄纬等竹山小学教师在王以荣家秘密召开了紧急会议，决定起义时间不变，将起义地点改在乡公所内。当晚，粤桂边区人民解放军第三支队第二十一团第一营连长陈耀玉秘密潜入竹山，帮助策划起义事宜。晚上 10 时整，自卫中队准时起义。陈发、赵良基带上驳壳枪上街寻找吴汉辉，汤武辉等自卫中队队员严密监视外地来的几个班长，并击毙企图反抗的中队长的保卫员。外出的吴汉辉听到枪声，便急忙赶回乡公所，被起义队员捆缚起来，起义取得了成功。随后，起义队伍背着枪支弹药，押着吴汉辉，带着竹山小学的部分教师和当晚住在乡公所的户籍干事杨分彬（参与起义工作，后改名杨枢）、文书孙纳章，在游击队接应下直奔东山游击根据地。在竹山起义的同时，竹山自卫中队也派人通知松柏、竹排江的国民党自卫队参加起义。

国民党竹山自卫中队起义是有组织、有计划的武装起义，参加人数达 40 多人，缴获法式轻机枪 1 挺、手枪 3 支、各种步枪 40 多支。

8. 竹山攻坚战

1949 年 7 月上旬，粤桂边区统一指挥部在江平镇召开部队团级以上干部参加的军事会议。此次会议认为：防城县位于十万大山南面的大部分乡镇已解放，国民党在防城县西南区的军队只龟缩在东兴镇和竹山圩两个据点之内，东兴镇驻有国民党广东省保安第一团、海南特别行政区警备总司令部保安第六、第九团，共 2000 余人。而竹山圩则是中越界河——北仑河的进出咽喉，且北仑河是国民党东兴守敌军需补给和从海上撤退的唯一航线，只要进占竹山，便可切断东兴镇之敌的海上补给线和撤退道路。会议决定攻打竹山。应粤桂边区人民解放军第三支队第二十七团的强烈要求，会议决定由第二十七团担任主攻，第二十六和第二十八团分别部署在东兴、江平两翼配合打援，确保主攻部队侧翼的安全。指挥部设在距竹山圩约 5 公里外的竹排江。第二十七团原是越南人民军主力团五十九中团，是根据中越两党共同商定，前来配合人民解放军打通中越边境走廊，扩大双方解放区等作战活动，因其团长为南龙，所以又称“南龙中团”。全团配有 30 毫米机关炮 2 门、12.7 毫米高射机枪 12 挺，还有火箭筒、六〇迫击炮、轻机枪、冲锋枪和自动步枪等装备。

竹山圩原驻有保安第一团一个连和一个乡自卫中队，6 月中旬南区武工队策反国民党竹山自卫中队士兵起义后，驻东兴镇的保安第一团加派一个营 300 多人进驻竹山圩，进一步加强了竹山的防御力量，企图保护这一出海门户和补给通道。

7 月 6 日清晨，进攻竹山的战斗打响。竹山是个半岛，三面临海，地势平坦，易守难攻，国民党军队防守十分严密。第二十七团组织一支三四十人的突击队，配自动武器和军刀，在防城县南区武工队莫超芳、苏积辉、游永权等 40 余人的配合下，从正面街口、东南面的海关、西北部的小学三路同时进攻。突击队冲到国民党守军第一道闸门前实施袭击，但偷袭没有成功，未能突入闸门。天亮后，第二十七团组织强攻，在机枪、六〇迫击炮的掩护下，突击队员抬着梯子向敌人闸门冲锋，排长范贵、杜军和一批突击队员倒在血泊中，战斗异常惨烈。第二十七团指战员在南龙的指挥下，以大无畏的精神组织了一次又一次的冲锋，终于将云梯搭上敌人的栅闸和楼顶，冲破了第一层栅闸，突入敌军前沿阵地，突击队员用手榴弹和大刀跟敌人展开近距离的拼杀。国民党军队被第二十七团的勇猛吓破了胆，急忙退到海边的炮楼固守顽抗待援。随后，南龙继续组织后续分队，在炮火掩护下，接连组织了几次进攻，因敌碉堡坚固，居高临下，进攻的突击队受阻于开阔地带，无法接近。经两天的围困和激烈的战斗，敌人已陷入弹尽粮绝的窘境，企图从海上逃跑。这时，东兴镇之敌与越南芒街的法军勾结，驻东兴的保安第一团团长陈鹏派部属借道法占区，从越南春栏派船只、舰艇从海上运载弹药前来增援，并组织援军从陆路前来营救。为了避免重大伤亡，指挥部决定停止进攻，主动撤出战斗。

是役，第二十七团歼敌 50 余人，该团第八十六大队大队长柱慈和两位中队长等 10 余人为中国人民的解放事业献出了宝贵的生命。南龙中团指战员不怕牺牲的国际主义精神和英勇的战斗作风，给粤桂边区人民解放军官兵留下了深刻的印象。

9. 茅坡阻击战

1949 年 4 月 10 日，位于东山游击根据地西部的镇平乡获得了解放，并成立了由共产党领导的防城县南区镇平乡人民政府，乡政府设在茅坡思罗小学。整编为粤桂边区人民解放军第三支队第二十八团的华侨独立中团回国后，也驻扎在茅坡思罗小学。茅坡一带成为共产党公开活动的中心，同时也成为国民党军队打击的重点。8 月 8 日，驻东兴的国民党海南特区警备司令部保安第六团团长陈树尧率领第一、第二营五六百人，配八一迫击炮数门、轻机枪数挺，兵分两路进攻茅坡。保安第六团第一营营长崔炳光率部从东兴镇出发，经稔葛直奔茅坡。陈树尧率第二营由东兴出发经河洲、水山、那答，径直北犯，途中还破坏了何宗传和黎英为负责人的粤桂边区解放军第三支队大王交通站。这两股敌人当晚进驻那答村，次日上午由那答向茅坡推进。8 月 9 日上午，敌人占领了茅坡思罗小学左边的茅山高地，以密集的炮火向学校猛烈扫射，解放军第二十八团副团长王益和第一营营长廖辉、政治教导员严端群率领第一营的三个连在马路坳一带予以阻击，团部及留作预备队的第一营第六连撤到茅坡思罗小学右侧陈济棠故居背后的老陈山。战斗呈胶着状态。为了歼敌在北他、大王地段，以王业新为连长、吴林扶为指导员的第二十八团第一营第一连迂回敌后，直插扁柑墩，向敌人发起进攻，恰好击中设在该处的敌团指挥所，顿时枪声大作，冲杀声震撼马路江江畔。敌猝不及防，乱作一团，陈树尧慌忙传令撤退。第一连乘胜穷追，其他连也迅速出击，驱敌10 余里。陈树尧害怕解放军在东兴近郊设伏，退至河洲后便命令部队在郊外宿营，第二天才逃回东兴，十分狼狈。早年随家人从望兴徙居茅坡的陈树尧，只能望“宅”兴叹！此次战斗歼敌 30 余人，第二十八团政治指挥员沈鸿盛及一名战士负伤。

10. 竹山歼灭战

1949 年 12 月，听说解放大军已逼近钦州，国民党防城县政府、县警察大队及其他反动武装 500 多人即慌忙往竹山逃跑。同时，驻东兴镇的国民党海南特区警备司令部特务团（原保安第六团）、保安第九团，广东省保安第一团残部，共 2000 余人，也弃城逃向竹山。这两股国民党撤退人员计划乘海南特区派来的战舰“大昌”号、商轮“德威”号及大小船舰数十艘逃往海南岛。按陈济棠的撤退计划，敌军这些人员本该于 12 月 6 日、12 月 7 日这两天乘船撤走，但因接运的敌舰译错了电报，驶到企沙港停泊了数天而误时，致使到 8 日早上只能接载主要人员上船逃走，其余未能撤离。

钦州战役结束后，中国人民解放军第二野战军第十三军进入十万大山追歼白崇禧残部，在上思歼敌 2000 多人之后，该军第三十七师奉命开进防城县追歼残敌，并负责解放东兴镇。

12 月 8 日早晨，中国人民解放军第二野战军第十三军第三十七师三个团的先头部队顺利渡过了石角和横江两个渡口，于上午 11 时抵达竹排江。中共防城县工委书记黄志英向部队首长汇报了盘踞在西灶、马路坳、竹山的敌军情况，并协助部队制订作战计划。随后，解放大军兵分三路向竹山之敌发动进击：一路沿着公蓬盐田前进，歼灭马路坳的敌人；一路经过公蓬盐田冲破榕树头大岭敌军的防线，直插白沙仔村展开歼灭战；一路经松柏大社山海氹北面包围盘踞在西灶村的残敌。经过两个多小时的激烈战斗，驻西灶村的400多名残敌全部被歼，马路坳和白沙仔村的敌军边打边退，慌乱地向海滩逃窜。解放大军三路合围，号兵吹起军号，杀声四起，敌人惊慌失措，拼命向海边逃跑，争相登舰，落水者不计其数。国民党接运船只不等装满，慌忙逃离竹山，余者被俘。这是中国人民解放军在钦州战役后最为激烈的一仗，歼敌1000余人，俘敌数百人，缴获大批枪支及其他军用物资。

8日下午3点多钟，黄志英率东兴军管会成员及地方干部和解放大军一起进入东兴，防城县全境宣告解放。

（二）京族聚居区各族人民对人民解放战争的贡献

人民军队在京族聚居区的军事斗争，得到了京、汉各族人民的大力支持和配合。

1. 一大批京族优秀儿女积极参加中共领导的游击队。山心村的利培伟、刘振显、林伟、刘扬伦，沥尾村的谭益胜、吴国治、阮亚三、陈诚珍、许光荣，竹山村的阮树德、阮树善、阮瑞业、施有华、陈增明、范贤章、邓景礼、凌发德等一大批京族优秀儿女纷纷加入游击队。特别是1948年4月初，正是国民党军队向十万山游击根据地大举"围剿"、地下党组织和游击队处于最艰难的时节，江平中学40多名师生，在中共地下党的教育、引导下，集体上山参加了十万山游击队，大大振奋了十万山游击根据地的士气，沉重地打击了国民党防城县反动统治当局。这批集体上山参加游击队的青年学生中，有许多是京族青年，如唐尚贵、阮佳、利培生、利培震、梁燕棠、陈振华、黄慈君等。这些京族子弟参加游击队后，随部队转战于防城、上思两县各地，参加了十万大山地区的反"清剿"斗争和配合南下大军解放广西的部分战斗以及解放初期的剿匪战斗，为人民解放事业做出了贡献，谭益胜、阮亚三、黄慈君等人为人民解放事业献出了宝贵的生命。

2. 京、汉各族群众千方百计支持十万山游击队。群众协助游击队员开展斗争：山心村林伟参加十万山山区革命后返回村中发动村民参加游击队，进村后藏身在一间破房子内，时值冬夜，他为了取暖，抱着一头小猪睡觉，一名京族群众发现后，悄悄给他送去了御寒的衣服。刘振显参加游击队后，部队常在江山乡白龙半岛上活动，其弟刘振声则经常用船给白龙半岛的部队运送粮食补给。山心小学教师黄兆泽开明通达，十分同情和支持革命。他是刘振显的老师，与刘振显之父刘扬举要好，常劝刘扬举将家中枪支交给刘振显带到游击队去。黄兆泽本人也多次运粮给十万山游击队。京族村落中的一些“白皮红心”的保长、甲长接到国民党政府拉丁抓夫的通知后，口头上应承，暗地里却通知要抓的人员悄悄逃走。

京、汉各族群众全力为部队筹粮筹款：1949 年 3 月 27 日，粤桂边区人民解放军第三支队组织袭击越南芒街的援越战斗前夕，竹山、西灶、松柏、牛轭岭等地群众，在南区交通站的发动下，踊跃向部队捐粮 2000 余公斤；同年 7 月 6 日，竹山攻坚战中，竹山、松柏等地村民又为部队筹集了大米 1500 多公斤；江平街京族群众段益延等人多次为山区游击队提供粮食和钱款。此外，还有一部分村民千方百计保护地下党开设的税站，特别是竹山村的京族村民。通过建立税站来开展税收工作，这是解决十万山游击根据地给养的重要措施。征税多少是根据地方经济发展状况、货物流量、税源大小、敌我力量等因素来决定的，而所征收来的每一分钱、每一粒粮食都是经过与国民党军警、地方势力进行激烈斗争甚至付出流血牺牲的代价换来的，都无比珍贵。当时，中共防城县地下组织在全县共建有税站 40 多个，竹山税站是其中一个。竹山税站离东兴只有五六公里，最为危险，但竹山又是水路进入东兴与越南的咽喉之地，商业繁荣，税源充足，相应征得的税款较多。竹山税站一直是驻东兴的国民党军警的眼中钉，国民党四次调遣军队进行“扫荡”和“清剿”，企图摧毁税站。但每次行动之前，当地“白皮红心”的乡长、保长、甲长和村民都会提前通知税站，掩护税站人员安全转移，使竹山税站成为当时防城县一个打不坏、摧不垮的红色税站。

3. 京、汉各族人民积极参战支前。1949 年 12 月 5 日，国民党防城县县长陈亨坦等人和驻东兴的海南特区警备司令部特务团、保安第九团及警察大队共 2000 多人撤离东兴，企图经竹山渡海外逃至海南岛。获取情报后，江平镇 200 多名民兵和 40 多名地方干部在中共防城县工委书记黄志英和南区区委书记何韵、江平镇镇长黄文的率领下赶赴竹排江阻击敌人，竹山村和巫头村民兵也组织起来，监视和阻挠敌人，以延缓敌人的行动。苏积辉、莫超芳两人受黄志英的指派到江平镇、江山乡征集船只，以便南下大军迅速渡过石角渡和横江渡，赶赴竹山围歼外逃之敌。当地京、汉各族船工听说解放军要渡河，纷纷踊跃参加征用。苏积辉、莫超芳两人一天就征用到 50 多艘船，为解放军迅速渡河，取得竹山歼灭战的全面胜利争取了时间。竹山歼灭战打响后，当地京、汉各族干部、民兵积极参加了战斗。一些被打散的国民党士兵涉水爬上巫头岛。配合大军作战的巫头村民兵中队，在中队长吴文清的指挥下，将敌人团团包围，共俘敌 30 余人，缴获长短枪 20 多支。

京族和京族聚居区军民援越抗法抗美的军事斗争

中越两国是友好邻邦，在越南人民反抗法国殖民者和美国侵略者的斗争中，中国人民给越南人民很多无私的援助。位于援越前沿的京族聚居区军民，为援助越南人民反抗侵略和争取民族独立解放事业展开了一系列军事斗争。

一、江平援越抗法志愿军

1915 年，越南人民不堪法国的殖民统治，各地燃起了反抗的火焰。巫头京族人裴六和东兴汉族人谭鉴西组织了一支共有 80 多名京、汉各族人参加的志愿军，支援越南人民反抗法国殖民统治。该志愿军从峒中、滩散出发，攻打盘踞于中越边境的两个法军据点，击毙法军军官 1 人、士兵多人。后回师潭吉，扩大了队伍，从北部湾乘船而下，攻打盘踞在越南青威、狗头两个小岛上的法军，虽然给法军造成一定威胁，但终因力量悬殊，屡攻不克，收兵返航。在经越南黑山时，志愿军被法军截击，猝不及防，损失很大。这次援越之战，虽然没有取得最后胜利，但充分体现出京、汉各族人民的国际主义精神，在京族聚居区军民援越抗法的斗争史上写下了悲壮的一页。

二、援越芒街之战

越南芒街与我国东兴隔河相望，是20世纪40年代越南海宁省（今广宁省）省会所在地，法国侵越后长期在此驻有重兵。正规军称“红带兵”，官兵系法国人和非洲人，指挥官为“金线四划”（相当于师职）。地方傀儡军称“蓝带兵”，官兵都是越南人和华人，头目黄亚生（“银线五划”）隶属四划官指挥。法国侵略者在芒街的主要兵力集中于高山屯，其余分布在四划楼、黑鬼楼、桥头哨所等地，营区筑有碉堡等防御工事，交叉布置火力，围墙有三四米高，布满铁丝网。

1949年2月16日，越南共产党派人持介绍信和一份芒街地图前来商请粤桂边区人民解放军援越抗法，帮助消灭芒街之敌。经过慎重的研究，中方接受越方的请求。3月10日，中方根据侦察到的敌情，制订出打入敌军内部里应外合、突然袭击的作战计划，并开始部署行动。以教育反正后继续留在法军内部当伪军的沈某为内应，趁芒街之敌征集新兵之机，精选战斗骨干11人分别应征进入敌军新兵连当士兵，掌握敌情，传送情报。同时秘密派人潜入芒街，利用在芒街的纪元商行为立足点，指挥调遣内应人员，保持他们与支队的联系。预定计划实现后，人民解放军当即决定成立以黎汉威副司令为总指挥的指挥机构，抽调战斗骨干编成400多人的团，并分成突击、掩护、警戒、运输四个中队，集中训练待命。同时，指挥员先后多次深入芒街实地侦察敌情，制订具体作战计划。

一切准备就绪后，这支援越部队于3月26日夜间从竹围大田村轻装出发，天明前到达距芒街2公里的罗浮村项有纪庄园隐蔽待命。3月27日上午8时，联络员带着几名“法国兵”回来,获得的情报显示:27日是礼拜日,法军照例放假，下午芒街足球场有球赛，法军必会去看球赛。于是，援越部队挑选部分突击队员穿上侦察员带回的法军服装分头演练。3月27日中午12时，总指挥部按预定计划，命令30多名伪装好的突击队员分成10个先锋行动组，分批混进芒街之敌的军营，熟悉地形，监视敌人行动，占领碉堡、要道。下午，突击组占领了敌人的高山屯据点，降下了法国国旗，并发出总攻信号，进攻敌军各个据点的战斗打响。我方潜伏部队迅速控制了敌营的大门、新兵营、黑鬼楼等主要据点。与此同时，埋伏在罗浮村项有纪庄园的主力部队迅速从绿林渡口过河，跑步前进投入战斗，激战1个多小时，黄昏时分战斗胜利结束。这次战斗，毙敌50余名，伤敌多名，俘敌120多名，缴获长短枪300余支、手榴弹1500枚、八一迫击炮1门、重机枪3挺、轻机枪23挺、火箭筒4具、子弹和炮弹10万余发（颗）、电台1部、印支币 3.6 万元、军用物资一大批。同时，救出了被囚禁的数百名中越两国的革命志士和无辜百姓。战斗中，王伯诚、黄培信等 7 名战士英勇牺牲。芒街之役后，巴黎报纸惊异法军在越南的惨重失败，巴黎的统治者惊恐万状。两广军阀、粤桂“剿总”张瑞贵惊叹：“钦防必将大乱，不可收拾了！”

三、友谊井

20 世纪 50 年代初期，越南北方尚未解放，越南国民革命军为反抗法国殖民统治，在与我国京族聚居区毗邻的越南茶古岛、芒街一带的革命活动十分频繁，其中有一支越南部队把活动的基地设立在我国京族聚居的沥尾村。晚上，他们从尾村渡海到越南茶古岛、芒街一带进行革命活动，结束之后又乘船回到沥尾居住。这支部队纪律严明，对当地群众秋毫无犯，还帮助当地群众打扫卫生、干农活，与群众一起拉大网。沥尾的京族群众像爱护中国游击队一样爱护这支越南部队，经常问寒问暖，并送去粮食、食盐、柴火等物品。每当有战斗任务，部队出发后，所留下来的伤病员都是由沥尾村的群众照顾。这支部队与当地群众结下了深厚的友谊。后来，随着越南北方的解放，这支部队离开了沥尾村，当地京族群众仍常常回忆和谈论这支部队，并把他们使用过的水井取名为“友谊井”，以示纪念。

四、援越抗美物资的过境运送

1964 年 8 月，美国制造了北部湾事件，并以此为借口宣布越南民主共和国攻击美国位于公海上的军舰。美国国会于 8 月 7 日通过了《东京湾协议案》，“授权总统以他的判断动用包括武装力量在内的一切行为来应对此事件”。1965 年 3 月 8 日，3500 名美国海军陆战队队员在越南岘港市登陆，成为第一批侵犯越南北方的美军。1965 年 7 月 24 日，美国总统约翰逊将美国驻越南部队增至 12.5 万人，美国第一〇一空降师约 4000 人进入越南。1965 年 8 月后，约翰逊总统批准了“滚（轰）雷行动”，美军在越空中作战能力大规模提升，并出动大批海空力量不断地对越南北方进行狂轰滥炸。为援助越南抗击美国侵略者，我国从人力、财力和物力为越南提供了大力支持，东兴口岸成为我国援助越南抗战物资过境的主要口岸之一。9 月，我国第一批大宗援越物资从东兴出境运到越南。随着越南抗战形势的发展，经由东兴出境的援越物资越来越多，并逐年增多，直到 1973 年 3 月越南抗美战争结束后，东兴口岸才结束了援越抗美特殊物资过境任务。对援越物资运输、管理和出境，中共东兴各族自治县委员会和东兴各族自治县革命委员会（后来的县政府）协同有关部门，加快物资过境速度，力求尽快把物资运交越南人民，未发生过因为工作过失而延误的现象。

1968 年 3 月 22 日，毛泽东主席批准紧急修建用于援越的防城港口码头和企沙船厂，京族聚居区民兵积极参加。经过紧张施工，至 1969 年底，港口码头和船厂竣工使用。1972 年 5 月，侵越美军加紧对越南铁路、公路运输的袭击破坏，并在海上布雷封锁，越方向中方请求援助。根据周恩来总理的指示，广州军区组织部队和民兵分别在凭祥、东兴铺设输油管道。钦州军分区在东兴抽调民兵组成民兵团，配合部队日夜抢建东兴输油管道工程，仅用一个多月就完成油管铺设、泵油站和机务站建设、电话线架设等任务。同年 5 月 14 日，周恩来总理批准启动在渔村建设的“322 工程”，开辟中越海上隐蔽航线——“海上胡志明小道”，运送援越抗美物资。广大船员、民兵冒着敌机轰炸和海上触雷的危险，将各种援越物资由“海上胡志明小道”运往越南，有力地支援了越南人民的抗美斗争。1973 年 7 月，以越南交通运输部副部长郑玉叠为首的授勋代表团受越南民主共和国国会的委托，专程来到广西，为转运援越抗美物资的有功单位授勋，其中授予防城港口码头、企沙船厂、北海航运分局参加隐蔽航线运输的 20 艘货轮“一级抗战勋章”。

五、京族儿女血洒援越抗美战场

1965 年初，应越共中央和胡志明主席的请求，中共中央和中央军委决定派出部队赴越南援助越南人民的抗美救国斗争。为了解决越南语翻译人员不足的问题，中央军委决定在京族聚居区征选一部分懂得越南语的京族青年担任翻译并随部队开赴越南。京族子弟积极响应祖国的号召，踊跃报名参加。沥尾大队妇女苏明英，她的孩子当时未满周岁，全家 7 口人的生活全靠她和丈夫孔继彬负担，但她想到援越抗美紧要，便带头为丈夫孔继彬报了名，并赶到近 100 公里外的防城港口工地告知丈夫。孔继彬非常赞同妻子的做法，欣然走上了援越抗美前线。

从 1965 年 3 月开始，这些京族子弟（根据东兴市公安局提供、各村委上报和在职人员简历综合统计共 104 人）分期分批被送到桂林进行集中培训。经过培训，从 1965 年 6 月开始，这些京族子弟除了少数人因身体不适返家，绝大部分人先后随援越部队经广西凭祥友谊关、龙州水口和云南河口等地出境赴越南，分别被安排在防空高炮部队、铁道兵部队和工程兵部队担任越南语翻译，随援越部队征战于越南的高平、谅山、黄连山、莱州、北江、北宁等地。当时，美国飞机对越南北方狂轰滥炸，援越部队吃住均在山洞内。担任越南语翻译的京族青年与参战部队的官兵一起，忍受着美机日以继夜的轰炸和炎热潮湿的气候、毒蛇恶蚊的威胁等恶劣的自然条件，冒着生命危险，不分昼夜地工作了三四年。其中，60 多人荣立了战功，42 人在火线上加入中国共产党，39 人加入共青团，绝大部分人荣获越南政府总理范文同于 1969 年 10 月 10 日颁赠的“团结战胜美贼”的证书和军功章。

沥尾村的罗周德，父母早逝，要抚养两个未成年的妹妹，为支援越南人民的抗美救国斗争，他毅然把两个妹妹托付给亲戚，应征随军赴越参战。他在战场上表现英勇，受到援越部队和越南人民军的赞扬。在 1966 年 8 月 21 日的反空袭战斗中，他坚守岗位，不幸英勇牺牲，为越南人民的抗美救国事业献出了宝贵的生命，年仅 20 岁。

据统计，应征担任援越抗美部队翻译人员的京族子弟共 104 人：巫头村 31 人，山心村 25 人，沥尾村 40 人，江龙村 7 人，贵明村 1 人。

京族和京族聚居区军民保卫边海防的军事斗争

为了保卫祖国的边海防，清末以来，京族聚居区军民展开了一系列军事斗争。

一、京族聚居区边海防军事设施建设

中法两国勘定中越两国陆地边界后，清军海口恭府管带琼军右营统领陈良杰于清光绪十三年（1887 年）至清光绪二十一年（1895 年）征募当地京、汉各族民工，共花八年时间，在白龙半岛白龙尾尖端的珍珠港周围的山丘上修筑了四座炮台，总称为白龙炮台。中华人民共和国成立之前，白龙炮台是京族聚居区比较重要的边海防军事设施。四座炮台形成半月形，东面有龙骧、银坑两座炮台，西面有龙珍、白龙两座炮台，炮台建筑雄伟，为水泥海石条块砌体结构，至今保存基本完好。炮台有地下室、通道，两侧有深六米的兵房、弹药库，再登上 18 级台阶的掩蔽坑道，便是两座水泥结构的月牙形露天炮座发射台，发射台长七米、宽三米，四壁高约一米，后壁有拱门形弹仓，每座炮台装有从英国进口的口径 100 毫米大炮（粉炮）两门。白龙炮台地下室大门的门楣有一残旧石刻，上面刻着“清光绪二十一年（1895 年）仲夏吉旦，白龙台署海口恭府管带琼军右营陈良杰督建”字样。

中华人民共和国成立之后，在京族聚居区，除了维修原有的旧防御工事，还建设了许多新的军事设施，如地堡、岗楼、哨所、掩体、交通壕、坑道等；还不断完善战备通信设施，如战备公路、巡逻点、部队后勤供应站点、雷达观测站等。从1956年开始，为了防止台湾美蒋特务空投和从海防线上潜入，先后在京族聚居区建立了对空监视所18个、边海防临时哨所58个，建立了海陆联防制度。

二、京族聚居区的民兵组织建设

中华人民共和国成立前，京族聚居区所属的边海防地区是十万山游击队经常活动的区域，当地京、汉、壮、瑶各族人民保留着光荣的革命传统，民兵工作的基础一直较好。中华人民共和国成立后，民兵组织建设进一步加强。特别是1962年6月19日，毛泽东主席发出“民兵工作要做到组织落实、政治落实、军事落实”的指示之后，各级党政军领导高度重视民兵组织建设。经过县、乡两级人民武装部的努力，京族聚居区的民兵组织建设取得长足的发展，民兵的组织建设工作进一步落实：各村均建立了民兵营，下辖连、排、班；民兵组织的武器装备也更为精良；民兵的政治教育和军事训练的时间更有保障，各种民兵组织不断开展国防教育、形势教育和军事训练，政治素质和军事素质不断提高。在京族人口较多且地处边海防一线的竹山村、江龙村、巫头村、山心村、沥尾村，民兵组织建设工作更是表现突出。

竹山村的民兵一直是京族聚居区一支重要的武装力量，中华人民共和国成立前夕至20世纪60年代初曾多次配合部队作战，在竹山歼灭战、清匪反霸、反间防渗、反偷渡、反偷登、反走私等战斗中多次荣立战功。20世纪60—70年代，江龙大队民兵营是东兴各族自治县武装部和江平公社武装部手中的一支重要的机动武装力量，其队伍编制人员多、武器装备好、军事素养高、机动能力强，多次参加急、难、险、重的军事行动，也多次代表东兴各族自治县民兵参加在广州军区举办的民兵军事技术表演，均出色地完成任务。营长吴文廷（京族）曾出席全国民兵英模大会，受到中央首长接见，并获奖一支半自动步枪。沥尾岛的民兵营是一支由京族子弟为主的民兵队伍。这支民兵队伍革命热情很高，斗志昂扬，政治素质和军事技术都过硬。他们一手摇桨，一手拿枪，活跃在建设海岛、保卫海岛的第一线上。沥尾岛的民兵营下设女民兵连，全连共120多名女民兵，连长兼指导员由苏明英担任。沥尾岛民兵营还自创了《民兵之歌》，田地里、海滩中、训练场上，常常响起民兵们嘹亮的歌声：

我们是京族民兵，
日夜生产勤练兵。
牢记党的话儿，
紧握手中枪，
誓死保卫祖国边疆。
为加快祖国建设，
耕田捕鱼我们勇当先。
毛泽东思想学深透，
方向明确，立场坚定。
一、二、三、四，
一手拿桨，一手拿枪，
民兵们勤劳勇敢，
警惕监视敌踪。
民兵们呀团结一致，
敌人敢侵犯，
坚决把他全歼！

京族聚居区的民兵为建设和保卫祖国边海防做出了巨大的贡献。他们不但在农渔业生产、水利工程建设、围垦造田、植树造林、铁路公路建设、抢险救灾、维护社会稳定等方面发挥了骨干作用，而且积极协助和配合部队作战，如充当向导、翻译，负责宣传工作，封锁边境，组织防御，防间反渗，瓦解敌军，对空警戒，运送物资，救护伤员，守护重要目标等，在打击来犯之敌、保卫边海防方面战功卓著。

三、粉碎美蒋特务“沿海偷登”图谋

20 世纪 50 年代末 60 年代初，我国遭遇三年严重困难。国民党台湾当局在美国支持下，叫嚣“反攻大陆”，从 1962 年起向东南沿海散发反动传单，派遣武装特务。1963 年 6 月以前派遣的八股特务分别在江苏、浙江、福建、广东登陆，均被人民解放军和民兵歼灭。国民党台湾当局不甘心失败，又派武装特务在京族聚居区沿海一带偷登，企图从这里潜入大陆。

1963 年 7 月 18 日，国民党台湾当局“国防部情报局”派遣的“广东省反共救国军独立第四十一纵队”26 人，分乘两艘机帆船，由头目郑其绍率领，在台湾淡水港起航，于 7 月 23 日下午 5 时到达越南休整。两天后，继续北上，于 28 日晚 8 时左右到达东兴各族自治县京族聚居的沥尾岛正南海面约 30 海里处，然后换乘汽艇，计划在沥尾岛与白龙尾之间的珍珠港海岸登陆。

敌人偷登的企图早已被我方情报机关获悉，敌特的行动、船只一直在我方监视之中。根据上级通报的敌情和“放进来”“关门打狗”的方针，东兴各族自治县迅速按照“宽正面、大纵深”的歼敌部署，出动 2.4 万多名民兵配合部队，设置了三道防线，白龙半岛、沥尾岛、巫头岛和竹山村沿海海岸为第一道防线，防止漏网之敌潜入十万大山。各地采取“三包”（县干部包片，大、小队干部包段，民兵包哨点）和“四定”（定地段、哨位、人员、任务）的措施，白龙村、沥尾村、巫头村、潭吉村、江龙村、竹山村等沿海村屯更是全民皆兵，千万双眼睛紧盯着海面，就等敌特钻入早已布下的天罗地网之中。

这股台湾武装特务的头子郑其绍，是东兴各族自治县那良镇人，中华人民共和国成立前担任过国民政府那良乡治保主任、联防大队副队长，多次往来中越边境贩卖鸦片，对中越边境东兴地段相当熟悉，为人也十分机警狡猾。当敌船航行一段时间快要接近白龙尾和沥尾岛时，郑其绍发现我方防守严密、情况不妙后随即改变航向，29 日凌晨 1 时率部在沥尾岛对面的越南海宁省海岸登陆，企图从越南进入中国境内。敌特进到峒中边境偷窃，被峒中民兵梁仕芳发现并报告给派出所，我方将情况转告了越方，越方将这股特务全部歼灭了。

10 月，台湾“国防部情报局”派遣的“广东省反共救国军独立第五十一纵队”企图从北部湾偷偷登陆。这股特务共 21 人，由头目宋岱经率领，于 10 月 16 日从台湾起航。17 日，东兴各族自治县领导接到敌情通报后，制订了周密的作战计划。21 日，敌船进入北部湾后，企沙、白龙、沥尾、巫头、竹山一带沿海全线戒备，7100 多名民兵布下各种岗哨 466 处。为防敌从越南偷登潜入，还沿着 100 多公里的中越界线布下监视哨 65 个 460 人，另有集中待命的民兵 1300 多人。敌特慑于解放军和民兵的威力，窜至越南茶古岛海岸偷登，被越南军民全歼，宋岱经当场被击毙。至此，国民党台湾当局企图在京族聚居区沿海偷登大陆的梦想宣告破灭。

四、罗瑞卿总参谋长视察京族聚居区边海防建设

20 世纪 60 年代初期，北部湾是一个敏感的海域。台湾当局在北部湾沿岸偷

登进而图谋反攻大陆，邻国越南的战火又越烧越旺。

1954 年奠边府战役后，法国退出越南。根据《日内瓦协议》，越南暂以北纬 17 度分界，建立了南、北越政权。这两大政权为争夺越南全国领导权不断斗争。特别是南越吴庭艳上台后，斗争日趋激烈。美国出于全球战略的考虑，大力支持南越政权。1961 年 5 月，美国总统肯尼迪派遣一支特种部队进驻南越，侵越战争由此开始。

为阻止北越对越南南方民族解放阵线在物资和军事上的支持，南越海军对北越沿海军事基地展开打击。美国则以电子战支持，即派出舰艇靠近北越军事基地，引诱沿岸军事设施使用雷达，从而暴露位置，再由南越海军炮火摧毁。由于美国的介入，战争逐步升级。地处中越边境的京族聚居区沿海，战略位置的重要性进一步凸显。

1964 年 4 月，国务院副总理、中国人民解放军总参谋长罗瑞卿，在有关部门负责人的陪同下，视察了东兴、江平、白龙等处的边海防建设，对进一步加强中越边境地区的边海防建设做了指示。

五、防空部队击落入侵美国军机

（一）击落美国军机

20 世纪 60 年代中后期，美国不但对越南北部进行狂轰滥炸，而且不断出动军机在北部湾公海上对我国从事正常生产的渔民、渔船进行轰炸和扫射。美国军机还多次侵入京族聚居的东兴各族自治县上空，对中越边境中方地区进行轰炸和扫射，公然向中国人民发起挑衅，激起我国人民无比愤慨之情，遭到我国政府的强烈谴责，也遭到中国军队的迎头痛击。

1967 年 7 月 12 日下午 5 时许，美国 4 架 F-105 型战斗机入侵东兴西南上空，向中国边防部队驻地发射响尾蛇火箭两枚，打伤解放军战士四人，炸毁葵棚营房数间，中国空军战机当即起飞迎击，美机仓皇逃窜。

但敌人是不甘心失败的。1967 年 8 月 20 日下午，祖国南疆天空白云朵朵，群众正在田间劳动，忽然听到上空响起飞机的轰鸣声，平时受过防空教育的民兵、群众机警地判断：美国飞机又来进行挑衅了！正在这时候，“轰”的一阵巨响，天空出现一股浓浓的黑烟，有两架飞机急剧下坠。大家知道，入侵的美国飞机受到了惩罚，大家高喊：“美国飞机被打下来了！”顿时，村中、田间、山上一片欢腾。

当大家热烈欢呼的时候，空中却出现了几个小白点，慢慢下落，那是美国飞行员跳伞了。民兵、群众一面喊，一面回家拿枪、扁担、铁铲、锄头，从四面八方奔向降落伞降落的地点，很快就把这个地方团团包围起来，可上前一看，只见降落伞却不见美国飞行员。大家立即翻过陡坡，穿过密林，开始紧张地搜山。冲在最前面的基干民兵陆关林认真四处搜索，突然在杂草中发现了美国飞行员，立即大声喊:“飞贼在这里！”他边喊边紧握手中扁担向美国飞行员冲过去，大声喝道:“举起手来，缴枪不杀！”平时一贯为非作歹的美国飞行员不知中国民兵手上拿的是什么武器，吓得脸色苍白，浑身发抖，跪在地上战战兢兢地举起双手，嘴里不断地求饶。这时其他民兵、群众也赶过来，收缴了美国飞行员的手枪和收发报机。这时，美国飞行员指着胸前叽里咕噜地不知道说什么，民兵立即上前搜查，搜出他贴身放着的一份用 13 国文字印成的投降书，内容是假如释放他回家，可获重酬等。大家看了又气又好笑。此后，陆关林扁担捉飞贼的传奇事迹很快传开，他也成了京族地区家喻户晓的民兵英雄。

这次空战中，我国空军某部击落美国海军 A–6A 型军用攻击机两架，活捉美国飞行员一名，三名美国飞行员死亡。美国飞行员罗伯特・弗林被活捉时战战兢兢地对中方懂英语的军医说:“我刚跳伞下来，这么快就被你们抓住了，真想不到。我原以为在这样的大山里降落，不会碰到什么人，谁知刚刚跳下来就被那么多人围住了，真可怕啊！”与罗伯特·弗林同机的美国海军少校吉米·巴克利在飞机被击中起火时急忙跳伞逃命，结果摔死在板八江口的半山八角林里，搜索人员将其从八角树上移到地面，搜缴其武器、证件等物品后就地掩埋。当罗伯特・弗林的飞机被击落后，另一架美机想逃回，但被我国战机追上，并以猛烈炮火将其打得冒烟起火，坠毁在宝鸡岭大山中。驾驶该架飞机的美国海军中尉戴恩・斯特科的尸体于 8 月 23 日被找到，中尉福雷特・特布斯利的尸体落在人迹罕至的深山老林中，相隔 20 多天才找到。中方军民本着人道主义精神都给予妥善掩埋。

1972 年中美关系解冻后，尼克松访华时向周恩来总理提出：要求放回被俘的飞行员和寻找死亡飞行员遗骸。周恩来指示有关部门办理此事。1973 年 4 月 7 日，空七军作战处人员同东兴各族自治县武装部作战参谋麦秀高一同起出美国飞行员吉米・巴克利的遗骨，由广州军区派直升机送走，而戴恩・斯特科和福雷特・特布斯利的遗骸由于事隔多年且山高林密难以寻觅，没有找到。

（二）击落美国无人高空侦察机

1967 年 9 月 17 日中午，天空晴朗，万里无云，江平公社的京、汉各族人民同往常一样，有的正在田间劳动，有的正在江平街上赶圩，各小学和江平中学的学生正在午休。思勒大队妇女潘李氏从沥尾村探亲回来，正挑着一担鲶汁走在尾村通往潭吉村的海滩上，江龙大队符屋生产队符娟等几个小姑娘赶海归来，正走在潭吉村对面的下佳邦的基围（海堤）上，突然间晴空一声霹雳，地动山摇，数团红色的火焰在天空中闪烁，震得潘李氏摔坐在地上，整担鲶汁洒在沙滩上，符娟等几个小姑娘也被震得从基围上滚到基围下的海滩上。几个小时之后，驻潭吉的部队乘着军车开拔了。江平公社的群众都在议论着中午的晴天霹雳，不知道发生了什么事。

原来当天中午，一架美国无人驾驶的高空侦察机入侵东兴各族自治县上空，被驻潭吉村的我国导弹部队击落了。

1964 年开始，侵越美军便不断出动无人驾驶高空侦察机，对越南北方进行大面积侦察，还不时入侵我国广东、广西上空进行侦察。无人机与有人驾驶的 U–2 型高空侦察机比较，其优势是造价低，体积小，红外线辐射弱，雷达不易发现，生存力强，即使被击落，也不会造成人员伤亡。所以当时美国使用 U–2 型高空侦察机的同时，更多地使用无人驾驶高空侦察机。据资料统计：美国在侵越战争期间，使用无人机拍摄的照片占全部航空侦察片的 80%。为回击美国的战争挑衅，1967 年毛泽东签发作战命令，地空导弹部队三个营在八九月间机动到广西设伏，专门打击入侵的美国高空侦察机和战斗轰炸机。这三个地空导弹营各击落一架无人机，而在东兴各族自治县江平公社潭吉村设伏的导弹三营则首开纪录，在当年 9 月 17 日将入侵东兴的美国无人高空侦察机击落，即上文出现的那一幕。

当年，导弹三营开进潭吉村设伏时，遇到许多难以想象的困难，京族聚居区的各级干部和民兵、群众为部队的开进做出了重大的贡献。

当时，导弹三营乘火车到宁明，准备开进东兴。从宁明到东兴，全程 393 公里，没有铁路，靠汽车开进，难度极大。因为这 393 公里的路程，山多、水多、桥梁多。其中有木桥 39 座，渡口两个，且有许多涵洞。这些木桥最大载重量只有 8 吨，而导弹三营的车辆最大载重达 40 吨（载兵器车），这些车辆要过茅岭、防城两个渡口，渡口的木船根本无法运载这些车辆。这些困难如何解决？这时离命令要到达设伏地点的时间只有八天了，这 39 座桥梁和两个渡口怎样通过？导弹三营领导和上级首长拿着毛泽东主席签发的按时到达指定位置的命令向东兴各族自治县的相关部门求助。东兴的相关部门深感任务艰巨，立即开会研究，派出得力干部到沿线乡镇发动群众全力以赴搞好支前，确保部队顺利开进，按时到达指定位置。经过动员，立即出现党员、干部带头，民兵上阵，群众齐出动的场面。要人出人，要物献物，连续奋战六个昼夜，按要求完成沿线改造，这其间涌现了许多动人的事例。

到了第七天，导弹三营的领导和上级首长由东兴各族自治县领导及交通部门等有关同志带领到沿线查看，发现桥梁、渡口以及大小涵洞发生了巨大变化，符合车辆通过的要求。原来 39 座桥梁全部用木头加固，用钉钉牢，大小涵洞也用石头水泥加固。为了桥梁加固工程，沿线生产队几乎用尽了积存的全部木材，许多群众把盖房的木梁也拿来用上。在茅岭的宽阔渡口，一艘 15 米长的大渡船满载着装有石头的大油桶正在试渡。一位老船工说:“大石头经过磅,足足有 40 吨。”

第八天，导弹三营顺利开进东兴各族自治县，到达指定位置——江平公社潭吉村。这里是北部湾畔，导弹阵地选择在海滩隆起的一块平地上。车队隆隆地开进阵地，第一辆车开进去了，第二辆跟着开进，但突然陷入地下，地下冒出黑色的泥浆，经过努力，好不容易才将陷在泥里的车拉了上来，其余车辆再也不敢开进了。

原来，这块平地上面的几十公分土层很坚硬，但下面全是烂泥浆，表面是看不出来的，一般车辆开上去也没有问题，可是却无法承受像导弹三营那样的载重车的。怎么办呢？改换阵地吗？时间来不及了，附近也没有可以摆放这种载兵器车的平地。东兴各族自治县武装部派来的作战参谋麦秀高等同志与防城驻军团政委王文才（当时他带两个连来支援阵地建设）会同导弹三营领导召开会议，发动大家想办法。潭吉村及其周围的巫头、沥尾、江龙都是京族村，前一年美国军机在北部湾公海残杀京族渔民陈成伟等人的惨景村民还记忆犹新。听说部队要打美国飞贼，遇到困难，京族群众便积极地想办法、出主意，竭尽全力提供帮助。结果，民兵、群众出动 2000 余人，男女老少挑的挑、扛的扛，连续奋战三个昼夜，运来石头 2000 多立方米、木材 100 多立方米。大家将粗大的圆木用铁丝、钉子串连起来，放在石头上，大大加强了地面的承受力，而载兵器车架在这样的木排上就解决了下沉的问题。一个原来根本无法想象的阵地建起来了——木排上架阵地，江平公社的民兵和群众的智慧得到赞扬。

导弹三营阵地建好，兵器摆开，立即进入临战状态。1967 年 9 月 17 日 11 点 27 分，据敌情通报：小型飞机一架，高度 19000 米，时速 750 公里，位于导弹三营正南方向 300 公里北部湾上空，航向正北向导弹三营直线临近。随即上级指挥所通知导弹三营：直线临近的是美国无人侦察机，并命令坚决打掉！ 12 时 1 分，敌机距离 37 公里，航路捷径 17 公里，导弹三营营长下达射击命令。12

时 2 分，敌机距离 27.05 公里，三发由我国制造的“红二”地空导弹升空，无人机被击中，残骸坠落在阵地西北方向 18 公里处的马路公社马路大队橡胶林地。当地民兵很快出动，警戒并保护现场。东兴各族自治县武装部立即派作战参谋麦秀高带领人员赶到现场，同已到达的导弹三营修理所所长廖广宁等商量搜索现场及处理无人机残骸等事宜。

打下的无人机残骸除被削去一截机翼，坐舱有一道裂纹外，基本完好无损。

为防备敌人报复，导弹三营立即转移到华石公社选择有利地点布防。这时，中央军委给部队发来嘉奖令，东兴各族自治县相关领导前去导弹三营慰问，附近公社的干部、民兵、群众也纷纷慰问立下战功的子弟兵，军民亲如一家。

六、边海防线上的忠诚卫士

中华人民共和国成立后，一大批京族子弟先后走上保卫祖国的战斗岗位。这些京族子弟，分散在祖国的边海防线上，尽管各人的具体任务不相同，但职责目标是一致的，那就是守卫好祖国的边海防线，不让敌人有半点可乘之机。数十年来，这些京族子弟，一批批、一年年地战斗在祖国的边海防线上，出色地完成了祖国交给的光荣而又艰巨的任务，用自己的青春和热血书写了对祖国的无限忠诚，涌现出苏世东、黎积权、阮成、杜锦荣、谭海兵等一批师、团（处）级领导干部和梁海峰、杜福强、黄尚忠等一批英烈人物。

改革开放以后，一批京族子弟先后进入边防检查站工作，其中一些人走上了领导岗位。如阮成章担任了凭祥友谊关检查站站长，孔继彬担任了东兴边防检查站政委，吴传光担任了广州白云机场边防检查站副站长，苏明德担任了深圳边防检查站副站长。这些京族子弟在工作中抵住了诱惑，始终把祖国的安危、人民的幸福放在第一位，与渗透的敌特、走私分子、贩毒人员等展开惊心动魄的斗争，一次次挫败了危害祖国和人民的罪恶阴谋。在办理由国家特批参加北京亚运会的越南体育代表团 100 多人（越南国家议会副主席武元甲带队）的临时入境检查等重大的特殊业务活动中，既捍卫了祖国的尊严，又体现了我国友好大度的大国风范。

此外，陈仁信、阮伟雄、陈润安等京族子弟，则带领京族民兵坚守在边海防哨所，日夜巡查在边海防线上。这些最基层、最平凡的京族子弟，同样创出了不平凡的业绩，撰写了许多动人故事。

1. 海边伏击战

1980 年夏秋之交的一天夜里，北部湾海面突然刮起了六级大风，顿时暴雨倾泻，海潮上涨。京族聚居区民兵小分队潜伏组在组长阿明（化名，以下海上参战人员亦采用化名）的带领下，正冒着大雨在红树林中潜伏，警惕地注视着海面，随时准备打击入侵之敌。凌晨 1 时 30 分左右，组长阿明发现前方约 800 米处闪现出两道微弱的灯光，他马上命令潜伏组人员严密观察，做好战斗准备。不久，潜伏的民兵便隐隐约约看见两个黑影一前一后向伏击圈摸来。当黑影进入伏击圈时，阿明一声令下，潜伏的民兵一齐向黑影开火，一个敌人当场被击毙；另一个敌人见势不妙，边开枪抵抗，边往海里逃。看到敌人想逃，潜伏的民兵紧追不放，就在这个敌人跳进海里的同时，民兵也赶到并跳入海中将其围住。敌人慌忙潜入水中企图逃跑。此时，民兵阿东也潜入水中，紧紧抓住敌人。接着，敌人又拼命挣扎着冒出水面，拔出匕首，朝阿东刺来，匕首被及时赶到的阿明挥拳击落。这时民兵阿建也赶到，将这名敌人活捉上岸。此次战斗取得了击毙和活捉敌特工各一人，民兵小分队无一伤亡的战果。事后不久，上级武装部召开了庆功大会，给阿明、阿东、阿建三位民兵分别记三等功。

2. 海上歼敌战

1987 年夏的一天，晚上 12 时，潮涨浪大，云厚月暗，京族聚居区某乡武装部部长阿才、武装部干事阿武带领民兵阿善、阿德、阿发、阿雄四人分乘两艘小木船迎着涨潮逆流在海防线上巡逻，严防敌特入侵。阿才、阿德乘坐由阿发执桨的船行驶在前面，阿武和阿善乘坐由阿雄执桨的船只紧随其后，两船相距 10 多米。

此时，四名武装敌特分子分乘两艘船（前、后船拉开 200 多米的距离）顺着涨潮，深入我方海域。行驶在前面的敌船驶入早已潜伏在此的我方两船之间，并撞到我方一艘船的船头。一直以战斗姿态侧卧于船舱的阿善趁对方手电亮起的瞬间，看到敌船的两名敌特分子端着冲锋枪，黑洞洞的枪口正对着自己，阿善眼疾手快地扣动手中微型冲锋枪扳机先敌开火，一串子弹把立在船头正欲射击的那个敌人击倒，“扑通”一声，中弹的敌人连人带枪跌入海里。另一艘船上的阿德也同时扣动扳机向敌人射击，船尾那个正想朝阿善开枪的敌特也中弹倒下。由于光线太暗看不清船上是否还有敌人，民兵小分队继续开枪扫射。行驶在后面的敌船听到枪响知道已中伏击，赶忙掉头逃命，并胡乱开枪射击，一时枪声大作。民兵小分队当机立断，两船一前一后，前船探路，后船断后掩护，顺利撤离战场。

这次海上歼敌战，共击毙敌特工两人，我民兵小分队无一人伤亡。

3. 海上包抄战

1989 年夏的一天下午，天空灰蒙蒙的，海面上弥漫着浓雾，正在担任执勤任务的民兵阿积，凭借着多年练成的那一双“雷达眼”，发现距离他1500米处的海面上有一艘机动船正朝我国方向驶来。阿积从以往敌我船只的活动规律和船上乘员的举动，敏锐地判断出这是一艘敌船，船上有武装人员。他立即向上级报告，武装部副部长阿雄闻讯后，迅速组织民兵分两路对来船进行包抄围捕。当民兵们接近敌船时，敌船上的武装人员见势不妙，企图持枪反抗。阿积与其他民兵因平常训练有素而很快制服敌人，最终船上的敌人都被擒获。

此次战斗，俘虏敌军少校团长等官兵五人，并缴获冲锋枪三支，子弹90发；“五四”式手枪一支，子弹八发；“五九”式手枪一支，子弹六发；八倍望远镜一副；防御作战图一份；作战文件、资料、地图、海图等物品一批。

民兵哨所受到所在军区的嘉奖，荣立集体二等功。民兵阿荣、阿积、阿文荣立个人二等功，阿洪、阿雄、阿新荣立个人三等功。

4. 例行边贸检查，打击走私犯罪

1989年5月，哨所四位民兵在检查一艘进入边贸点的外国船只时，发现一名外籍人员正与中国商人进行非法交易，便果断对交易物品进行收缴。外国商人见势不妙，连忙从口袋掏出一沓崭新的人民币，满脸堆笑地说：“只要几位兄弟‘私了’，我给每人500元……”民兵阿军听后严肃地予以拒绝。参与非法交易的中国商人看到民兵态度坚决，上前劝说：“好兄弟，别犯傻了，现在手里有枪，不捞白不捞，嫌少吧，我再给每位加一点。”但不管他们怎么花言巧语，四位民兵始终不予理睬，不为所动，并把他们押送到边贸管理部门。1989年9月的一天，哨所民兵对一艘装载大米进入我国境内从事边贸生意的外籍船只进行例行检查时，船主敬烟奉茶忙个不停，但当哨兵们提出要开启船舱进行检查时，船主则赔笑说：“找不到钥匙。”他还说：“保证没有违禁物品。”哨兵们并没有被他们的伪善迷惑，坚持搜查船舱，当场查出一挺重机枪、两支半自动步枪和几箱弹药。当哨兵们把船主连同枪支押下船时，船上的其他几个外国人气势汹汹地一拥而上，企图抢人夺枪。民兵阿辉见情况紧急，一个箭步冲上前去，施展擒拿手，瞬间放倒两个外国人。其他民兵也一齐动手，把船上的外国人和枪支一起扭送到公安机关。类似这样的事例还有很多，不能一一列举。据统计，仅1990—1991年两年的时间里，京族民兵哨所在对进入我国境内开展边贸交易的外国船只开展例行检查时，就查获各种枪支16支、子弹2064发、手雷6枚、军用地图8份，还有作战文件、望远镜等军用物品一批，为祖国的安宁做出了自己的贡献。

社会事业

教育事业：从“瞎子岛”到九年制义务教育的普及

京族聚居区的教育事业 100 多年来发生了巨大的变化，实现了从“瞎子岛”到普及九年制义务教育的历史性飞跃。

一、京族聚居区百年教育事业的发展变化

旧中国，京族聚居区的教育事业十分落后，特别是京族人口最多的江平镇。晚清时期，巫头、沥尾、山心、红坎等京族聚居村落只有三四个私塾点，私塾点一无固定校址校舍，多用私宅设馆招生，学生无桌椅，用竹篾席地盘坐书写诵读；二无固定师资，东招西聘；三无办学连续性，办办停停，每个私塾点学生很少超过 10 人，且中途辍学者居多。

清光绪十三年（1887 年），在江平街的三婆庙有人办起了一所南服书院，这是江平地区有史以来的第一所小学。书院始设初级部（相当于小学三四年级）和高级部（相当于小学五六年级）两个班，学生 40 多人，教师两人，以教《三字经》《千字文》等和珠算为主。学生一般是从各村经私塾学习后招进来的。1912 年后，南服书院更名为江平国民小学。1928 年秋，山心岛开办了国民初级小学，由群众集资、拨庙地（租）作办公经费，校长、教员各一人，京族学生有 20 多人。1929 年成立了红坎国民初级小学，教员一人，京族学生不满 10 人。1940 年，沥尾岛设立国民初级小学，以康王庙做教室，教员两人，京族学生有 10 多人。

1946 年设立巫头国民小学，以庙宇做教室，教员一人，京族学生有 10 人。当时所办小学，每所校舍面积不足 100 平方米，教室狭窄，复式教学，无任何教学仪器和体育设备，仍带有私塾色彩，办学处于有钱就办、没钱就停的放任自流状态。京族聚居区的其他乡村学校也大体如此。

1938 年，由东兴毛湘澄先生发起，地方乡亲捐资，在原东兴简师的基础上成立了明江初级中学，1943 年增设高中部。1943 年秋，由江平街吴国晋、邓冠英、侯晋等乡绅发起，在江平南服书院内开设了一个初中班，招收初中一年级新生 50 多人，取名为防城中学江平分教处，次年，正式定名为防城县立江平中学。1944 年秋，该校迁到江平街西面的寨头村，一直至今。

20 世纪 30—40 年代，京族聚居区算是有了小学、初中和高中，但由于国民政府腐败，教育投资有限，当地京族村民生活困难，来校读书的学生很少。有些虽然名义上入学，实际上经常不来上课，年龄稍大的孩子要常在家里帮助捕鱼、耙螺、捉虾，或从事农业劳作和家务劳动。因此，到 1949 年京族聚居区解放时，京族有 3308 人，其中，达到小学文化程度的只有 179 人，占总人口的 5.4%，中学文化程度的有五人，大学文化程度的仅一人。巫头、山心、沥尾三个京岛的比例更低，文盲率达 96%—98%，故有“瞎子岛”之称。

中华人民共和国成立后，京族聚居区的教育事业得到较快发展。从 1950 年起，政府陆续把各村的私立小学改为公立小学，统一调派学校领导和教师，并逐步将原有的初级小学扩充为完小（完全小学，是各年级均齐备，规模较大的小学）。到 1965 年底，京族三岛上的全日制小学已有 6 所，教师 21 人，京族学生 358 人，其中京族在校中学生 29 人，与 1949 年相比，小学教师增加了 3.5 倍，京族学生增加了 5.4 倍。国家除了扩大校舍、增收学生，还对京族学生实行助学金、保送上大学等政策。20 世纪 50 年代末 60 年代初，刘扬满、施旭廷、刘扬启等一批京族青年走进了大学。

1963—1966 年期间，京族聚居区执行“两条腿走路”的办学方针，办起了耕读学校。这是一种针对农户家中劳动力少，相当一部分适龄儿童需要在家放牧、照看弟妹或做家务而不能上学的实际情况而办的识字学校。1964 年，东兴各族自治县的耕读小学有 170 多所，学生有 9790 多人。山心、沥尾、江龙等京族村落都办起了耕读小学。耕读小学的教学时间与农活时间错开，一般是中午和晚上上课，其余时间劳动，或农闲时上课，农忙时干活。沥尾村的耕读小学有午班两个，学生 81 人，晚班七个，学生 163 人。同时，耕读学校针对渔民适合水期时要出海生产，不合水期在家劳动，孩子们家务活的多少也随之变化的特点，开办了水期班；针对需要照看弟妹的孩子较多的特点，给照看弟妹的孩子们开了一个班。教室有借用全日制学校的，有借用群众厅堂的，还有的是村队筹资建起的简易房子。教师则由本村（大队）、本队（生产队）有文化的青年担任，每天生产队补贴教师 1—2 个工分，参加生产队的分配。沥尾村京族青年苏维芳、山心村京族青年阮成豪、江龙京族女青年陶继静都是当时较积极、认真的耕读小学教师。在 1964 年东兴各族自治县全县教师评比中，苏维芳、陶继静被评为一等先进民师，阮成豪被评为先进民师。

“文化大革命”前期，京族聚居区的教育事业遭遇严重挫折。“文化大革命”后期，则兴起大办中学的热潮，江平中学由初中改为高中（后于 1980 年撤销高中），沥尾、山心两个京族村的完小附设初中部（后于 1980 年撤销初中部），80% 的小学毕业生上了中学。

改革开放后，随着国家经济实力的增强和人民群众生活水平的提高，京族聚居区的教育事业得到了空前的大发展。京族聚居区开展声势浩大的学校危房改造行动，各小学、中学的危房全部改建，在校学生数量大幅增加。1982—1983 年度，京族在校小学生 1214 人，比“文化大革命”前夕的 1965 年增加了三倍，比 1949 年增加了 10 倍，适龄儿童入学率达 96%，巩固率达 95%，毕业率达 90%，京族中学生增至 300 多人。从 1977 年恢复高考至 1992 年底，有 157 名京族子弟考入大学学习。为了有效地提高教学质量，1987 年以来，京族三岛的所有完小增设了学前班，每年招收京族幼儿 100 多人，占三岛幼儿人数的 90% 以上。20 世纪 80 年代，陈荣贵、戚培毅两人是首批获研究生学历的京族学生。

20 世纪 90 年代，京族聚居区的教育事业进一步发展。1989 年，江平中学在原有班级的基础上增办了民族初中班，招收京族学生 62 人。1995 年，沥尾村再次办起了初中，2003 年 8 月，初中与原来的沥尾小学合并，实行九年一贯制教育，升格为东兴市直属学校，定名为“东兴市京族学校”。1990—1991 年度，京族在校小学生 1940 人，适龄儿童入学率达 95% 以上，在校中学生 737 人，与历年相比，都有较大幅度的增加。

进入 21 世纪后，京族聚居区进一步完善教育措施，教育事业的发展形势更好。

2003 年，国家对京族学生实行“两免一补”的政策。同年，京族出了第一个博士生——吴晓。

2007 年开始，京族聚居区全面贯彻落实了国家关于实行九年制义务教育的政策，小学至初中期间的学费全部免除，实行义务教育。

从2008年开始，京族寄宿生每学年每人住宿补助费从500元提高到1000元，2011年10月，京族寄宿生与其他寄宿生一样享受了免费营养午餐。

二、京族聚居区的代表性学校

在100多年的教育事业发展过程中，京族聚居区涌现了几所具有代表性的学校。

（一）江平镇中心小学

江平镇中心小学的前身是南服书院，民国时改为江平国民小学，中华人民共和国成立后改为江平镇中心小学。学校位于江平镇北面解放路东，分学前、小学部两部分。2012年有小学教学班21个，学前教育班4个，在校学生1251人，其中少数民族538人，占学生总数的43%；教职工61人，其中专任教师56人，小学高级教师35人，一级教师14人，二级教师4人，教师合格率达100%。校园总面积为12161.23平方米，校舍建筑面积为7039平方米，生均面积5.6平方米。校舍均为钢混结构楼房，设有图书室、阅览室、仪器室、科学实验室、体育器材室、电教室、电脑室、少先队活动室、卫生室、劳技室，十室齐全。各室配备基本符合要求，图书室藏书30340册（生均图书24册），有自然科学仪器174种，数学仪器59种，电教器材11种，体育器材53种，音乐器材24种，卫生器材60种及工劳技器材一批。学校有多媒体教室、资源点播教室、电子白板教室、远程教育等先进设备。建有篮球场两个、排球场一个、运动场一个。校园教学区、活动区、绿化区分区明确，布局合理，环境优美，文化氛围浓郁，是较为理想的育人场所。

学校先后被评为防城港优良学校、防城港市现代教育技术工作先进单位，东兴市优良学校、文明学校、常规管理优秀学校、师德师风先进集体、“两基”巩固提高先进集体。

（二）江平中学

1943年秋，由吴国晋、邓冠英、侯晋等江平乡绅发起，在江平南服书院（今江平镇中心小学旧址内）开设一个初中班，招收初中一年级新生50多人，取名为防城中学江平分教处。1944年秋，校址由南服书院迁至江平寨头村。同年11月12日，经当时的广东省教育厅审批，定名为防城县立江平中学。

江平中学是一所具有光荣革命传统的学校，从开办伊始到中华人民共和国成立之前，都是中共防城县地下党组织活动的重要基地，师生们深受革命思想熏陶。1948 年 4 月，有 40 多名师生投笔从戎，集体上山参加共产党领导的十万山游击队。

中华人民共和国成立后，在政府的关怀下，江平中学迅速发展。1954 年，学校扩建了六间教室，修整了一批教师宿舍，增添了图书和教学仪器，在校学生近 400 人，成为当时防城县重点中学之一。中华人民共和国成立初期，东兴城镇居民内迁，东兴中学停办，江山、马路、那梭等地尚未设有中学，东兴、那梭、江山、马路、松柏等地，甚至大直、大菉、企沙、光坡、那良的学生都到江平中学求学。

1958—1965 年，一批从大专院校毕业响应号召志愿到边境少数民族地区工作的青年教师先后被分配到江平中学，其中有钟玉浩、李智均、谢宗宝、梁永康、詹元俊、余炎城、余卓明等，他们为江平中学教学质量的提高做出了重要贡献。在当时湛江地区 200 多所初中学校统考中，江平中学的总成绩经常排东兴各族自治县的第一，1965 年的中考升学率达 87%，这在当时是非常不容易的。

1968—1980 年，在“把学校办到贫下中农家门口”的口号下，江平中学初中部被下放到大队小学来办，每个大队小学都附设了初中班，江平中学改办高中。1968 年秋季学期招收高中一年级一个班，1978 年高中部发展到 10 个班，学生达 500 余人。江平是京族人口最多的地方，江平中学开办高中，极大方便了京族子弟就近读高中。在这 13 年里,江平中学为本地区培养了 3000 多名高中毕业生，为后来改革开放、经济建设提供了人才支持。1980 年学校恢复初中部，陆续把各村小学附设的初中班接收回来，1987 年全部接收完毕，初中开有三个年级共 15 个班，在校学生 825 人。

目前，江平中学是京族聚居区规模较大、设备较为完善的乡镇初级中学。2012 年，学校占地面积 37 亩，教学公共用房 8403 平方米，生均 6.6 平方米；有图书馆一幢，藏书近 14420 册、各种报纸杂志 30 多种，生均图书 11 册；有物理、化学、生物仪器室及音乐室、体育器材室、卫生室、劳技室。当年在校学生为 1275 人，其中少数民族学生 668 人。有 27 个教学班，在岗教职工 83 人，任课教师 69 人，其中本科学历 20 人、大专学历 37 人，高级职称 4 人、中级职称 36 人、初级职称 24 人。

（三）双语教学的东兴市京族学校

东兴市京族学校包括小学部和初中部，校址在京岛风景名胜区内，97% 的学生是沥尾村、巫头村、山心村和潭吉村的京、汉族子女。建立京族中学是京族教育史上的又一次重大进步。

东兴市京族学校小学部始建于 1952 年，时称尾小学；中学部始建于 1995 年 7 月，时称东兴市京族中学。2003 年 8 月，东兴市将东兴市京族中学和沥尾小学合并，组成一所九年一贯寄宿制民族学校，并改名为东兴市京族学校。这是全国唯一一所以京族命名的民族学校，教学服务范围涵盖京族三岛和附近村落。

学校占地面积 25806 平方米，建筑面积 10474 平方米，校园绿树成荫，芳草如茵。2012 年，学校分为中学部、小学部两个校区，有教学班 23 个，在校生 1087 人（其中小学部 768 人，中学部 319 人），京族学生 681 人，占学生总数的 62.6%。有教职工 68 人，专任教师 53 人，其中京族教师 19 人。教师学历合格率达 100%，其中本科学历 22 人、大专学历 26 人，高级职称 1 人、中级职称 30 人。有综合楼 2 栋、教学楼 2 栋、学生宿舍楼 1 栋、教师宿舍楼 2 栋、食堂 1 所、篮球场 3 个、小型运动场 1 个，配备有多媒体教室 2 间、电脑室 2 间、科技创作工作室 4 间和物理、化学、生物实验室各 1 间，教学仪器 1052 种，图书 2.1 万册，教学设施基本能够满足教学活动需要。

学校采取双语（汉语和京语）进行教学（京语从四年级开始教授），还把京族传统文化教育引入校园，开设了有京族文化特色的独弦琴、京族歌舞、踩京跷、京族“喃字”等培训班、兴趣班。

近年来，学校积极与国内外教育团体开展文化交流。如：2003 年 5 月，广西师范学院把该校作为毕业生的实习基地；2006 年 12 月，香港基协中学交流团到该校开展为期 10 天的实践活动；2009 年 5 月，韩国泳同郡教育代表团到该校进行文化交流；2009 年 4 月，香港学生社团广西分社师生到该校慰问；2009 年 12 月，越南广宁省陈富中学师生到该校开展为期一周的冬令营活动；2010 年 10 月，柳州工学院英语实践基地在该校挂牌；2010 年 11 月，该校与北京中关村第三小学结为友好学校；2011 年 7 月，清华大学学生实践团到该校开展实践活动；2011 年 8 月，台湾大学、广西大学暑期实践团在该校开展了为期一周的交流活动。通过与国内外各单位团体的交流，提升了学校的品位。

2001 年，东兴市京族学校被国家体育总局评为“全国群众体育先进单位”；2002 年和 2006 年被自治区民委、自治区体育局评为“广西壮族自治区少数民族体育先进集体”；2007 年被自治区党委宣传部、自治区环保局、自治区教育厅、共青团广西壮族自治区委员会评为“广西壮族自治区绿色学校”；2010 年被中国科协、财政部评为“全国科普惠农兴村先进单位”。

（四）东兴中学

东兴中学是京族聚居区的一所拥有初中部和高中部的完全中学，是广西示范性学校。学校位于东兴市区西侧、中越界河——北仑河畔的北面。

1938 年冬，学校由当时的东兴简师校长毛湘澄先生发起，地方父老乡亲捐资创办，取名明江初级中学。1939 年，防城县城沦陷，防城中学师生迁到东兴，于是东兴简师、明江初级中学、防城中学三校合并，改称联合中学。1940 年联合中学解散，各校依旧恢复办学。1943 年秋，明江初级中学增招高中，易名防城县立第二中学。1952 年与防城中学合并。1957 年成立十万山壮族瑶族自治县，县治设在东兴，该校更名为十万山壮族瑶族自治县第一中学。1960 年定名为东兴中学，老一辈无产阶级革命家陶铸为学校选址。全国政协副主席张思卿，国务委员陈至立，教育部副部长周远清等领导曾到东兴中学指导工作。

东兴中学具有光荣的革命传统。抗日战争时期，该校进步师生积极参加抗日救亡活动；解放战争时期，黄忠洁、许耿、陈霞、陈旭文等师生参加了共产党领导的十万山山区武装斗争。

20 世纪 60 年代初，东兴中学的师资队伍、教学设备和教学质量在当时的广东省湛江专区的中学中位居前列，是湛江专区的重点中学。到 2012 年，学校有教学班 35 个，师生员工 1862 人，基础设施完善，教学、实验、美术、音乐和运动等科教运动场馆一应俱全。校园总面积 92555 平方米，生均面积约 58 平方米；教学建筑面积 15742 平方米，生均面积约 9.86 平方米；学生宿舍楼建筑面积 7098 平方米，生均面积 10 平方米。有教学楼两栋，教室均安装多媒体教学设备；综合实验楼一栋，配备专业实验仪器；办公楼一栋；图书馆一栋，藏书 126941 册（其中电子图书 5 万册），生均 85 册；体育馆、标准塑胶跑道操场等体育设施齐全。现有教职员工 180 名，其中专任教师 160 人，中学高级教师 23 人，拥有中级职称以上的教师 112 人，具有研究生学历的教师 14 人。

东兴中学为社会培养了大批人才，如留法科学家彭康生，北京大学教授、高分子研究专家邓卓，我国著名水球运动员、国家级水球裁判邓军，残奥会蝶泳银牌获得者毛其文，水球运动员张华光，广西著名画家沈铭存、张东风等人，他们都是在东兴中学度过了自己的中学时代。

（五）江平镇成人教育学校

中华人民共和国成立以来，京族人口最多的江平镇曾先后于 1952 年、1958

年和1976年掀起全民学文化、扫除文盲的高潮。最初是解放初期大办农民冬学（夜校）。当时，由专职干部抓办学，组织力量、层层发动，深入各家各户动员中青年入学，以能者为师，互教互学。与此同时，大力宣传民族政策，宣传马列主义、毛泽东思想，树立社会主义新风尚。接着是1958年农民学文化的热潮。不仅晚上学，而且白天劳动也要带上写字板抽空学，连上街也要带认字卡，这让当时的京族三岛基本完成扫盲识字工作。后来是1976年掀起的全民学文化运动。京族人口比例较高的山心、沥尾、巫头、潭吉四个大队（村），有1068人参加夜校学习，他们制订了适应生产的学习措施：闲时多学，忙时少学，大忙机动学。其学习形式多样化，分散集中相结合，使生产、学习两不误。扫盲人员还针对京族人爱唱歌的特点，把学习内容编成山歌来进行教学，增加学员兴趣，取得了较好的效果。1978年，经县、地区两级检查验收，山心、巫头、沥尾、潭吉四个京族大队95%的群众摘除了文盲帽子，成为无文盲大队。

为巩固扫盲成果和更好地推广普及农村实用技术，以适应工作重点转移的新形势，1985年3月，江平镇正式办起了成人文化技术学校。成人文化技术学校属中心校建制，总占地面积2133平方米（其中建筑面积1003平方米），学校设有图书室、仪器室、实验基地、种养技术咨询服务部等科室，配有专职干部1人、专职教师3人、兼职教师11人。学校担负着全镇扫盲工作的组织实施和农村实用技术培训工作，因而，学校的建立对巩固扫盲成果，促进江平镇经济的发展起到了推进作用。1990年12月5日，教育部、自治区教育厅、钦州地区组织扫盲工作组对江平镇扫盲工作进行抽样检查，成绩得到了肯定，受到教育部成教司司长董明传的高度赞扬，率先通过了检查验收。据1997年统计，江平全镇文盲率仅为0.26%。为了防止复盲，巩固脱盲工作，实现“两基”，成人文化技术学校教师不辞劳苦，常常深入山区农家和海边渔村，对脱盲学员进行经常性教学，指导他们继续认真学习。1998年4月12日，自治区组织检查验收团，到江平镇对普及初等义务教育和扫除文盲工作进行检查验收，江平镇扫除青壮年文盲工作软硬各项数据都达到了标准。全镇的非文盲率已达到99.98%，达到了国家《扫除文盲工作条例》规定的标准。在基本扫除青壮年文盲工作达标后，成人文化技术学校把提高广大农民群众的实用技术水平作为工作的重点，积极深入农村开展科技培训活动。1998年以来，学校瞄准本镇海水养殖这一富镇支柱产业，先后争取到广西壮族自治区水产局、湛江水产局、雷州市科协、广西壮族自治区海洋研究所、中国科学院海洋研究所、中山大学、中国水产科学研究院南海水产研究所、湛江海洋大学、青岛海洋大学（现中国海洋大学）、台湾海洋大学等渔业行政主管单位、高等院校和科研单位的专家教授到校讲学，传授虾、蟹、螺等养殖新技术，参加培训学习的人员共计 2837 人次。广大学员学到新技术后认真应用于实践，大大提高了养殖的成功率和产量，养殖周期缩短，促进了海水养殖业的发展。2001—2005 年，成人文化技术学校的培训内容增加了农副产品加工和农村劳动力转移等内容，共举办培训班 46 期，参加学习的人员达 6266 人次，印发资料 7850 份，培训覆盖面达 17 个村和社区，取得了可喜的成绩。2001 年 11 月，学校被评为全区乡（镇）示范学校，2004 年 12 月被评为防城港市科普先进集体。

科技：从祈求神灵保佑到推动现代科技的发展

旧中国，京族人主要是以“做海”为生，长年累月在大海上漂泊，由于缺乏科技知识，对大海的变化无常充满了恐惧，只能祈求神灵保佑。每当出海必焚香祷告，祈求神灵保佑顺风顺水，平安归来。

中华人民共和国成立后，在党和政府的引导下以及教育事业的发展，京族人的科技意识逐步增强，不但在渔、农业生产上推广应用了一系列科学技术，而且在医学技术、激光技术、电视传播技术等现代科学技术领域方面为本地区和国家做出了贡献。

一、京族人对农业科学技术的推广应用

（一）化肥和优良品种的推广应用

20 世纪 50 年代末期，在农技站的指导下，京族聚居村落的稻田开始使用硫酸铵施肥。随着现代农业生产经验的不断丰富，60 年代开始把尿素、碳酸铵、钾肥、复合肥等化学肥料引入稻田生产。

1970 年后，京族聚居区引进了杂优稻。1989 年开始推广种植双杂玉米，即杂优、杂交玉米。京族各村也逐步掌握了先进育苗技术：20 世纪 60 年代，开始用水浸种促其发芽；80 年代，开始对种子进行消毒处理；1991 年后，广泛采用

种苗防寒措施，同时应用多效唑来培育壮秧苗。

（二）现代农业机械的推广使用

在京族聚居区，农业机械最早出现的时间是在20世纪50年代末。1959年11月，当时的东兴各族自治县组建了拖拉机队，有两台天津拖拉机厂生产的40型轮式拖拉机，一台洛阳第一拖拉机厂生产的东方红-54型履带式拖拉机，东兴公社楠木山和松柏大队是机耕使用最多的地方。

1964年冬，广东省民委赠送给京族三岛一台脱粒机，这是东兴各族自治县的第一台脱粒机，也拉开了京族人大规模使用农业机械的序幕。从此，京族人逐步在生产中使用脱粒机、碾米机以及渔用柴油机等农业机械。从1965年开始，京族渔村逐步将木帆船改为机动渔船，到1970年，京族聚居区渔船基本上改为机动船，渔排也安装了柴油机做动力。1972年下半年，江平盐场利用黄淡电站的供电，开始大量使用电动机扬水。京族农民也纷纷使用电动机进行抽水灌溉。改革开放后，海洋渔业逐步从以捕捞为主转向以养殖为主，养殖池塘需要大量抽水和充氧，抽水机械（马达、水泵等）和充氧机械得到快速普及。

（三）水产养殖技术的推广应用

20世纪80年代中期，广西沿海地区的海水养殖业迅速兴起。京族渔村也掀起文蛤、对虾、青蟹的养殖高潮。开始，由于缺乏养殖技术，对虾、青蟹的产量都不高，对虾一般亩产只有30—50公斤，而青蟹的成活率则更低。1983年，江平镇交东村利用一块600亩虾塘进行虾、蟹、鱼混养试验，获得成功。2002年，自治区农垦局下属的海水养殖公司在巫头村旁的榕树头围垦区内进行高位池养殖对虾的试验，获得了成功，平均单造亩产超过了500公斤。东兴水产行政部门在京族渔村大力推广了这两个示范点的经验，并通过成人文化技术学校聘请了广东、广西两省（区）水产专家和技术人员到京族渔村进行技术培训，使京族养殖农户逐步掌握了对虾、青蟹的养殖新技术，还逐步总结出了围栏流水养蟹、泥塘养蟹、架线吊养、瘦蟹快速育肥等技术。

二、京族聚居区医学水平的提高

中华人民共和国成立后，一批批京族子弟先后从高等医学院校学成归来，来到京族聚居区各个医院工作。他们把医学理论和临床实践结合起来，刻苦钻研业务，推动了京族聚居区的医学技术水平的发展。

毕业于北京医科学院（今北京大学医学部）的施煜廷主任医师，是20世纪下半叶东兴各族自治县内最著名的外科医生，1989 年他被评为全国少数民族地区科技先进工作者，他的许多医疗技术在本地区颇具创新性。1968 年夏，我国两名渔民在正常作业时被美国飞机投弹击伤，施煜廷接到急救通知后，立即带领手术小组奔赴事发地。经对伤员进行检查，发现其中一个伤员脾脏破裂，造成腹腔内大出血，重度休克，脉搏微弱，血压已测不到，生命垂危，急需就地手术抢救。由于一时无法找到血源，手术难以进行，伤者面临死亡的危险。施煜廷经全面考虑，冷静分析，决定将尚无污染的腹内血液回输给伤者。当输入约 1500 毫升血后，伤者脉搏、血压逐渐恢复，经快速腹腔清理，检查无其他损伤后进行了手术。术后，伤者逐渐恢复，血压、脉搏稳定，在医院治疗一段时间后康复出院。《广西日报》《健康报》和《人民日报》相继登载了此次救治事迹。1970 年，施煜廷首次在东兴各族自治县人民医院成功地开展颅脑外科手术，该院由此成为当时广西为数不多的能开展颅脑外科手术的县级医院。1975 年，他创新开发荷包式包埋胃大部分切除处理十二指肠残端技术，有效预防了胃切除术后十二指肠残端瘘的发生。1984 年，他采用脾切除加胃底血管结扎术，治愈了肝硬化严重腹水产生的食道静脉曲张破裂大出血的患者，树立了医院的外科品牌。在近 40 年的外科工作中，施煜廷先后完成各种手术 1.7 万多例（其中有 30 多例肺叶切除术和 50 多例食道癌切除术）。在 1979 年中越边境战事中，施煜廷进行了 13 天的战地抢救，共做手术 230 例，平均每天近 20 例，直到现在，仍为防城港市所辖地区有史以来的同行业最高纪录。

防城港市第一人民医院内科主任医师杜福文，擅长各种神经内科疾病和精神病的诊治，治疗患者 15 万人次，特别是对精神内科各种危重复杂疑难病症的救治有丰富的临床经验，主持和参加了各种危重复杂疑难病例诊治和抢救，共计 3 万多人次，抢救成功率和治愈率高，无一例医疗事故发生。他率先在市内引进微创颅内血肿清除术和立体定向——改良软通道微创介入颅内血肿清除技术治疗颅脑出血，临床效果良好，迄今成功抢救 500 多例生命垂危的重症脑出血患者。2001 年，身患严重心脏病和中晚期帕金森病的 86 岁美籍华人禤先生，坐着轮椅乘飞机回国探亲，回到防城港老家几天后，突发脑出血，重度昏迷，生命垂危，其亲属抱着一线希望把他送进医院。杜福文检查后发现，患者脑内出血 8 毫升，加上年事过高，又患有严重的心脏疾病和中晚期帕金森病，不能进行常规颅脑手术，便用微创新技术为其治疗。术后，奇迹出现，患者第三天就有了意识，一个星期后清醒，治疗一个多月后康复出院。杜福文医生的高超医术一时轰动整个防城港市。

现为防城港市中医院业务副院长、大骨科主任的黄永光主任医师，善于运用中医、中西医结合疗法治疗骨伤疾病，有较强的解决骨伤专业急、危、重症及疑难病例的能力，主持过复杂疑难中医骨伤手法复位治疗，能独立开展创伤、肘外、关节、脊柱、骨结核、骨肿瘤等大中型复杂及疑难手术，其技术填补了防城港市内医疗行业多项业务技术的空白，他进行的脊柱及关节等方面的手术技术水平目前还在市内处于领先地位。他所主持的市级科研课题“角度牵引复位固定法治疗老龄性股骨转子间骨折的应用研究”,在 2012 年通过了防城港市的科技成果鉴定，达到了区内行业的先进水平。

此外，京族子弟相继走上了医院领导岗位，如施煜廷、梁振家先后担任过防城各族自治县第一人民医院（现防城港市第一人民医院）院长，林兴担任过防城各族自治县中医院院长，李永辉担任过防城各族自治县第二医院院长。梁振家现担任防城港市第一人民医院院长。他们不仅以自己精湛的医疗技术推动了本地区医药卫生事业发展，更是以一院之长的身份狠抓本医院的规范化、制度化和科学化建设，特别是在加强医院科室建设、培养学科带头人、培训技术骨干等方面，倾注了大量心血，为本地区医疗技术的突破做出了贡献。

除了服务于国家公立医院的京族子弟，京族的乡村医生也为祖国的医学增添了光彩。京族妇女陶国英运用祖传秘方，诊治小儿疳积，成效颇著。她尤其擅长妇女经血不调、崩漏、习惯性流产和不孕不育等症的诊治。数十年来，她治愈了京族聚居的山心、沥尾、巫头、长山、松柏、东兴等地的无数患者，帮患者解除了痛苦。陶国英老人去世后，其女邓远群、子邓远禄继承母亲衣钵，除了继续为京族聚居区内的患者诊治，还诊治广西南宁、桂平和广东、黑龙江、新疆等地的患者多人。如钦州女青年黄某与桂平市农民汪某结婚 10 多年，一直未能怀孕，四处求医，没有效果，家人心急如焚。一次偶然机会，他们听说邓远群能治不孕症，便找上门来。邓远群把脉之后，为他们配制中草药，黄某服后不久便怀孕，于 1998 年产下一名男婴，两年之后又产一子。一家人感激不尽。新疆伊宁市某校女教师俞某，结婚多年，年逾四十，一直没有怀孕，四处寻医问药，苦无结果。2010 年慕名到邓远群处求医，服药之后，于 2011 年 12 月产下双胞胎，夫妻爱如珍宝。诸如此类，不胜枚举。

三、京族子弟对我国激光技术发展的贡献

1972 年春，京族子弟刘扬满奉调参加组建华中工学院（今华中科技大学）

激光教研室，担任课题组负责人。该室 1980 年升格为激光研究院，2003 年再次升格为武汉光电国家实验室，是我国激光技术方面的第一个、也是唯一的国家实验室。1972—2001 年近 30 年的时间里，刘扬满一直在激光教研室从事激光技术的教学和科研工作，成为我国激光技术的奠基人之一，为我国激光科技的发展做出了贡献。

作为华中科技大学激光专业的教授，刘扬满数十年来为我国激光事业培养了大批人才。他是华中科技大学“固体器件”和“激光电源”两门课的主讲教授，他所编写的《激光电源讲义》曾被评为优秀讲义。除了完成一般的教学，他还先后指导 10 多位硕士研究生完成硕士毕业论文，先后在国家有关激光技术的专业期刊上发表了 10 多篇关于激光器件、激光工业用机研究开发的论文。1986 年 4 月至 1987 年 9 月，他为联邦德国（当时的西德）达姆斯塔特科技大学应用物理系研制了一台喷流环形可调谐连续染料激光器，在德国被广泛应用于医学领域。他所研发的横向激励二氧化碳激光器打标机和钇铝石榴石激光器打标机，是当时国内最先推出的激光工业专用机，曾在很长一段时间内成为我国激光产业的主要产品。他主持的科研项目“DB–1 型二氧化碳激光打标机”，于 1988 年 12 月荣获湖北省科学技术进步重大贡献三等奖，他作为该项目第一完成人也于 1991 年荣获国家科学技术委员会颁发的国家科技成果完成者证书。1990 年 9 月，他作为“500 瓦横向流动连续二氧化碳激光器（无氦）”项目第五完成人，荣获国家科学技术委员会颁发的国家科技成果完成者证书。1992 年，他参加的“激光声控技术研究”项目荣获中国船舶工业总公司（今中船重工）科学技术进步二等奖，被广泛应用于造船工业。2000 年，他所设计的塑管激光微孔穿孔机荣获国家知识产权专利局颁发的实用新型专利证书，被西北干旱地区（特别是新疆）广泛应用于节水行动。

四、京族子弟对我国电视技术发展的贡献

翻开中国电视发展史，人们会惊叹于技术发展所带来的巨大推动力。从黑白到彩色，从模拟到数字，从数字到网络，从标清到高清，从平面到立体，从微波传输到卫星、光缆覆盖，每一次技术的变革都改变着电视荧屏的呈现样态，进而影响到人们的信息接受方式和千家万户的生活。京族子弟何宗就作为广电系统的技术领军者之一，作为中国最重要的电视播出机构——中央电视台分管技术的副台长，正是几十年来技术变革引领中国电视飞速发展的推动者。

20 世纪 80 年代中期开始，何宗就先后参与我国第一套计算机控制的自动播出系统的设计、安装、调试和播出运行工作，我国第一颗人造通信卫星（“东方红”2号）传送广播电视信号系统测试工作，中央电视台彩电中心工程建设设计等技术项目。这些项目，都是国内电视事业开创性的重大技术项目，没有现成的经验可循，没有既成的路子可走。何宗就及其团队成员不辞辛苦，在试验中摸索，在实践中总结，做了大量富有成效的工作，创造了中国广电技术领域诸多第一，荣获了广播电影电视部、建设部等多个国家部委颁发的奖项。

20 世纪 90 年代起，卫星传送技术的发展、数字技术的兴起、互联网的诞生等技术的发展革新，为电视技术的发展提供了强大动力。时任中央电视台技术管理中心领导职务的何宗就，敏锐地看到了技术进步给电视事业带来的巨大发展空间。在他的倡导下，中央电视台从 1990 年起便采用最新的卫星传送等新技术手段，实现了中央电视台对外传送频道卫星信号的全球覆盖，覆盖范围达全球 98％的面积。1995 年，他利用数字技术，将中央电视台综艺频道等四个频道作为付费频道传送到全国各地，完成了国内付费频道建设，开创了全国付费电视的先河。20 世纪 90 年代末，他撰写的《我国电视传播事业现状分析与发展对策》一文，精辟地分析了当时中国电视传播事业面临的问题与挑战，阐明尽快制定国家标准、开发数字电视、发展卫星电视直播、积极开发互联网等的重要性与紧迫性。这篇文章，被中共中央政策研究室、国务院研究室刊登在其内部刊物上，引起了中央领导的重视。这在当时极为少见。

进入 21 世纪，数字化浪潮席卷全球，数字电视、交互电视、高清电视、网络电视等各种新技术、新业务不断涌现。一时间，互联网将取代电视等传统媒体，新媒体将威胁传统媒体生存等论调甚嚣尘上。而何宗就却从新技术的勃兴中看到了中央电视台面临的挑战和空前机遇。作为中央电视台技术发展的第一负责人，他提出“数字化是网络化的基础，网络化是数字化的更高发展”的观点，认为数字化提升了广播电视节目制作、播出各个环节的质量，给广播电视系统带来一系列新工艺和新方法，而网络化将广播电视节目系统中的一个个数字岛连接在一起，从而在根本上改变了广播电视节目生产流程，创造了许多新的生产模式和手段。他将新技术的出现作为电视媒体实现新的发展和跨越的引擎，积极推动中央电视台引进和发展新的电视节目工艺，改进旧有的生产模式和手段。同时，他将代表新技术发展方向的设想融入大洋、新奥特、索贝、捷成等国内企业视频技术产品的开发设计中，为推动我国民族工业品牌的发展做出积极的努力。

从 2001 年开始，何宗就领导和组织了中央电视台新台址整栋大楼的技术建设工作。在这栋新大楼中，中央电视台广泛采用网络制播技术、高清电视制播技术、流媒体技术、无磁带播出技术、视频点播技术、交互式电视技术、网上音视频广播技术等一系列代表技术发展方向的新技术和新工艺，创造了一个全程文件化、网络化、高清化的电视节目制作播出环境，能够实现节目、数据、资源的充分共享，为把中央电视台建设成为国际一流媒体奠定了坚实的技术基础。

何宗就是国家广电总局科学技术委员会电视专业委员会主任委员、中国电影电视技术学会理事长，是电视领域科技决策最高咨询机构的带头人。为了推进中国电视的数字化、网络化进程，推动高清电视、3D 电视发展，研究新媒体、新形态电视发展，他经常牵头组织或参与重大广电科技展会和研讨会。作为这些科技活动的重要组织者和负责人，何宗就注重每一个细节和流程，确保活动的万无一失。而作为主持人、报告人来参加会议时，何宗就的精彩发言总能赢得众多嘉宾的掌声和赞同，大家无不为其前瞻性与建设性的发言、开阔的国际视野与深入的国情分析而深深折服。

卫生：从缺医少药到全面普及新型农村合作医疗

清末和民国时期，京族聚居区的医药卫生事业十分落后，人民群众缺医少药。中华人民共和国成立后，京族聚居区的卫生网络逐步建立，爱国卫生运动蓬勃开展，医药卫生事业不断发展，并在 21 世纪全面普及了新型农村合作医疗。

一、旧中国京族聚居区医药卫生状况

1900 年，京族聚居区所在的防城县仅有 3 间中药店铺（防城镇 2 家、平旺乡 1 家），共有 17 名中医。1933 年 11 月，陈济棠在防城开办了慈母堂（公立医院）分院，西医药正式进入京族聚居区，但医院设备简陋、药物奇缺、收费昂贵，普通百姓根本不敢问津。1949 年，防城县中药店铺发展到 43 家，中医人员增加到 109 人，当时全县 23 个乡镇，平均每个乡镇不到 2 家中药店铺和 5 名医生。而且这些药店与医生主要集中在城镇，农村一直处于严重的缺医少药状态，天花、疟疾、麻疹、伤寒、痢疾等疫病时有发生，人民群众的健康没有保障。贫苦乡民每逢有病，只好烧香拜佛，乞求神灵保佑或听天由命。

二、中华人民共和国成立后京族聚居区卫生网络的建立和发展

中华人民共和国成立后，从 1952 年开始，新建立的防城县人民委员会（县

政府）设立了卫生科（1964 年东兴各族自治县卫生科改称东兴各族自治县卫生局）。1949 年 12 月防城县全境解放后，各区（镇）政府各设一名卫生助理管理本区（镇）卫生行政工作。1957 年 7 月，撤区并大乡，各乡（镇）政府由分管文教卫生的副乡（镇）长负责管理卫生工作。从此，京族聚居区县、乡（镇）两级卫生行政网络建立起来了。

1952 年各乡镇开始组建私人联合诊所，合作化时期过渡为集体所有制乡村卫生室，1958 年人民公社成立后，改为大队卫生所。1952 年松柏（东兴）、江平卫生所建立，1958 年人民公社成立后改为公社卫生院。1957 年十万山壮族瑶族自治县人民医院筹建，1958 年随县名的更该而改为东兴各族自治县人民医院。至此，县、乡（镇）、村三级医疗网络形成。

中华人民共和国成立初期，防城县卫生防疫工作由卫生科协同医院共同负责。1953 年底，防城县防疫站在江平镇建立，1956 年搬迁到防城。随着乡（镇）、村医疗机构的建立，每个乡镇都配备有专职防疫医生。县、乡（镇）两级防疫网络也基本建立。

1953 年，防城县妇幼保健组成立，附设在县卫生院内。1955 年改为县妇幼保健站，并陆续在各乡（镇）卫生院开设妇产科门诊。

随着卫生行政网络、医疗网络、防疫网络和妇幼保健网络的建立完善，医务人员、防疫人员和妇幼保健人员不断增加，病床、医疗设备、防疫设备、保健设备从无到有、从少到多、从简陋到高端。如京族人口最多的江平镇，1952 年建立卫生所时，只有两三名医务人员，两间简易房子，1958 年改称江平公社卫生院（现江平中心卫生院）。经过 60 年的发展，到 2012 年底，江平中心卫生院已开设有内科、外科、儿科、妇产科、口腔科、眼耳鼻喉科、医技（检验、放射、B 超）科和公共卫生服务科等科室，固定资产价值 676 万元，有彩超机、心电图机、X 光机、洗胃机、全自动生化仪、电解质分析仪、尿液分析仪、血液分析仪等一批现代医疗器械，有员工 52 人（医务人员 48 人），病床 60 张，年门诊量达 5 万人次、住院患者约为 2000 人次。东兴市人民医院在 1957 年建院（当时称十万山壮族瑶族自治县人民医院）时只有 39 人，业务用房 1141 平方米，设观察床位四张，仅有手术床一张，产床一张，显微镜一台，手术器械一套，仅能诊断、治疗一般常见病、多发病。经过 50 多年的发展，中间经历数次搬迁，到 2011 年医院有在职员工 422 人，其中中高级职称 66 人，业务用房 22749 平方米，病床 200 张，设有门诊部、治疗科、内科、外科、妇产科、儿科、中医科、五官综合科、皮肤科、检验科、药剂科、功能检验科、放射科、手术室、麻醉科、消毒供应室、预防保健科、骨科、病理科、计划生育科以及新生儿科等临床医技科室和相关职能管理科室多个；拥有美国生产的GE16排螺旋CT设备、日本东芝数字化多功能X线摄影系统、多台进口彩超设备、呼吸机、日本东芝原装进口800时速全自动生化分析仪等先进医疗设备，能开展颅脑、普外、骨科、妇产科等手术。随着医疗卫生条件的不断发展，京族聚居区各族人民的医疗保健条件有了很大的提高。

三、北部湾畔卫生城

1955年，中共中央、国务院提出“除四害，讲卫生，移风易俗，改变国家”的号召。京族人同聚居区各族人民一道响应号召，掀起了爱国卫生运动高潮。男女老幼齐出动，清理垃圾，疏通水沟，灭蚊蝇和老鼠，修建厕所和畜舍，改良水井，使城镇乡村卫生面貌明显改善。1958年，经上级检查评比，东兴镇先后荣获合浦专区卫生一等奖和广东省城镇卫生三等奖。

1959年，中央除害灭病领导小组提出“全党动员，全民动手，基本消灭病害，向国庆10周年献礼”的号召，京族聚居区各族人民热烈响应，开展了声势更为浩大、范围更为广泛的爱国卫生运动。每逢节假日，特别是元旦、春节、劳动节、建党节、建军节、国庆节等，城乡都会开展卫生清洁的突击活动，工作成绩比前几年更加显著。经当时湛江专区组织推荐评比，东兴镇荣获“北部湾畔卫生城”的美誉，并获得湛江专区卫生进步奖，东兴各族自治县被评为湛江专区卫生红旗县。

四、消灭丝虫病

1963年，东兴各族自治县卫生学校学生在进行丝虫流行病学调查时，确认当时的江平公社巫头大队有班氏丝虫病流行。为了尽快控制和消灭此病，东兴各族自治县进行了大量的防治工作。1965年抽查了巫头村五个生产队347人，检出微丝蚴（丝虫类幼虫）阳性者51人；1966年组织医务和防疫人员对江平、防城、企沙三个公社1818人进行了血检调查，检出微丝蚴阳性者52人；1970年以沿海地区为重点进行全县性调查，血检49861人，发现阳性者313人。以上所发现的血检阳性者均属巫头大队，全部患者及时用海群生（又名枸橼酸乙胺嗪、益群生）进行治疗。同时，采取疫区全民普查普治，全民服药防治为主的综合性措施。

1971—1973 年，巫头大队先后四次开展了全民普查，并血检 2572 人次，检出微丝蚴阳性者 80 人次。治疗时，患者与健康人群同时服药，进行了四次，共计 3989 人次。经过连续几次大的普查普治，1974 年再复查 826 人，未发现阳性者。1976—1984 年，又以疫区为重点先后进行了六次较大的监测调查，血检 10693 人，均未发现微丝蚴阳性患者。1981 年和 1985 年，防城各族自治县先后经自治区卫生厅和卫生部组织的丝虫病考核组考核，均达到消灭丝虫病的标准。

五、新型农村合作医疗的普及

1974 年，京族聚居区各村都办起了农村合作医疗站。每个合作医疗站都有一两名赤脚医生，还有不脱产的卫生员、接生员。当时提出的口号是“小病治疗不出生产队，一般常见病治疗不出大队”。五保户、特困户有病免费治疗，群众治病的医药费至少报销 70%。1978 年后由于农村合作医疗基金难以筹集，合作医疗陆续停办。

2005 年，京族聚居区开始实施新型农村合作医疗制度（以下简称“新农合”），京族聚居区各族群众得到了巨大实惠。到 2011 年底，京族聚居区三个镇（东兴、江平、马路）有新农合定点医疗机构 7 个，其中市直医院 2 个、镇卫生院 3 个、村卫生室 2 个。2012 年参加新农合（以下称“参合”）的农民达 95403 人，参合率达 100%，实现了全覆盖，比 2005 年的 47991 人增加了一倍。

新农合筹资标准和财政补贴逐年增加：2005 年，筹资标准为每人每年 30 元（其中农民个人缴纳 10 元，财政补贴 20 元）；2011 年，筹资标准为每人每年 230 元（其中农民个人缴纳 30 元，财政补贴 200 元）；2012 年，筹资标准提高到每人每年 290 元（其中农民个人缴纳 50 元，财政补贴 240 元）。新农合筹资总额由 2005 年的 143.97 万元增加到 2011 年的 1896.2 万元，2012 年达 2766.69 万元。

参合农民获得补偿的人数和金额不断增加。2005 年，参合农民 2108 人次获得补偿，补偿金额 77.71 万元；2011 年，参合农民 33192 人次获得补偿，补偿金额 1583.24 万元。参合农民获得补偿金额占应筹资比例从 2005 年的 54% 提高到 2011 年的 84%，住院费用实际补偿率从 2005 年的 17% 提高到 2011 年的 56% 以上，农民受益程度不断提高。特别是住院补偿比例，2005 年为乡级医疗机构 40%、县级医疗机构 20%、县级以上医疗机构 15%，2012 年分别提高到 85%、65%、50%，补偿封顶线也从 2005 年的 1 万元提高到 2012 年的 8 万元。

高血压等19种慢性疾病、运动疗效等9项医疗康复项目纳入了补偿范围，农村儿童“两病”（先天性心脏病、白血病）和宫颈癌等六个病种列入重点疾病医疗保障范围。推行“新农合一卡通”，农民就医时只需一张卡，即可在定点医疗机构享受实时报销，极大地方便了参合人。

新农合实施后，参合农民患者的经济负担大大减轻，基本解决了看病难、看不起病的问题。因病返贫、因病致贫的家庭大幅度减少，就医环境得到进一步改善，人民群众生活质量、妇女儿童健康水平进一步提高，京族聚居区农民真正得到了实惠。

体育：京岛小渔村成为国内外体育赛场

京族聚居区的体育事业，100 多年来也发生了很大的变化，沥尾村从一个京岛小渔村变成了国内外赛事的比赛场。

一、京族聚居区传统体育项目

京族聚居区体育活动的群众基础比较好，民间传统体育活动有打陀螺、舞狮舞龙、赛龙舟、游泳、武术、跳竹竿（竹竿舞）、顶竹竿、顶头、摸鸭蛋、拉布、“打狗”、踩高跷、捉活鸭、舞花棍等。每逢节假日，特别是春节、端午节、唱哈节，在京族聚居区的各个乡镇都会不同程度地开展民间传统体育活动，丰富节日生活。而其中的一些体育活动，如捉活鸭、摸鸭蛋、跳竹竿、顶头等，不分平日和节假日，即兴就可以赛起来。

捉活鸭。京族渔民的一种民间体育活动，与他们的海上生产活动有密切联系。捉活鸭这项体育活动，较量的就是参赛者的水性高低。每逢节日，京族青年自发组织起来，举行捉活鸭比赛。他们先把一只鸭放进海里，待鸭游出一段距离后，参赛选手们纷纷跳下海去抓鸭子。鸭子在前面游，选手们在后面追。先抓到鸭子者为胜者，这只鸭子同时也奖给他。

摸鸭蛋。先将一些熟鸭蛋丢进海水里，待鸭蛋沉到水底后，参赛选手就跃入海中，潜到水底去摸鸭蛋，谁摸着归谁，得多者胜。

跳竹竿。跳竹竿是京族渔民庆丰收的体育活动，方式是：将两条长木杠平行排放，上放八支竹竿，分为四组。操竹竿者为八名男子，每边四人，双手拿竹竿，对面相向。一鼓手有节奏地打着鼓点，操竹竿的人按鼓点节拍敲一下木杠合一下竹竿，或是敲两下木杠合一下竹竿。青年女子便在竹竿之间跳跃，不能让竹竿碰着脚，跳的方式分单脚跳和双脚跳两种。京族这个民间传统体育项目“竹竿舞”，分别在 2002 年广西少数民族传统体育运动会表演项目中获三等奖，在第四届、第五届全国少数民族传统体育运动会表演项目中获表演项目金奖。

顶头。顶头是一种比赛者以头相触推顶的运动。比赛时，参赛双方面对面且两手撑地，双膝贴地而跪，两头相触，相互用力推顶。如果双方在体力上势均力敌的话，赛一轮往往要 10 分钟甚至 20 分钟，直到有一方被顶翻在地，一轮才宣告结束，实行三局两胜制。胜者往往要败者当众表演一个节目，有时也罚败者饮酒或水。如果被罚者仍不服输，在受罚之后可以重新比赛。

京族聚居区是沿海地区，还有北仑河、江平河等河流，游泳运动也是本地区人民群众颇为喜爱的活动。1970 年 7 月 16 日，为纪念毛泽东畅游长江四周年，东兴几千名军民在北仑河东兴段举行游泳比赛，推动了游泳运动的开展。由于游泳运动群众基础好，为游泳人才的成长创造了有利条件，先后涌现出郑若虚（女，国家游泳健将，我国第一位荣获国际游泳比赛金牌的运动员）、张华光（男，国家水球队主力中锋）、黄广良（男，国家游泳健将，广西游泳队队员）、温而刚（女，国家潜水运动健将，广西潜水队队员）、毛其文（男，第十届残疾人奥运会银牌获得者）等一批著名的优秀运动员。

二、京族渔村举办国内外体育比赛

20 世纪 90 年代以来，京族聚居的东兴市，政府非常重视民族体育事业的发展。在大力保护和挖掘跳竹竿、捉活鸭、舞花棍等民间体育项目的基础上，先后在沥尾金滩投资修建了海滨浴场、大型露天淡水游泳池、篮球场、沙滩排球场、健身房、乒乓球场、桌球场等体育设施，整治了 13 公里长的海岸及海滩，把沥尾金滩建设成为一个集运动、休闲、娱乐于一体，适宜开展大、中、小型海上体育运动和进行健身、娱乐的理想场所。这一切，不仅便于京族聚居区民众开展体育活动，也为开展大型国内外海上运动比赛提供了有利条件。

1999 年 11 月 20—25 日，国家体育总局水上运动管理中心选定沥尾金滩举办全国帆板冠军赛，竞赛项目有奥林匹克航线赛的男子米斯特拉级、女子米斯特拉级，障碍赛的男子米斯特拉级、女子米斯特拉级。有江苏队、福建队、浙江队、海南队、上海队、安徽队、辽宁队、山东队、四川队、广东队、广西队等 11 支队伍参加此次比赛，参赛的运动员、裁判员、教练员共计 110 多人。

2000 年 11 月 18—25 日，亚洲帆船联合会和中国帆船帆板运动协会在沥尾金滩举办 2000 年中国帆板公开赛、百喜“金花茶杯”亚洲帆板巡回赛、“中行杯”全国帆板锦标赛。竞赛项目有奥林匹克航线赛的男子米斯特拉重量级和女子米斯特拉级，长距离赛的奥林匹克航线赛的男子米斯特拉重量级、男子米斯特拉轻量级和女子米斯特拉级，全能赛的男子米斯特拉级和女子米斯特拉级。参加比赛的国家有韩国、印度尼西亚、新西兰、澳大利亚、新加坡、巴基斯坦、以色列、泰国、中国，中国的参赛队伍有海南队、江苏队、福建队、辽宁队、安徽队、浙江队、河北队、四川队、广东队、山东队、上海队、广西队和香港队、澳门队，共 22 支队伍。参赛的运动员、裁判员、教练员共计 190 多人。

2003 年 8 月，自治区第十届运动会帆板赛在东兴沥尾金滩举行，比赛队有柳州队、北海队、崇左队、钦州队、防城港队、玉林队、桂林队，共 7 支队伍，运动员、裁判员、教练员共计 60 多人。这些国内外比赛在沥尾村举行，不仅提高了京族聚居区的知名度，也极大地推动了京族聚居区的群众体育运动的开展。不少单位组建了帆板队，开展帆板活动。尤其是东兴市京族学校充分利用近海的优势，成立了帆板队，帆板活动开展得红红火火。以该校队员为主的东兴市帆板队于 1999 年、2000 年、2001 年参加了自治区青少年帆板锦标赛，共夺得了 6 枚金牌、2 枚银牌、2 枚铜牌，在自治区第九届运动会上夺得了 2 枚金牌、2 枚铜牌。东兴市京族学校先后被评为“全国群众体育先进集体”“少数民族体育先进集体”，获得“自治区第九届运动会特别贡献奖”等荣誉。

交通：从行路难到轿车落户寻常百姓家

京族聚居区的交通事业，100 多年来发生了翻天覆地的变化。从前，京族聚居区受大山大海重重阻隔，行路难，而今公路四通八达，轿车落户寻常百姓家。

一、旧中国时期的京族聚居区交通状况

京族聚居区地处祖国南疆一隅，属于偏僻之地，中华人民共和国成立前公路较少。1929 年 12 月，防城经华石、黄竹、江平至东兴的公路竣工通车，在这一条主干道的沿线也先后建了几条支道。1938 年 12 月为防日军入侵，这些公路都被迫毁坏。京族人民出行时多取道北部湾和北仑河、江平河的水路。利用这些水路，用拉滩船或木（竹）排把土特产运到东兴、江平，再从东兴或江平把日用百货运回山区。从北仑河的源头到东兴，水路 107 公里，沿途当时有板八、滩散、那良三个乡镇。拉滩船从那良下行到东兴（约 90 公里）需六个小时，从东兴上行到那良则需要 12 个小时；从滩散下行到东兴（约 100 公里）一天可到达，从东兴上行到滩散则要两天时间；从板八下行到东兴（约 150 公里）三天可到达，从东兴上行到板八则要 10 天左右。从那梭沿着江平河下行到江平街（42 公里）半天即可，从江平上行到那梭则要一整天时间。从江平出海沿着竹山口入北仑河上行到东兴需一天时间。至于从东兴、江平去南宁、广州等地，一般老百姓是连想都不敢想的。

巫头、山心、沥尾和贵明（特别是上、下佳邦两个自然村）等京族渔村群众的交通出行就更困难了。100 多年前，这些渔村还完全是海岛。巫头岛的村民要到江平圩赶圩，中间隔着巫头坳和广福田两道海峡。沥尾岛的村民要到江平圩，中间也隔着红罗割和广福田两道海峡。山心、贵明两村的群众要到江平圩，要渡过佳邦垌那一片海峡。上、下佳邦两村村民要赶江平圩，中间也隔着红坎南北两道海峡。如果要赶圩，无论是乘船还是步行，都需根据潮水涨落的情况来定，再焦急也没用。如果遇上紧急情况（如有危急病人等），也只能听天由命了。在这些海岛未有陆路连通江平圩之前，京族村民为了把海产品趁新鲜时挑到江平圩销售，常常要趁海潮退时或未涨时，步行涉海赶往江平圩，许多时候是白天涨潮晚上退潮，只好连夜赶路，遇到刮风下雨或秋冬寒冷时节，人冷得直打战（因为海滩中间道路泥泞，并且时有海沟，过海时要脱掉长厚衣服，仅穿内衣内裤，光着脚丫）。“过海难”“行路难”成为京族群众数百年来一直无法解决的大难题。

二、中华人民共和国成立后京族聚居区的公路建设

中华人民共和国成立后，京族聚居区的交通建设逐步展开。1952 年修建（复）了东兴经那梭到防城的四级公路，1953—1958 年第一个五年计划期间，修通了马路至那良、东兴至江平的公路。1960—1972 年，京族聚居区先后完成了巫头坳围垦、榕树头围垦和直江垌三大围垦工程，连同清末民初完成的贵明山心围垦、红坎梓英垌围垦及广福田盐场围垦工程，京族村落开始与陆地连接起来，变成了如今的半岛，与江平不再隔海了。1965—1975 年，东兴各族自治县交通部门又修建了松柏至竹山、松柏至巫头、江平至潭吉、江平至山心和贵明村、东兴至河洲等公路。1973 年修通潭吉至尾村 4 公里的公路。1988 年，上级交通部门拨款对东兴至防城公路进行油路（沥青路面）铺设。通过以上交通路网的建设，京族聚居区的行路难问题得到初步解决。

1992 年开始修建全程 50.76 公里的东兴经江平、江山至防城的滨海二级公路，投资 1.3 亿元，其中东兴至江山段 2003 年扩建为一级路，投资 2.6 亿元。1994 年，东兴开发区工管委投资修建了鱼囊经巫头到沥尾村的京岛进港公路，路长 7.5 公里，总投资 2700 万元，2010 年又按城市二级干线扩建，铺设沥青混凝土路面，投资 1.2 亿元。2002 年，自治区交通部门投资修建了东兴（竹山）至百色（那坡）的沿边公路。2010 年，自治区交通部门又开工建设防城至东兴的高速公路，公路全长 54 公里，总投资 25.19 亿元（其中东兴段为 12 公里，投资 6 亿元），

2012 年底竣工。随着这条公路的建成修通，东兴到南宁乘车只需两个小时。

经过上述建设，连同原有的竹山港、潭吉港和 1992 年建成的京岛港，京族聚居区形成水陆相连、四通八达的交通网络。

三、轿车落户寻常百姓家

随着公路的修通以及经济的发展，京族聚居区的公路运输业得到了空前的大发展。客运、货运同时发展，国家、集体、个体不同所有制的运输单位互相竞争又互相促进，四通八达的公路线上，各种经营用车穿梭往来、川流不息。随着收入的增加，京族聚居区的群众也纷纷购置了生活用车。“家家建洋楼，户户有轿车”的梦想成真。据不完全统计，人口不足 5 万人的江平镇，2011 年底就有家庭轿车 600 多辆。

轿车落户寻常百姓家和四通八达的交通网络，使京族人彻底告别了“行路难”的历史。

水利：从水荒、水患到安居乐业

旧社会，水荒、水患是京族人的心头之患，中华人民共和国成立后，随着水利事业的发展，这一切都已经逐渐成为历史。

一、旧中国京族渔村的水荒、水患

京族聚居区沿海一带，特别是沥尾、巫头、山心和上、下佳邦五个自然村的地下水位较低，每到秋冬季，海水水位高于地下淡水水位，淡水枯竭，人畜饮水困难。旧社会，每到秋冬季，上述五个自然村的村民只能到附近村庄取淡水使用。巫头、沥尾两村主要是到潭吉村取淡水，单程四五公里；上、下佳邦两村则要到红坎村取淡水，单程 3 公里左右；山心村的村民要到 3 公里远的横江村取淡水。而这些京岛渔村与取淡水的村子中间都隔着大海，往返一次，实在不容易，如果碰上台风暴雨，无法渡海取水，只好在本村就地取水，喝那些又苦又涩的咸酸水。

至于农业生产用水，更是困难。京族聚居村落的土地主要是围垦后形成的盐碱地，从上面走过，脚底都会粘上厚厚的盐碱土。只能靠下暴雨来降低土壤的盐碱度，才能种上农作物，虽然产量极低，总算还有一点收成。遇到天旱，地里起盐，农作物便全部枯死，颗粒无收。

更要命的是风灾水患。京族人家大部分居住于海岛、海边或者是围垦区内，出门就是大海，只有一段段低矮的海堤拦住海水，而京族聚居区又是一个台风比较频繁的地区（根据中华人民共和国成立后东兴气象站资料记载，1954—1980年，京族聚居区共遭遇台风126次，平均每年4—5次，多的年份5—7次，其中轻灾76次、中灾33次、重灾17次；年均轻灾2—3次、中灾1—2次，重灾3年2次），台风是沿海地区袭击范围大、危害大的自然灾害之一。旧社会，京族人最怕的是遇到台风。每遇台风，海上巨浪汹涌，惊涛拍岸，倒海翻江，不但海上船毁人亡，而且还会冲毁海堤，直冲村庄，造成房屋倒塌，人畜被大水吞没。台风过后，海水退去，村庄内、海滩上到处是人畜尸体，一片狼藉，惨不忍睹！如1933年7月29日，台风袭击京族聚居区所在的防城县，沿海一带海浪高达丈余，船只被抛上山岭，大树被连根拔起，死257人、伤200余人，沉没269艘船，海堤崩毁13480丈，房屋倒塌21599间，使人闻之骇然。在旧社会，这种惨景屡见不鲜。难怪那时京族民众对镇海大王等海上神灵如此虔诚，如此崇拜。在那个苦难的年代里，这些京族村民除了祈求海神的保佑，还能指望谁呢？

二、中华人民共和国成立后京族聚居区的水利建设

新中国成立后，人民政府把大兴水利、治理水荒水患作为京族聚居区的头等大事。

一方面，大力发展灌溉工程和自来水工程，解决京族聚居区的水荒问题。1957年11月，首先动工兴建了位于江平街北面观音岭山谷的夹浪水库，以解决沿海村屯的人畜饮水和生产用水问题。该水库为小型水库，库容量为485万立方米，设计灌溉面积8000亩，实际灌溉面积6000亩。1958年6月，夹浪水库建成，并开通总长度10多公里的输水渠道，水可直灌到江龙、贵明（包括上、下佳邦两个自然村）、山心三个村，解决了近万人口的用水和6000亩农田用水问题。夹浪水库竣工投入使用后，紧接着于1958年12月开工建设黄淡水库。该水库为中心水库，集雨面积69.3平方公里，总库容5782万立方米，有效库容为4050万立方米。水库由广东省湛江地区水利电力局勘测设计，东兴各族自治县组织施工，1963年基本建成并投入运行，并且开通干渠一条、支渠三条，总长9.36公里，设计灌溉东兴、江平、马路三个乡镇九个村的农田3万亩，1990年时，实际灌溉农田2.6万亩。

1969年6月，榕树头围垦工程基本完成。为了解决围垦区内的用水问题和彻底解决巫头、沥尾、山心三个村的生产用水和生活用水问题，同年12月，开工建设了江平拦河坝工程，拦截江平河的河水并引向沿海。拦河大坝坝高3.67米、

长 89 米，灌溉面积 1.4 万亩。灌区有总干渠一条，长 3.3 公里，干渠三条，长 5.8 公里，还有支渠若干条，把水引到巫头、沥尾、山心三个京族聚居村和榕树头围垦区。

1978 年，为了进一步解决京族村落群众的安全饮水问题，当时的江平公社（现在的镇政府）委托公社企业办公室（简称“企办”）建设了一座日供水量为 1200 立方米的自来水厂，向江平圩和周边农村、京族三岛供水。由于供不应求，又于 1990 年鼓励江平民营企业再建一座自来水厂。2008 年，用国家安排的扶持较少民族发展资金再建设一座日供水 2 万立方米的自来水厂。到 2012 年 7 月，江平镇已有 9376 户 3.75 万人用上自来水，占全镇总人口的 80%。预计“十二五”期末，全镇各个家庭都可用上自来水。当年涉海几公里远去取水或就地取用咸酸水的日子一去不复返了。

另一方面，着力解决水患问题，以保证京族聚居区民众的生命财产安全。首先是发展气象业，1953 年在东兴建立了气象站，江平等地也设立气象观测点，每天向渔民提供天气预报信息，并在企沙、沥尾、白龙、潭吉、竹山分别设立台风警报站和台风信号站，遇到台风来袭就提前向渔民发出警报，让渔民根据天气预报安排渔业和农业生产，大大减少了财产损失并保障了人民生命安全。其次是千方百计筹集资金，用于维护和加固沿海堤围。国家每年都安排一定的资金用于京族聚居区的海河堤建设和维修。1987 年，自治区水利厅投资 205 万元，用于沥尾岛护岛海堤建设。1990 年，完成海堤总长 6428 米，堤高 4—4.6 米，顶宽 4—6 米，干砌石 12.91 万立方米，浆砌石 2.66 万立方米，挖填土 12.91 万立方米，保护人口 3369 人，保护耕地 5742 亩。2002—2012 年，国家共安排资金 21041.83 万元，用于维修和加固京族聚居区海堤 15 条，总长约 39 公里。到 2012 年 6 月底，已完成投资 18559.06 万元，其中，对京族三岛的投资为 8796.19 万元。

随着气象事业的发展和海堤的不断加高加固，不管是狂风暴雨还是惊涛骇浪，京族人民都可以安居乐业，再也不用担心水患了。

广播电视事业：从孤陋寡闻到“京家不出门，知悉天下事”

京族聚居区地处南疆一隅，远离中原，京族人居住在海岛，潮退而作，潮涨而息，除了销售渔产和购置生活用品，与外界的交流很少，加上旧社会科技落后，因而京族人对国家大事和社会发展变化了解极少。这种情况，随着中华人民共和国成立后京族人与外界交流的增多而有所改变，随着广播电视事业的大发展而发生了根本改变。

一、京族聚居区广播事业的发展

1957 年，十万山壮族瑶族自治县筹委会在县城东兴镇建立县广播站，配置了“远程”牌收音机、150 瓦扩大机、录音机各一台，在东兴镇安装了三个高音喇叭进行有线广播，基本覆盖了东兴镇。1958 年 5 月，东兴各族自治县建立后，县广播站借用邮电部门的电线杆，将广播网络覆盖到江平镇和京族三岛，基本做到村村队队通广播。每天广播站早晚各播音一次，共 390 分钟，节目内容有新闻、文艺节目。京族人开始知道，除了大海，外面还有更精彩的世界。

1960 年，江平公社广播扩大站建成，配置一台 150 瓦扩大机，主要是转播县广播站的节目，有时用京语广播京族地区建设成就和民间曲艺等内容。1969 年，东兴经松柏到江平的水泥杆广播专线建成。这是东兴第一条广播专线，全长 40

公里，沿线安装了 200 多个喇叭。1974 年，县广播站在东兴开设了半手工操作的振荡式的钢筋水泥杆预制厂，年产 5 米长的水泥杆 5000 多根，供内部架设广播网络之用。1975 年，东兴各族自治县组建了 12 人的架线专业队，建起了独立传输的有线广播网。1978 年底，防城各族自治县（1978 年，东兴各族自治县改称防城各族自治县）各广播站共有扩音机 25 台 6200 瓦，县至乡专线传输线路长达 263 公里，乡以下线路长达 4900 公里，基本形成以县站为中心、乡镇为基础的广播传输网络格局。全县 95% 的生产队通了广播，喇叭入户率达 53%。京族人口最多的江平公社，除偏远山区的黄竹村外，其余 15 个村 135 个生产队通了广播，入户喇叭 4000 多个，入户率达 66%。1982 年，县政府对京族聚居村落实行重点扶持，免费供应水泥杆、电线、瓷瓶等器材，促进了京族聚居村落广播事业的进一步发展。巫头、山心、沥尾三个京族聚居村落都设立了村广播室，线路建立均已标准化，入户喇叭达 6000 多个，基本做到家家户户通广播。1985 年，自治区广电局在防城召开农村广播工作会议，与会代表参观了京族三岛的有线广播建设。从 1991 年起，防城的县、乡（镇）两级广播站每天播音 5 小时，分早、中、晚三个时段，即早上转播中央人民广播电台《新闻和报纸摘要》《各地联播》节目和广西人民广播电台《广西新闻》，中午播出《午间新闻》，晚上播出《广西新闻联播》《本县新闻》《天气预报》等。党中央、国务院和地方各级党委、政府的声音传遍了京族聚居区的千家万户。京族人不仅知道本地的事，还知道了全国的事。

二、京族聚居区电视事业的发展

在广播事业不断发展的同时，20 世纪 80 年代，电视走进了京族人家。先是 1979 年 4 月，在县城防城镇的蜈蚣岭上建起了防城各族自治县的第一个电视差转台，1982 年又在那梭镇的华罗山上建起了第二个差转台，京族聚居区各族群众都可以收看到广西电视台的节目。1988 年，又先后建成东兴、江平、马路三个卫星地面收转站，开始收转中央电视台第一、二套节目，京族聚居区农村基本都能看到中央电视台的节目。1991—1992 年，东兴镇和江平镇的有线电视控制播出室先后建成，向用户传送中央电视台（第一、第二套节目）和广西台、广东珠江台、云南台、贵州台等六家电视台多套节目。20 世纪末 21 世纪初，京族聚居区开始推广数字电视，能够收看的电视节目增加到几十套。随着电视技术的不断提高和经济的不断发展，京族人家家户户有了电视机，电视机也不断更新换代，从黑白到彩色、从背投到液晶。特别是巫头、山心、沥尾三岛的京族村民，依托渔业、边贸和旅游业，日子越过越红火，家家建起小洋楼，购置了大屏幕的彩色电视机。工余饭后，打开电视机，国内国外的时事政治、经济文化、体育娱乐、天文地理等，一切尽入眼中，真正实现了“京家不出门，知悉天下事”。

城乡建设：从苦难走向辉煌

京族聚居的东兴市（1996 年设东兴县级市，京族聚居区全境隶属东兴市。因京族聚居区归属历史上多有变更，所属行政区划名称亦有变化，总体归现东兴市所辖，下文统称东兴）下辖 3 个镇 31 个村，100 多年来的城乡建设曲折发展，充满艰辛，现在已粗具规模。

一、边城东兴的开发

东兴的建设进程，随国际风云变幻而几经起伏。清末民初，北仑河国际铁桥建成，边境交往频繁，边贸活跃，加上中法两国勘定中越边界后，部分原定居越南芒街的华侨回迁东兴，于是，东兴出现了投资置业的第一次高潮。在抗日战争的初期和中期，东兴是国际援华物资进入我国西南的主要通道之一，繁荣异常，有“小香港”之称，也曾大兴市政建设。抗日战争后期，日军入侵，东兴数度沦陷，越来越萧条。解放战争期间，东兴又成为战略要地，一时间各方力量、人物汇聚，有不少外来人口在东兴投资置业，带来特殊的繁荣。1957—1978 年，东兴先后是十万山壮族瑶族自治县和东兴各族自治县的县治，加上越南北方解放，中越两国友好，友谊、祥和的气氛使东兴闪烁着光芒，市政建设日新月异。特别是中华人民共和国成立 10 周年的前后，东兴的市政建设又掀起了一个高潮：筑河堤，盖学校，建体育场，修建了北仑河友谊大桥（后一度改为“中越友谊大桥”）、中越友谊公园、中越革命烈士纪念碑、胡志明亭，原有街道大部分改为混凝土路面，还新建了四条街道，城市面貌焕然一新。1979—1988 年的 10 年间，东兴市政建设一度停顿。1989 年后，中越关系逐步正常化，东兴重新焕发了活力。东兴各族人民在党和政府的领导下掀起了新一轮市政建设的高潮。1989—1996 年为新时期东兴市政建设的一个新高潮，这是新时期第一次建设高潮。为了适应东兴出现的边贸热、投资热和旅游热，首先重点推进自治区人民政府决议建设的 14 个基础设施项目，建设和完善水、电、路、通信、医院、学校、外事宾馆、旧城区的市政设施。自 1992 年 4 月初拉开建设帷幕，经过几年的艰苦奋斗，完成了东兴医院、外事宾馆、东兴中学修复工程和北仑河友谊大桥（建成后名为“北仑河大桥”）的重建工程，修建了防城至东兴二级公路，先后开通 1000 门载波程控电话和 2000 门光缆程控电话，完成了全长 60 公里的 110 千伏输变电工程及日产 2 万吨自来水的水厂扩建工程，建成了东兴汽车站、国际商贸市场和一批酒店宾馆。还投入资金 5335 万元，改建、新建、扩建 380 多个单位用房，改造新华路、建设街、永金街等街道，改造总长 830 米，并完成东兴出口处长达 3.5 公里的道路油面改造工程。

与此同时，东兴开发区工管委委托中国城市规划设计研究院编制了东兴经济开发区的城市建设规划，描绘了东兴新区的建设蓝图。根据中国城市规划设计研究院编制的《东兴城市总体规划》，结合东兴经济开发区的实际，东兴经济开发区城市建设思路是将城市功能定位为“商贸、旅游、加工业合为一体的边境口岸城市”；发展步骤是“商贸起步、实业上路、高科技致富”；城市布局为“带状式团组结构”，即以东兴为中心，沿东兴至防城的二级公路和北仑河向东分别形成东兴、竹山、松柏、沥尾、潭吉、江平六个不同功能的团组，其中东兴是开发区的中心，是对外口岸和政府所在地，是批准设立的边境经济合作区，总面积为 8 平方公里，有效利用面积 4.07 平方公里；建设方针是“以东兴镇为起点，向东发展，适度发展北部和西部；以建设新区为主，依托老城，成片开发，滚动发展”。到 2010 年，整个开发区建成区面积达 24.62 平方公里，人口达 18.85 万—21.54 万。东兴开发区工管委按照这一规划，扎扎实实地推进新区建设，经过几年的努力，新区的框架基本形成。

在征地拆迁、“五通一平”的基础上，城区主干道北仑大道、中心大道、新华路、北环路已基本竣工，全部铺设了沥青油面。这四条“井”字形大道贯通新区，联结旧城，形成了蔚为壮观的新东兴街道大网络。在新区里建成了国门大楼、海关大楼、邮电大楼、检验检疫大楼、政府行政大楼、国贸商场和民政福利大厦、建设大厦等 10 多栋高层楼宇和一批酒店宾馆。特别是 1992 年 3 月投入使用的北仑河市场和保税仓库（占地 50 多亩，建筑面积 2.2 万平方米，可容纳商户 400 家）以及重建并于 1994 年 4 月 17 日正式通车的北仑河大桥，它们的使用和开通极大地促进了京族聚居区经济社会的发展。

随着 1996 年东兴市政府的成立，东兴又掀起新时期的第二次建设高潮。人民会堂、人民广场、体育馆、新华路、口岸大街、河堤路、人民公园、红木家具市场、轻纺城、北部边贸互市点等一个个新建或修葺的项目接二连三地开工，并竣工投入使用。

2010 年，随着东兴被列为国家重点开发开放试验区，东兴掀起了新时期的第三次建设高潮。新城区开发、北仑河二桥建设、中越跨境经济贸易合作区、东兴至防城高速公路、东兴工业园区等一个个大项目进入紧锣密鼓的策划、征地拆迁或开工建设阶段。

2010 年，东兴市区建成面积已由建市初期的 3.44 平方公里扩展到 10 平方公里左右，建成大小市政道路 110 条，总长度 140 多公里，市政设施日臻完善，高楼林立，车水马龙。东兴，如一只美丽的凤凰，涅槃重生，繁华异常。

二、古镇江平的扩建

江平镇是京族乡镇级的经济、政治、文化中心，东兴 60% 左右的京族人居住在江平镇，著名的京族三岛（巫头、山心、沥尾）就在江平镇。

江平镇位于东兴市的东面，北靠十万大山山脉，南濒北部湾畔，发源于那梭东山山麓的江平河从镇政府驻地江平圩北面缓缓流过。

江平镇是一个历史悠久的古镇。据黄知元先生 1943 年所著的《防城县志》记载，汉武帝元鼎六年（前 111 年），西汉灭赵佗建立的南越国后，在岭南设置了南海、苍梧、郁林、合浦、交趾、九真、日南七郡，江平属交趾郡西于县时罗峒的一部分。东汉建武年间（25—55 年），江平属交趾郡封溪县的如昔峒，连同其他四峒，均受土司黄万定（山东青州人）管辖，黄万定的子孙则世袭罔替。宋开宝五年（972 年），江平设如昔都，又称“镇”，这是江平建镇之始，至今已 1000 多年的历史。如昔都的都治设在江平圩旁的恒望村，管辖四峒：如昔峒（今江平圩周边农村和沿海一带，包括黄竹和江山乡的新禄、山脚、白龙等地）、罗浮峒（又名“鉴山”，今松柏、竹山、罗浮、东兴一带）、丫葛峒（今河洲、江那、马路、大桥一带）、思勒峒（今思勒、横隘以及那梭镇的炮台、稔稳一带）。也就是说，当年如昔都所管辖的范围略宽于现在的东兴市。明洪武二年（1369年）后，明朝对西南边陲地区实行“改土归流”，将如昔都各峒峒主由长官司（土司）降为峒长，收长官司印，另在江平设立如昔巡检司，由如昔巡检司的流官管理该地区。清光绪十三年（1887年）中法两国共同勘定中越陆地边界后，为了加强边境一线地区的管理，清光绪十四年（1888年），清朝政府将钦州县与越南毗邻的遵化乡从钦州县分离出来，单独设立了防城县进行管理，并在江平镇设立了江平巡检司，统一管辖白龙、江平、滩散、八庄、峒中等边境一线地区。1944年，京族人武金城组建越南国民革命军第三军后，军部设在江平镇一段时间，后来才迁到越南芒街五画楼。

相传江平镇的政府驻地江平圩最早在江平河的北面，现江龙村的那马陈一带，后因一场大火，圩镇被烧为平地，才搬到河南面的江平公园附近。故那马陈附近有一片农田被称为“火烧田”（现属恒望村的耕地），而江平公园那一带的农村被称为“新街村”。后来，由于现江平中学一带成了巡检司营寨，赶圩的兵丁购置的物品多，商贩摊点逐步西移，圩镇中心才落到现在这个地方。

江平镇依山傍水，风景秀丽，素以“江平八景”闻名。这八景是：

1. 横江印岭。江平河江平圩公园段的北岸有一座小山包，半边伸入河中，半边连接着河北的山岭。山的顶部，耸立着一座四四方方的土岭，状如一枚印章立于款款东流的江平河中。相传当年哪吒三太子盗用玉皇大帝宝印镇治作恶多端的南海龙王，大功告成后，钻出水面，天已破晓。正当哪吒腾空之际，忽听雄鸡高鸣一声，慌忙中宝印遗落，宝印落下后即变成了现在的这座土岭。

2. 古寨烟霞。据说江平圩西头的寨头村，古时古木参天，人烟稀少，常有军队驻扎，立有营寨，“寨头村”因此得名。早上或傍晚，军营中生火做饭，炊烟袅袅，整个寨子一片迷蒙，在朝晖或夕阳的照映下，如人间仙境，迷醉游人，故被称为“古寨烟霞”。

3. 同皮古潜。江平河同皮村地段的河床底下有一条地下河，地表的河水不断流入地下河，形成了一个巨大的漩涡。漩涡四周水花四溅，漩涡中间不时发出“吱吱”的汲水声。当地村民想知道这漩涡之水往哪里流去，于是将一个柚子扔进漩涡。经过一段时间，柚子被水冲到东兴一处不知名的地方随水流出，故人们把柚子被冲出来的地方唤作“冲朴”（京族地区的民众称柚子为朴子），东兴镇北郊冲朴村村名由此而来。近漩涡的岸边有一棵巨大的古榕树，它的一条枝干伸至对面江岸，当地村民经常借此枝干行走过江，边走边欣赏河中的漩涡，久而久之，就有了“同皮古潜”一景。

4. 棋盘夜灯。在江平一带，流传着一个美丽的神话故事。传说江平圩西面长山村的棋盘岭上，住着两个爱好下棋的神仙，每当黑夜降临时，他们总是挑灯夜弈，山上彻夜灯光闪烁，故名“棋盘夜灯”。据说20世纪50—60年代，岭上还确有一个石刻的棋盘，棋盘旁边的石板上还真有两双脚印。

5. 珠墩月夜。江平圩正南面的白龙半岛西侧海湾中，一个个小土墩星罗棋布。土墩周围的海面水平如镜，水质优良，自古盛产珍珠。古代珠农采珠时，常把珠蚌带上土墩开剖，取走蚌肉和珍珠，珠蚌的外壳则留在土墩上。天长日久，小土墩上堆满了蚌壳。因蚌壳内壁有一层薄薄的银色珠层，每当夏秋之夜，皎洁的月光照在土墩的蚌壳上，蚌壳内壁的珠层便反射出一片白光，与皎洁的明月相互辉映，周围海面顿时呈现一片光华，形如白昼，使人叹为观止，故名“珠墩月夜”。

6. 松亭鹤室。江平圩南面一公里处的红坎村原来遍布古松。其中，有数十棵已是千年古松，高达数丈，需五六个成人手拉手才能合抱。古松虽年逾千年，但依然四季常青，苍翠欲滴。树上栖息着数百只白鹤，白鹤代代在此繁衍。每当清晨，小鹤吱吱呼食，母鹤即凌空远去，为儿觅食。树荫深处，建有哈亭、十王殿和伏波庙，供奉着数十尊神像，塑像个个都高达一两米，栩栩如生。松林中还有一所学堂。长髯塾师与稚嫩学童、古松白鹤、森严庙宇，构成一幅清纯雅丽的古朴画卷，故谓之“松亭鹤室”，实为难得的一处美景。曾有文人题诗赞古松：“遍身如龙干如鳞，独秀千秋心自甘。犹忆当年松亭记，留待诗人说到今。”“大跃进”时大炼钢铁，这些古松全部被砍去当柴火，白鹤飞离，庙堂、哈亭和学堂均毁于一炬，甚为可惜。

7. 五指高峰。江平圩的北面是一片莽莽苍苍的群山，离江平圩三四公里，从东头的风门隘到西边的石头弄并列着五座高大的山峰，依次为高鹰峰、大观音峰、小观音峰、猪牙石峰、石头弄峰。这五座山峰就像一队卫兵，俯视和拱卫着江平圩及其周围的村落。因这几座山峰都高于其他山峰，远远看去，颇似一只手掌伸开的五指，故名“五指高峰”。五指高峰及其周围的群山长满了林木，四季常青，把处于北部湾畔和莽莽群山之间的江平古圩衬托得景色如画，美轮美奂。

8. 银坑瀑布。位于江平东北面两三公里处的银坑村，瀑布虽声势不浩大，却也委婉迷人。特别是每年的夏天，雨量充沛，溪水丰盈，瀑布从山顶流下，水花四溅，飞珠滴翠。白天在阳光的映照下，绚丽多彩；夜晚，月光从山中林间透过，溶溶月色与水花相互辉映。山村的恬静与瀑布的水声构成了一处动静结合的美景，使人自然而然地想起了唐代大诗人王维“明月松间照，清泉石上流”的美丽诗句。

除了优美的风景，江平镇自古商业兴旺繁荣，因其有着优越的地理位置。江平镇位于十万大山与北部湾之间，处于东兴和防城两大集镇之中，水路直通越南的芒街、康海（今鸿基，又名下龙湾）、海防等处，交通十分便捷，是当地一带的商品集散地。旧社会，每天早晨，江平镇下辖的西北方向的那漏、思勒、横隘，包括那梭乡的稔稳等村的村民便沿着江平河乘着拉滩船或木排沿江而下，把肉桂、八角、竹笋、木耳等山货带到江平圩交易。江平圩东面的交东、班埃、叱祖等山区的村民也沿着江平河溯江而上，带来茶叶、烟丝、木薯、竹笋、木炭以及各种木制家具。而南面的江龙、潭吉、巫头、沥尾、贵明、山心等沿海村民，包括中法勘定中越陆地边界前的越南渔（边）民，则挑来各种海鲜，从海上直接把船开到江平街河边卸货售卖，补充生产生活用品。山区沿海，天南地北，汇聚一地。各商号老板则穿梭于各个摊点之间，挑选货物，成交后打包，运到东兴或越南芒街、康海、海防等处销售，再运回商品到江平推销给附近乡镇居民。

广东、福建的商家看中了江平商业繁荣和海路交通便利，便以江平为立足点，不断往返于中国东兴和越南以及中国的粤、港、澳、闽之间，把粤、港、澳、闽的物产推销到越南一些地区和中国的东兴、江平，然后又把这些地方的名贵物产载回粤、港、澳、闽谋利。于是江平街建起了广东会馆，专供这些客商落脚，了解行情。越南客商也经常来到江平交换物品、了解行情、洽谈生意。防城先贤黄知元先生在1943年所著的《防城县志》中对此做了记述：“今江平遗存的广东会馆一所，栋记清乾隆十七年（1752年）重修，其权兴当在明末清初。故老相传，清代中叶，江平一埠，广州、潮州、福州等处商船，载货物航海而来，云集江面，有‘小佛山’之称。商业繁盛，从可想见……商业集中于江平，西南可输入安南境内，东可转运于邑境各圩市……”

一些京族村民看到江平街热闹，生意好做，纷纷举家来此定居。如段昌权、段荣兴、刘金昌、刘荣利、黎丙基、黎丙林、胡四公、陈四公、林源、林溪、范绍伦、阮新胜等。这些村民由于同源同族，语言相通，生活习俗相同，加上从乡下搬迁到圩市，担心受人欺负，迁入圩市后，大家便相聚一起，同在一条巷子里建家立舍，从事各种营生，久而久之，便形成江平圩上一条新街巷。这条巷子的住户除了少数人经营棉布、打铁铺，绝大部分经营京族人传统的营生——渔产的加工买卖，制作销售风吹饼、煎堆等京族特色小食，以及制作销售鲶汁等。每天早上，京族人用京语互相问候的声音、呼朋唤友的声音，夹杂各种京家风味食品散发出来的味道，飘散在巷子里、弥漫在空气中，给这个古朴的小镇增添了几分特有的韵味。

于是，小小江平古镇每天都热闹非凡。镇北面的江平河，从西边寨头村到东头的公园脚一段，泊满了各种各样的拉滩船、渔船和木（竹）排，码头上的人忙碌地搬运货物。街上则店铺林立，棉布店、杂货店、鲶汁店、裁缝店、打铁铺、酒楼、木器店，还有金银首饰店、纺织印染店、修理店、米店等，应有尽有，加上广东会馆、客栈、泰康社（庙）、三圣公庙、南服书院和中山公园等，使古镇颇具规模。街上行人熙熙攘攘，中国人和越南人，外地人和本地人，山里人和海边人，京族人和汉族人，赶圩的、叫卖的、卖艺的、进香的，摩肩接踵，川流不息。天长日久，街道上的青石板被磨得铮亮，有的被磨得凹了下去。

星移斗转，岁月悠悠，江平古镇不断扩建：菜市街、长寿街、安莨街、居仁街、南闸街，街道也不断延伸，但真正大规模的建设，是在20世纪80年代以后。

1984年，江平镇开始规划江平街以农贸市场搬迁为中心的新区建设。1984年12月，刚从公社恢复为乡镇的江平镇召开了第一届人民代表大会第二次会议，表决通过了将新的农贸市场从原来的水圳（夹浪水库灌渠市区段）边搬迁到大鱼塘（填平鱼塘建市场）的方案，从此拉开了新区建设的序幕。1985年下半年，新的农贸市场正式动工，市场周围掀起新街区建设的热潮。1990年，江平镇政府根据形势发展和群众的要求，决定进一步加大江平镇新区开发的力度，成立了专门的组织机构开展规划修订、征地开发等工作。富裕起来的江平人（包括江平街和农村居民）纷纷在新区投资置业，新建的楼房一栋比一栋漂亮，一栋比一栋气派，形成了民族大道、振兴路、金港路、富裕路和平安大道等新街道及新社区。

2004年6月，江平镇被国家发改委、建设部等六部委确定为全国重点镇之一。为推进城镇化进程，加快重点镇、名镇的发展，江平镇政府再次修订了镇区建设规划，进一步确定了“一轴两翼”（以防东滨海二级公路为主轴、以南北两侧为两翼）的空间布局，采取“政府出资、社会集资、项目引资”等多方筹资的办法，高标准、严要求地开展城镇建设，取得了显著的成绩。至2012年底，先后建成大小街道32条，总长度15公里，并进行了硬化改造；新建了日供水2万吨的自来水厂和医院大楼、乡镇级一流的汽车客运站、垃圾中转站、污水处理厂等基础设施；按照古镇风貌改造了临江街道居民房立面，并绘刻了“江平八景”图，修复了三圣宫；还新建了可容纳六个班200多名小朋友的幼儿园，使用面积5000多平方米的大三联超市，占地40多亩的红木家具展销城、两家三星级酒店；开发了近6万平方米的商住小区。这些实现了小城镇建设的新突破。经过近几年的发展，江平镇区面积由1996年的0.6平方公里发展到2012年的近2平方公里。

2010年，包括江平镇在内的整个东兴市被列为国家重点开发开放试验区。江平镇现在正按照开发开放试验区的要求，重新编制江平镇区的建设规划，规划“按照一轴两翼的设想，体现古镇特色、民族特色和开放发展的时代特点，着力挖掘古镇悠久深厚的文化积淀”的思路进行。初步方案是：在进一步完善原有街区的基础上，以叱祖小学与防东滨海二级公路交会处为起点，沿着江平河的北岸修建一条由东向西的沿江大道，在大道以北、山岭脚以南之间建造一座新城，使之与河南岸的原有街区遥遥相对，形成一河两城。新城将按明清时代的建筑风格，运用现代的建筑材料和建筑工艺，并配以生态文明的理念整治好江平河两岸的河堤，在两岸河堤上大量种植花草树木，使整个镇区呈现依山傍水、一江两岸、桃红柳绿、花繁树茂的新格局。相信不久的将来，江平古镇将会成为一座传统文化、民族特色与现代时尚完美结合的新城镇。

三、京族聚居区农村新气象

中华人民共和国成立后，京族聚居区大力对农村进行开发建设。特别是1970—2010年的40年间，京族聚居区的农村掀起了三次建设高潮，极大地改变了京族聚居区农村的面貌。

第一次是在1970年前后至1980年前后，重点是开展农村电网建设。中华人民共和国成立前，东兴镇虽建有火力发电厂，但装机容量只有28千瓦，仅能供东兴街居民生活照明。1958年江平夹浪水库电站建成后，也仅勉强供江平圩居民用电，京族聚居区广大农村一直无法通电。1963年黄淡电站建成后，逐步向东兴、江平、马路各公社供电。1970年前由黄淡电站取代东兴、江平原有的旧电站，解决了原有电站电压过低、不能满足镇上居民用电的问题，并向毗邻街区的农村和越南芒街供电。1970年后，京族聚居区开始大力建设农村电网。由于当时的财力和交通条件有限，农村电网建设难度很大，但干部和群众的决心更大。资金不足，县财政出一点、水电公司出一点、各村队集资一点；架设输电线路时，道路不通，电线杆、电线等器材运不进来，就发动群众扛、抬、拉。经过几年的努力，到 1975 年前后，京族聚居的沿海农村基本普及用电。又经过几年奋斗，到 1980 年前后，山区农村也基本普及用电。京族聚居区农村电网的建设和完善，为后来的大发展创造了条件。

第二次是在 2000 年 8 月至 2002 年 7 月，重点是广西边境地区基础设施建设大会战项目。根据自治区的安排，东兴市大会战的任务是办好 24 件实事，建设项目共 364 个（不包括沿边三级公路），总投资 4059.39 万元，其中村级项目为 344 个。大会战从 2000 年 9 月开始至 2002 年 7 月结束，历时 23 个月共计 700 天，实际完成项目 376 个，全部按质按量通过各级验收，其中村级项目 344 个，总投资 3036.31 万元，完成计划的 115%。344 个村级项目包括：①村级道路改造项目 7 个；②“村村通”公路项目 3 个；③“村村通”广播电视项目 113 个；④人畜饮水项目 9 个；⑤村委办公用房项目 22 个；⑥村卫生室项目 25 个；⑦村级完小项目 32 个；⑧村计生服务站项目 33 个；⑨农村茅草房改造及“村村通”电话项目 100 个。

第三次是在 2005 年至今，2005 年国家开始实施对人口较少民族的扶持行动。第一期（2005—2010 年）被列入规划的沥尾、巫头、山心、潭吉、贵明 5 个村，共获得国家和自治区扶持资金 4140.16 万元，完成 78 个惠民项目。第二期（2011—2015 年）又新增了江龙等 18 个村。

经过多年的建设，特别是经过这三次规模较大的建设，京族聚居区农村公共基础设施得到极大的改善，为经济和社会发展创造了有利条件。京族聚居区农民的收入不断增加，生活条件越来越优越。特别是京族人口较多的巫头、山心、沥尾、贵明、江龙、潭吉、竹山等村变化巨大。这些村的村民特别是京族村民，20 世纪 50 年代大部分住的是旧社会兴建的篱笆房，60 年代末 70 年代初，开始住上泥坯或石头砌成的瓦房，80 年代住上钢筋水泥房，90 年代后小部分开始住进雅致的“洋楼”“洋房”。进入 21 世纪以来，“洋房”“洋楼”逐步普及，汽车、电视、移动电话、冰箱、空调进入寻常百姓家，京族村庄的变化翻天覆地，处处呈现生机勃勃的新气象。

交流与合作

经济交流与合作

京族聚居区与越南边境地区山水相连，100 多年来，双方边境地区的政府和民众，为了各自的发展，进行过许多交流与合作。

一、共建北仑河大桥

北仑河，是中越两国位于东兴和芒街段的一条界河。千百年来，北仑河从十万大山深处缓缓流淌而来，宛如一条玉带在中国大陆线和海岸线的南端交会处融入大海。“国境桥边溪石上，浣娘相向暮砧多。”这是 1962 年春天，著名剧作家、中华人民共和国国歌的歌词作者田汉在《北仑河》一诗中描写的中越界河——北仑河风光。

桥的命运，总是与人的命运、与国家的命运息息相关。特别是界河上的桥，从一开始便被赋予了不凡的身世。桥连，商贾往来、边民亲近；桥断，边境纷争、渠道不畅。横跨中国东兴口岸和越南芒街口岸的北仑河大桥，历经百年沧桑，见证了京族聚居区的百年兴衰和中越两国人民悲欢离合的历史。现在人们看到的北仑河大桥，是中越双方第三次携手合作的成果。

北仑河上的第一座桥是铁桥。建铁桥之前，简易的拉滩船是中越两国人民渡河和货物运输的交通工具，十分不便。清光绪十一年（1885 年），清政府与法国在天津签订了《中法会订越南条约十款》，中法战争结束，清政府承认法国占领越南，越南成为法国的殖民地。清光绪二十四年（1898 年），清政府与法国商订协议共同出资建造中越东（兴）芒（街）北仑河国际铁桥，法国负责铁桥的设计和相关技术指导以及材料供应，中国则负责建设与工费。铁桥于 1898 年秋动工建设,至清光绪二十六年(1900 年)建成并投入使用。铁桥长 118 米,共 3 墩 4 跨，桥墩和桥面上下结构均采用钢架设计，桥墩则用混凝土包裹。竣工后，双方规定三年中修一次，每年小修一次，维修费用则由双方分担。

北仑河国际铁桥的建成使东兴成为当时两广重要的对外通商口岸。从此，中越两国边民往来更加频繁，进出口贸易更加兴旺，国内外客商纷纷慕名前来，东兴的商号铺面猛增。靠近铁桥的中山街、和平街一带，全是法式建筑。沿街的大小商号、金铺钱庄林立，茶楼、酒馆也纷纷开张。北仑河变成一条“胭脂河”，东兴繁盛一时。

经过 30 多年的风雨，至 1931 年北仑河国际铁桥钢构部分日渐锈蚀，桥面原来铺设的钢板大部分已生锈穿孔，且夏季行人踩着钢板过桥非常烫脚（当时附近一带群众习惯跣足，尤其是越南边民，天气再冷也光着脚，一双凉拖鞋便可以过一年）。经中法双方协商，对铁桥进行维修，桥面采用钢筋混凝土铺设。

1939—1945 年初，由于日军封锁了我国东南沿海口岸，东兴成为我国与美、英、法等国的重要通商口岸及国际援华抗战物资的重要通道。这时，各种各样的外国商品、国际援华抗战物资和爱国华侨捐献的抗战物资从越南芒街经北仑河国际铁桥源源不断地运入中国东兴并转运至国内各地。从北仑河国际铁桥运进东兴的打税货物排成长龙，东兴海关在口岸桥头打税戳印之声昼夜不停。

抗日战争结束后，北仑河国际铁桥日久失修，损坏严重，构件日益锈蚀，遭河水常年冲刷的二、三号桥墩四周包裹的混凝土（上游一面）毁落沉陷，铁桥上部结构第一、第二孔的纵横梁大部分已锈断，临时架设了木梁，铺放木板以维持交通。1947 年 9 月，东兴镇镇长李维先提出修复铁桥，并做好工程预算报防城县政府，但当时国民党防城县政府腐败无能，对修复铁桥之事不予理睬，修复计划成了泡影。

1949 年 10 月中华人民共和国成立，同年 12 月，东兴解放。1954 年，越南民主共和国在中国的帮助下取得了奠边府战役的胜利，迫使法国在日内瓦和谈中承认越南独立（北部为胡志明领导的越南民主共和国）。此时，中越两国的关系得到了进一步巩固和加强，两国间的交流更加密切，东兴口岸成为我国与越南进行经济文化交流的主要口岸之一，经历了 50 多年风风雨雨的北仑河国际铁桥已满足不了中越两国经济文化交流的需要。

1957 年，我国广东省政府与越南广宁省政府协商，决定拆除铁桥，共同兴建北仑河友谊大桥。双方派出人员共同组成建桥委员会，由委员会负责协调建桥的相关事务。建桥委员会主任由当时广东省交通厅党组书记兼副厅长叶向荣担任（后由广东省交通厅党组书记兼副厅长严尚民接任），副主任由越南广宁省交通司司长杜海担任。中方充分考虑到当时越南的实际困难，在建桥中承担大部分责任，尽量减轻了越方的负担。经商定，在大桥的建设过程中，中方负责大桥的设计施工、施工机械设备及大部分材料，越方负责派出 100 多名工人参加建桥施工以及解决部分建桥物资。中方的设计单位为交通部公路勘察设计院第二分院第一大队测量队，施工单位为交通部公路总局第二工程局第二、第三工程处。从 1957 年 4 月开始，中方开始进行大桥测量设计工作。4 月 29 日至 5 月 3 日，双方在越南芒街召开大桥建设协调会议，审核中方提出的大桥设计方案。会议地点在芒街市行政委员会的所在地，出席会议的中方人员有交通部公路勘察设计院第二分院第一大队测量队队长杨理准、工程师钟晋文等五人，越方代表有越南广宁省主席黄正等六人。经研究，双方核定了大桥设计标准：桥长 124.8 米，共五跨，每跨标准跨径 22.2 米；桥面全宽 10 米，其中行车道宽 7 米，两边人行道各宽 1.5 米；上部结构采用钢筋混凝土梁，下部结构为重力式浆砌块石桥墩型桥台，以浆砌块石为基础；设计荷载标准为汽车 13 级，履带 –60 验算，人群荷载每平方米 300 公斤（采用中方设计规范）；投资概算为 58.2 万元人民币。10 月中旬，我国担任大桥施工任务的单位派出工程师张载华和组织干事赵榕悟来到东兴进行前期准备，与越方商讨施工准备问题，并根据东兴的实际情况，建议预制场和采石场均需设在芒街。随后，施工单位率领施工队和机械队进驻北仑河边，做好开工的准备。

1957 年 11 月 17 日，东兴镇举行了盛大的开工典礼，北仑河友谊大桥正式开工建设。东兴、芒街两地干部群众数千人相聚北仑河两岸庆祝大桥开工建设。大桥施工期间，朝鲜公路总局、越南交通邮电部组织代表团到大桥工地参观学习我国的建桥技术和经验。芒街市政府也曾多次组织机关干部到大桥工地参观学习。

在中越双方的共同努力下，经过半年的紧张施工，1958 年 5 月 25 日，大桥提前竣工，质量被评定为优良。在建桥过程中，中越两国人民并肩战斗，建立了深厚的友谊，双方决定将大桥命名为“北仑河友谊大桥”。竣工当日，双方在芒街口岸桥头举行了隆重的通车典礼。东兴、芒街两地的机关干部、居民数千人参加了庆祝活动。中华人民共和国广东省副省长陈汝棠、越南民主共和国代表杜敏在典礼上致辞并共同剪彩，中国交通部公路总局第二工程局局长彭祖龄代表中国交通部向越南交通邮电部公路局局长陈文球赠送北仑河友谊大桥模型，广东省副省长陈汝棠与群众一起在大桥桥头植下友谊树。

1960年秋天，中共广东省委第一书记陶铸来到当时属广东省管辖的东兴视察。他走上大桥，凝视着大桥两端迎风招展的两国国旗，意味深长地说：“把大桥改名为中越友谊大桥吧。”他亲笔书写桥名，之后被刻在桥头牌楼横额上。“友谊”二字对中越两国人民来说值千金。大桥建成通车后，对中越两国开展贸易和文化交流有着重要作用。越南抗美救国战争时期，该桥成为我国援越物资的主要通道之一，我国援越物资源源不断地经过该桥进入越南，支援越南抗战。“文化大革命”中，这座大桥的桥名改回“北仑河友谊大桥”，题字的人几经变更。最后桥名由卢添源题写，仍为“北仑河友谊大桥”，并在横额两侧书写了毛泽东主席的题词“七亿中国人民是越南人民的坚强后盾，辽阔的中国领土是越南人民的可靠后方”和胡志明主席题词“越中情谊深，同志加兄弟”。

1979年3月，北仑河友谊大桥的越方桥段被炸断。断桥下的河水见证了那段充满悲剧的历史。

一晃10多年过去，北仑河的第三次建桥，是在中越关系正常化后的1992年。为进一步改善中越关系，促进双方经济社会发展，1992年初，中越双方决定修复北仑河大桥。3月14日起，防城各族自治县交通局局长，作为自治区交通厅修复北仑河大桥联络特使，先后四次偕同翻译抵达越南与广宁省交通厅厅长会晤，为两国两省专家团谈判做准备。6月22日，谈判开始。26日，中越双方代表团正式签订修复北仑河大桥的协议书。协议书规定北仑河大桥按1958年大桥原型修复，设计参数基本不变，预算投资中越双方各分担一半，中国承建中国东兴一侧三跨，越南承建芒街一侧两跨。我国由防城各族自治县交通局协助原钦州地区公路局承建修复工作。中越双方分别于1992年8月5日和8月19日开工建设，分别于1993年1月10日和1月20日竣工，通车时将桥命名为“北仑河大桥”。

1994年4月17日，北仑河大桥正式通车，中越双方举行了隆重的通车仪式，同时东兴、芒街口岸重新开通。东兴、芒街两地1万多名边民自发参加大桥通车仪式，我国出席通车仪式的政府代表有广西壮族自治区副主席陆兵，京族干部、中共防城港市委副书记、常务副市长陈荣贵，防城港市副市长禤祖和、严守华、梅连生，以及东兴开发区工管委领导曾宪生、禤德焕等人。越南广宁省及海宁县的相关领导也参加了通车仪式。我国 13 家新闻单位对北仑河大桥通车和东兴口岸重新开通进行了采访和报道。当晚，中央电视台在《新闻联播》节目中播放了大桥通车和口岸开通的新闻。

北仑河大桥全长 111 米，桥中间有一条红色的线，那既是中越北仑河大桥的管理线，也是中越两国的分界线。这条线，每年由中越双方轮流保养，一年刷新一次。也正是这条线，使两国人民轻松实现“跨一步出国、退一步回家”的体验。

如今的北仑河大桥已经是一条国际贸易、国际运输和跨国旅游的大通道。每天，人流车流在桥面上往来穿梭，川流不息。许许多多不同肤色、不同语言、不同国籍的人通过大桥，他们或旅游，或探亲访友，或执行公务，或经商，络绎不绝。

有人说，这是一条通往未来之桥。随着中越经济合作的进一步密切，以及东兴开发开放试验区建设的推进，商机、信息、人流、物流、金融流等都通过这条桥汇集分散。桥的两头，连着中越两国人民对富裕文明、安乐祥和的希冀。

目前，东兴口岸出入境人数仅次于深圳的罗湖口岸和珠海的拱北口岸，成为我国陆路口岸中的第三大口岸，是华南等地区通往越南等东盟国家便捷的陆路和水陆门户，而为东兴口岸发展做出重要贡献的北仑河大桥负载日渐过重，难以适应我国与东盟各国经济文化交流快速发展的形势。2006 年，中国东兴市委、市政府主动向越南芒街市提出共同争取两国政府批准建设北仑河二桥，以实现东兴、芒街口岸人货分流，减轻北仑河大桥负担的建议，得到越方的积极响应。

2010 年 6 月 29 日，中共中央、国务院出台的《关于深入实施西部大开发战略的若干意见》明确提出，要积极建设广西东兴等重点开发开放试验区。为推进东兴国家重点开发开放试验区建设，东兴市启动中国东兴—越南芒街跨境经济合作区、北仑河国际商贸城和金滩国际旅游岛三大项目建设，而建设中越北仑河二桥则是推进东兴—芒街跨境经济合作区的首要项目。

2012 年，中越北仑河二桥项目分别正式获中越两国政府批准。拟建的中越北仑河二桥位于现在北仑河大桥下游约 3 公里处，桥梁全长 618 米，其中中方段桥长 463.5 米（引道长 3.3 公里），越方段桥长 154.5 米，桥面总宽 27.7 米。该桥（引道计算在内）起自东兴市楠木山，连接当时在建的防城至东兴高速公路，跨越中越界河北仑河，止于越南一侧的交接线，全长 3.9 公里，其中我国境内建设规模约 3.8 公里。全线采用一级公路标准建设，项目估算总投资约为 2.5 亿元，其中我国境内一侧投资约为 2.2 亿元，越方一侧由越方筹措资金。

筹备已久的中越北仑河二桥即将进入动工建设阶段，建成后，将成为车辆、货物出入境通道，现有的北仑河大桥主要作为人员出入境通道，可实现口岸通关的人货分流。这对于加强中越两国经贸合作，改善口岸交通条件，带动旅游资源开发和边贸繁荣，推进中越两国边境地区的发展具有不可估量的作用。

北仑河的水在缓缓流淌，上游还有不少船只在往来穿梭。它们与大桥朝夕相处，见证过大桥的多灾多难，也见证过大桥的荣耀。北仑河大桥的历史，也是 100 多年来中越关系变迁的历史。

二、发展中相互支持的中越两国

1949 年 12 月 8 日，东兴解放。1954 年越南北方解放，中越两国先后进入社会主义革命和建设时期。两国边境地区政府和人民在发展过程中互相学习，互相支持，谱写了许多友谊的篇章。

1958 年 10 月 23 日，越南广宁省农业参观团 1000 多人到东兴人民公社参观学习高产水稻的栽培种植，东兴各族自治县和东兴公社的领导热情地接待参观团，向客人们介绍了相关情况。

1960 年 7 月 11—13 日，东兴各族自治县普降特大暴雨，降雨量高达 1000 多毫米，洪水泛滥。全县 14 个公社 121 个大队受淹，淹浸耕地 10 多万亩，17 万人口受灾，交通通信中断，是中华人民共和国成立以来当地遭遇的最大的水灾。中共广东省湛江地委和湛江专署派出飞机借用越南芒街机场向灾民空投救灾物资，还在江平、茅岭、防城等公社空投粮食赈济灾民。越南广宁省委得知灾情后，于 7 月 12 日派出 21 艘木帆船和一艘汽船开往江平帮助救灾。20 日，又派出 100 多名机关干部及群众运来粮食、水缸、饭盅和药物等援助灾民，当地群众深为感动。

1960 年，东兴各族自治县黄淡电站建成投入运行，逐步向东兴、江平两个公社供电。同时，应越南方面的请求，1965—1975 年无偿向越南芒街供电，时间长达 10 年，无偿供电达 500 万千瓦时。

1964 年 4 月 3 日，越南广宁省水利厅副厅长赵雄率越南广宁省水利会议代表 267 人到东兴公社北郊大队参观农田水利基本建设。4 月 24 日，越南交通部副部长洪适心和越南广宁省副主席黄良率领越南全国交通会议代表 194 人到东兴参观公路桥梁建设，东兴各族自治县领导和各有关单位热情地接待了到访的越方人员，翔实地向他们介绍了有关情况。

三、中越双方共同举办商品交易会和经济发展论坛

边境贸易是中越两国边民 100 多年来重要的经济活动，双方边民从中得到不少实惠。为了推动新时期边境贸易的进一步发展，1994 年，东兴开发区工管委主动向越南海宁县（1996 年海宁县撤销，归芒街镇管辖，1998 年设市，2008 年被正式批准升格为芒街市）人民委员会提出双方共同举办商品交易会的建议，得到了海宁县的响应。当年 10 月，双方在东兴共同举办了中（东兴）越（芒街）商品交易会，取得了成功。双方共有 400 多家企业 5000 余人参展，极大地提高了东兴和芒街的知名度，推动了边境贸易向更宽广的领域和更高的层次发展。此后，两地年年共同举办商品交易会。至 2005 年，一共举办了 12 届商品交易会。

2006 年，中国东兴市与越南芒街市在越南河内签署了《中国东兴市人民政府与越南芒街市人民委员会联合举办“中越边境商贸旅游博览会”合作协议书》，协议书规定：从 2006 年起，东兴和芒街将每年轮流在两市联合举办“中越边境商贸旅游博览会”。至 2012 年，已举办了七届中越边境（东兴—芒街）商贸旅游博览会，各类商品累计交易额达 3 亿多元人民币，双方签订的项目投资额达 60 多亿元人民币。

在交易会或博览会期间，中越双方还联合举办了 18 届经济发展论坛，邀请中越各级官员、专家学者以及企业界人士 2000 多人次参加，围绕东兴与芒街在商贸、旅游、投资等方面的合作，互利共赢，共同发展等专题进行研讨和交流。

人文交流

京族聚居的中国东兴市同越南芒街市山水相连，双方人员来往密切，特别是20世纪50年代中期至60年代中期，每年双方互访人员都很多。据有关资料记载:1959年至1966年的八年间,仅官方组织的互访就有202批5213人次,其中,中国东兴有54批1618人次访问越南,越南有148批3595人次访问了中国东兴。互访团队中，包括经济、文化、艺术、体育等各界人士。20世纪60—70年代初，越南的党和国家领导人胡志明（越南劳动党第一书记、国家主席）、黎清毅（政府副总理）、范雄（政府副总理）、黄国越（全国工会主席）等以及越南广宁省主席黄正、国家计委副主任黎克、交通部副部长洪适心、内务部副部长阮玉、轻工业部副部长潘文久、外贸部副部长李班等省部级领导都到过中国东兴访问。至于民间的交往，那就更多了，特别是自20世纪90年代以来，交流方面书写了许多动人的故事。

一、胡志明主席到东兴

那是1960年2月19日上午，当东兴幼儿园里的最后一节课的下课铃声刚刚响起，园门外走来了几个人，他们迅速分布在校园四周，紧接着又有两个人走了进来，走在前面的是位留着胡须的白发老人。当时，他穿着一身米黄色的中山装,头戴一顶椭圆形白帽,脚上穿着胶鞋。他满面笑容地走近一群刚放学的小朋友,用略带越南口音的中国普通话亲切地问孩子们:“小朋友们好!你们认识我吗?”孩子们一时都愣住了,没有人回答,不知道这位老人是谁……老人接着再用东兴白话问大家。就在这时,紧跟老人的小伙子打开了一幅人物画像。“您是胡主席。”一个年龄略大一点的小朋友拍手兴奋地叫了起来。“对,我是胡志明。”“胡爷爷好!”“胡主席好!”孩子们纷纷用稚嫩的童音向胡志明问好。此时一个大约4岁的小女孩跑到胡志明身边甜甜地望着,连声叫着:“胡爷爷,胡爷爷。”胡志明弯下腰,把这个可爱的小女孩抱了起来,小女孩也开心地笑了。胡志明主席把小女孩轻轻地放下后,从随行人员手中接过装满了糖果和饼干的篮子,说:“我给小朋友带来了一些礼物,希望大家喜欢。”孩子们更兴奋了:“谢谢胡主席。”孩子们都拿到了胡志明主席分给大家的糖果和饼干。发完糖果和饼干后,胡志明主席说:“小朋友们,我们一起来唱一首歌,好吗?”“好!”大家立刻拍着手欢呼起来。“东方红,太阳升,中国出了个毛泽东……”胡志明主席带头大声地唱了起来,孩子们也用稚嫩的声音跟着唱了起来,老师也加入了这支特别的合唱队。胡志明主席送走孩子们后,信步往桥头的六角亭走去。在六角亭,他一边观赏北仑河两岸的美丽景色,一边同身边的中方人员交谈。

不久,胡志明主席来东兴的消息很快传开。群众潮水般涌来,热情高涨的群众争着向胡志明主席问好。胡志明主席离开时,东兴人以热烈的掌声欢送,直到胡志明主席的背影消失在北仑河大桥的另一头。

那天,整个东兴都沸腾了,大家都停下了手头的活儿,兴奋地谈论着胡志明主席来东兴的消息……

原来,那一天上午,胡志明主席在海宁县芒街视察之后,从芒街通过北仑河友谊大桥来到东兴。当时在东兴边防检查站值勤的同志从大桥中心的中越分界线处迎了上去,在看清楚来的是越南国家主席胡志明时,便举手敬礼。胡志明主席满面笑容,一边还礼,一边用普通话说:“我是胡志明,我没有带证件,想到这边来走走,行不行?”值勤的同志笑着说:“欢迎胡主席!欢迎胡主席!”就这样,胡志明主席以及随同的几名警卫人员跨过桥上的分界线,来到了位于中国东兴的桥头边防检查站。他朝离大桥不远的东兴幼儿园望去,问值勤的同志:“我早就听说这桥头有所幼儿园,现在想去看看,行吗?”于是就有了在幼儿园那激动人心的一幕。

下午6时30分,受越方的邀请,中共东兴各族自治县委书记苏广和等一行来到越南芒街。胡志明主席亲切地接见了苏广和一行。接见时，胡志明主席对海宁和东兴的领导谈了几个问题：1. 双方要认真做好边境群众的工作，特别是少数民族的工作；2.（越南）海宁要学习中国的经验；3. 海宁得到中国很大的帮助，希望以后继续给予帮助；4. 感谢中国专家帮助越南建设。

2 月 20 日上午，东兴各族自治县县长赵荣应邀带领本县党政机关干部以及群众代表共 340 人，出席在越南芒街召开的欢迎胡志明主席视察的群众大会。大会上，胡志明主席发表了演讲，他先用中国普通话和白话向两国的群众问好，然后再用越南语演讲，在演讲中他赞扬中越两国人民的情谊。他说："中国给越南很多的帮助，在战争年代，中国人民同越南人民并肩战斗……"会上，他号召中越两国人民要世世代代友好下去，希望北仑河两岸的边民互相学习，互相帮助，发展生产，共同进步，把（越南）芒街和（中国）东兴建设得更加繁荣。接着胡志明主席在会上亲手送给东兴各族自治县县长赵荣一束鲜花，并对台下的几千名群众说："这是送给东兴人民的，祝中越人民友谊万古长青！"

晚上，在越南芒街的体育场举行了盛大的中越联欢文娱晚会。周恩来总理安排广东粤剧团著名演员马师曾和红线女等赶到越南芒街，把中国的精彩剧目《窦娥冤》献给中越两国观众。那天晚上东兴 500 多名干部群众满怀喜悦的心情，跨过北仑河友谊大桥到芒街体育场看戏。中越两国人民同饮一江水、共赏一台戏，情谊深厚。

之后，胡志明主席嘱咐海宁县政府给东兴人民赠送一批优良树苗，现在东兴公园里就种有当年越南赠送的象征中越友谊的树苗。而今，它们已根深叶茂、四季常青。而为了纪念胡志明主席东兴之行，中共东兴各族自治县委、政府决定将胡志明歇息过的六角亭改名为"胡志明亭"。

二、中越边民界河大联欢

为了进一步增进中越两国边民的交流与友谊，促进两国边境地区的繁荣与稳定，20 世纪 90 年代末，中国东兴市和越南芒街市决定以中越青年界河对歌联欢活动为载体，加大双方的文化交流力度，并取得了良好的效果。

中越青年界河对歌联欢活动（以下称"对歌联欢活动"）自 2000 年开始，都是每年中越边境（东兴—芒街）商贸旅游博览会上的重点活动。参加对歌联欢活动的青年均来自中国东兴、越南芒街这两个一衣带水的城市。对歌联欢活动中，歌手以演唱本国民歌为主，歌颂青春、友谊、爱情，演唱形式多种多样，有合唱、独唱、对唱等，同时还有舞蹈演员的精彩伴舞。2005年以后，为贯彻落实中共中央总书记胡锦涛在北京会见越共中央总书记农德孟时双方领导人达成的共识，努力把两国边界建设成为永久和平、稳定、友好的纽带，两地边民更是把对歌联欢活动推向高潮。

对歌联欢活动由东兴及芒街两市青年文化部门轮流组织。从筹备工作开始，两国两市有关部门便共同配合，按照中越（东兴—芒街）商贸旅游博览会组委会的部署和要求，认真总结和吸取往届对歌联欢活动工作的经验、教训，积极开展各项筹备工作。从演员班底、节目安排到场地布局、灯光音响、舞美效果和现场气氛，从物色演员、词曲创作到歌台设计、场景布置等都是精心策划，并制定具体的工作方案，严格按照方案组织实施，力求做到更高、更新、更活，确保了各项活动的顺利开展。对歌联欢活动的演员均由两市机关、学校的青年文艺骨干组成，所需的中越双方歌曲均由中越双方自行创作，歌词以友好、发展为主题，内容健康活泼，吸取本地民歌精华，以欢快、热烈为基调。东兴市为体现京族聚居区的民族特色，所选演员原则上以京族青年为主，所用的服装、道具和相关乐器以及对歌的歌曲，都尽可能体现京族的特色。

经过双方的共同努力，对歌联欢活动于每年中越（东兴—芒街）商贸旅游博览会开幕当天在北仑河西铁门码头段界河中央举行。开幕当天，由身着五颜六色的民族服装的中越双方青年男女歌手在对歌船上拉开活动的序幕。每逢这一天，东兴市西铁门码头一带的界河两岸，彩旗猎猎，彩球高悬，人如潮，歌如海。

整个对歌联欢活动分为“歌船情怀·交缘歌词”“边陲诗画·绿色边界”“悠悠琴韵·交缘歌曲”和“美好祝愿·蝶曲交缘”等五个部分进行。第一部分“歌船情怀”，唱的是表达中越友谊的山歌，中越双方各唱两首；第二部分“边陲诗画”，赞美中越两国各自的如画美景以及中越两国山水相连的深厚情谊，中越双方各唱四首；第三部分“悠悠琴韵”，祝福中越两国互通商贸、国强民富的美好前景，中越双方各唱四首；第四部分“美好祝愿”，祝愿中越两国青年友谊天长地久，中越双方各唱两首。前四部分中越双方轮流领唱，第五部分为中越合唱。对歌联欢活动期间，中越双方青年分别在自己的船上，用本国语言歌唱，由两名主持人分别用汉语和越南语主持、解说。

一曲曲美妙的音乐、一首首动人的歌谣飘荡在北仑河畔，融入两国人民的心里。乘着歌声的翅膀，歌台上的两国青年跳起了欢快的舞蹈，还将饱含两国人民友谊的鲜花、绣球、掌声、欢呼声带到了对方的船上……“越南—中国，山连山，水连水……”一首中越两国人民熟悉的经典老歌，将每年对歌联欢活动推向了高潮，也唱响了中越两国人民友谊的新篇章。

对歌联欢活动已成为中越边境青年期待的一年一度的盛会，活动突出了边境民族地区的特色，体现了当地独特的生活风貌，得到国内外客商、来宾及当地群众的高度赞扬，亦以健康、活泼、充满活力的内容弘扬了主旋律，也为中越青年的交流搭建一个互动的平台，受到广泛的欢迎。越南青年纷纷表示，他们亲身感受到了中国人民的友好、热情、好客，感受到中国青年的青春朝气和充满自信、积极向上的时代气息，感受到东兴经济社会的快速发展和文化生活的丰富多彩，并留下了非常深刻而美好的印象，相信今后友谊会更深厚，合作会更深入。对歌联欢活动增进了中越两国的友谊，加深了中越青年的了解，为东兴与芒街两地形成并稳固互惠互利、共赢发展的新格局创造了良好的契机。

中越两国青年以歌会友、以歌传情的对歌联欢活动，是每年中越双方文化交流、友好往来的重要活动之一，是两国开展民间友好交流的颇具特色的方式。2004 年，对歌联欢活动被共青团中央评为“优秀社区青年文化节”。

三、共庆哈节

富蕴海洋文化元素的哈节，是京族一年中最隆重、最热闹的节日。不仅中国东兴市的巫头、山心、沥尾、红坎等村举办哈节，越南沿海一带的茶古、清化、义安、海防等村落也举办。两国各地举办哈节的时间不一，京族各地举行哈节的日期为：沥尾是六月初十，巫头是八月初一，山心是八月初十，红坎是正月二十五。而越南茶古坊（越南广宁省芒街市行政区划单位之一）的哈节是农历六月初一。自古以来，中越边境线两侧的边民就在哈节期间联系与交往。如今，双方边民哈节中的交往依然进行着，共同的节日文化促进了双方的交往，增进了友谊。

中国京族三岛与越南茶古坊隔海相望，语言相通，习俗相近。京族三岛人称越南茶古坊为沥柱。据京族民间传说，蜈蚣精被镇海大王砍杀后，它的头、身、尾变成了今天的京族三岛——巫头、山心、沥尾，牙齿则变成了沥柱岛（东兴白话“齿”与“柱”同音）。中国京族三岛与越南茶古坊在共有的传统哈节中往来交流，增进了情谊，也使欢乐的节日感受得以绵长。

越南茶古坊过哈节比沥尾、巫头早，所以每次都是越南茶古坊先邀请沥尾村、巫头村的代表去参加哈节。沥尾村、巫头村再邀请茶古坊的 7—8 人来共度哈节。因为越南没有禁止女性进入哈亭祭祀的规定，所以女性也可以参加哈节。以前每逢哈节的时候，双方都会带上过节祭祀用的烤饼、糯米、香烛和纸钱，划船渡海到对方村子去，主办哈节的一方要为来参加哈节的客人提供食宿，新中国成立前参加哈节的代表都要在对方的村子住上 7—8 天。这种来往一直持续到中国的“大跃进”前。

20 世纪 50 年代末 60 年代初，在“左”的思想影响下，京族的哈节活动被迫停办，哈亭被拆，神像被毁，许多用“喃字”写成的书籍被当作迷信书籍而付诸一炬。1962 年，田汉来到京族三岛采风时，发出了“哈亭只惜清规在，欲唱情歌不自由”的慨叹。党的十一届三中全会以后，哈节得以恢复和发展，到 1985 年，哈节的各项活动基本恢复正常。1993 年边贸政策出台，经济得到了恢复和发展，人民的物质文化生活也有了很大的提高，传统文化的恢复工作得到了政府的重视，哈亭的重修也就顺理成章地提到了议事日程上来，之后，哈亭修复，哈节恢复。1993 年，哈节恢复后第一次只举行了一天，但周围的老百姓都来参加活动。此后每年一次，哈节一年比一年热闹，以前的节期最多时候为八天，如今是三天。

20 世纪 60—80 年代哈节停办期间，中越两国边民邀请活动也暂停了。1991 年开始，双方的邀请活动恢复正常并变得频繁起来。随着交通的发展及边民出境手续的便利，京族民间传统哈节往来的人数持续增长。20 世纪 90 年代以后，每年中国尾村与越南茶古坊过哈节时，到对方参与哈节的人数由最初的 30—40 人发展到现今的近百人，哈节一年比一年热闹。2009 年，越南来中国东兴的沥尾村参加哈节的人数多达 200 人，是 20 世纪 90 年代以来越南代表参加沥尾村哈节人数最多的一次。来沥尾村参加哈节的越南人除了居住在茶古岛的人，还有来自越南海防、广宁各地的人。2011 年的沥尾村京族哈节也有 100 多名越南代表参加。近几年，来巫头村参加哈节的越南人每年都有大约 100 人。

中国京族三岛的人在收到越方请帖后，在农历五月三十日，由哈亭事务组准备好礼品，然后派代表准时到越南茶古坊参加哈节。到越南茶古坊去参加哈节时，中国的京族代表再把请帖送到越南茶古坊各村。以送请帖的形式相互邀请对方过哈节，既体现了中越双方对哈节的重视，也反映了对彼此的尊重。越南茶古坊哈节习俗中，农历五月三十日全村每家每户都必须派人到哈亭去坐亭，所以京族三岛的人去越南参加哈节时要在农历五月三十日到达，并参加完第二天的迎神、宴席后再返回。京族三岛过哈节没有坐亭的习俗，越方过来参加哈节开幕式后可以当天返回。

2006年，中国的京族哈节被列入第一批国家级非物质文化遗产名录。虽然中国京族的哈节与越南茶古坊的哈节，其主要过程大都由一套从迎神、祭神、乡饮到送神的严格祭祀仪式组成，具有不少的相同性，但由于生活在不同的国度，受各自国家政策及周边民族文化的影响，传统哈节在某些方面还具有一定的差异性。2008年起，中国京族哈节庆典成为广西防城港市的重点节庆，并向国内外隆重推出，吸引了国内外各界的关注。此外，在京族哈节节庆期间，还新增了踩高跷、拉大网、京族美食节等节日活动。近年来，越南茶古坊哈节都由茶古坊委员会主办，除了祭神活动，还增加了养“象”比赛、乡饮、划船等娱乐活动，一些传统仪式及活动在越南哈节中有较完整的保留与体现。中越双方边民以哈节交往为契机，在哈节中互相学习借鉴，使各自民族的传统文化得到更好的保护与传承。

可以说，哈节中“你来我往”的形式为中越双方边民的相识、交往、交流提供了机会，不但可以完善和丰富各自哈节的内容，而且加深了相互了解，增进了友谊。

文化体育交流

京族聚居的东兴市与越南芒街之间的文化体育交流也异常活跃，双方你来我往，在频繁的交流中切磋了技艺，也增进了友谊。

一、中越两国艺术家在京族聚居区的交流与合作

1959 年 10 月 1 日，东兴各族自治县民族艺术团、东兴镇小腰鼓队与越南民间歌舞团在北仑河友谊大桥上联欢，庆祝中华人民共和国成立 10 周年，拉开了中华人民共和国成立后中越两国边境地区文化交流的帷幕。

1960—1961 年，越南广宁省文化司和芒街文工团的艺术人员多次到中国东兴民族艺术团学习。越南嘲剧团应邀到东兴演出嘲剧《绣花的手巾》。

1962 年 6 月 21 日，我国长春电影制片厂副厂长胡苏与越南作家陶武、越南文化部的阮青碧，在东兴就中越文化协定中关于两国合拍一部友谊题材的故事片进行商谈，商定由胡苏与陶武合写一部剧本。两国艺术家还听取了东兴各族自治县宣传干事、作家张化声的介绍，到巫头岛采访，受到巫头村京族村民的热情接待。次年 2 月 5 日，越南河内电影制片厂主任陈文括、导演阮洪川、副导演阮海宁、美工师陶德、摄影师康米，广宁省文化司副司长阮毅明，外务处处长阮洪进等 7 人，经东兴取道滩散进入越南马头山拍摄外景，为中越合拍友谊题材电影做准备。

之后，越方电影工作者和其他有关人员 17 人，与我国长春电影制片厂导演苏里、摄影师李光惠、美工师王兴文会合，在东兴工作至 4 月 11 日。

1962 年 6 月，越南广宁省文工团到中国东兴各族自治县艺术团学习手风琴、笛子、黑管演奏技艺，在学习之余则教中国文艺工作者演唱《胡志明颂》《剑湖颂》等越南语歌曲。

1963 年 1 月 1 日，越南广宁省文工团、中国东兴各族自治县艺术团和芒街、东兴群众 500 余人，在中越友谊大桥上举行了庆祝元旦的联欢演出。1 月 30 日，越南广宁省文化司司长翟荣南、外务处处长潘忠隆率广宁省文工团 21 人来东兴学习《椿米舞》《春江花月夜》《抢亲》等节目。

1965 年，芒街文工团为感谢东兴艺术团传艺，赠送了两把独弦琴和 10 顶白葵帽，东兴艺术团回赠两把二胡和采茶戏花扇。7 月，应邀到广东湛江、阳江等地巡演的越南广宁省文工团在东兴演出，男歌手用汉语为中国观众演唱了《唱支山歌给党听》。

1999 年，中越边境商品交易会开幕式上，来自河内的越南国家歌舞团在东兴轻纺城表演独弦琴、竹琴、群舞等节目……

2011 年，越南研究社会科学的专家学者来到沥尾哈节，参加“2011 防城港市京族民俗文化研讨会”，并在会上发表关于哈节的京族风俗见解。

二、体育交流

京族聚居区的京、汉各族人民和越南芒街的边民都喜爱体育运动，双方的体育交流源远流长。早在 20 世纪二三十年代，双方就经常开展体育交流活动。1937 年，毛湘澄从广州回东兴办学时，带回了毛飞（东兴人，是当时广东、广西、湖南三省篮球名将卜元括的门生）。1938 年，毛飞在东兴组建了一支“七七”男子篮球队，经常与越南芒街芒华队、海防侨青队进行比赛，互相交流，切磋球艺。20 世纪 50—70 年代，两地边民之间的体育交流每年都举行一两次，多时一年五六次。如：1959 年 4 月，为庆祝东兴—海宁（芒街）电话线架设竣工，河内邮电局和海宁邮电局的代表及球队应邀前来东兴，与东兴球队进行了足球和男女篮球友谊赛。10 月 1—3 日，为庆祝中华人民共和国成立 10 周年，越南海宁球队又应邀到东兴与东兴球队进行了足球和男女篮球友谊赛。1960 年 1 月 1 日，为庆祝元旦，越南广宁省主席黄正率领男女篮球队到东兴进行友谊赛。1 月 26 日，东兴各族自治县县长赵荣率领东兴男女篮球队 27 人前往芒街祝贺新春佳节，与芒街球队进行友谊表演赛。5 月 15 日，广宁省行政办公厅厅长范金庆率领 20 多人的足球队到东兴与东兴足球队进行交流表演赛。5 月 27 日，越南广宁省青年团负责人陆振超率广宁省男女篮球队 24 人到东兴与东兴球队进行友谊交流赛。6 月 25 日，东兴各族自治县副县长李祀栋率领县男子篮球队 16 人到芒街与越南体工队进行友谊赛。9 月 2 日，东兴各族自治县县长赵荣率领男女篮球队 24 人前往芒街祝贺越南国庆，并进行友谊比赛。1963 年 4 月 5 日，越南邮电总局球队 60 多人在东兴与东兴各族自治县男女篮球队、乒乓球队和足球队进行友谊赛。20 世纪 90 年代后，随着商贸的发展，东兴与芒街双方每年定期举办足球赛、高尔夫球邀请赛及沿边自行车赛等丰富多彩的文体活动，以此加深相互了解，增进友谊。

同时，中国东兴—越南芒街元宵节国际足球友谊赛则成为中越边境文化体育交流的重要平台之一。从 1993 年开始，东兴、芒街两地固定在元宵节举办足球友谊赛，共庆元宵佳节。延续到 2012 年，已经举办了 17 届。

早些年，由于缺乏标准的足球场地，双方队员多年来在临时平整的场地上踢球，众多球迷只能站立观看。进入 21 世纪以来，随着经济发展水平的不断提高，文体设施也不断完善。东兴市投资 2 亿元建设了体育中心，中心能够容纳 1.5 万名观众，标准化的足球场地提高了赛事观赏性。每逢比赛，东兴当地球迷和芒街球迷将体育中心看台坐得满满当当。如同职业足球赛一样，赞助商的广告牌围满球场和看台，成为球场内的一大亮点，展示出改革开放、市场经济年代与 20 世纪 60—70 年代友谊赛完全不同的时代特色。

每一场比赛都非常精彩，让人忘记这是业余球队的较量，中场休息时轮番上场献唱的东兴、芒街两市歌手，更是将每场比赛的友谊和祝福的意味演绎得淋漓尽致，使一年一届的足球比赛成为东（兴）芒（街）体育交流的品牌，成为双方边民友谊的纽带，对增进两国人民的友谊起到了重要作用。

附录

人物录

在京族100多年历史发展的过程中，涌现出一批在本民族、本地区富有影响的人物。这些人，有的是为中华民族独立自由以及世界和平而英勇捐躯的革命英烈，有的是数十年来栉风沐雨为国戍边的铁血男儿，有的是为国家经济发展、社会进步和人民福祉而不懈奋斗的领导干部、科技英才和企业家，有的是讴歌时代精神的文艺工作者。他们各自独特的生活轨迹，折射出100多年来中华大地和东南亚地区历史风云的星星点点。

利培源 烈士。原名黄平，男，京族，1919年生，东兴江平镇贵明村人。1938年2月参加中国共产党，同年参加游击队，任海南琼崖人民抗日游击独立纵队第一支队第二大队政治委员，在海南坚持抗日斗争。1942年5月在琼山县咸丰乡战斗中壮烈牺牲，时年23岁。

谭益胜 烈士。男，京族，1929年生，东兴江平镇沥尾村人。1949年1月参加革命，粤桂边区人民解放军第三支队第二十团战士，1949年7月牺牲于防城县江平镇那漏村。

阮亚三 烈士。男，京族，1927年生，东兴江平镇尾村人。1947年参加革命，中国人民解放军钦廉军分区战士，1950 年 8 月牺牲于防城县茅岭乡茅岭村。

罗周德 烈士。男，京族，1945 年生，东兴江平镇沥尾村人。1964 年 5 月应征入伍，随我国援越部队开赴越南战场，援助越南人民进行抗美救国斗争，任中国人民解放军广字六二一部队翻译员。1965 年 5 月 21 日在越南驻地反空袭战斗中坚守岗位，不幸壮烈牺牲。

杜福强 烈士。男，京族，1959 年生，东兴江平镇沥尾村人。1979 年 1 月入伍，中国人民解放军五四二一八部队战士，荣立三等功一次。1979 年 3 月牺牲于南疆某战役前线，1979 年 4 月被追认为中共党员。

黄尚忠 烈士。男，京族，1958 年生，东兴江平镇山心村人。1979 年 1 月入伍，中国人民解放军五四二一八部队战士，荣立三等功一次。1979 年 3 月牺牲于南疆某战役前线，1979 年 4 月被追认为中共党员。

梁海峰 烈士。男，京族，1958 年生，东兴江平镇沥尾村人，共青团员。1979 年 3 月入伍，中国人民解放军广西军区边防三师九团二机炮连战士，荣立三等功一次。1981 年 5 月牺牲于凭祥市。

杜光辉（1840—1928 年） 男，京族，东兴江平镇沥尾村人，是京族聚居区著名的抗法英雄，黑旗军将领。

杜光辉家境贫寒，以打鱼为生。由于其父颇好文墨，故他读书多年，后在本村私塾当塾师，经常对学生进行爱国思想教育。1873 年，法国进攻越南北部，刘永福领导黑旗军转战中越边境，沉重打击了法国侵略者，杜光辉深受鼓舞，毅然弃教从戎，走上保疆抗法道路。1873—1884 年的 10 多年间，杜光辉率黑旗军一部转战中越边境，并曾驰援越南芒街，与越南人民并肩作战，取得了多次重大胜利，成为当时活跃于中越边境著名的抗法队伍。杜光辉沉稳坚忍，作战骁勇，善于用兵，富有组织才能。刚参加黑旗军时，他在中越边境募集义军时，前 9 天只招募到 7 人，但他不气馁，向广大边民揭露法国侵略者侵占越南、觊觎中国的野心，宣传唇亡齿寒的道理，激发了边民的爱国激情和援助友好邻邦的热情。经过近一年的努力，他终于募集到 1300 余人。随后，他日以继夜地对这支部队进行训练，后率队开赴越南抗法前线。在马头山一役中，杜光辉指挥镇定，以少胜多，击溃法军，为此，当地群众立下“功名第一杜光辉”的石碑，以彰其功绩。

在取得多次胜利之后，杜光辉在一次战斗中负了重伤，被法军抓住，他怒斥法军。最后法军无法让他投降，便把他丢在越南一个荒岛上，想把他气死、饿死。被打得晕死过去的杜光辉在荒岛上醒来，找草药治伤，采野果充饥。一天，一艘越南渔船经过，渔民送他一把柴刀，杜光辉用柴刀砍竹扎筏，乘筏回到沥尾岛，重返义军，继续参加战斗打击法军。杜光辉由于抗敌有功，被清政府授予八品顶戴。

杜光辉还乡后热心助人，在当地口碑甚佳。1928 年，杜光辉卒于沥尾，享年 88 岁。京族人民为纪念杜光辉的抗敌功勋，在沥尾哈亭为其立位，杜光辉留名青史。

李英敏 原名何世权，男，京族，1917 年生于广西合浦县。1937 年加入中国共产党，1940 年 6 月赴海南参加抗日游击队，中华人民共和国成立后曾任海南黎族自治州宣传部部长。1952 年 8 月调任文化部电影局剧本创作所副所长，从事电影剧本创作。1955 年冬任文化部社会文化管理局第一副局长、中央群众艺术馆馆长。1979 年 5 月调任中共中央宣传部文艺局副局长，1981 年升任局长。是京族著名作家。

李英敏祖上以打鱼为生。其父何家绍在广东高等师范学堂（今中山大学）毕业后加入中国同盟会，参加过黄兴领导的钦廉和镇南关（今友谊关）武装起义，辛亥革命后在革命军中担任秘书等职，后于 1918 年在贫病交迫中辞世，只给 1 岁的儿子留下一堆书籍。李英敏的母亲王四姑，是一个通文墨的汉族女子，她勤劳耐苦，替人洗衣做佣，补贴家用，一心抚养儿子。由于得到外祖母资助，童年的李英敏得到了较好的教育。

1923 年，李英敏进入合浦县第七国民小学读书，入学第一天穿的衣服就是祖母所做的京族服装。中小学时期，受五四运动和大革命风暴的影响，他开始阅读新文艺作品。1932 年李英敏升入廉州中学高中师范科就读后，研读《新青年》《共产党宣言》等进步读物，与同学发起组织了艺宫学术研究会，还出版铅印的文艺刊物《镭光》。1933 年，李英敏开始学习文学创作，积极向各大刊物投稿，小有收获。高中师范科毕业后，他先后在西场中心小学和合浦一中任教。

1936 年，李英敏考上广州中山大学法学院，然无钱上学，之后他走上革命道路。9 月，经朋友介绍，他参加了中国共产党的外围组织“中国青年抗日同盟”，党组织安排李英敏回北海开展地下工作。是年，他在邹韬奋主编的《生活日报》上以“微晨”的笔名发表了一篇纪念鲁迅的文章并获奖。1937 年春，李英敏在北海以中学教师身份为掩护，开展有组织的革命活动，并于同年 9 月正式加入中国共产党。1940 年 6 月，李英敏奉调离开钦廉地区前往海南的敌占区工作，从此，他以笔名“李英敏”出现，并在海南岛度过了 10 年游击队生涯，凭着手中的一支笔和一杆枪，从一介书生磨炼成为一个文武双全的革命战士。

1952 年 8 月，李英敏在文化部电影局从事电影剧本的创作，先后完成了《南岛风云》《椰林曲》（与陈残云合作）等歌颂海南琼崖人民武装斗争的剧本。尤其是剧本《南岛风云》于 1955 年由上海电影制片厂摄制放映，在全国产生了极大的影响，是李英敏的成名作和代表作。1957 年，在全国开展反右运动中，李英敏被下放到广西“劳动改造”20 年。他虽为广西电影制片厂的编剧，但却在基层干苦力活，但他把这看成是对自己的考验和锻炼，工作中不怕苦不怕累。20 年的基层生活，使李英敏成为创作的多面手，也由电影剧本的创作转为进行小说创作。李英敏在艰苦的条件下始终坚持文学创作，先后创作了《五指山之歌》等电影剧本和《椰风蕉雨》《金色的道路》《举旗人》等 40 多篇中篇小说。此外，还有《珠还合浦海天艳》《锄头一把寄深情》《祖国您好》《姨母》等散文和报告文学数十篇。1978 年底，李英敏恢复名誉。20 世纪 80 年代初，李英敏整理和出版了《五月的鲜花》《五指山上飘红云》《红树林里的战斗》《椰岛英风》等报告文学和《夏朗》《南国红豆集》（与陈残云合著）等电影文学剧本。

1985 年，李英敏离休，回到广西南宁定居，但他仍笔耕不辍，接连发表了《相马记》《命运的主人》《赵司马仔》《走出大森林》《东洋大亨》等小说，以及《冯白驹的故事》《风雨年代》《春江水暖访苍梧》等散文和报告文学，还出版了《论少数民族地区群众文化工作》《社会文化论纲》以及他的革命斗争生活回忆录、文学创作体会等几十篇作品。

李英敏曾担任中国文联委员，中国电影家协会理事、常务书记，中国群众文化学会副会长，《民族文学》编委，广西文联名誉主席等社会职务。是世界笔会中国北京中心成员。

唐　英（1931—2009 年） 原名唐尚贵，男，京族，东兴江平镇叱祖村人，大专文化。1948 年 2 月参加革命，1949 年 8 月加入中国共产党。1948 年 3 月至1949年10月在中国人民解放军粤桂边区纵队三支队二十团三营五连三排任战士、副排长、征收员，参加了在防城县其那、北基两次伏击国民党运输队的战斗，以及在上思龙楼、宗门与国民党军队的战斗。1949年11月至1950年5月，任上思县西南区中队副指导员，参加了组建公安乡人民政权的工作。1950年冬在滩营乡配合解放军剿匪作战。1950年5月至1953年3月，在防城县中区区委任宣传干事及减租退押和土改工作队分队长、中队长等职；1953年4月至1954年11月，任防城县委纪检干事、江山区副区长；1954年12月至1957年11月，任防城县工商科科长、商业局局长；1957年12月至1962年10月，任防城县（1959年撤销并入东兴各族自治县）三波乡党委书记、防城公社社长、北港公社社长等职；1962年11月至1968年3月，任中国人民银行东兴支行副行长、东兴各族自治县财办主任；援越抗美期间，负责自治县支前工作；1968年4月至1972年5月，任东兴各族自治县革命委员会财贸组组长、生产指挥组副组长；1972年6月至1975年10月，任东兴各族自治县商业局局长、财办主任；1975年11月至1979年1月，任中共东兴各族自治县委常委、财贸部部长；1979年2月至1983年5月，任中共东兴（1978年12月改称防城）各族自治县委常委、常务副县长；1983年6月至1984年7月，主持防城各族自治县全面工作；1984年8月至1986年10月，任中共防城各族自治县委书记；1986年10月至1990年1月，任中共钦州地委副书记（其中1988年在中央党校学习，1989年起兼任钦州地区常务副专员）；1990年2月至1994年10月，任自治区人大常委会驻钦州地区联络处主任（正厅级），直到1994年11月离休。工作期间，曾荣获自治区普法和自治区人大机关“先进工作者”称号。1994年11月至1997年被聘为钦州市政府顾问。

唐英是一个忠诚的共产党人。1948年4月，正是国民党军队重兵“围剿”十万山游击根据地、山区革命处于最艰难的时节，正在江平中学读书、刚满17岁的唐英毅然投笔从戎，和其他同学一起参加了十万山游击队，走上了革命道路。在近半个世纪的革命生涯中，无论是战争年代还是和平时期，无论是作为普通一兵还是身处领导岗位，无论是工作顺利还是遭受不公正待遇，他坚信共产主义，不计较个人的荣辱得失，始终如一兢兢业业地工作，忠实于党、忠实于人民、忠实于他所信仰的共产主义事业，表现出一个共产党人的高风亮节。

他具有实事求是的优良思想作风。在近50年的革命生涯中，他总是坚持注重调查研究，一切从实际出发，讲实话、办实事、解决实际问题。特别是1983

年防城在处理“文化大革命”遗留问题时，由于极“左”思想的影响，绝大部分科级以上干部受到了牵连，唐英认为打击面太宽，不利于团结大多数，不利于边境地区的稳定和发展，多次向地区工作组负责人和地委有关领导汇报和反映，建议地委慎重处置，最后将问题汇报至中央顾问委员会副主任宋任穷同志处。汇报中，唐英对“文化大革命”遗留问题产生的社会根源和防城各族自治县地处边境地区的特殊县情进行了深刻的分析，并用我党一贯倡导的“团结绝大多数”的原则和准确翔实的数字对比说明本县处理“文化大革命”遗留工作中打击面过宽的问题，提出在工作中“宜粗不宜细、宜宽不宜紧”的建议，得到了宋任穷的肯定和赞赏，之后防城处理“文化大革命”遗留工作中的偏差很快得到了纠正。

他又是一个清正廉洁的领导干部。他长期从事金融、财贸部门的工作，并担任重要领导职务，但几十年来一尘不染、两袖清风，从不占公家的半点便宜，对身边工作人员和亲属要求也极为严格，时时处处保持着共产党人“立党为公、执政为民”的优秀品质。

数十年来，作为领导干部，他总是把百姓的衣食住行、温饱冷暖放在心上。他作风朴实、宽厚待人，乐于和善于与人民群众打成一片。

2009 年 2 月 6 日，唐英在钦州逝世。

施煜廷　男，京族，1933 年 10 月 15 日生，东兴江平镇山心村人，大学文化。1965 年 7 月参加工作，1982 年 5 月加入中国共产党，曾任防城各族自治县第一人民医院外科主任医师、院长、党支部书记。

1956 年 7 月，施煜廷进入中央民族学院（现中央民族大学）预科班就读，1959 年 9 月进入北京医科学院医疗系（今北京大学医学部）就读，获临床医学学士学位。1965 年 7 月毕业后被分配到广西东兴各族自治县人民医院工作，任外科医师。1978 年 3 月至 1983 年任东兴各族自治县（防城各族自治县）第一人民医院副院长（其间于 1979 年 12 月获外科主治医师职称），1984—1988 年任防城各族自治县第一人民医院院长（其间于 1985 年 12 月获外科副主任医师职称），1988 年至 1998 年 2 月任医院党支部书记（其间于 1995 年获外科主任医师职称）。1998 年退休。

施煜廷外科技术全面，造诣颇深，在腹部外科、胸外科、整形外科和脑外科等领域均有独到之处，是防城港市开展胸部外科、脑外科手术的先驱之一。1968 年夏天，在抢救被美机打伤的我国渔民时，他果断地将伤者尚无污染的腹内血液回输，挽救了受伤渔民的生命，《广西日报》《健康报》和《人民日报》先后登载此事迹。1970 年，施煜廷首次在东兴各族自治县人民医院开展颅脑外科手术。该院由此成为当时广西为数不多的能开展颅脑外科手术的县级医院。在医疗技术创新方面，1975 年他创新开发用荷包式包埋胃大部分切除处理十二指肠残端，有效预防了胃切除术后十二指肠残端瘘的发生。1984 年，他采用脾切除加胃底血管结扎术，治疗肝硬化严重腹水而产生食道静脉曲张破裂大出血。1985 年，施煜廷抢救并治愈了一个连续高热不退，意识不清，脉搏和血压全无，经其他医院治疗无效的 75 岁多发性肝脓肿症患者，树立了防城各族自治县第一人民医院的技术品牌。从事外科医疗工作近 40 年，他共完成各种手术 1.7 万多例，其中由他主刀完成 30 多例肺叶切除术和 50 多例食道癌切除术。在 1979 年的中越边境战事中，他不顾个人安危，率领了一个抢救小组前往战斗前线，进行伤员抢救治疗及转移工作。在 13 天日以继夜的工作中，他共完成各类手术 230 多例。

施煜廷从医多年，始终把患者放在与自己同等的位置上，不仅注意解决患者身体的痛苦，同时关注患者的心理需求，以亲切的问候拉近与患者的距离，以详细的解答减少患者的思想顾虑，急患者之所急，想患者之所想，从不计较个人得失。他先后三次给亟待抢救的患者献血，并在献血后坚持为他们完成手术治疗。他常常远离节假日的欢声笑语和亲人的守望，更多的是坚守在患者身旁。在医院行政管理工作中，施煜廷始终坚持经济效益和社会效益并重的原则，以提高社会效益来促进经济效益增长。在市场经济的浪潮中，特别是医药购销领域不正之风盛行时，他恪守医德不为所惑，从不为了获取医院或个人的不当利益而去损害患者的利益，力求以最经济、最实惠的方案达到最佳治疗效果。担任医院主要领导后，一方面强化医院以“无私奉献”为核心的文化建设，以各种方式推动医院的医德建设；另一方面则千方百计地培养技术人才、技术骨干。每年均派送数十名各科医生到北京、上海、广州和南宁等各大医院进修学习，培养了一批外科技术骨干，构建了所在医院颅脑神经外科、胸部外科、泌尿外科、骨外科、腹部外科（普通外科）、小儿外科等各专业外科，组建了一支大外科技术队伍。防城各族自治县第一人民医院不仅被评为广西壮族自治区“文明医院”，而且前期的人才培养也为 2009 年晋升为防城港市第一人民医院做好了部分技术储备。

1958 年，施煜廷作为中央民族学院京族学生代表受到毛泽东、刘少奇、周恩来等第一代党和国家领导人接见并合影留念。1975 年，他被评为东兴各族自治县科技拔尖人才；1979 年荣立三等功；1983—1986 年获县级科技拔尖人才特殊津贴；1985 年被评为防城各族自治县科技带头人，同年作为党代表参加自治区党代会；1989 年被评为全国少数民族地区先进科技工作者，出席在北京召开的全国少数民族地区先进科技工作者大会。此外，还多次被评为防城各族自治县先进工作者和优秀党员。1970—1995 年，他还担任了钦州地区外科医学会理事和防城劳动（计生）评定委员会成员等社会职务。

刘扬满 男，京族，1939 年生，东兴江平镇山心村人。1960 年考入武汉大学，就读于物理系无线电物理专业。1965 年毕业后，分配到华中工学院（今华中科技大学）任教。从 1972 年起至 2001 年的近 30 年时间里，他一直在从事激光教学和科研工作，为我国激光科技发展做出了巨大的贡献。

1972 年初，华中工学院组建激光教研室，刘扬满奉调参加激光教研室的建设，担任课题组负责人。从此他一直在该室从事激光教学和科研工作。同时，作为华中科技大学激光专业授课教授，刘扬满为国家培养了大批激光方面的人才。他所编写的《激光电源讲义》获得优秀讲义奖。他还指导了 10 多位研究生完成了硕士论文。

刘扬满是我国激光产业开发的先驱之一。他先后在有关专业期刊上发表 10 多篇关于激光器件、激光工业用机的研究和开发论文。20 世纪 80 年代，他研制的喷流环形可调谐连续染料激光器，被德国广泛应用于医学领域。他主持研究和开发的横向激励二氧化碳激光器打标机和钇铝石榴石激光器打标机是国内最先推出的两种工业应用机，曾在很长一段时间内成为激光产业的主要产品之一，被推广到很多工业行业中应用。他所设计的塑管激光微孔穿孔机被广泛应用于我国西北干旱地区（特别是新疆）的节水活动，荣获国家知识产权局颁发的实用新型专利证书。他参加的“激光声探技术研究”项目成果，被广泛应用于造船工业。

刘扬满参加和主持的多项科研项目成果处于国内领先地位，荣获国家相关单位的多项奖励。他主持的科研项目 DB-1 型二氧化碳激光打标机于 1988 年 12 月荣获湖北省人民政府科学技术进步重大贡献三等奖，同时他作为该项目第一完成人于 1991 年 9 月荣获国家科学技术委员会颁发的国家科技成果完成者证书；1990 年 9 月，他作为“500 瓦横向流动连续二氧化碳激光器（无氦）”项目研究第五完成人，荣获国家科学技术委员会颁发的国家科技成果完成者证书；1992 年 3 月，他参加的“激光声控技术研究”项目，荣获中国船舶工业总公司（今中船重工）科学技术进步二等奖。

阮　成　男，京族，1940 年生，东兴江平镇江龙村人，中共党员。1959 年 1 月应征入伍。1959 年 3 月至 1968 年 11 月，陆军守备第二十一师独立高射炮兵营高射机枪连战士，后任班长、排长、副指导员、指导员。其间，曾先后执行过营房建设、国防施工、军事训练、重要情报部门的警卫等多项任务，均能按要求圆满完成。曾荣立个人三等功一次，多次受到各级奖励。该连于 1963 年配合参战部队和当地民兵，围剿抓捕国民党台湾当局在海南陵水县吊罗山区空降的八名武装特务，阮成带领全连战士翻山越岭、日夜不停地追踪搜捕。由于围剿部队不断转移位置，后勤保障困难，部队有时一两天也吃不上饭，只能靠山泉水和野果充饥，最后，历时七个昼夜，他们与其他部队及民兵一起将八名国民党武装特务悉数抓获，出色地完成任务，受到了上级的嘉奖。

1968 年 12 月至 1979 年 3 月，阮成在榆林要塞区独立高炮营任副营长、营长。在任营长的八年多里，他带领所属部队（连队）长期驻守在高山阵地上，协同榆林海军高炮部队在崖县（后建三亚市）执行保卫当地驻军和政府机关、主要军事设施和港口码头的对空安全任务。他按照军事训练大纲的要求，从难从严对部队进行各项军事技术、战术训练。其部队每年的军事技术、战术考核均取得优良成绩。面对 20 世纪 70 年代后期的国际政治风云，为了确保能在 30 秒钟内对入侵的敌机开炮射击，全体指战员任凭风吹日晒雨淋，吃、住在阵地旁，为国防安全做出了应有的贡献。

在长期的战备执勤、军事训练、国防施工过程中，所属各连队先后均荣获各种荣誉称号。高炮一连荣获全军“精神文明标兵连”光荣称号 10 次，高炮二连荣获“硬骨头六连式先进连队”光荣称号并荣立集体三等功一次，高炮三连连续八年荣获“四好连队”光荣称号并荣立集体三等功一次，高射机枪连荣获全师“拥政爱民先进连队”光荣称号。

1979 年 4 月至 1984 年 3 月，阮成在海南行政公署（后建海南省）海口市武装部任副部长、部长。其间，他始终按照地方党委、政府和上级军事机关各个时期对民兵工作的部署，狠抓民兵工作“三落实”（组织落实、政治落实、军事落实），并结合海口市企事业单位的生产和工作情况，科学安排各基干民兵单位的军事训练，为“召之则来，来则能战，战则能胜”的民兵队伍建设打下良好基础。海口市民兵高炮团于 1982 年参加海南军区在文昌县（后改文昌市）翁田靶场组织的高炮对空飞机拖靶实弹射击中，首次实现了该市民兵高炮团命中目标零的突破，击落飞机拖靶一个。同时所在武装部多次配合相关部门做好维护社会治安稳定的工作。

1984 年 4 月至 2000 年 6 月，阮成转业到中共广西壮族自治区委员会老干部局工作，先后任副处长和办公室副主任、主任及助理巡视员。为了确保离休干部“政治待遇不变，生活待遇略为从优”政策在基层落实，他积极主动协助局领导工作，密切协调各处（室）做好老干部情况的调查研究工作，适时提出建设性意见，为自治区党委和政府制定、调整广西离休干部相关政策、规定提供依据。多年来，他先后随同领导或带领相关人员多次深入广西各地多个企事业单位调查了解离休干部的离休费发放、医疗费用报销、老干部活动中心（室）和老干部住院病床建设等情况，为离休干部的晚年提供良好的学习、生活环境。

2000 年 7 月，阮成退休，在南宁定居。

刘扬春　男，京族，1945 年生，东兴江平镇山心村人，中共党员。1968 年 9 月毕业于广西民族学院（现广西民族大学）预科部。1968—1971 年回乡接受再教育；1971—1974 年，在东兴各族自治县电影公司工作；1974—1978 年，在广西壮族自治区电影公司工作；1978—1981 年，在广西壮族自治区文化厅电影处工作；1981—1984 年，在广西壮族自治区人民政府办公厅第二秘书处任秘书；1985—1996 年，在广西电影公司工作，历任公司常务副经理、经理、党总支书记等职；1996—2003 年，调任广西电影制片厂党委书记；2003—2008 年，调任自治区第十届人大常委会民族委员会副主任委员。是广西壮族自治区第九、第十届人大代表，人大常委会委员。

刘扬春长期在少数民族地区从事电影影片的发行工作，深知少数民族地区特别是偏远山区文化生活的贫乏，少数民族同胞难得看上电影。他担任自治区电影公司领导期间，千方百计帮助偏远少数民族县、乡（镇）组建电影影片发行队伍和放映队伍，并极尽所能地为偏远山区基层乡镇筹集电影放映场点的建设资金，受到少数民族群众的好评。

阮成章　男，京族，1946 年生，东兴江平镇山心村人。1980 年加入中国共产党。

1965 年，阮成章被特招入伍，同年进入中国人民解放军桂林第二外国语专科学校学习越南语。因当时越南抗美战争进入关键时刻，美国第七航母舰队进入越南南北临时分界北纬 17 度线以北并轰炸、布雷封锁了越南海防等地，中国援越抗美斗争急需越南语翻译人员，他便奉命提前离校奔赴越南战场参战。1965 年 10 月至 1966 年 5 月，他任援越抗美工程兵第二支队司令部越南语翻译；1966 年 6 月至 1967 年 2 月，任援越抗美高射炮兵第六十二支队后勤部越南语翻译；1967 年 3—10 月，任援越抗美高射炮兵第一六八支队司令部越南语翻译。在援越抗美作战期间，阮成章受到越南国家主席胡志明和越南政府总理范文同的嘉奖。

1967 年 10 月，阮成章完成出国作战任务后回校继续进修，其间任越南语三队三班副班长。1969 年 7 月毕业后，被分配到中华人民共和国友谊关边防检查站任越南语翻译兼检查员，同时担任友谊关口岸会谈会晤首席翻译。1979 年 2 月，他荣立三等战功一次。1979 年 5 月 21 日至 1990 年 3 月 28 日，他在友谊关关口国界线（零公里处）担任中越双方战俘交换中方代表团的首席翻译和首席代表，圆满地完成了此项艰巨任务，多次受到上级的表扬和肯定。其间，他还负责公安部第八〇届、八三届、八六届越南语培训班和广西边防总队八八届、九一届越南语培训班的教学管理工作，并编写了《基础越语》《越语语法概论》《越南语研究》和《汉越成语对照词典》等教材资料多册。

1988 年，阮成章任友谊关边防检查站关口出入境检查科中校科长；1989 年，任友谊关边防检查站办公室中校主任；1990 年，任友谊关边防检查站中校副站长。1990 年 9 月，北京亚运会开幕前，负责在友谊关办理越南体育代表团一行 100 多人的临时入境检查工作。1992 年 4 月 25 日，友谊关口岸重新开放后，他任友谊关边防检查站上校站长。他在担任站长期间主编《中华人民共和国友谊关边防检查站站志》。由于任职期间各项工作成绩突出，被授予“少数民族优秀干部”“广西边防卫士”“优秀教员”“拥政爱民先进个人”等荣誉称号。

1993 年，阮成章参加了公安部《中华人民共和国出入境边防检查条例》的修改工作，同年在廊坊武警学院参加高级军官进修学习。1996 年，他任武警广西边防总队大校越南语副译审，因成绩突出，多次受到上级的表扬嘉奖。1998 年，他参加广西壮族自治区北部湾打击走私行动领导小组，负责打击走私的情报工作，因及时截获关于走私的重要情报，获国务院领导的表扬。

2003 年，阮成章退休后被解放军洛阳外国语学院返聘为越南语主讲教授，负责该学院广西边防总队分校北海、东兴、友谊关和南宁教学点的越南语教研工作。

陈荣贵 男，京族，1951 年生，东兴江平镇江龙村人，研究生学历。1982 年加入中国共产党。现任政协广西壮族自治区委员会民族和宗教委员会主任。

1970 年高中毕业后在家务农，1971 年在江龙小学担任民办教师，1972—1978 年进入国有江平盐场工作。1978 年考入广西民族学院（现广西民族大学）中文系学习。1982—1983 年，在中共防城各族自治县委政研室从事政策调研工作。1983 年任防城各族自治县驻滩营公社处理“文化大革命”遗留问题工作组副组长，主持滩营公社全面工作。1984 年 2 月至 1985 年 9 月，任中共江平公社（江平镇）委员会书记。1985 年考入中共中央党校全脱产学习 3 年，获研究生学历。1988 年，任中共防城各族自治县委副书记，分管党务、政法等工作，着力加强全县党的建设、干部队伍建设、社会治安管理和边境管理。根据国际形势的变化，及时向县委提出开展对越边境贸易的建议，并受命担任防城各族自治县（东兴）边境贸易办事处主任，组建边境贸易管理机构，争取自治区批准设立边境沿线贸易点，主持制定防城各族自治县边境贸易管理规则，组织全县干部群众开展对越边境贸易，带动和促进了全县各方面的工作。1990 年 3 月，任防城各族自治县委书记，带领全县人民全面恢复经济建设和社会建设。1992 年春，国务院批准设立东兴边境经济合作区，自治区批准设立东兴经济开发区，并成立东兴经济开发区工作委员会和东兴经济开发区管理委员会，陈荣贵受命兼任东兴经济开发区工作委员会书记，主持组建了东兴开发区工管委工作班子，主持编制了东兴经济开发区开发规划和城市建设规划，领导开发区干部群众展开了大规模的开发建设，为 1996 年县级东兴市的建立奠定了较好的基础。与此同时，根据自治区关于“撤销防城县，设立省（区）辖防城港市”的总体构想，主持制定了防城各族自治县行政区域的调整方案，经自治区政府上报后获国务院和民政部批准。1993 年防城港市成立后，陈荣贵任中共防城港市委副书记，常务副市长。除主持政府日常工作外，具体分管政法、城市建设等工作，参与了防城港市的筹建工作和建章立制工作，主持编制了防城港市城市建设规划。1995 年，调任自治区水产局局长、党组书记。2000 年 3 月，自治区水产局与自治区畜牧局合并组建了自治区水产畜牧局，改任自治区水产畜牧局局长、党组书记。2006 年，自治区水产畜牧局更名为自治区水产畜牧兽医局，陈荣贵继续担任局长、局党组书记至 2008 年 6 月。在此期间，他着力推进水产畜牧业的规模生产、高效生产和生产、加工、流通一体化与国际合作，着力推进全区动物防疫基础设施建设和水产品、畜产品安全长效机制建设，他着力推进全行业干部队伍建设和产业物质技术装备建设，广西水产畜牧业在这一时期发展较快，取得良好效益，促进农民增收。此外，参与了南沙探捕、南海伏季休渔制度建立、中越渔业协定谈判及渔业协定生效后管理方案制定等一系列基础工作。

2008 年，陈荣贵当选自治区政协常委、自治区政协民族和宗教委员会主任（兼），2008 年 6 月底开始专职从事政协工作。此后五年间，除了组织民族界、宗教界委员积极撰写提案建言献策，还先后组织本委委员开展了关于毛南族、京族聚居区经济社会发展问题等 20 多个专题调研，向自治区党委、政府及其有关部门提出多个建设性建议。由他撰写的《关于毛南族、京族聚居区经济社会发展问题的调研报告》和《关于加快广西养老产业发展的调研报告》在自治区政协调研报告评选中分别获得一等奖和特等奖。另外，他积极联系和争取香港、福建希望工程福利基金和民营企业捐赠，先后在环江、罗城、宜州、马山、巴马等贫困地区兴建了六所希望小学。2012 年，国家在全国 14 个连片特困区域实施新一轮（10 年）扶贫攻坚行动后，受自治区政协领导委托，积极促成滇、桂、黔三省（区）石漠化地区扶贫攻坚和区域发展的专题调研活动，并向党中央、国务院报送了调研报告。之后，广西列入国家重点扶持的石漠化特困县由原定的 29 个增加到 35 个。

钱进强 男，京族，1952 年生，防城港市港口区公车镇沙潭江村人，中共党员，高级经济师。现任广西物资集团公司董事、副总经理。

1970—1975 年，钱进强在广州军区某部服役；1975—1976 年，任东兴各族自治县附城公社湴港大队党支部书记、革委会主任；1976—1978 年，在广西北海捕捞公司工作；1978—1981 年，在广西水产局计财处工作；1981—1987 年，在广西水产物资供应站工作（于 1984 年开始任该站的副站长）；1987—1989 年，任广西水产物资公司经理；1994—1995 年，任广西水产局副局长、党组成员（正处级）；1995—1998 年，任防城港市人民政府副市长；1998 年 6 月至今，在广西物资集团总公司工作，任公司董事、副总经理，主要协助董事长、总经理管理基建、信息化、再生资源等业务。2008 年当选广西壮族自治区人大常委会第十一届委员。

苏明芳 男，京族，1952 年生，东兴江平镇沥尾村人，中共党员。现任沥尾村党支部书记。

1971 年担任江平公社沥尾大队第一代拖拉机手，并于 1976 年、1978 年先后在东兴各族自治县农机学校担任教练员，后回大队继续任大队拖拉机驾驶员。1986 年组建渔业网队，组织京族同胞开展渔业捕捞生产。1988 年，担任尾村农技员。1996 年，任沥尾村党支部副书记兼农技员，协助党支部书记主持全面工作。由于工作出色，于 1998 年当选为沥尾村党支部书记。在以后的几届党支部书记的竞选中，他连选连任。

沥尾村原来是个贫穷的渔村。改革开放以来，苏明芳和村委会领导班子一道，认真贯彻落实党的改革开放政策和民族政策，引导群众发展优势产业，特别是发展边境贸易、海水养殖业和海产品加工业，使沥尾村的经济迅速发展，村民收入不断增长。现在的沥尾村已是“住宅洋楼化，家庭用品电器化，交通车辆化，通信信息化”，老百姓生活越过越红火。

沥尾村沿边又沿海，与越南的茶古坊隔海相望，是东兴市新兴的旅游区，外来人员不少，加上海域滩涂遗留的历史问题，情况比较复杂，稍有不慎，随时会发生国与国之间、民族与民族之间的纠纷，造成边境的不安定甚至引发事端。身为边海防一线农村的党支部书记，苏明芳心中时刻绷着一根弦。平时，他经常提醒渔民出海生产要遵纪守法，与越南边民和睦相处，注意国际影响，同时教育本村村民要加强兄弟民族之间、兄弟村之间的团结。有一年，村里的京族群众和邻村的汉族群众因为生产用地归属权问题发生纠纷，两村的群众手握木棒和刀器对峙，僵持中火药味越来越浓，村组干部劝不住，个别火气大的年轻人则主张与对方决一死战。就在械斗一触即发的紧急关头，苏明芳不顾个人安危，骑着摩托车冲进现场，首先严厉制止双方动手，然后耐心细致地做说服教育工作。双方群众被苏明芳临危不惧的气势所慑服，激奋的情绪慢慢缓和下来。最后经过协商，双方一致同意问题由政法机关依照国家法律法规公正处理。一场即将财毁人亡的流血事件在苏明芳的调解下终于得到了和平解决。

苏明芳兢兢业业地为党和人民而工作，深受沥尾村各族群众的拥护。

1999 年，他被评为全国民族团结进步先进个人，出席在北京召开的第三次全国民族团结进步表彰大会，受到了党和国家领导人的亲切接见。2006 年，他当选为防城港市第四届人民代表大会代表，中共东兴市第二届代表大会代表。2008 年 1 月，当选为第十一届全国人民代表大会代表。2011 年 8 月，当选为中共东兴市第四次代表大会代表。在任职期间多次荣获防城港市、东兴市“优秀共产党员”“优秀党务工作者”称号。

担任第十一届全国人民代表大会代表期间，苏明芳认真履行代表职责，建议国家在政策、资金等方面给防城港市、东兴市、京族地区、边疆少数民族地区扶持，建议达27条，大部分建议得到采纳，为地方经济建设、基础设施建设、文化建设和社会建设做出积极贡献。

何宗就 男，1952年生，东兴江平镇沥尾村人，中共党员，研究生学历。现任中央电视台党组成员、副台长，是享受政府特殊津贴的教授级高级工程师。

1970年，何宗就参加工作，就职于广西钦州地区电信局，任无线电报务员。1972—1975年在南京邮电学院（现南京邮电大学）无线电系广播电视专业学习（其间，参加邮电部第一台可视电话武汉—南京传输测试工作），毕业后分配到中央电视台工作至今。1996年被人事部授予“中青年有突出贡献专家”称号，1999年7月起任中央电视台党组成员、副台长，分管技术工作。先后担任中国科学技术协会第八届全国委员会委员，国家广电总局科学技术委员会委员、常务副主任委员，国家广电总局科学技术委员会电视专业委员会主任委员，中国电影电视技术学会理事长，全国中文新闻信息标准化技术委员会副主任委员，全国宣传文化系统“四个一批”文化专业技术人才专家评议组组长等社会职务。是中国电视技术飞速发展的主要推动者和参与者之一。

20世纪70—80年代，何宗就先后参与了北京电视台（后更名为中央电视台）第一套节目的播出，我国第一套计算机控制自动播出系统的设计、安装、调试和播出运行，我国第一颗人造通信卫星（“东方红”2号）广播电视信号系统测试，中央电视台彩电中心工程建设设计等重大技术项目。创造了中国广电技术领域诸多第一，荣获了多个国家部委颁发的奖项。

20世纪90年代起，何宗就担任了中央电视台技术管理中心领导职务。在他的大力倡导和积极推动下，中央电视台从1990年起采用卫星传送等新技术手段，实现了中央电视台的对外传送频道卫星信号全球覆盖，覆盖范围达全球面积的98%。1995年，他利用数字技术，将中央电视台综艺频道等四个付费频道传送到全国各地，完成了国内首创的付费频道建设，为后来全国的付费电视开了先河。90年代末期，何宗就撰写了《我国电视传播事业现状分析与发展对策》一文，精辟地分析了中国电视传播事业面临的问题与挑战，提出尽快制定国家标准、开发数字电视、发展卫星电视直播、积极开发互联网等工作的重要性与紧迫性。这篇文章，引起了中央领导的重视。

进入21世纪，何宗就从数字化、网络化等新技术的发展中看到了中央电视台面临的挑战和机遇，从而积极推动中央电视台引进和发展新的电视工艺，改进旧的生产模式和手段。同时，他将代表技术发展方向的设想融入大洋、新奥特等国内企业视频技术产品的开发设计中，推动我国民族工业品牌的发展。2001年开始，何宗就组织和领导了中央电视台新台址整栋大楼的技术建设工作。在新大楼中，广泛采用新技术和新工艺，一个全程文件化、网络化、高清化的电视节目制作播出环境应运而生，实现了节目、数据、资源的充分共享，奠定了中央电视台成为国际一流媒体的技术基础。

何宗就担任过许多大型电视直播转播活动的总统筹和总协调。在香港回归、澳门回归、国庆50周年和60周年以及从1990年起的每届亚运会、从2000年起每四年一届的奥运会等大型电视报道和电视直播中，何宗就都是活动总体方案的设计者和具体运行的负责人。这些大型活动的转播报道涉及的频道多，需要处理的公共信号多，牵涉技术支持的场地多，有时还会有突发情况发生。至今，何宗就牵头负责的每一场转播报道活动均没有出现过差错，创造了多个圆满的电视转播纪录，所获得的中央电视台及国家有关部门的嘉奖不计其数。

1996—2012年，何宗就先后获得人事部授予的“中青年有突出贡献专家”称号，中华全国新闻工作者协会授予的“全国优秀新闻工作者”称号，国务院授予的“全国民族团结进步模范”称号等荣誉以及中国电子学会授予的广播电视科学技术奖、国家广电总局授予的科技创新一等奖、中国新闻技术工作者联合会第五届王选新闻科学技术杰出人才奖。

苏维生 男，京族，1952年生，东兴江平镇沥尾村人，中共党员，大学文化。现任防城港市人大常委会副主任。

1971年至1974年9月，苏维生就读于中央民族学院（现中央民族大学）政治系，毕业后被分配到中共钦州地委统战部工作，参与了调查编制钦州地区少数民族发展纲要、落实知识分子政策、右派分子摘帽和改正，以及处理“文化大革命”遗留问题等工作。先后参加了浦北、合浦和上思等县的下乡工作组，与老百姓同吃、同住、同劳动。1983年9月，担任防港镇镇长（副县级），协助防城港务局处理1—3号泊位的开港和南防铁路港口段的征地、拆迁、安置工作，处理了大量的群众纠纷和群体性上访事件，依法促成港务局安置失地失海渔民的生活、劳动就业以及渔洲坪和白沙两村“农转非”遗留问题的妥善解决。1985—1989年，担任防城港区房地产公司经理、开发建设总公司副总经理。其间，完成征地 6000 多亩，开发建设了港区第一个中心小区；平整了档耙岭、高岭、松柏岭、火烧岭、狮子岭、平石岭等山头，为防城港区提供了大量开发建设用地；组建了建筑工程公司、机械施工公司、木材加工厂等企业；建成了防城港区管理委员会一区和二区宿舍、供电大楼、海关大楼、百货大楼、医院、幼儿园、小学、中学等工程项目。1989—1993 年，担任防城港区管理委员会、建设委员会第一副主任（主持工作），主持修建了港区 8 公里大道、兴港大道以及后来的中共防城港市委和防城港市政府办公楼等项目。1993—1998 年任中共防城港市港口区委书记，带领港口区人民努力工作，为该区后来经济社会的快速发展奠定了坚实的基础。1998 年 10 月起，连续当选防城港市第二、第三、第四和第五届人大常委会副主任至今。十几年来，除了依法履行法律赋予的各项职责，出色完成本职工作，还根据市委的工作安排，积极参与其他工作，多次担任防城港市处理复杂问题的指挥长或副指挥长。如：担任市社会治安综合治理指挥部副指挥长，妥善处理了江平派出所被围攻事件和沥尾村两次大的群体性事件；担任市城建指挥部副指挥长，积极参与城市建设、征地拆迁安置工作；担任江山征地指挥部指挥长，征用土地 1 万亩，为西湾环海大道、体育公园、市党校、核电培训基地提供了建设用地；担任西湾清理指挥部指挥长，依法处理违法养殖场 1.5 万亩，征用 6000 亩土地和拆迁安置 450 户群众，协助吹沙填海 3600 万立方，圆满完成西湾清理工作任务。

刘成金 男，京族，1953 年生，东兴江平镇江龙村人，中共党员，大专文化。现任广西报关协会会长。

1971 年高中毕业后，刘成金在江龙小学当民办教师。1974 年 10 月，任江平公社江龙大队民兵营长。1975 年 2 月至 1976 年 9 月，任江平公社江龙大队党支部副书记兼民兵营长。1976 年 10 月至 1983 年 8 月，先后在东兴（1978 年 12 月改为防城）各族自治县委办公室、政府办公室工作。1983 年 9 月至 1985 年 7 月，在广西民族学院政治理论专科班就读。1985 年 8 月至 1986 年 7 月，在中共防城各族自治县委组织部任秘书。1986 年 8 月至 1995 年 2 月，在防城海关工作，历任办公室副主任、主任、副关长、关长。1995 年 3 月至 1995 年 12 月，在上海海关专科学校学习。1996 年 1 月至 2005 年 5 月，任南宁海关调查局副局长。2005 年 6 月至 2008 年 5 月，任南宁海关稽查处处长。2008 年 6 月至 2011 年 3 月，任南宁海关副巡视员。2011 年 4 月至今，任广西报关协会会长。

1994 年，刘成金被评为全国民族团结进步模范个人，受到国务院表彰。

林　兴　男，京族，1958 年生，防城港市防城区江山乡两头龙村人，大学文化。现任政协防城港市委员会副主席。

1983 年参加工作。1985 年 11 月任防城各族自治县中医院副院长，主持医院全面工作。1987 年 9 月至 1998 年 8 月任防城各族自治县中医院院长（1990 年 11 月至 1993 年兼任政协防城各族自治县委副主席，1993 年 10 月至 1998 年 10 月兼任防城港市人大常委会副主任）。1998 年 11 月至 2006 年 11 月任防城港市副市长。2006 年 11 月至今任政协防城港市委员会副主席，是第九届、第十届、第十一届全国政协委员。

1983 年 7 月，从广西中医学院医疗系毕业后，林兴被分配到防城各族自治县中医院工作。那是一所创建才两年多简陋得不能再简陋的中医院。他没有抱怨，只是埋头苦干，决心以自己学到的知识报效家乡，振兴防城中医事业。1985 年，年仅 27 岁的他被任命为防城各族自治县中医院副院长，主持医院全面工作，成为当时广西县级卫生系统中最年轻的领导。

面对这家诸事待兴的医院，林兴从强化医院管理入手，健全医院各项工作制度，制定各类人员岗位职责，加强科室建设，突出中医特色，注重中医专科建设。在他的管理下，仅用了两年多的时间，防城各族自治县中医院就发生了巨大的变化。医院建起了新门诊楼，购买了一批医疗设备，固定资产增加了三倍，业务量比 1984 年翻了两番。在广西县级中医院检查评比中，该院获得了全部四个单项评比中的两个第一名，被誉为自治区县级中医医院的后起之秀。1987 年，全区中医工作现场会在防城召开，会上，自治区副主席吴克清和自治区卫生厅厅长蓝芳馨对防城中医院在短时间内取得的优良成绩予以充分肯定和高度评价。

1991 年 2 月 8 日，国家中医药管理局将防城各族自治县中医院选定为“全国示范中医医院”建设单位（将创建“全国示范中医医院”纳入国家“八五”计划发展中医药事业的“杏林计划”。全国选 100 所，广西仅有两所入选）。林兴深知任务光荣，责任重大。他把“全国示范中医医院”建设的近 1000 个指标任务逐个落实到相关科室和人员身上，充分调动全院职工的积极性，并突出重点，狠抓医疗质量、中医专科建设和医德医风三大关键问题，使防城中医院医疗质量不断提高，中医专科得到了较好的发展，医德医风受到了社会的广泛赞扬。1994 年，防城各族自治县中医院通过了自治区等级医院评审，成为广西第一家二级甲等中医院。1995 年，医院通过国家中医药管理局验收，跨进了全国 100 所示范中医医院行列。

1998 年 9 月，林兴当选防城港市人民政府副市长，分管教育、科技、文化、卫生、体育、广播电视、新闻出版、民族、侨务、药品监督、残联、红十字会、地方志等工作。在长达八年的副市长岗位上，他为防城港市的社会事业发展尽职尽责。防城港市高级中学的创建，教育“两基”达标，防城港市中心血站的建设，促进无偿献血行动，防城港市卫生监督所和疾病预防控制中心的组建，推动“等级医院”的建设，“村村通”广播电视的建设等，无不包含着他的心血和汗水。

2001 年底，林兴被增补为第九届全国政协委员，并连续担任第十届、第十一届全国政协委员。作为民族界别的全国政协委员，他深感责任重大，10 余年来，通过撰写提案、大会发言等形式，积极为边境少数民族地区经济社会发展建言献策。先后就广西北部湾经济区建设、北部湾地区渔民转产转业、边境口岸建设、较少民族博物馆建设、民族干部培养、振兴中医药事业、扶持广西兴边富民行动、村级卫生机构建设、优先扶持西部教育、恢复边境跨国旅游业务、广西防城港钢铁基地建设、广西东兴试验区建设等事项，撰写 50 多个提案向国家有关部委建言。《免费义务教育应从西部农村率先实行》的大会发言和国家安排专款建设人口较少民族博物馆、重视村级卫生机构建设等内容的提案得到了采纳，受到全国政协的表彰。

陈钦平 男，京族，1960 年生，东兴江平镇沥尾村人。作曲家、中国音乐家协会会员。现任中国唱片深圳公司副总经理。

1977 年，陈钦平高中毕业后参加工作，在东兴各族自治县民族歌舞团担任小提琴手。1985 年考入中央民族学院（现中央民族大学）音乐学院作曲系学习，1989 年大学毕业分配回广西工作。1990 年调入中国唱片深圳公司从事编辑工作，2006 年任公司副总经理至今。

陈钦平从小酷爱音乐，音乐是他的梦想与追求。在幼儿园的时候，他常常把小靠椅当手风琴来模仿演奏，还自己动手做了笛子，兴致勃勃地学起了音乐。小学时他学会了二胡、笛子和风琴，但他更迷恋精巧的小提琴。细心的母亲知道了他的心愿，托人为他买了一把价格不菲的小提琴。他得到了这把新琴兴奋不已，爱不释手，更加勤奋练习。他经常悄悄地演奏当时被禁演的曲目《梁山伯与祝英台》，美好的音乐给他的梦增添了腾飞的翅膀。1977 年高中刚毕业，他就被破格录取为东兴各族自治县民族歌舞团的专业小提琴手，开始了他的音乐生涯。

他在歌舞团时工作认真，一直努力学习音乐创作。但是，在那个年代，学习音乐创作的条件非常差，他只能不断地向其他老同志请教。有一次他意外地找到了一本苏夏编写的《歌曲做法》，如获至宝，爱不释手。在下乡演出的艰苦日子里，他常常在演出结束后打着手电筒学习作曲技巧。1984 年，他在边境演出工作中创作的处女作《战士的幸福》，被广东省《岭南音乐》刊物采用出版，他获得极大的鼓励。经过八年的刻苦学习，终于功夫不负有心人。1985 年夏天，他带着希望和追求到北京赴考，被中央民族学院音乐学院作曲系录取，得以接受系统的音乐高等教育。在大学期间，他被选送到中央音乐学院，师从著名的苏夏教授学习作曲，他的音乐创作水平得以进一步提高。就读期间，他创作了大量歌曲。其中，1988 年他创作的歌曲《我们总是这样》获得了全国歌曲大赛优秀奖。

在音乐工作中，陈钦平编辑出版了大量音像作品，还培养和推介了许多优秀的艺术人才，其中宋祖英的首张专辑《兵哥哥》就是他参与策划推广的。周笔畅、唐磊、王相洲等青年歌手都得到他的指点和帮助。这些年他创作的歌曲有近 300 首，其中《南方三月天》（宋祖英演唱）、《我们总是这样》（周灵燕演唱）、《北部湾今歌》（王相洲演唱）在全国广播电视媒体展播并获奖。此外，他还创作有大量的电视剧音乐和器乐作品。

2008 年 5 月 8 日，那是一个特别的日子。那一天，我国奥运圣火登上了世界最高峰——珠穆朗玛峰。那一刻，中央电视台正在直播奥运圣火登峰的壮举，人们从电视中看到运动员高举圣火，在雄壮激昂的背景音乐中胜利地登上了顶峰，而这段激荡人心的音乐就是陈钦平的交响乐作品《春潮》。《春潮》是他的代表作之一。作品采用了京族的特有音乐素材，加进现代的时尚音乐元素，以交响乐的创作技巧把音乐形象和作品内涵表现得淋漓尽致，充分展示了他深刻的创作思想以及娴熟的创作技巧。

2012 年，陈钦平先后创作、拍摄了音乐电视片《在梦开始的地方》和电视艺术片《多情的京族三岛》。作品分别在广东电视台、广西电视台等媒体播出，深受观众喜爱。其中，《多情的京族三岛》获广西电视文学节目一等奖，《在梦开始的地方》获广西音乐电视三等奖。

杜福文 男，京族，1961 年生，东兴江平镇山心村人，大学文化。现任防城港市第一人民医院神经内科主任、内科主任医师。

1981—1987 年，杜福文在广西右江民族医学院就读，毕业后分配到防城各族自治县第一人民医院（今防城港市第一人民医院）从事内科临床医疗工作。1997 年起任防城港市第一人民医院内科副主任，2010 年至今任防城港市第一人民医院神经内科主任。2003 年晋升内科副主任医师，2012 年晋升内科主任医师。是防城港市和医院重点学科带头人、广西医学会内科学分会第七届委员、右江民族医学院兼职教授。

杜福文从事临床医疗工作 26 年，擅长内科各种疾病的诊治，尤其是对各种神经内科疾病和精神病的诊治，诊疗患者 15 万多人次。对内科危重疑难病症的救治，尤其是对神经内科各种危重复杂疑难病症的救治有较丰富的临床经验。主持和参加各种危重复杂疑难病例诊治或抢救 3 万多人次，临床效果明显，抢救成功率和治愈率高，无一例医疗事故发生，赢得了患者的信赖、同行的信任和社会的好评。他率先在市内引进微创颅内血肿清除术治疗颅脑出血新技术和立体定向——改良软通道微创介入颅内血肿清除技术治疗颅脑出血的新技术，临床效果明显，迄今为止成功抢救了 500 多名生命垂危的重症脑出血患者，2001 年成功抢救患有严重心肺疾病和中晚期帕金森病的高龄脑出血患者。主持市级科研课题四项，发表论文和综述 30 篇。

1998 年，杜福文被评为防城区先进科技工作者。2006 年被评为防城港市第三批专业技术拔尖人才。2009 年获防城港市科学技术进步三等奖。2010 年被评为右江民族医学院优秀兼职教授。2011 年被评为“十一五”广西医药卫生科技工作先进个人。此外，先后 15 次被评为防城港卫生系统和医院先进工作者，连续两次被评为医院“十佳”优秀医师。连续两届当选防城区人大代表兼人大常委会委员。

苏世东　男，京族，1962 年生，东兴江平镇沥尾村人，中共党员。现为中国人民解放军广州军区某部上校副师级军事研究员。

1979 年，苏世东入伍，1991 年毕业于解放军外国语学院。参军以来，参加过多次战斗。20 世纪 80 年代，他所在的部队驻扎在一座偏僻的高山上，这里常年云雾缭绕，野兽出没，驻地缺水少电，营房是茅草搭建的，难御寒暑，终日风吹雨淋，营区文化生活单调，通信设施落后。在这样艰苦的环境中，他连续工作了近 10 年，其间转战陆海战场三次。有一次苏世东和几名战友组成的一个小分队奉命驻守在一座险要山峰上，负责观察敌方火力据点，为我炮兵指示目标。此山周围布满地雷，时有滚石引发雷爆，山对面就是敌方阵地。炮弹每天都从头顶飞过，隆隆的炮声震耳欲聋，经伪装停放在洞口的后勤保障车也被子弹击中多处。出洞如厕得多留个心眼，先听听炮弹疾飞发出的声音，辨别其远近后才能行动。就在这个环境异常艰苦的地方，苏世东持续坚守阵地哨位两个多月，为我方炮火及时准确对敌还击，并取得最终胜利做出了重要贡献。该部因此荣立集体二等功，他也荣立个人三等功。

作为一名军事研究员、学科带头人，苏世东把古今中外经典战例、现代战争的典型特点和实际情况相结合，深入调查，潜心研究，搜集整理的各种资料叠起来足有一层楼高。他所承担的课题有 10 余个，经过顽强拼搏，刻苦钻研，所立项的课题均被攻破，个别课题还填补了系统内的空白。这些成果经过转化，很快成为提高部队日常训练效率和提升战备能力的助推器，为加速推进部队战斗力生成模式的转变做出了自己应有的贡献。

苏世东入伍以来，先后三次代表所在单位参加军区业务尖子大比武，两次担任军区专业比武教练员，是所在部队的业务骨干，并享受军队特殊津贴。他虽不是专职教员，却主动肩负起每年对新毕业学员的岗前培训任务。至今，他带出的学员已有数百名，有的已成为技术骨干，有的已走上领导岗位。多年来，苏世东不辞辛劳，呕心沥血，撰写了四册共 20 多万字的军事教材，将自己的知识经验毫无保留地传授给学生，为国防事业培养了大量的后继人才。

由于成绩显著，入伍以来，苏世东被评为全军优秀军事教员一次，获全军科技进步二、三、四等奖各一次，荣立个人三等功七次。以他为原型的工作精神被提炼为所属部队“十种文化传统”之一。他的先进事迹曾在《战士报》上刊载。

吴　晓　笔名吴小凤，女，京族，1962 年生，祖籍东兴江平镇巫头村，研究生学历，历史学博士，教授，硕士生导师。曾任广西师范学院管理学院副院长，南宁市良庆区副区长、人大副主任，现任政协南宁市良庆区委员会副主席，是广西壮族自治区第九、第十届政协委员，自治区党委统战部“专家百人团”成员，广西历史学会常务理事，广西儒学会理事，广西民族旅游研究会理事。

自 20 世纪 90 年代以来，吴晓先后在《中国经济史研究》《中国边疆史地研究》《中国社会经济史研究》《中央社会主义学院学报》《广西民族学院学报》《广西民族研究》《学术论坛》《改革与战略》等国家级、省级刊物上发表专业论文 40 余篇，其中被中文社会科学引文索引（CSSCI）核心刊物收录的论文有 24

篇。主持并参与国家级、省级课题研究六项，出版个人专著三部。专著《经济史论丛》于 2004 年获第八届广西哲学社会科学优秀成果二等奖，专著《明清广西商品经济史研究》于 2006 年获第九届广西哲学社会科学优秀成果三等奖，论文《明清广西商业资本论略》于 2008 年获第十届广西社科优秀成果三等奖，专著《宋明广西海上陶瓷之路研究》于 2012 年获第十一届广西社会优秀成果三等奖。

梁振家 男，京族，1963 年生，东兴江平镇江平街人，中共党员，在职研究生学历。现任防城港市第一人民医院院长、党委书记和外科主任医师，防城港市紧急医疗救援中心主任，广西医学救援协会第一届理事会常务理事，广西医院协会第一届理事会常务理事，右江民族医学院兼职教授。

1986 年，梁振家毕业于广西医科大学医学系，毕业后被分配到防城各族自治县第一人民医院工作。1986—1999 年，历任医院外科医师，主治医师，党支部书记，医务科副科长、科长。1999—2002 年任医院副院长、党支部书记。2002—2009 年任医院院长、党总支书记和外科副主任医师，防城港市紧急医疗救援中心主任。2009 年 1 月所在医院升格为防城港市第一人民医院后任医院院长、党委书记和外科主任医师。

梁振家进入医院领导层以来，特别是 2009 年 1 月担任防城港市第一人民医院院长后，着力深化医院内部管理，按三级医院标准加强培养学科带头人，共引进高级职称人员 6 名，安排医务人员进修 116 人次，短期培训 1535 人次。他非常重视科研工作，发表专业论文 14 篇（在国家级核心期刊上发表 3 篇），参与开展科研项目共 9 项，并千方百计为医院争取科研项目。医院先后获得广西自然科学基金会、自治区卫生厅、右江民族医学院、防城港市科技局等单位的科研项目立项近 50 项，获市级科技进步二等奖 2 项、三等奖 3 项。同时，注重改善就医环境，固定资产投资累计达 8699 万元，新建门诊医技楼、感染性疾病科门诊及住院楼、新生儿科病房，规范化建设重症医学科、消毒供应室、检验科、血液肿瘤科。科室设置由原来的 30 个增加至 57 个，编制床位由原来的 350 张增加到 630 张，医疗设备齐全，共有万元以上设备 500 多台（套），添置数字减影血管造影系统、GE16 排螺旋 CT 等大型设备一批。医院获全国医药卫生系统先进单位、广西文明单位、自治区第二批和谐单位等市级以上荣誉称号 57 项，由二级甲等综合医院发展成为三级综合医院，成为防城港市医疗急救中心、紧急医疗救援中心和医疗卫生人才小高地。

梁振家先后荣获“广西五一劳动奖章”“防城港市科技进步三等奖”和“广西‘十一五’医药卫生科技管理先进工作者”称号、“广西卫生系统继续教育先进个人”称号、“市优秀共产党员”称号等多项奖励。

黄永光 男，京族，1963 年生，东兴江平镇沥尾村人，中共党员，在职研究生学历。现任防城港市中医医院业务副院长、大骨伤科主任、主任医师，是自治区重点中医专科——骨伤科项目建设单位负责人，广西中医药骨科分会委员，广西中医药学会外科分会和青年中医分会常务委员，广西中西医结合学会骨伤分会委员。

他善于运用中医、中西医结合的方法治疗骨伤疾病，有较强的解决骨伤专业急、危、重症及疑难病例的能力，主持过复杂疑难中医骨伤手法复位治疗，能独立开展创伤、手外、关节、脊柱、骨结核、骨肿瘤等大中型复杂及疑难手术，脊柱及关节等方面的手术技术目前处于市内同行业领先水平。作为医院骨科唯一的主任医师、学科带头人及学术传承人，他积极带领医务人员学习、钻研本专业技术，团结协作，开拓创新，所在骨科成为医院的重点科室，成为全市卫生系统中业务量最大、人员配备合理、技术力量雄厚、业务水平始终保持本市行业领先的骨伤专科，是医院对外宣传的品牌。

近年来，他主持的一项科研课题通过了防城港市科技成果鉴定，达到区内同行的先进水平。参加了一项省级、四项卫生厅及防城港市科研课题，目前科研工作进展顺利。撰写的 10 多篇学术论文具有较高的理论水平和临床指导意义，并分别在省级以上专业杂志上发表。作为院领导，积极为医院重大项目建设出谋献策，做好分管工作，强化职工服务意识及爱院意识，为创建三甲医院和“医院管理年”“三好一满意”活动做出了积极的贡献。

他多次荣获市级、区（县）级“优秀共产党员”及“先进工作者”称号，2008 年荣获“广西优秀青年中医”称号，2011 年荣获“广西‘十一五’医药卫生科技工作先进个人”称号，2012 年分别被防城港市和自治区卫生厅评为“创先争优”优秀共产党员。

刘福珍 女，京族，1966 年生，东兴江平镇巫头村人。现为东兴市福珍贸易公司董事长、总经理。

1982 年初中毕业后，刘福珍随父母一起捕鱼、耙螺、挖沙虫和养殖海产品，在村里种过地，开过矿，也当过采盐工。

20 世纪 90 年代，边境贸易红红火火地发展起来。正值青春年少的刘福珍经过思考，决定做海鲜生意。她到越南去收购新鲜海鲜，回东兴后按规格分装销往北京、上海、广州等全国各地，生意越做越大。不久，刘福珍又看到国内的南方地区比较缺乏煤炭，尤其是无烟煤炭，而越南的煤炭量多质优，尤其是无烟煤。于是，她与越南国家煤炭矿业工业集团签订购买无烟煤合同，把越南无烟煤销往浙江、福建、广东、海南等地。由于刘福珍供应的煤炭质好价优，普遍得到了客户的信赖，供需双方一直保持良好的合作关系。有了煤炭生意的加入，刘福珍的生意越来越红火，形成海鲜、煤炭双管齐下的经营格局，业务不断拓展，营销额年年增长。2008 年，刘福珍趁热打铁，以自己的名字成立了东兴市福珍贸易有限公司，自任公司法定代表人兼总经理，招聘一批有经验的人员负责公司的具体工作。同时增加红木生意，从越南购进成品或半成品红木家具，经加工打磨后出售，很受国内客户的欢迎。福珍贸易有限公司成立当年，累计营销额就突破亿元，在防城港市进出口贸易行业中排在第六位。目前，公司的业务蒸蒸日上，保持着良好的发展势头。

昔日贫穷的京族女子，经过多年的打拼，如今成了东兴市乃至防城港市响当当的女强人。刘福珍劳动致富之后不忘国家、不忘困难群众，坚守诚信做人、诚信经营、诚信纳税的经营理念。从 2008 年公司成立到 2011 年的四年间共向国家交纳税金 1.2 亿元，2012 年又交纳税金 4200 多万元，为东兴的经济和社会发展做出了积极贡献。她还努力造福社会，积极关注社会公益事业和弱势群体，多次向家乡公益事业等捐款捐物，累计达 30 多万元。先后获得防城港市经济贸易进出口进步奖、奉献爱心奖等多个奖项。

李飞锐 男，京族，1978 年生，祖籍东兴江平镇沥尾村，出生于广西浦北县。中国舞蹈家协会会员、东南亚舞蹈专家，东盟青年艺术联合会理事兼东盟舞蹈艺术顾问，现为广西民族大学艺术学院舞蹈教研室主任、副教授。

1990 年，李飞锐开始专业舞蹈学习，2000 年进入北京师范大学舞蹈学专业学习，曾师从中国 36 个少数民族舞蹈家和泰国孔剧艺术家索塔鹏、缅甸戏剧舞蹈“哥毕压洛”第八代传人阿敏卡西、柬埔寨宫廷舞教师帕淙丝等名家。毕业后，在广西民族大学从事舞蹈编排以及中国少数民族舞蹈和东南亚舞蹈的教学与研究工作。

他曾在第26届世界大学生运动会开幕式、泰中友谊演唱会、北京奥运会火炬传递南宁站起跑仪式、泰国孔子学院揭牌晚会与中国文化展演活动等20多个国内外大型晚会或表演活动中担任执行导演，还参加过多个大型专业舞蹈比赛，均有不俗的成绩。他被东南亚国家的舞蹈界誉为“中国的孔雀王子”。

在舞蹈创作上，他取得的成绩有：所编导的瑶族舞蹈《晒裙子》，获得文化部举办的“红铜鼓”——中国—东盟艺术教育成果展演舞蹈类高校组一等奖和创作奖、教育部第三届全国大学生艺术展演舞蹈比赛专业组二等奖和优秀创作奖；壮族歌舞《赶歌坡》，荣获国家民委举办的“民族情·中华魂”民族院校学生文艺比赛编导优秀节目奖；朝鲜族舞蹈《迎春鼓》，荣获韩国国际舞蹈节的优秀园丁奖；壮族女子独舞《弄邵儿》，在文化部举办的“红铜鼓”——中国—东盟艺术教育成果展演中获得创作奖；壮族舞蹈《小小刘三姐》，荣获在新加坡举办的中国—东盟青少年艺术盛典的特等金奖；缅甸舞蹈《美人鱼》，荣获在马来西亚举办的中国—东盟青少年艺术盛典的优秀指导老师奖；泰国舞蹈《小战象》，荣获在香港举办的中国—东盟青少年艺术盛典的优秀指导老师奖；瑶族男子群舞《蓄发盘山》，在第二届大学生艺术展演中获得优秀节目创作奖；三人舞《剑·袖·扇》获广西高校教职工首届艺术展演一等奖；等等。

2006年以来，先后在《广西艺术美学研究》《神州民俗》《广西画报》和加拿大科学教育中心的*Asian Social Science*（《亚洲社会科学》）等国内外刊物发表了《论东南亚舞蹈与我国傣族舞蹈的同和异》《京族哈灯舞蹈与巫术“问天答灯”——巫术与舞蹈开出的“祝福之花”》《神秘的国度　美丽的舞蹈——诠释东南亚舞蹈的魅力》等15篇学术论文。特别是《京族哈灯舞蹈与巫术“问天答灯”——巫术与舞蹈开出的“祝福之花”》一文，向世人揭开京族舞蹈的神秘面纱；《神秘的国度　美丽的舞蹈——诠释东南亚舞蹈的魅力》一文在我国研究东南亚舞蹈方面填补了空缺，对东南亚舞蹈研究起到抛砖引玉的作用。